論語　默想

안병렬

1936년 경주 출생
고려대학교 대학원 국어국문학과 고전문학 전공 문학박사
국립안동대학교 한문학과 교수, 인문대학장 역임
중국 연변대학 과학기술학원 동양어학부 교수, 학부장 역임

저서로는 『한국가전문학 연구』, 『국역 당시 삼백수』와 논문 다수

논어 묵상

초판 1쇄 발행 2019년 8월 30일
역주자 안병렬
펴낸이 지현구 **펴낸곳** 태학사 **등록** 제406-2006-00008호
주소 경기도 파주시 광인사길 223
전화 마케팅부 (031) 955-7580 **전송** (031) 955-0910
홈페이지 www.thaehaksa.com **전자우편** thaehaksa@naver.com

저작권자 ⓒ 안병렬 2019, *Printed in Korea*.
이 책은 저작권법에 의해 보호를 받는 저작물이므로 저자와 출판사의 허락 없이
내용의 일부를 인용하거나 발췌하는 것을 금합니다.

값은 뒤표지에 있습니다.

ISBN 979-11-6395-027-1 03150

이 도서의 국립중앙도서관 출판예정도서목록(CIP)은
서지정보유통지원시스템 홈페이지(http://seoji.nl.go.kr)와
국가자료종합목록 구축시스템(http://kolis-net.nl.go.kr)에서 이용하실 수 있습니다.
(CIP제어번호 : CIP2019025347)

論語默想

논어묵상

안병렬

태학사

머리말

병은 때로 우리에게 유익을 가져다주기도 한다.

사람을 겸손하게도 하고 심하면 죽음을 음미하며 자아를 반성하게도 한다.

나 역시 이번에 병상에 있는 40여 일 많은 것을 얻었다. 죽음을 준비하기도 하였고 남들의 사랑에 다시 한 번 더 감격하기도 하였다. 또 무료한 시간이 많아 이런 저런 많은 책을 읽기도 하였다. 늘 읽고자 마음만 먹었으나 하도 양이 많아 엄두를 못 내던 박경리 여사의 《土地》 22권을 다 읽었다. 그래도 시간이 남아 함석헌 선생이 주간하신 《씨알의 소리》 영인 합본에서 함 선생님과 장준하, 안병무 등 제씨의 글을 좀 읽었다. 그러나 다 지나간 일이라 큰 재미가 없었다. 무엇을 읽을까 하다가 다시 성경을 들었다. 그러나 역시 지루하였다. 남들은 읽어도 읽어도 꿀처럼 달다는데 나는 영감이 부족하여서인가 거의 다 아는 내용이라 그만 지루하였던 것이다.

이러는 가운데 우연히 논어 책을 들게 되었다. 대만의 학자 구섭우(邱燮友) 교수가 현대어로 번역한 책이었다. 나는 중국어를 잘 모르긴 하나 그래도 이런 문어체 글은 대강 앞으로 읽어갔다. 그런데 새삼 재미가 있었다. 실은 논어도 여러 번 읽었다. 고려대학교에서는 1년간 강의도 하였다. 그러나 그때는 다 한국에서 예로부터 주로 읽는, 주희가 주석한 논어였다. 좀 따분한 생각이 들었는데 이번에 읽은 구섭우 교수의 주석은 간단하면서도 명쾌하여 지루하지가 않았다. 갑자기 이를 혼자서만 읽을 게 아니라 번역하여 많은 분들이 읽으면 좋겠다는 생각이 들었다. 왜 이런 생각이 들었는가 하면 나는 20여 년 전 구섭우 교수의 《唐詩三百首》를 번역하여 출판한 일이 있었기에 그런 욕심이 생긴 것이다.

번역본은 약 1,000페이지에 가까운 거질이라 비싼데도 제법 팔린다고 한다. 몇 년 전에는 재판도 하였다. 그래서 이 책도 번역하여 볼까 하는 욕심이 갑자기 생긴 것이다. 하지만 곰곰 생각하니 논어 번역본이 수도 없이 많은데 거기 또 내가 덧붙여 뭘 하겠는가 하는 생각이 들었다. 비록 구씨의 주석이 새롭긴 하나 그래도 五十步百步요 특별히 耳目을 끌 무엇이 없는데 누가 읽겠느냐는 것이다 그래서 포기하기로 하였다. 그래도 그 주석이 깔끔한데다 또 내가 느끼는 감동도 그냥 버리기에는 아까웠다. 더구나 내 주위의 많은 분들은 대개 다 신학문에는 능통하나 이 고리타분한 옛 글에는 별 흥취를 갖지 않은 분들이 많을 것 같아 차제에 이를 한번 맛보시라고 권하고도 싶은 생각도 들었다. 그래서 이 주석에 감동을 보태어 그대로 지인들과 나누고자 생각하였다. 그래서 《論語 黙想》이라고 이름 지었다. 이 글은 이런 바탕에서 출발하였다.

미리 말씀 드리고 싶은 것은 구씨의 해석을 번역함에 기계적으로 하지 않고 혹은 삭제 혹은 첨가 또는 내 나름으로 재해석하고자 한다. 우선 구씨는 각 장마다 〈章旨〉라 하여 간단히 말하였으나 오히려 이해에 더 번거로움을 주는 것 같아 모두 삭제키로 하였다. 그밖에 첨가나 삭제 등은 극히 적을 것이요, 그럴 때는 꼭 밝히겠다.

아무쪼록 이 책을 통해 논어가 사람들에게 더 친근하게 느껴지기를 바라며, 논어를 통해 귀중한 삶의 지혜를 터득하기를 바란다.

끝으로 이 책을 출판해주신 태학사 지현구 대표님과 책이 나오기까지 여러모로 애써주신 관계자 여러분께 고마운 마음을 전한다.

2019년 늦은 봄에

안 병 련

차례

學而 第一

옛사람의 저서에서는 종종 제일 앞 구의 한 두 자를 취하여 표제를 삼았다. 별다른 뜻은 없다. 시경, 논어, 맹자, 다 이렇다. 본 편의 첫 구는 "子曰 學而時習之"로 되어 있어 "학이" 두 자를 취하여 본 편의 편명으로 삼았다. 아래 각 편도 다 같다.

그리고 "學而 第一"이라는 말부터 잠깐 보자. 이는 우리 식으로 하면 거꾸로 "第一 學而"가 되어야 할 것인데 중국식은 "第一, 第二" 하는 그 순서보다 그 이름을 먼저 내세우는 것이다. 그래서 "學而 第一"인 것이다. 문화적인 차이라고 할까?

1. 子曰 學而時習之 不亦說乎? 有朋 自遠方來 不亦樂乎?
   자왈 학이시습지면 불역열호아? 유붕이 자원방래면 불역낙호아?

   人不知而不慍 不亦君子乎?
   인부지이불온이면 불역군자호아?

⟨주석⟩

子 : 제자가 스승을 칭하여 子라고 한다. 논어에서 "子曰"이라고 하는 것은 다 공자님을 가리킨다.

說 : 열(悅)과 같다. 마음이 기쁜 것이다.

朋 : 뜻이 같고 도(道)가 합치되는 사람을 가리킨다. 포함(包咸)이 말 하기를 "동문(同門)"을 붕(朋)이라 하였다.

慍 : 원한이다.

君子 : 도덕을 갖추고 수양된 사람을 가리킨다. 주희(朱熹)가 말하기 를 "덕을 이룬 이름"이라 하였다.

⟨번역⟩

공자께서 말씀하셨다.

"이미 학문을 얻고서 때때로 그것을 익히면 기쁘지 않겠는가?

벗이 먼 곳으로부터 오면 매우 즐겁지 않겠는가?

남들이 나의 재주와 학문을 알아주지 않더라도 성내지 않는다면 또한 덕을 이룬 군자가 아니겠는가?"

〈묵상〉

논어의 첫 편 첫 장의 말로서 아주 긴요한 진리의 말씀인 것 같다.

"學而時習之 不亦說乎?"

이만한 경지에 이르러야 학자가 되는 것이다. 어느 분야이거나 전문가가 되려면 먼저 그 분야의 공부에 기쁨을 맛보아야 한다.

"有朋自遠方來 不亦樂乎?"

여기서의 朋이란 그야말로 知己일 것이다. 이런 知己가 멀리서도 온다면 가까이서는 더 많이 올 것이다. 참으로 즐거우리라.

"人不知而不慍 不亦君子乎?"

나는 이 글을 처음 보고는 "군자가 되는 게 뭐 그리 크게 어려운 것도 아니구나."라고 생각하였다. 남이 알아주지 않으면 그만이지 그게 뭐 그렇게 성까지 낼 일은 아닌 것 같았던 것이다. 물론 여기서 성낸다는 말은 섭섭해 하는 감정 정도를 말하는 것이리라. 그래도 그 정도가 군자라면 많은 분이 군자가 될 것이고 나마저 가능할 것 같았다.

그러나 철이 들면서 보니 그게 아니었다. 사람들 거의 모두가 소인이요, 물론 나도 소인이었다. 하기야 자기를 알아달라는 이 "인정(認定)에의 욕구"도 인간의 기본적인 욕구라 그렇게 탓할 것이 아니라고 할는지도 모른다. 그러나 기본적인 욕구도 식욕이나 성욕처럼 자제를 해야 하는 것이다. 이 자제의 능력에 따라 소인과 군자의 차이가 생기는 것이다. 스스로를 자제하여 이 욕구에서만은 초월하는 경지, 즉 남이 알아주지 않더라도 성내거나 섭섭해 하지 않는 경지에까지 이르러야 군자가 되는 것이다.

이렇게 참 배움에 기뻐하고 知己를 가져 즐거워하고 거기에 자기 수양의 道가 쌓여 인정에의 욕구마저 자제할 수 있다면 그야말로 이상적인 인간, 곧 군자라 할 것이다.

2. 有子曰 其爲人也孝弟　而好犯上者鮮矣　不好犯上
   유자왈 기위인야효제요 이호범상자선의니 불호범상이요,

   而好作亂者 未之有也　君子　務本　本立而道生
   이호작란자 미지유야라. 군자는 무본이니 본립이도생이라,

   孝弟也者　其爲人之本與
   효제야자는 기위인지본여인저.

〈주석〉

有子 : 이름은 약(若), 노(魯)나라 사람이고 공자의 제자이다. 논어에서는 유자(有子)와 증자(曾子) 두 사람에 대해서는 이름을 일컫지 않았다. 그래서 혹자는 논어는 이 두 사람의 제자가 기록한 것이 아닌가 생각한다.

孝弟 : 부모를 잘 섬김이 효이고 형을 잘 섬김이 제이다.

犯上 : 윗사람을 모독하여 범함이다.

鮮 : 적음이다.

作亂 : 道理를 거역하고 常道에 反하는 일이다.

務本 : 무는 마음을 오로지하여 힘쓰는 것이요, 본은 뿌리이다.

本立而道生 : 根本이 이미 서면 仁의 道는 이로써 생긴다. 道는 天理

의 당연함이요, 日用 事物에서 마땅히 행할 도리이다.

爲仁 : 行仁과 같다. 與 : 歟와 같다. 句末 어조사이다.

〈번역〉

　유자가 말하였다. "능히 부모에게 효도하고 형에게 존경하면서도 윗사람을 모독하여 범하는 자는 아주 적다. 윗사람을 모독하여 범하기를 좋아하지 않으면서 작란(作亂)을 좋아하는 사람은 없다. 군자는 뿌리에 마음을 오로지하여 힘쓸 것이니 뿌리가 서면 인도(仁道)는 이로써 생긴다. 효제(孝悌)는 인을 행하는 근본이 될 것이다."

〈묵상〉

　바탕이 올바로 선 다음 무엇이 되라는 말인데 여기 유자가 말하는 뿌리가 바로 이 바탕이 아닌가 한다. 그러면 그 뿌리는 무엇인가? 유자는 "孝"와 "弟"라고 하였다. 이는 오늘날에도 틀림없는 진리이다. 비록 이를 행하는 방법에서는 시대마다 다를 수밖에 없지만 그 정신만은 이에서 벗어나면 안 될 것이다.

3. 子曰 巧言令色　鮮矣仁

　자왈　교언영색이　선의인이니라.

〈주석〉

　巧言令色 : 포함(包咸)이 말하기를 교언은 말을 좋아함이요, 영색은 그 낯빛을 잘 함이라 하였다.

〈번역〉

　공자께서 말씀하셨다.

　"남이 기뻐하는 말을 하고 남이 기뻐하는 낯빛을 짓는 사람은 인의 마음을 가진 사람이 드물다."

⟨묵상⟩

　"巧言"이란 말 그대로 교묘한 말이라고 하겠다. 쉽게 말하면 말을 아주 잘하여 남의 비위를 잘 맞추는 말, 곧 아첨하는 말이라고 할 것이다. "令色" 또한 낯빛을 잘하여 남에게 잘 보이려는 모습을 말하는 것이다. 사극(史劇)에 흔히 나오는 간신의 말과 그 낯빛이 전형적이라 할 것이다.

　그런데 오늘날은 인지가 발달하여 남들이 당장 알 수 있게 그런 아첨하는 말을 하지 않고 도리어 충언인 양 직언인 양 하므로 상대가 전혀 알지 못하게 한다. 낯빛 또한 워낙 점잔을 가장하므로 영색임을 모르게 한다. 문제는 그 마음가짐이다. 상대에게 아부하여 무언가를 얻으려고 한다면 그 말이 겉으로는 교언이 아니라도 그 이면을 들여다보면 교언이요, 낯빛 또한 이와 같다. 그러므로 그 사람의 진면목을 알기란 참으로 어렵다. 그러기에 옛사람들은 흔히 "천 길 물속은 알아도 한 길 사람의 속은 모른다."고 하였다. 또 어떤 분은 재미있는 말을 하셨다. "도둑놈이 꼭 사람 같이 생겨서 알기 어렵다."

4. 曾子曰 吾日三省吾身　　爲人謀而不忠乎?
　　증자왈　오일삼성오신하나니 위인모이불충호아?

　與朋友交而不信乎?　傳不習乎?
　　여붕우교이불신호아? 전불습호아?

⟨주석⟩

　曾子 : 이름은 參이요 공자의 제자이다.

三省吾身 : 여러 번 자기를 살핌이다. 三省의 三은 여러 번이라는 뜻
　　이다.

忠 : 자기의 마음과 힘을 다함이다.

信 : 성실(誠實) 신용(信用)이다.

傳 : 스승에게서 받아 남에게 줌을 말한다. 또 일설(一說)에는 전(傳)
　　을 전(專)으로 보아 전업(專業)을 가리킨다고도 한다.

習 : 온습(溫習), 복습(復習)이다.

〈번역〉

　증자가 말하였다.

　"나는 매일 여러 번 자아를 반성한다. 남과 일을 도모함에 마음을
다하지 않음은 없는가?

　벗과 사귐에 신실하지 않음은 없는가?

　스승이 나에게 가르쳐주신 것을 익히지 않음은 없는가?"

〈묵상〉

　끊임없이 자아를 수양하는 자세이다. 하루에도 여러 번 자아를 반
성하여 보는 것이다.

　그런데 마지막 부분 "傳不習乎"의 해석에서 "不習을 傳하였는가?"
로 해석해야 할 것 같다. 전해 받은 것을 복습하지 않았는가?로 해석
하려면 문맥으로 보아 傳而不習乎?라고 하여야 옳을 것이다. 그러면
앞의 "謀而不忠乎"와 交而不信乎와 박자와 호흡이 맞고 이해하기도 좋
을 것인데 굳이 "而"를 빼고 그냥 "傳不習乎"라고 한 것을 보면 "不習을
傳하였는가?"로 봄이 타당할 것이다. 그래야 이치상에도 더 합당할 것
이다. 그럼에도 이를 굳이 스승에게서 전해 받은 것을 잘 복습하였는
가?로 해석함에는 주자의 입김이 드세었기 때문일 것이다.

5. 子曰 道千乘之國 敬事而信 節用而愛人 使民而時

자왈 도천승지국에 경사이신하며 절용이애인하고 사민이시니라.

<주석>

道 : 도(導 이끌다)와 같다. 치리(治理)요, 영도(領導)이다.

千乘之國 : 능히 병거 천 승을 낼 수 있으니 당시로서는 대국이다.

乘 : 병거이다.

敬事 : 政事에 능히 근신하며 전일(專一)함이다. 일을 함에 태도가 진실해 책임을 다함을 가리킨다.

使民而時 : 백성을 부림에 마땅히 농한기를 이용함으로 그 경작(耕作)을 방해하지 않음이다.

<번역>

공자께서 말씀하셨다.

"병거 천 승을 낼 수 있는 큰 나라를 영도함에는 정사를 처리함에 근신 전일하여야 하며 백성에게 신임을 얻어야 하며 국가 재정을 절약하여 인민을 애호하여야 하고 백성을 부림에는 농한기를 이용하여야 한다."

<묵상>

마땅한 말씀이다. 그런데 왜 굳이 "천승지국"이라고 하였을까? 작은 나라는 이렇게 하지 않아도 그럭저럭 된다는 말인가? 그게 아니라 이렇게만 하면 천승지국도 다스릴 수 있다는 뜻으로 보아야 할 것이다. 그런데 대국인 중국이나 소국인 한국도 마찬가지. 그 역사를 보면 이런 왕조가 그리 흔하지는 않았던 것 같다. 진시황의 무덤을 보라. 어디 "절용애인"이 있으며 "사민이시"가 있었던가? 규모가 좀 작긴 하지만 한국 역시 비슷하였다. 극히 소수를 제외하고는 모든 집권자에게

백성은 노예일 뿐이었다. 노예는 주인이 사고팔고를 마음대로 할 수 있는 짐승과 같았다. 그런 때에 백성을 의식하고 정사를 처리한다면 그는 훌륭한 군주일 수밖에 없는 것이다. 그런데 오늘날도 크게 다르진 않다. 백성을 오로지 착취의 대상으로만 아는 지배층이 많다.

6. 子曰 弟子入則孝　　出則弟　　謹而信　　凡愛衆而　　親仁
  자왈 제자입즉효하고 출즉제하며 근이신하고 범애중이하되 친인이니

  行有餘力　　則以學文
  행유여력이면 즉이학문이니라.

〈주석〉

  弟子 : 남의 동생이나 아들을 말한다. 후생과 후배를 가리키며 문인〈門人〉을 가리키지는 않는다.

  文 : 옛날의 유문(遺文)으로서 시(詩) 서(書) 육례(六禮)의 글을 가리킨다.

〈번역〉

  공자께서 말씀하셨다.

  "청년이 집에 있으면 마땅히 부모에게 효도하여야 하고 문을 나서면 마땅히 선배를 공경하여야 하며 말과 행동은 마땅히 근신(勤愼) 신실(信實)하여야 하고 널리 뭇 사람을 사랑하여야 하되 덕이 있는 사람과 친하게 지내야 한다. 이와 같이 몸소 실천하고 여력이 있으면 시, 서, 육례를 다시 학습할 것이다."

〈묵상〉

  孝와 悌는 유교의 가장 중요한 한결같은 덕목이다. 공자도 그 제자

도 이를 강조함에 정력을 쏟았다. 그런데 이에 대해서는, 특히 효에 대해서는 나는 할 말을 잃는다. 내가 불효하였기 때문이다. 어찌 그렇게도 불효하였을까? 생각만 하여도 부끄러워 얼굴이 붉어진다. 이젠 어떻게 해볼 도리가 없다. 대신 누구에겐가 효도하려 해도 숙부 숙모마저 다 돌아가셨다. 나아가 종숙부님들도 다 가셨다. 외가에도 아무도 안 계신다. 정말 정철의 시조가 생각난다.

어버이 살으실 제 섬길 일란 다 하여라
지나간 후이면 애닲다 어이 하리
평생에 고쳐 못할 일 이뿐인가 하노라.

"효"에 대해서는 할 말이 없고, 다음 "제"에 대해서는 앞 유자의 말에서 다 말하였으므로 이제 다음 문장으로 가 보자. "汎愛衆하되 親仁"이라 하셨다. 이 뜻은 다분히 "친인"에 더 무게를 둔 것이다. 어진 이(賢人)에게 더 친근히 지내라는 것이다. 그런데 그 어진 이를 보는 눈이 문제이다. 분명 어진 이로 알고 친근히 하였는데 지나고 보니 그는 양의 탈을 쓴 이리인 경우가 너무 많았다. 전에도 말하였지만 나도 이런 경험을 더러 하였으므로 자신의 눈을 믿지 못하는 것이다.

끝으로 "學文"을 보자. 행유여력이면 학문하라고 하셨는데 주석에 보면 "文"은 옛날부터 있어온 글로써 시, 서, 육례 등이라고 하였다. 말하자면 그때까지의 고전인 셈이다. 그런데 언제 "효"와 "제", 그리고 "친인"까지 다하고 그리고서 남은 힘이 있겠는가? 초인이 아니고선 안 된다. 그렇다면 이 말씀은 어떻게 받아들여야 하는가? "學文"에 임하는 자세를 말하는 것이라고 보아야 할 것이다. 인간수업에는 소홀히 하면서 "學文"에만 정력을 쏟는 얼치기 지성인들에 대한 경고라고 보아야 할 것이다.

7. 子夏曰 賢賢易色　事父母能竭其力　事君能致其身
　자하왈 현현역색하며 사부모능갈기력하고 사군능치기신하며

　與朋友交　言而有信　雖曰未學　吾必謂之學矣
　여붕우교에 언이유신이면 수왈미학이라도 오필위지학의니라.

〈주석〉

子夏 : 성은 卜(복), 이름은 商, 字는 子夏이다. 공자의 제자이다.

賢賢易色 : 위의 "賢"자는 동사로서 존중의 뜻이고, 아래의 "賢"자는
　명사로 현인 (賢人)을 가리킨다. 주희(朱熹)는 "어진 사람 존중하
　기를 색을 좋아하는 마음처럼 하라."고 하였다. 혹자는 아내의 어
　짊을 중시하고 자색을 중시하지 말라고 했다.

竭 : 다함이다.

致其身 : 그 몸을 맡김이다. 직분에 몸을 주는 것을 말한다. 치(致)는
　위(委)와 같다.

〈번역〉

　자하가 말하였다.

　"현인을 존중하기를 미색을 좋아하는 것처럼 하라. 부모를 섬김에
는 능히 그 힘을 다하고 임금을 섬김에는 그 몸을 내어주고 벗과 사귐
에는 말에 신실함이 있어야 한다. 이런 사람이라면 비록 그가 못 배웠
다고 하더라도 나는 반드시 그를 배웠다고 할 것이다."

〈묵상〉

　"賢賢易色하라" 옛날이나 오늘이나 남자는 다 미녀를 좋아하였다.
그 미녀를 좋아하는 마음을 현인을 존중하는 마음으로 바꾸라는 것이
다. 그게 어디 그리 쉽게 되랴? 하지만 남자가 여색에 빠지면 인생을
망치는 것이다. 이 또한 고금에 변함이 없다. 그런데 이렇게 여색에

빠지는 마음을 현인을 존중하는 마음으로 바꾸라는 것이다. 그러니 이 말은 여색을 조심하라는 것보다 현자를 존중하라는 데에 중점을 두고 있다고 보아야 할 것이다.

그런데 오늘은, 이 존경할 현인이 많지 않다. 현인인 줄 알고 존경하였는데 어느 날 보니 아닌 경우도 흔하다. 비극이다. 우리 근대사에서도 참으로 존경을 받을 분들, 이광수나 최남선 같은 분들이 어느 날 일제의 앞잡이가 되어 있어 실망을 넘어 분노케 한 경우가 너무나 많았다. 그러므로 우리는 현인에 대한 눈을 좀 바꿀 필요가 있다고 본다. 완전한 현인을 찾지 말고 일부분이라도 나보다 나은 부분이 보이면 그 면에서만 현인으로 보고 대접하자는 것이다. 이광수의 문학적 업적, 최남선의 학문만은 내 존경의 대상으로 삼아야 한다는 것이다. 이런 맥락에서 보면 이승만도 박정희도 다 많은 부분 존경의 대상이 되는 것이다.

다음으로 부모를 섬김에 그 힘을 다하고 임금을 섬김에 그 몸을 맡긴다는 말은 기본이라 달리 덧붙일 말이 없고, 다음 벗을 사귐에 말에 신실함이 있어야 한다는 말은 깊이 음미하여 볼 것이다. 오늘의 벗은 이해타산적인 사귐이 많아 그 말에 이런 신실함이 적다. 했던 말도 불리하면 자기 좋은 대로 바꾸어 버린다. 아니면 애초에 말을 이현령 비현령으로 한다. 애초에 책임지지 않으려는 것이다. 이건 다 참다운 벗의 도리는 아니다.

끝으로 이렇게 자격을 갖춘 사람이라면 비록 그가 못 배웠다고 할지라도 나는 반드시 배웠다고 말할 것이다고 하였다. 여기서 자하가 말하는 배움이란 곧 책을 통한 지식이 아니라 인간의 기본을 닦는 것이라 할 것이다. 그러므로 이런 기본이 된 사람은 배운 사람이라고 한다는 것이다.

8. 子曰 君子不重則不威 學則不固

자 왈 군 자 부 중 즉 불 위니 학 즉 불 고니라.

主忠信 無友不如己者 過則勿憚改

주 충 신하며 무 우 불 여 기 자하고 과 즉 물 탄 개하라.

〈주석〉

重 : 莊重함이다.

威 : 위엄이다.

固 : 견고함이다.

主忠信 : 충신한 사람을 친근히 함을 말한다. 정현(鄭玄)이 말하기를
主는 친함이라고 하였다. 일설에는 "충신을 위주로 함."이라고 하
였다.

無友不如己者 : 자기보다 못한 자를 벗으로 하지 말라. 유익은 없고
손해만 있다. 無는 毋, 금지사이다. 友는 동사로 쓰였다.

〈번역〉

공자께서 말씀하셨다.

"군자는 장중하지 않으면 위엄이 없으니 배워도 견고하지 못하다.
충신한 사람을 친근히 하며 자기보다 못한 사람을 벗하지 말고 허
물이 있으면 고치기를 꺼리지 말라."

〈묵상〉

장중하다는 말은 무게가 있다는 뜻인데 이 무게가 없다면 위엄도
없어진다. 그러면 배워도 그 배움이 굳지 못하다는 것이다. 그런데
여기 "固"를 완고하다, 고집한다로 해석할 수도 있다. 그러면 "배우면
고집 부리지 않고 유연해진다."는 뜻이 된다. 또한 타당하다는 생각이
든다. 학문에 앞서 인격을 쌓으라는 말로 해석할 것이다. 그런데 문제

는 이 "무게가 있다."는 구체적인 모습이 어떤 것이어야 하는지 막연한 감이 든다. 그저 언행이 듬직한 모습 정도를 상상할 뿐인 것이다. 그 깊은 경지를 몰라 부끄럽다.

다음 "主忠信"에 대해서는 "主"를 위주로 한다고 해석함이 더 자연스러울 것 같다. 그러나 다음 "無友不如己者"와 연관을 지으면 대인관계의 요체를 말함이라고 보아 친근히 함으로 보아야 할 것이다.

마지막 "無友不如己者"에 대해서는 좀 깊이 생각하여 보아야 할 것이다. 자기보다 못한 자가 누구냐 하는 것이다, 물론 지위나 명예나 혹은 지식이나 나아가 재산 등을 두고 하는 말은 아닐 것이다. 그렇다면 덕행이나 수양 정도를 가지고 말하는데 이렇게 규정하다 보면 자기가 상당히 높은 자리에 있다는 생각이 전제가 되므로 자칫 교만에 흐를 위험이 있다. 그러므로 나는 이 말을 좀 더 적극적으로 해석하여 자기가 사귀는 모든 사람은 무언가 자기보다 나음이 있다는 자세로 임해야 한다는 것이다. 즉 "그 친구는 이런 면에서 나보다 나음이 있다." 하는 눈으로 친구를 보면 "不如己者"는 사실상 없는 것이다. 그런 자세를 가지라는 말로 해석하였으면 싶다. 그러나 공자님의 의도는 그게 아닐 것 같아 조심스럽다.

9. 曾子曰 愼終追遠   民德歸厚矣
   증자왈 신종추원이면 민덕귀후의리라.

〈주석〉

愼終 : 상을 당함에 그 예를 다함이다. 사람의 죽음을 "終"이라 한다.
追遠 : 제사에 그 정성을 다함이다. "遠"은 조상을 가리킨다.

〈번역〉

증자가 말하였다.

"상을 당함에 그 예를 다하고 조상에게 제사를 지냄에 그 정성을 다하면 백성들의 풍속과 도덕이 돈독하고 두터워질 것이다."

〈묵상〉

"愼終追遠" 이는 유가의 가장 기본적인 덕목 가운데 하나이다. 그런데 喪에 예를 다하고 제사에 정성을 다한다는 것이 구체적으로 어떻게 해야 하는 것인지에 대해서 명확한 규정이 없기에 흔히들 허례에 치우치게 된다. 내 어릴 때만 하여도 부모 3년 상 치르고 살림이 거덜난 집이 많았다. 이제는 이런 허례는 거의 없어져 다행이다. 도리어 너무 소홀히 함이 문제이다. 이제는 3년 상은커녕 1년 상도 드물고 대개 장례로 끝나거나 혹은 49제로 막음한다. 또 제사도 이젠 자정에 지내는 집이 거의 없고 대개 이른 저녁에 지내며 그 절차도 많이 간소화되었다. 또 4대까지 지내지 않고 2대로만 한정하여 지내는 집이 많다. 나아가서는 아예 기제사를 지내지 않는 집도 있다고 한다.

그러나 나는 제사의 순기능을 인정하여 제사를 꼭 지내도록 권한다. 그리고 가급적 나도 참여한다. 그러면 그 순기능은 무엇인가? 엄격하게 말하여 제사는 돌아가신 조상을 위해서가 아니고 살아 있는 자손들을 위하여서이다. 자손들이 이를 통하여 한 핏줄임을 확인하고 정을 두텁게 하는 것이다. 제사가 없다면 이런 기능을 할 기회가 많이, 아니 거의 줄어든다. 그러므로 제사를 통하여 함께 모여 그 조상을 기리며 한 자손으로서의 정을 두텁게 다시 한 번 더 확인하는 것이다. 오늘날 어디 누가 정말 신령님이 오셔서 제상의 그 음식을 자신다고 믿는가? 비록 형식이야 영신례를 갖추어 혼령을 오시게 하고 이후 잡수시도록 여러 의례를 취하지만 그것 다 그야말로 그런 형식을 갖추는 것이지 정말로 현실적으로 이루어진다고는 믿지 않는다. 이런 관점에서 천주교에서도 제사를 허용하는 것이다. 그러므로 형식이야 종래의 그 형식이든 혹은 개신교처럼 추도식으로 하든 무엇으로 하든 상관없다. 그 정신만을 지키면 된다. 그래야 그 자손들, 형제나 종형제들이 모인다. 모여야 한 자손임을 확인하고 정을 나눌 수 있다. 그러면 정말 백성들 사이에 그 덕이 두터워지는 것이다.

10. 子禽 問於子貢曰 夫子至於是邦也 必聞其政
  자금이 문어자공왈 부자지어시방야에 필문기정하시니

  求之與 抑與之與 子貢曰 夫子溫良恭儉讓以得之
  구지여아 억여지여아 자공왈 부자온량공검양이득지시니

  夫子之求之也 其諸異乎人之求之與
  부자지구지야 기제이호인지구지여라.

〈주석〉

子禽 : 성은 진(陳), 명은 항(亢), 자는 자금이다. 공자의 제자이다.

子貢 : 성은 단목(端木), 이름은 사(賜), 공자의 제자이다.

必聞其政 : 그 나라의 정사를 물음이다.

求之與 抑與之與 : "抑"은 반어사이다. "그렇잖으면"의 뜻이다. 끝의 "與"는 歟와 같다. 정현이 말하기를 "구하여서 얻으려는가? 그렇지 않으면 임금이 원하여서 주려고 하는가?"라 하였다.

溫良恭儉讓 : 공자의 성덕(盛德)을 말한다. 온은 온화, 양은 양선, 공은 공경, 검은 검소, 양은 겸양이다.

其諸 : 어조사, "혹은"이라는 뜻이다.

異乎人之求之與 : 공자가 가서 그 정치를 들음은 자연적으로 듣는 것
으로써 다른 사람이 구하는 것과는 다르다.

〈번역〉

자금이 자공에게 물었다.

"선생님께서 어느 나라에 가시면 반드시 그 나라의 정사를 들으시
는데 도대체 자신이 구해서입니까? 아니면 남들이 자원하여서 가르쳐
주시는 겁니까?" 자공이 대답하였다. "선생님께서는 온화, 양선, 공경,
검소, 겸양하셔서 선생님께서 구하시는 것은 혹 다른 사람이 구하는
것과는 다릅니다."

〈묵상〉

자공의 슬기로운 대답에 고개가 숙여진다. 자금의 질문은 자못 불
만이요, 나아가 시비조이다. 선생님께서 어느 나라에 가시면 구질구
질하게 정치를 물으며 한 자리 얻기를 구한다는 뜻이다. 옆에서 보기
가 민망하였던 것이다. 그러니 속이 상해서 불평을 하는 것이다. 이에
대답하여야 하는 자공으로서도 난처하였다. 그로서도 부정을 할 수는
없었던 것이다. 자금과 같은 아직 수준이 낮은 제자로서는 그렇게 볼
수 있었던 것이다. 그렇다고 자금의 질문에 동조할 수도 없다. 제자로
서 스승의 단처를 바로 말할 수는 없는 것이다. 물론 철든 자기 눈에
는 단처가 아니지만 그 어린 눈에는 그렇게 비치는 걸 부정할 수는
없는 노릇, 그래서 답변이 좀 엉뚱한 듯, 혹은 궁한 듯 보인다. 구하시
는 것은 사실이나 보통 사람이 구하는 것과는 다르다는 것이다. 이
대답에 자공의 지혜가 자못 높게 보인다. 남의 수하로서 어른을 모시
는 기본적인 태도가 되어 있는 것이다.

이 대답을 보면서 구약에 나오는 노아 아들들의 이야기가 생각난
다. 노아라는 노인이 포도주에 취하여 하의를 벗은 채 자고 있었다.

둘째 아들이 이를 보고 다른 두 형제에게 얘기하였다. 이를 들은 두 형제는 옷을 들고 뒷걸음쳐 들어가서 그 하체를 덮어 드리고 나왔다. 결코 그 하체를 보지 않았다. 노아가 잠을 깨어 이 사실을 알고는 그 둘째 아들을 저주하고 다른 두 아들을 축복하였다는 것이다. 예나 지금이나 남의 단점, 특히 어른의 단점은 절대로 떠벌리지 않고 보지도 말고 덮어주어야 하는 것이다. 오늘 세상은 너무 남의 단처를 까발리기를 좋아한다. 좀 모르는 척 덮어주는 아량이 요구된다. 더구나 자기의 선조이거나 혹은 자기가 모시던 사람의 단처는 되도록 덮어드려야 함이 자기의 도리이다. 그렇다고 무조건 잘못을 옹호하란 말은 아니다. 자기가 나서서 공격하는 일만은 삼가야 한다는 것이다. 그게 최소한의 예의요 도리라는 것이다. 오늘날 정치판에서 박근혜 씨에게 자꾸 5.16을 캐묻고 덤비는 것은 좀 야비한 짓이라 할 것이다. 자식에게 그것을 물어 어쩌자는 것인가? 자식으로서 그 아버지의 행위에 대하여 무어라 대답하란 말인가? 정치에서도 좀 인정이 넘치게 할 수는 없을까? 좀 더 너그럽게 좀 더 신사적으로 할 수는 없을까? 그런데 그렇게 하려면 정치가보다 먼저 국민의 의식수준이 높아져야 할 것이다. 남의 상처를 건드리고 그런 걸 캐묻고 하는 더러운 작태를 싫어하면 정치인들도 삼갈 것이다. 그러나 아직 우리의 수준이 거기까지 못 미치는지 자꾸 이런 추잡한 데 시선이 모이니 안타깝다. 적이라도 감싸 안아 주는 통넓은 정치를 보고 싶다.

자공의 지혜로운 대답이나 노아의 두 아들의 착한 행위 등은 우리에게 많은 교훈을 준다고 하겠다.

11. 子曰 父在觀其志　父沒觀其行　三年無改於父之道

자왈 부재관기지_{하고} 부몰관기행_{하야} 삼년무개어부지도_면

可謂孝矣

가위효의_라.

〈주석〉

觀其志 : 아버님이 살아 계시면 자식은 자기 마음대로 하지 못한다.
그러므로 그 뜻을 살피는 것이다.

觀其行 : 아버님이 돌아가시면 자식이 가사를 오로지한다. 그러므로
마땅히 그 행함을 살펴야 한다.

三年無改於父之道 : 자식은 3년 상(喪) 동안 아버님이 계심 같이 애모
하므로 그 도를 바꾸지 못한다.

道 : 일이다. 가사를 가리킨다. 도라고 말함은 아버님을 존중하여 하
는 말이다.

〈번역〉

아버님이 살아 계실 때에는 그 뜻을 살피고 아버님이 돌아가시면
그 행하심을 살펴 상을 당한 삼년 동안 그 일을 바꾸지 않으면 가히
효자라 일컬을 것이다.

〈묵상〉

지극한 효도의 마음이다. 아버님 생전에는 늘 대함으로 그 뜻을 잘
살필 수 있다. 잘 모르면 여쭈어 볼 수도 있다. 그러나 돌아가시면
살필 수가 없다. 그러므로 그 행하신 일을 살펴 그 뜻을 헤아려야 한
다. 그리하여 아버님 돌아가신 후에도 그의 하신 일을 3년간 바꾸지
않아야 한다. 3년이란 대개 생전과 같이 모시는 기간을 말한다. 비록
시묘까지는 못 살아도 아침저녁 상식을 올리며 섬긴다. 그러므로 그

아버님의 일을 바꾸지 못하는 것이다.

그런데 이를 문자 그대로 오늘날까지도 적용하여야 효자냐 하면 꼭 그런 것은 아니다. 왜냐하면 옛날에는 큰 변화가 없는 정체된 사회라 그 일도 그대로 이어할 수가 있으나 오늘날은 매일 같이 변하는 세상인데 앞의 세 개의 일을 그대로 답습한다면 낙오가 될 것이다. 그러므로 이는 어디까지나 그 정신을 이어받는다는 뜻으로 수용하여야 할 것이다.

12. 有子曰 禮之用　和爲貴　　先王之道　斯爲美　小大由之
　　유 자 왈　예 지 용에　화 위 귀하니　선 왕 지 도는　사 위 미라　소 대 유 지라.

　　有所不行　　知和而和　　不以禮節之　亦不可行也
　　유 소 불 행하니　지 화 이 화이나　불 이 예 절 지면　역 불 가 행 야라.

〈주석〉

　禮 : 인사(人事)의 준칙이다.

　和爲貴 : 예는 경(敬)을 주로 해야 한다. 그 사용은 종용히 예절에 합
　　　치하여야 귀하다. 和는 종용히 절박하게 하지 않는다는 뜻이다.

　先王 : 고대의 성왕(聖王)을 가리킨다.

　斯 : "여기" "이것"이다. 예를 가리키고 또한 화를 가리킨다.

　有所不行 : 이와 같이 함에도 또한 능히 행하지 못 하는 바가 있음을
　　　말한다.

　知和而和 三句 : 마융(馬融)이 말하였다. 사람이 예에서 화가 귀함을
　　　알고 매사에 화를 따르지만 예로써 절제하지 않으면 또한 행하지
　　　않는 것이다.

〈번역〉

유자가 말하였다.

"예의 쓰임은 종용히 절도에 맞음(調和)이 귀하다.

선왕의 도는 여기서 아름다워졌다. 작고 큰일이 다 이로 말미암는다.

그러나 이것이 행하여지지 않음이 있으니 화가 귀한 줄 알고 화를 이루나 예로써 이를 절제하지 않으면 또한 행하여지지 않음이 되는 것이다."

〈묵상〉

참으로 귀한 진리이다. 사람이 서로 더불어 살아가는데 和보다 더 귀한 것은 없다. 어떤 조직이거나 어느 사회에서든지 함께 살아가려면 다 그렇다. 그래서 小大由之이다. 선왕도 다 이 화를 귀하게 여겨 어진 정치를 베풀 수 있었다. 그런데 이 화를 귀하다 하여 무조건 和만 추구하려다 보면 일이 제대로 이루어지지 않음이 있는 것이다. 그러므로 화하되 예로서 이를 절제할 줄도 알아야 한다.

어릴 때 들은 이야기 하나가 기억난다.

어느 아주 깊은 산 속 절에 스님 7, 8명이 같이 생활하고 있었다. 한 겨울에 눈이 하도 많이 와서 온 산이 눈에 꽉 막히었다. 다행히 식량은 있는데 문제는 땔감이 없는 것이었다. 밥은 못해도 생식을 하면 되는데 너무 추워서 얼어 죽을 판이었다. 문짝을 떼어서 아궁이에 넣어도 며칠 버티지를 못하였다. 이제 나무라고는 목재로 된 불상 하나 뿐이었다. 그러나 차마 어이 부처님을 불사를 수야 있으랴? 그들은 참고 참았다. 그러나 한계점에 다다른 것이다. 그만 그 불상마저 아궁이에 넣고 말았다. 두려웠지만 할 수 없었다. 아니나 다를까 그날 밤 당장 노하신 부처님이 오셨다. 스님들은 엎드려 벌벌 떨고 있었다. 정신을 차리고 보니 그들이 저지른 죄가 너무나 엄청난 것이었다. 그

때 부처님이 물으셨다.

"누가 이 짓을 하였느냐?"

"저희 모두가 의논하여 하였습니다."

"나를 도끼로 쳐 아궁이에 넣는데도 한 놈도 반대한 놈이 없었더냐?"

"없었습니다. 같이 죄 짓고 같이 벌 받자고 하였습니다."

"그래?"

부처님은 더 이상 따지지 않으시고 가셨다. 비록 엄청난 죄를 저질렀지만 和를 귀하게 보신 것이다.

그러나 이 이야기에서 우리가 놓치지 말아야 할 것은 부처님이 그냥 벌을 주지 않았을 뿐이라는 것이다. 和가 귀하긴 하지만 그게 전부는 아니라는 사실이다. 이 和만 알고 참 목표, 곧 부처 섬기는 일을 잘하지 못하였으므로 그저 겨우 용서만 하였을 뿐이라는 사실이다. 화가 귀하다 해도 예로써 이를 절제하여야 하는 것이다. 비록 얼어 죽는 한이 있어도 여기서의 예, 곧 부처만은 안 된다고 하는데 뜻을 모아 화를 이루어야 하는 것이다.

13. 有子曰 信近於義 言可復也   恭近於禮 遠恥辱也
유자왈 신근어의_면 언가복야_라. 공근어례_면 원치욕야_라.

因不失其親   亦可宗也
인불실기친_{이면} 역가종야_라.

〈주석〉

信 : 約信이다.

義 : 合理이다.

言可復也 : 남과 더불어 약속을 하고 반드시 실천함이다.

復은 실천함이다.

恭 : 공경이다.

因不失其親 亦可宗也 : 親은 가히 친할만한 사람을 가리킨다. 공안국
　　(孔安國)이 말하기를 因은 친함이라고 하였다. 친근히 해야 할
　　사람에게 그 친근함을 잃지 않는다면 또한 가히 존경할 만하다는
　　말이다. 주희(朱熹)는 말하였다. 因은 依와 같다. 宗은 主와 같다.

〈번역〉

　　유자가 말하였다.

　　"남과 더불어 약속을 함에 반드시 먼저 합리함을 구하면 약속한 말
은 가히 실천할 수가 있다. 남을 공경함에 반드시 먼저 예절에 가까움
을 구하면 치욕을 멀리할 수가 있다.

　　친근히 해야 할 사람에게 네가 마땅히 친근함을 잃지 않으면 존경
할 만할 것이다."

〈묵상〉

　　남과 더불어 세상 살아가는데 많은 덕목이 있지만 가장 중요한 건
믿음이 아닌가 한다. 여기서의 믿음이란 남이 나를 믿어주는 것이다.
그러면 이 믿음은 어떻게 쌓이는가? 약속한 것을 지키는 데에서 비롯
되고 더 커져 쌓이게 된다. 그런데 살다보면 약속을 못 지키는 경우가
종종 있다. 그러므로 약속을 신중히 해야 한다. 반드시 지킬 수 있느
냐를 따져 가능할 때에만 약속하여야 한다. 이것이 합리함을 구하는
것이다. 이 합리함이 있으면 그 약속한 말은 가히 이룰 수가 있는 것
이다.

　　다음으로 남을 공경함에도 예절에 맞아야 한다. 지나치게 공경함은
비굴에 가깝고 나아가 아첨이 되기 쉽다. 오히려 상대를 욕보이게 된

다. 반대로 조금 소홀히 하면 교만에 이른다. 정도에 맞게 공경하여야 예에 맞는 것이다.

끝으로 친근히 해야 할 사람에게 친근히 함을 잃지 않는다는 말은 좀 어려운 말 같기도 하다. 그러나 실은 흔히 우리 사귐에 이와 반대되는 경우가 나타나기도 한다. 너무 친하여 예의를 벗어나는 경우가 있다. 너무 친한 나머지 친압(親狎)의 지경에 이르면 파탄의 길로 가게 된다. 친한 사이라도 그 친함을 잃지 않으려면 적당한 예의가 있어야 한다. 이를 실천한다면 피차가 친하면서도 서로 존경할 만한 사이가 될 것이다.

14. 子曰 君子食無求飽　居無求安　敏於事而 愼於言
　　자왈 군자식무구포_{하고} 거무구안_{하며} 민어사이 신어언_{하고}

　　就有道而正焉　可謂好學也已
　　취유도이정언_{이면} 가위호학야이_라.

〈주석〉

　食無求飽居無求安 : 無求란 억지로 구함을 말한다. 주희가 말하였다.
　　편안함과 배부름을 구하지 않음은 뜻을 가졌기에 구할 틈이 없는
　　것이다.

　敏 : 민첩함이다.

　愼 : 근신이다.

　就有道而正焉 : 就는 친근, 有道는 도덕을 가진 사람, 正은 그 시비를
　　물어 바로잡음이다.

〈번역〉

공자께서 말씀하셨다.

"군자는 음식을 대하여는 배부름을 구하지 아니하고 거처에는 평안함을 구하지 아니하며 일은 민첩하게 하고 말은 조심해서 하며 또 도덕 있는 자에게 친근히 하여 자기의 잘못을 바로잡는다면 가히 배움을 좋아한다고 말할 수 있다."

〈묵상〉

군자가 되려면 먹고 자는 문제에서 벗어나야 한다. 벗어나는 길은 먹는 데 배부름을 구하지 아니하고 자는 데 평안함을 구하지 아니하면 되는 것이다. 그렇게 어려운 일이 아닌데 많은 분들이 이에 걸려 넘어지는 경우를 많이 본다. 고위 공직자뿐만 아니라 나아가 전직 대통령까지 뇌물에 연루됨이 모두 이 먹고 자는 문제에 너무 집착하다 당하는 것이다. 그러나 어느 정도 덕성을 갖춘 분들은 이 단계는 넘어선다.

다음 단계, "일에는 민첩하고 말에는 신중히 하는" 단계는 그리 쉽지 않다. 대부분 일은 느리고 말은 빠르다. 언제나 일 보다 말이 빨리 나오는 것이다.

이 단계도 어려운데 다음 단계 "도를 가진 이에게 나아가 자기의 행위를 바로잡는다."는 단계는 참으로 어렵다. 많은 경우 자기의 판단이 옳다고 여겨 남의 충고를 들으려 하지 않는다. 하물며 자기가 일부러 나아가 듣는다는 것은 참으로 어려운 것이다. 그러나 이 단계에까지 나아가야 "호학"이라는 말을 들을 수 있는 것이다.

군자에서 호학, 참으로 어렵고 긴 코스이다.

15. 子貢曰 貧而無諂　富而無驕 何如　子曰 可也

자공왈 빈이무첨하고 부이무교면 하여니까? 자왈 가야나

未若貧而樂　富而好禮者也

미약빈이락하고 부이호례자야라

子貢曰 詩 云 如切如磋　如琢如磨　其斯之謂與

자공왈 시에운 여절여차하며 여탁여마라 하니 기사지위여아?

子曰 賜也　始可與言詩已矣　告諸往而知來者

자왈 사야는 시가여언시이의로다. 고저왕이지래자로다.

〈주석〉

諂 : 아첨이다. 곧 비굴한 언어와 태도로 다른 사람을 받드는 것이다.

驕 : 남을 대하여 오만함이다.

貧而樂 : 安貧樂道이다. 鄭玄이 말했다. 樂이란 도에 뜻하여 가난하여
　　도 근심하거나 괴로워하지 않음을 말한다.

富而好禮 : 주희가 말했다. 예를 좋아하면 편안히 선에 처하여 이치에
　　따름을 즐기나니 또한 그 부함을 알지 못한다.

詩 : 詩經을 가리킨다.

如切如磋 如琢如磨 : 시경 위풍(衛風) 기오편(淇奧篇)의 句이다. 절차
　　탁마의 공을 가하지 않으면 능히 그릇이 못 됨을 말하나니 대개
　　학문의 공을 말한다. 뼈를 다듬는 것을 切, 뿔을 다듬는 것을 磋,
　　옥을 다듬는 것을 琢, 돌을 다듬는 것을 磨라 한다.

諸 : 之於이다. 往 : 이미 말한 것 來 : 아직 말하지 않은 것

〈번역〉

자공이 말하였다.

"가난하면서도 아첨하지 않고 부하면서도 교만하지 않으면 이런 사

람은 어떻습니까?"

공자께서 말씀하셨다.

"괜찮다. 그러나 가난하면서도 도를 즐기고 부하면서도 예를 즐길 줄 아는 사람보다는 못하다."

자공이 말하였다.

"시경에서 말하기를 '여절여차 여탁여마'라 하는 것이 이런 뜻이군요."

공자께서 말씀하셨다.

"賜야, 비로소 너와 더불어 시를 말할 수 있구나. 지난 것을 알리면 아직 오지 않은 것도 아는구나."

〈묵상〉

"切磋琢磨"라는 말이 이에서 연유되었다. 더욱 더욱 갈고 닦는 자기 노력을 말한다. 이렇게 자기 향상을 위해 노력한다면 정말 가난하면서도 도를 즐기고 부유하면서도 예를 즐길 줄 아는 지경에 다다르리라. 스승과 제자, 그 스승에 그 제자와의 대화. 참으로 아름답다. 한 폭의 그림을 보는 듯 하다. 이런 스승을 모셔 보았으면…. 이런 제자를 길러 보았으면…. 그러나 다 지나친 욕심. 내 바탕이 되어야 하거늘.

16. 子曰 不患人之不己知　患不知人也
   자왈 불환인지부기지하고 환부지인야니라.

〈주석〉

患 : 걱정

不己知 : 不知己의 도치형이다. 남이 나의 학문과 도덕, 수양 등을 알 아주지 않음이다.

<번역>

공자께서 말씀하셨다.

"남이 나를 알아주지 않더라도 걱정하지 말고 내가 남을 알지 못함을 걱정하라."

<묵상>

학이편 첫 머리의 "人不知而 不慍 不亦君子乎?"와 거의 같은 내용이라 할 것이다. 首尾相關의 기법이라 할까?

청년 시절 내 책상머리에 붙여 두었던 警句이다. 나는 남의 눈을 많이 의식하였던 것 같다. 그래서 이런 경구를 붙여두기까지 하였던가 보다. 그런데 더욱 기 막히는 사실은 지금도 이 의식은 크게 변하지 않고 있다는 것이다. 참으로 부끄러운 고백이다. 지금도 조그만 칭찬에 우쭐해 하고 조그만 질책에도 아파한다. 초연하지는 못해도 좀 둔하여지기라도 해야 하는데 그렇지 않고 오히려 더 예민해지니 참 한심하다 하겠다.

이젠 정말 나를 알아주지 않는다고 아파할 게 아니라 눈을 돌려 남의 장점을 보지 못하는 나를 걱정하고 나아가 아파하기까지 해야 할 것이다. 주위에 그렇게 스승이 많은데 나는 늘 나를 스승으로 여겨 달라고 애원하니 이게 참으로 창피한 노릇이 아니던가? 한편 불쌍한 노릇이기도 하다.

爲政 第二

1. 子曰 爲政以德 譬如北辰 居其所 而衆星共之
자왈 위정이덕이면 비여북신이 거기소하야 이중성공지니라.

〈주석〉

爲政以德 : 도덕에 의지하여 국가 정사를 다스림이다. 爲는 다스림이
요, 以는 의지함이다.

北辰 : 북극성이다. 옛 사람들은 북극성은 하늘의 중추에 거하여 安然
不動한다고 생각하였다.

共 : 供과 같다. 둘러쌈이요, 歸向이다.

〈번역〉

공자께서 말씀하셨다.

"임금이 도덕에 의지하여 나라를 다스린다면 비유컨대 북극성이 하
늘의 중앙에 그냥 앉아 있어도 뭇 별들이 둘러싸서 그에게로 돌아가
는 것과 같을 것이다."

〈묵상〉

북극성은 아무런 하는 일이 없다. 그냥 앉아있기만 한다. 그럼에도
뭇 별들이 다 그를 둘러싸고 그에게로 돌아온다. 덕이 있기 때문이다.
덕으로써 나라를 다스림도 이와 같다는 것이다. 무엇을 하노라고 야
단하는 사람치고 제대로 하는 경우가 그리 흔하지 않다. 무엇을 하노
라고 야단하면 그만큼 허식이 많은 것이다. 참으로 잘 다스리는 사람
은 말이 적다. 말을 하지 않아도 다스림 받는 사람이 안다. 이런 사람
은 다스린다고 야단하지 않고 그냥 그 자리에 가만히 앉아 있기만 하
여도 잘 다스려진다. 이게 참으로 잘 다스리는 것이다. 곧 덕으로써
다스리는 결과이다. 나라를 다스리는 경우만이 아니다. 모든 인간사
에서 다 그렇다. 덕으로써 다스려야 제대로 다스려지는 것이다. 이

다스림은 요란하지 않다. 지도자는 그저 그냥 그 자리에 있기만 한다. 그런데도 잘 다스려진다. 신통치 못한 지도자일수록 간섭이 많고 말이 많다. 그만큼 능률은 낮아지는 걸 모르기 때문이다. 그저 제 자리에 가만 앉아 있어도 잘 다스려지는 시스템이어야 바람직한 참으로 잘 다스려지는 조직이다. 그리하여 요 임금도 순 임금도 그저 가만 남쪽을 향하여 앉아 있기만 했다고 한다.

2. 子曰 詩三百 一言以蔽之 曰思無邪
  자왈 시삼백을 일언이폐지면 왈사무사니라.

⟨주석⟩

詩三百 : 시경 305편이다. 여기서 三百이라 함은 그 대강을 말한 것이다.

一言 : 한 마디의 말.

蔽 : 개괄(槪括).

思無邪 : 작자의 사상이 純正하여 사특함이 없음을 말한다.

思 : 사상이다. 혹 語辭라고도 한다.

⟨번역⟩

공자께서 말씀하셨다.

"시경 삼백 편의 시를 한마디로 개괄하면 작자의 사상이 순정하여 사특함이 없다는 것이다."

⟨묵상⟩

아시다시피 시경은 공자께서 당시에 궁중에서나 혹은 민간에서 불려 지던 노래들 3,000여 편을 수집한 후 그 가운데 300여 편을 선정하고 이를 풍(風), 아(雅), 송(頌), 세 부류로 나누고 나아가 직접 산정하여 편찬하셨다고 한다. 그렇다면 누구보다 시경에 대하여 잘 아신다고 할 것이다. 그렇게 알고 보니 한마디로 개괄하여 "思無邪"라는 것이다. 이 말을 뒤집으면 공자의 선정 기준이 "思無邪"였다고도 할 것이다.

그럼 "思無邪"란 무엇인가? 이에 대하여 주자는 그의 시경 주석 서문에서 시경은 "哀而不傷, 樂而不淫"이라고 정의하였다. 이 경지가 바로 "思無邪"일 것이다. 그렇다. 슬프면서도 感傷(센치멘탈)에 젖지 않고 즐거우면서도 음란에 빠지지 않은 게 바로 "思無邪"가 아닐까? 시의 평가 기준이 오늘날도 이에 바탕하여야 할 것이다. 구약 성경 시편의 시나 아가서 같은 시도 이에 해당하는 시가 아닐까 생각해 본다. 그렇다. "愛而不傷 樂而不淫" 하여 결국 "思無邪"에 이른 것이다.

3. 子曰 道之以政   齊之以刑   民免而無恥
   자왈 도지이정하고 제지이형이면 민면이무치니라.

   道之以德   齊之以禮   有恥且格
   도지이덕하고 제지이례면 유치차격이니라.

〈주석〉

道之以政 : 법제와 금령으로 민중을 영도함. 道는 인도함. 之는 민중을 가리킨다. 政은 법제와 금령이다.

齊之以刑 : 이끌어도 따르지 않으면 형벌로써 그들을 가지런히 함이다. 齊는 정돈함이다.

民免而無恥 : 형벌은 겨우 면하나 부끄러워하는 마음은 없음을 말한다.

禮 : 制度 品切이다.

有恥且格 : 백성이 不善을 부끄러워하며 나아가 선에 다다름을 말한
다. 格은 다다름.

〈번역〉

　공자께서 말씀하셨다.

　"법제와 금령으로 백성을 이끌고 형벌로써 다스리면 백성은 겨우
형벌은 면하나 부끄러움은 모른다. 덕으로써 인도하고 예로써 다스리
면 부끄러움도 알고 나아가 바름에 다다른다."

〈묵상〉

　공자님다운 말씀이긴 하나 오늘날 같이 이렇게도 패역한 사회에서
는 참으로 통할는지 의문이다. 이게 통하려면 먼저 다스리는 자 자신
이 도덕적으로 지탄을 받지 않는 자가 되어야 할 것이다. 요즘처럼
다스리는 인사가 먼저 부패하여 있는데 어찌 덕을 논할 수가 있고 예
를 말할 수가 있는가? 먼저 다스리는 자가 덕을 논하고 예를 실천할
수 있는 경지에 다다른 다음에 백성에게 다가가야 가능할 것이다. 그
런데 다스리는 자의 가장 위에 있는 대통령, 그와 그의 집 청와대로부
터 부정, 부패의 냄새가 풍겨 나와 온 나라에 진동하니 어찌 이 나라가
온전히 되랴? 이만큼이나마 견디는 게 신기할 따름이다.

　이렇게 생각하면 참으로 우리 한국 사회가 암담하다는 좌절감이 든
다. 하지만 다른 한편 참으로 덕을 실천하고 예를 갖춘 많은 분들이
계신다. 이들이 계시기에 그래도 이 더러운 와중에도 이만큼이나마
굴러가는 게 아닐까? 진정 이런 분들에게 감사한다. 그리고 나도 이런
부류에 들고자 노력해야겠다.

4. 子曰 吾十有五而志於學　三十而立　四十而不惑

자왈 오십유오이지어학 하고 삼십이립 하고 사십이불혹 하고

五十而知天命　六十而耳順　七十而從心所欲不踰矩

오십이지천명 하고 육십이이순 하고 칠십이종심소욕불유구 하다.

⟨주석⟩

吾十有五而至於學 : 有는 又, 또이다. 志는 마음이 향하는 바이다. 邢
炳(형병)이 말하였다. 소년이 되는 나이에 생각이 발라 이에 배움
에 뜻을 두었다는 말이다.

而立 : 성립되는 바가 있음이다.

不惑 : 사리의 당연한 바에 모두 의심이 없음이다.

知天命 : 朱熹가 말하였다. 천명은 곧 천도가 流行하면서 物에 부여한
것으로 이에 사물의 당연한 까닭이다. 이에 인생의 일체 당연한
道義와 책임을 가리킨다.

耳順 : 鄭玄이 말하였다. 그 말을 듣고서 그 미세한 뜻을 아는 것이다.

從心所慾不踰矩 : 그 마음이 하고자 하는 바를 따라도 스스로 법도를
넘지 않음이다. 從은 따름이다. 矩는 고대 工匠들이 직선이나 곡
선을 그을 때 쓰던 도구로 법도의 뜻으로 쓰였다.

⟨번역⟩

공자께서 말씀하셨다.

"나는 십오 세에 곧 한 마음으로 배움에 나아갔으며 삼십 세에 능히
성립한 바를 굳게 지키었고 사십 세에는 일체 사리에 대하여 능히 통
달하여 의심되는 바가 없었으며 오십 세가 되어서는 능히 천명의 도
리를 알았고 육십 세가 되어서는 능히 남의 말을 듣고서 곧 참인지
거짓인지, 옳은지 그른지를 알았으며 칠십 세가 되어서는 능히 마음

이 하고자 하는 바를 따라가도 법도의 경계를 넘지 않았다."

〈묵상〉

이 말씀에 나는 어려서부터 기가 죽었다. 도저히 이를 수 없는 경지
이기 때문이다. 솔직히 말하거니와 나는 아직 15세, "志學"의 경지에도
못 다다랐다고 고백할 수밖에 없다. 아직도 책을 드는 순간보다 바둑
장기 두는 시간이 더 즐겁고 좀 깊이 있는 책은 조금만 읽어도 그만
골치가 아파 덮고 싶은 것이다. 학문에 뜻을 두어보지도 못하면서 "從
心所欲 不踰矩"의 나이에 이르렀으니 차마 어이 고개를 들랴. 이런 형
편이니 인생관이 확립되는 "而立"의 경지도, 일체의 유혹에서 자유로
운 "不惑"의 경지에도 그리고 무슨 말이든 다 받아들일 수 있는 "耳順"
의 경지도 다 경험해 보지 못하고 그만 이 나이에 이른 것이다. 어쩌
다 이렇게 되었는지? 참 한심하다. 이렇게 그만 허무하게 가는가?

5. 孟懿子 問孝   子曰 無違   樊遲御   子告之曰
   맹의자 문효한데 자왈 무위니라. 번지어러니 자고지왈

   孟孫 問孝於我   我對曰無違
   맹손이 문효어아어늘 아대왈무위라 하다.

   樊遲曰 何爲也   子曰 生事之以禮   死葬之以禮
   번지왈 하위야오? 자왈 생사지이례하고 사장지이례하며

   祭之以禮
   제지이례니라.

〈주석〉

孟懿子 : 노 나라 대부(大夫). 성은 중손(仲孫). 이름은 하기(何忌). 懿

는 그의 시호이다.

無違 : 예절에 위배되지 않음이다.

樊遲 : 이름은 수(須). 공자의 제자이다.

御 : 수레를 모는 것이다.

孟孫 : 곧 仲孫이다.

生事之以禮 : 多溫夏淸(겨울에는 따뜻하게 여름에는 시원하게 함), 昏
定晨省(저녁에는 이부자리 펴 드리고 아침에는 문안드림) 등이다.

死葬之以禮 : 수의를 입혀 관에 모시고 좋은 자리를 찾아 장례를 지내
는 것이다.

祭之以禮 : 춘추 제사에 때로 그리워하며 簠簋(보궤)를 차려 놓고 슬
퍼하는 등을 말한다.

〈번역〉

맹의자가 공자에게 효도에 대하여 물었다.

공자께서 말씀하셨다.

"위배하지 말라."

뒤에 번지가 공자를 수레에 모시게 되었는데 공자께서 그에게 말씀
하시기를 "맹손이 나에게 효도에 대해 묻기에 내가 대답하기를 '위배
하지 말라.'고 하였다." 번지가 말하기를 "그게 무슨 뜻입니까?" 공자
께서 말씀하셨다.

"부모님이 살아 계실 때에는 예로써 섬기고 돌아가시면 예로서 장
사를 지내고 제사도 예로써 지내야 한다."

〈묵상〉

공자는 언제나 개인을 상대로 그에게 적합한 도리를 가르치셨다.
맹손은 노 나라의 대부로서 왕 이상의 권세를 행사하던 사람이다. 그
리하여 참람한 짓을 많이 저지르는 사람이었다. 그러므로 그에게 효

도를 설명함에 예절에 위배되지 않는 게 효도라고 하셨다. 효도를 가르치면서 오히려 더 나아가 네가 지금 저지르는 월권이 큰 잘못임을 알라고 가르치는 것이다. 효도도 예절에 맞게 하라는 것이다.

오늘날의 효도도 똑같은 게 아닌가 여겨진다. 물론 집안에서 잘 섬김이 효도임에는 틀림이 없다 그러나 그 아들이 밖에서 남의 원성을 듣는다면 그 부모가 편안할 수가 없다. 결국 불효하게 되는 것이다. 그러므로 모든 일을 예절에 맞게 처리함이 궁극적으로 효가 되는 것이다.

6. 孟武伯　問孝　子曰 父母唯其疾之憂

맹무백이 문효하니 자왈 부모유기질지우니라.

〈주석〉

孟武伯 : 맹의자의 아들이다. 이름은 체(彘)이다. 武는 시호이다.

父母唯其疾之憂 : 其는 자녀를 가리킨다. 마융(馬融)이 말하였다. "효자는 망령되이 잘못을 저지르지 않아도 질병이 들면 부모로 하여금 근심하게 한다."

〈번역〉

맹무백이 효도에 대하여 물었다.

공자께서 말씀하셨다.

"부모는 오직 그 자식의 병을 근심한다."

〈묵상〉

공자는 언제나 개인에 맞는 말을 주신다. 여기 맹무백은 아마 몸이 허약하였던 모양이다. 그러므로 공자께서 너는 무엇보다 네 건강을 잘 챙기는 것이 효도라는 것이다. 사실 부모가 가장 가슴 아파하는 것은 자식의 건강이다. 남의 자식이 된 사람은 이 점을 유념해야 한다. 자기 건강을 훼손하여 부모를 근심하게 하는 것이야 말로 크나큰 불효인 것이다.

7. 子游問孝　子曰 今之孝者　是謂能養
   자유문효러니 자왈 금지효자는 시위능양이나

   至於犬馬　皆能有養　不敬　何以別乎?
   지어견마라도 개능유양이라. 불경이면 하이별호아?

〈주석〉

　子游 : 성은 言이요, 이름은 언(偃)이다. 자는 자유이다. 공자의 제자이다.

　是謂能養 : 다만 음식으로써 부모를 봉양할 줄만 아는 것이다. 是는 祇(지 다만)이다.

　至於犬馬皆能有養 : 朱熹가 말하였다. 사람이 개나 말을 기를지라도 다 능히 이를 먹여 살린다는 것이다.

　不敬何以別乎? : 만약 능히 그 부모를 봉양만 하고 공경하지 않는다면 개나 말을 기르는 것과 무엇이 다르랴?

〈번역〉

　자유가 효도에 대하여 물었다. 공자께서 말씀하셨다.

　"오늘날의 효도라는 것은 능히 봉양하는 것을 말하는데 개나 말도 다 능히 기르지 않느냐? 공경함이 없다면 개나 말을 기르는 것과 무엇이 다르겠는가?"

<묵상>

　　이 말씀은 정말 오늘의 세태에서 다시금 되새겨 보아야 할 말씀이
라 여겨진다. 솔직히 말하여 오늘날 개를 기르는 정성만큼 부모를 봉
양함에 그런 정성이 있던가? 특히 아파트에서 보면 젊은 여자들이 개
를 키우는 정성은 지극하다. 저 정성의 반만 부모에게 드려도 효부라
일컬어질 것 같다. 그러나 실상은 그 반에 반도 못 미치는 것 같다.
이런 엄마 밑에서 자란 어린 손자 손녀들은 정말 그 조부모를 개만도
섬기지 못하는 현상이 다반사이다. 이는 어디까지나 그 부모들이 그
러니 은연중 따라 배우는 것이다. 그러므로 자식 앞에서 그 부모를
공경하는 태도를 보여야 자기도 이다음 그런 공경을 받을 것인데 이
를 모르는 것 같아 참으로 안타깝다.

8. 子夏問孝　　子曰 色難
　　자하문효하니 자왈 색난이라.

有事　　弟子服其勞　　有酒食　　先生饌　　曾是以爲孝乎?
　　유사이면 제자복기로하고 유주식이면 선생찬이 증시이위효호아?

<주석>

　色難 : 부모를 섬김에 오로지 화락한 얼굴과 기쁜 낯빛으로 하기가 어
　　　　렵다.
　食 : 밥이다. 음식을 밀한다.
　先生 : 父兄을 말한다.
　饌 : 그에게 먹임이다.
　曾是以爲孝乎? : 이와 같이 한다고 효라 할 수 있는가? 曾은 내(乃 이

에)이다.

<번역>

자하가 효도에 대하여 물었다. 공자께서 말씀하셨다.

"화목한 얼굴과 기쁜 낯빛을 하기가 어려우니라. 일이 있으면 아들들이 그 수고를 다하고 음식이 있으면 먼저 잡수시게 한다고 하여 이를 효도라 할 수 있겠는가?"

<번역>

역시 효도는 수고하고 먹고 입히는 봉양만으로는 안 된다는 것이다. 얼굴을 맑게 온순하게 그리고 화목하게 하라는 것이다. 어른 앞에서 공손한 모습을 갖추고 웃는 낯빛으로 대한다는 것이 그리 쉬운 일이 아니다. 다 자기 개인의 일이 있으므로 때로는 불편한 모습도 보일 수 있고 심지어는 성난 얼굴을 지을 수도 있다. 또는 근심스러운 모습을 지을 수도 있다. 나아가 일이 잘 안 될 때는 괴로운 모습까지 지을 수도 있다. 그러나 이런 것이 다 불효라는 것이다. 참으로 옳은 말씀이다. 어른은 자식의 낯빛을 늘 살핀다. 특히 시어머니는 며느리의 낯빛에 더 예민해 한다. 또 딸의 집에 얹혀사는 장인 장모는 늘 사위의 안색을 살핀다. 부모를 모시는 분들은 이를 깊이 명심하여야 할 것이다.

9. 子曰 吾與回　言終日　　不違如愚
자왈 오여회로 언종일하여도 불위여우러니

退而省其私　　亦足以發　　回也不愚
퇴이성기사하면 역족이발하니 회야불우니라.

〈주석〉

回 : 성은 안(顏)이요, 이름은 회이다. 자는 자연(子淵)이고 공자의 제
자이다.

不違 : 뜻이 서로 배반되지 않으며 듣고 받아들임만 있고 어려움을 질
문함이 없다.

退而省其私 : 退는 선생이 계시는 곳으로부터 물러남이다. 私는 사
사로이 마주하여 토론함이다. 孔安國이 말하기를 "그가 물러 나
와서 자기들끼리 도의를 말하는 것을 살피는 것이다."고 하
였다.

發 : 發明이다. 闡發(천발)이다.

〈번역〉

공자께서 말씀하셨다.

"내가 회로 더불어 종일토록 말을 하여도 뜻이 서로 맞는 듯 질문함
이 없어 마치 어리석은 듯 했다. 물러난 뒤 그 사사로이 토론하는 걸
살피면 또한 족히 발명하는 바가 있으니 회는 결코 어리석지 않다."

〈묵상〉

어떻게 이런 경지에 다다를 수 있을까? 남 보기엔 어리숙하나, 심지
어 스승이 보시기에도 어리석은 것 같으나 실제로는 열심히 나아가고
있는 사람, 참으로 두려운 사람이다. 대개의 경우 속이 덜 찬 사람들이
더 출랑거린다. 무엇을 한다고 야단하는 사람치고 제대로 하는 사람
이 그리 흔하지 않다. 묵묵히 말없이 하는 사람이 무언가를 이루는
것이다. 더구나 허풍을 떠는 사람은 대개의 경우 사기로 전락하는 경
우를 많이 본다. 안회처럼 어리석은 듯 보이나 제 길을 열심히 걷는
사람이 그립다. 그런 사람을 따르고 싶다. 아니 내가 먼저 그런 사람
이 되도록 노력하여야 하겠다.

10. 子曰 視其所以　　觀其所由　　察其所安　　人焉瘦哉
    자왈 시기소이하고 관기소유하며 찰기소안하면 인언수재아?

    人焉瘦哉
    인언수재아?

〈주석〉

    以 : 爲이다. 하는 것이다.

    由 : 從이다. 말미암음이다.

    安 : 樂이다. 마음이 즐거운 것이다.

    人焉瘦哉 : 사람을 보는 것이 이와 같은데 어찌 그 사정을 감출 수가
        있겠는가? 함이다. 焉은 어찌이고 瘦는 감추는 것이다.

〈번역〉

    공자께서 말씀하셨다.

    "먼저 그가 하는 일을 보고 다시 그가 하는 일의 동기를 보고 그러
고 난 후 깊이 그가 한 일에 대하여 마음으로 즐거워하는 가를 살핀다
면, 이렇게 한 개인의 옳고 그름을 살핀다면 그가 어떻게 감출 수가
있겠는가? 그가 어떻게 감출 수가 있겠는가?"

〈묵상〉

    사람은 만인의 중시하에 노출되어 있다. 결코 숨길 수 없다. 감춘다
는 게 어리석은 일이다. 그러므로 먼저 숨길 일이 없어야 한다. 숨기
는 것은 무언가 부끄러움이 있기 때문인 것이다. 그러나 세상 살다보
면 참으로 부끄러워 숨기고 싶은 일들이 있기 마련이다.

    그럼 어찌해야 하는가? 가급적으로 먼저 밝히는 게 좋다. "나는 이
런 죄를 지었소." 하고 밝히면 더없이 마음이 편하다, 그러나 이때 자
기 한 사람에게만 관련된 일이라면 밝혀 마음의 짐을 벗으면 그만이

지만 남과 관련된 일일 때는 그 사람의 처지를 깊이 생각하고 밝혀야한다. 예를 들어 내가 남의 집 돈을 훔쳤다면 밝히고 갚으며 용서를 구하면 된다. 갚을 능력이 없으면 찾아가 우선 용서를 빌고 다음 갚기를 약속하여 양해를 구하면 된다. 그러나 내가 간음죄를 저질렀다면 이를 경솔히 밝힐 경우 많은 사람이 연관되어 본의 아니게 피해를 입히게 된다. 자칫 남의 집을 파멸로 몰고 갈 수도 있는 것이다. 그러므로 먼저 언제나 나 자신은 노출되어 있음을 알고 감추고 싶은 일을 저지르지 말아야 하고 어쩌다 잘못되어 저질렀다면 곧 현명하게 뒤처리를 하여야 할 것이다.

11. 子曰 溫故而知新   可以爲師矣
자왈 온고이지신이면 가이위사의니라.

〈주석〉

溫故 : 옛 지식을 복습함이다. 溫은 찾아 해석함이다. 故는 옛날에 들은 것이다.

知新 : 새로운 지식을 깨우침이다. 新은 새로 얻은 바이다.

〈번역〉

공자께서 말씀하셨다.

"전에 배운 바 지식을 복습하고 새로운 도리를 깨우치면 남의 스승이 될 수 있다."

〈묵상〉

溫故知新은 스승이 되는 길만이 아니다. 모든 사람들, 어디 어느 곳에서 종사하는 사람이든지 이를 잘 활용하여야 한다. 그런데 오늘날 너무나 빠른 변화를 가져오는 세상에서 흔히들 젊은이들은 知新에만 정신이 팔려 溫故를 소홀히 하는 경향이 아주 많다. 그러나 온고를 해야 지신도 올바르게 될 수 있다. 오늘은 어제가 이어져 있기 때문이다. 반대로 늙은이들은 온고를 너무 고집한다. 발전이 더딜 수밖에 없다. 온고하면서 지신을 하여야 한다. 그러면 과연 스승이 될 수 있는 것이다.

12. 子曰 君子不器

자 왈 군 자 불 기 니라.

〈주석〉

君子不器 : 재주와 덕이 있는 사람은 몸에 갖추지 않음이 없고 쓰임에 두루하지 않음이 없어 다만 한 가지 재주, 한 가지 기술만 갖는 것이 아님을 말한다. 군자는 재주와 덕을 갖춘 사람을 가리키고 器는 그릇이고 器具이다.

〈번역〉

공자께서 말씀하셨다.

"군자는 일반으로 쓰는 그릇과 같지 않아 하나의 용도에만 쓰이지는 않는다."

〈묵상〉

얼른 들으면 현대에서는 이 말이 적합하지 않은 경우가 많다고 느껴진다. 왜냐하면 현대에는 두루 쓰이는 그릇보다는 한 가지에만 잘 쓰이는 그릇을 요구하기 때문이다. 예를 들면 김연아는 춤만 잘 추면 된다. 그것도 얼음 위에서만 잘 추면 된다. 박지성은 축구만 잘 하면 된다. 그들에게 음악을 요구할 필요는 하등 없다. 더구나 수학이다 국어다 하는 공부를 하라고 할 필요도 거의 없다. 그것 몰라도 된다. 곧 한 가지만 잘하면 된다. 그런데 두루 하라니 선수, 나아가 전문인은 나오기 어려운 것이다. 그래서 이 말은 오늘에는 어울리지 않는다고 말할 수도 있다. 하지만 그들이 선수나 전문인은 되지만 군자는 못 되는 수도 있는 것이다.

여기서 말하는 군자는 그런 기예 방면이나 전문 분야의 달인을 말하는 게 아니다. 당시의 군자가 하는 일이란 적어도 나라를 경영하는 일을 말하는 것이다. 그러므로 "出將入相"이란 말이 있다. 군자의 이상형이었다. 곧 나가면 장수요, 들어오면 정승이었던 것이다. 곧 한 가지 장수로서만 능력이 있는 게 아니라 들어와 정승으로서도 능력을 발휘하는 것이다. 이게 군자다. 우리나라에서도 김부식이나 김종서 같은 분이 이에 해당할 것이다. 비록 이런 큰 일이 아니더라도 두루 쓰일 수 있는 인물, 곧 군자란 그 나름의 능력과 덕을 갖춘 사람으로서 어디 내 놓아도 바르게 일하는 사람, 성실히 일하는 사람, 편벽되지 않고 보편타당하게 처리하는 사람 등을 군자라 할 것이다.

13. 子貢 問君子 子曰 先行其言 而後 從之
자공이 문군자하니 자왈 선행기언이요 이후 종지니라.

〈주석〉

先行其言 : 말하기 전에 행하는 것이다.

而後從之 : 이미 행한 뒤에 말하는 것이다.

자공이 공자에게 군자에 대하여 물었다. 공자께서 말씀하셨다.

"말하기 전에 먼저 행하고 그 뒤에 말하는 것이다."

〈묵상〉

"실천이 앞서고 말이 뒤따라야 한다." 제발 이 말을 오늘날 한국의 정치가들에게 들려주고 싶다. 왜 그렇게들 말이 요란한지?

공자에게 이 말을 물은 자공은 말에 능한 사람이라고 한다. 논어 선진편에 나온다. 그런 인물이기에 공자님은 "너는 말이 앞서는 사람이야, 말보다 실천을 먼저 해."라고 하시는 것이다. 공자님은 언제나 그 형편 그 경우를 따라 교육을 하시는 분이시다. 그래서 말 잘하는 자공에게 그 단점을 은근히 지적하며 가르치는 것이다. 예로부터 말 잘하는 사람치고 행동이 앞서는 사람이 드물다. 그래서 공자님은 늘 語訥하여야 한다고 경계하신 것이다. 참으로 오늘날 정치가들이 좀 이러했으면 좋겠다.

14. 子曰 君子 周而不比 小人 比而 不周

자왈 군자는 주이불비하고 소인은 비이 부주니라.

〈주석〉

周而不比 : 朱熹가 말하였다. 周는 보편이요, 比는 偏黨으로 자기편 사람과 더불어 親厚한 뜻이다.

〈번역〉

공자께서 말씀하셨다.

"군자는 사람을 대접함에 보편적이요 친후하게 하되 당을 만들어

사사로움을 경영하지 않으며 소인은 당을 만들어 사사로움을 경영하
며 두루 보편적으로 친후하게는 못한다."

〈묵상〉

　군자 되기 그리 쉬운 것은 아니다. 그런 줄은 안다. 더구나 군자의
경지가 어느 정도인가를 짐작하기도 쉽지 않다. 그런데 이 말씀은 군
자의 조건 가운데 아주 중요한 조건을 하나 제시하고 있다. 군자는
보편적이라는 것이다. 아주 특수한 경지에서 사람을 사귀는 게 아니
라 보편적이라는 것이다. 이 "周"라는 글자에 깊은 뜻이 있다. "두루
한다."는 뜻인데 편벽되이 사귀지 않는다는 것이다. 그러나 우리의 현
실은 얼마나 편벽되는가? 각자 자기의 울타리를 쳐놓고 그 안에서만
사귄다. 지역의 울타리, 학벌의 울타리, 심지어는 아직도 어느 사회에
선 양반 상놈의 울타리도 존재하여 혼사에서는 상당히 작용함을 본
다. 군자는 이 울타리를 허물고 사람을 두루 사귄다. 반대로 소인은
갖가지 울타리를 치고 그 안에서 자기들끼리 아주 밀착함을 보인다.
그러다 많은 문제를 야기 시키기도 한다. 곳곳에서 이런 현상을 보인
다. 정치 현실에서는 더욱 심각하다. 참으로 "주이불비" 하는 통 큰
지도자가 그립다.

15. 子曰 學而不思則 罔　　思而不學則 殆
　자왈 학이불사즉 망하고 사이불학즉 태니라.

〈주석〉

　罔 : 미망하여 얻는 바가 없음이다.
　思而不學則殆 : 何晏이 말하기를 배우지 않고 생각만 하면 끝내 얻는

게 없고 다만 사람의 정신만 피로하게 할 뿐이다. 朱熹가 말하기를 그 일을 익히지 않으므로 위태하고 불안하다고 했다.

〈변역〉

공자께서 말씀하셨다.

"배우기만 하고 사색하지 않으면 끝내 미망하여 얻는 바가 없고 사색만 하고 배우지 않으면 그 일에 절실하지 못하여 위태하고 불안하다."

〈묵상〉

학문과 사색의 상호보완적인 면을 가장 잘 표현하신 말씀이다. 학문만 하고 사색이 없으면 그 학문 자체가 현실성이 없어 쓸모가 없이 되고 반대로 사색만 하고 학문이 없으면 허황한 데 빠지고 만다. 그러므로 학문을 하면서 이를 깊이 사색하고 또 깊이 사색하면서 학문을 하여야 그 학문이 튼튼하여져 내 것이 된다. 특히 형이상학의 학문에선 金科玉條로 여겨야 할 금언이다.

16. 子曰 功乎異端   斯害也已

자 왈 공 호 이 단_{이면} 사 해 야 이_{니라}.

〈주석〉

功 : 治, 專治이다. 오늘의 전공이란 말이다.

異端 : 성인의 도가 아닌 따로 一端이다.

斯害也已 : 해가 됨이 심하다는 말이다. 也已는 語辭이다.

〈변역〉

공자께서 말씀하셨다.

"이단을 전공함은 해로울 뿐이다."

　　이단이 무엇이냐가 큰 문제가 된다. 정통에서 벗어난 것이 이단이
다. 유교에서는 공자, 맹자, 그리고 주자의 정통에서 벗어난 것이 다
이단이다. 그러므로 이단이란 그 원류에서 조금 벗어난 것을 말하는
것이지 애초 그 원류가 다른 것은 이단이 아니다. 유교에서 보면 불교
는 아예 그 뿌리가 다르므로 이단이 아니요 완전 다른 도리이다. 오늘
날 기독교에서 이단이란 말이 아주 많이 쓰이는데 이 역시 같은 맥락
에서 보아야 한다. 기독교 교리에서 벗어난 이슬람교는 이단이 아니
요 완전 다른 종교이다. 통일교 역시 다른 종교로 보아야 한다. 그러
나 그 뿌리를 같이하는 안식교의 경우 이단이라고 해야 할 것이다.
개신교와 천주교의 경우도 서로를 이단으로 규정할 소지가 있다.

17. 子曰 由　誨女知之乎　知之爲知之　不知爲不知　是知也
　　자왈 유야, 회여지지호아? 지지위지지오 부지위부지가 시지야니라.

〈주석〉

　　由 : 성이 仲이고 이름은 유, 자는 子路이다. 공자 제자이다.
　　誨女知之乎 : 너에게 안다는 것의 도리를 가르쳐 줌을 말한다. 誨는
　　　　敎이다. 女는 汝이다.

〈번역〉

　　공자께서 말씀하셨다.
　　"중유야, 너에게 안다는 것이 무엇인지 알려줄까? 안다는 것은 안다
고 말하고 모르는 것은 모른다고 말하는 것, 이것이 바로 정말로 아는
것이다."

<묵상>

　앎에 진실한 태도를 보여야 한다. 그러나 이에는 용기가 필요하다. 아는 것을 안다고 말하기는 쉬워도 모르는 것을 모른다고 말하기에는 용기가 필요하다. 그러나 참으로 알기 위해서는 부끄러움을 무릅쓰고 모른다고 말하는 용기가 있어야 한다. 그래야 이다음 참으로 알게 되는 것이다. 그렇게 하지 않고 모름에도 아는 척 넘어가면 참 알게 되는 기회를 놓치게 된다. 이게 위선이 되고 자신을 속이는 행위로까지 나아가게 되는 것이다. 그러나 나부터 이런 몰염치한 짓거리를 얼마나 많이 하였는지 부끄럽다. 그리고 또 우리 주변에서 얼마나 많이 일어나는지 참 한심하다 느낄 때가 많다.

18. 子張　學干祿　　子曰　多聞闕疑　　愼言其餘則　寡尤
　　자장이 학간록한대 자왈 다문궐의하고 신언기여즉 과우며

　　多見闕殆　　愼行其餘則　寡悔
　　다견궐태하고 신행기여즉 과회니라.

　　言寡尤　　行寡悔　祿在其中矣
　　언과우하고 행과회면 녹재기중의니라.

<주석>

　子張 : 성은 顓孫(전손)이고 이름은 師, 자는 자장이다. 공자 제자이다.
　干祿 : 간은 구함이요, 록은 祿位(벼슬자리)이다.
　闕 : 空(비움)이다. 놓아버림의 뜻이 있다.
　疑 : 마음에 믿지 못할 것이 있음이다.
　尤 : 허물이다. 밖으로부터의 꾸짖음을 가리킨다.

殆 : 마음에 편안하지 못함이 있음이다.

悔 : 悔恨이다.

〈번역〉

자장이 벼슬자리를 구하여 녹봉 얻는 방법 배우기를 구하였더니 공자께서 말씀하셨다.

"다른 사람의 말을 많이 듣고서 네가 의심된다고 느껴지는 것은 한쪽에 두고 그 나머지, 네가 자신하는 것만 조심스럽게 말하면 곧 허물이 적을 것이다. 다른 사람의 하는 일을 많이 보고서 네가 타당치 않다고 여겨지는 것은 한 쪽에 두고 그 나머지, 네가 자신하는 것만 조심스럽게 실행하면 곧 회한이 적을 것이다. 말에 허물이 적고 일에 후회가 적으면 벼슬자리는 그 가운데 있을 것이다."

〈묵상〉

너무 소극적인 것 같다. 이렇게 조심하여 한다면야 실수는 적어질 것이요, 후회할 일도 적을 것이다. 그러나 남의 말 다 듣고 남의 일 다 보고난 후에 스스로 판단하여 하려면 너무 더디다. 급박한 상황에서 순간순간 판단하고 결정을 내려야 할 사안이 태산 같이 많은데 이렇게 한가롭게 어정거릴 여유가 없다. 이 말씀은 오늘에는 너무 안 맞는 것 같다. 그러나 곰곰 보면 자기를 너무 믿고 서두르다 실패하는 경우를 아주 많이 본다. 많은 정부 시책들이 실패하는 경우는 대개가 이렇다. 정책을 시행하는 공무원은 견문을 넓히고 신중히 해야 할 것이다. 그 결정이 너무도 많은 사람에게 영향을 미치기 때문이다.

19. 哀公　問曰 何爲則民服　　孔子對曰

　　애공이 문왈 하위즉민복이니이까? 공자대왈

舉直錯諸枉　　則民服　　舉枉錯諸直　　則民不服

거 직 조 저 왕 이면　즉 민 복 하고　거 왕 조 저 직 이면　즉 민 불 복 이니라.

〈주석〉

　　哀公 : 노 나라의 군주. 성은 姬, 이름은 將. 定公의 아들이다. 哀는 그
　　　의 시호이다.

　　服 : 服從이다.

　　孔子對曰 : 무릇 군주가 물으면 모두 "공자대왈"이라고 하였는데 대개
　　　군주를 존경하여서이다.

　　舉直錯諸枉 : 정직한 사람을 들어 사특하고 비뚤어진 사람의 위에 둔
　　　다는 말이다. 直 : 정직한 사람이다. 錯 : 放置, 安置, 둔다는 뜻이다.
　　　* 틀린다는 뜻으로 "착"으로 읽어 "착각" "착오"라고 쓰나 여기서
　　　는 둔다는 뜻으로 "조"로 읽는다.

　　諸 : 之於이다.

　　枉 : 邪枉之人, 사특하고 비뚤어진 사람.

〈번역〉

　　애공이 공자에게 물어 말하기를 "어떻게 하면 백성을 복종시킬 수
있습니까?' 하였다. 공자께서 대답하여 말씀하셨다.

　　"정직한 사람을 들어 邪曲한 사람의 위에 두면 백성은 복종할 것이
고, 사곡한 사람을 들어 정직한 사람 위에 두면 백성은 불복할 것입
니다."

〈묵상〉

　　맞는 말씀이다. 하지만 정직한 사람을 보는 눈이 있어야 한다. 그리
고 정직하면서도 유능하여야 한다. 그래서 위정자는 늘 人才難을 겪
는 것이다.

20. 季康子 問　使民敬忠以勸　如之何

계강자 문하되 사민경충이권이면 여지하이니이까?

子曰 臨之以莊則敬　孝慈則忠　擧善而敎不能則勸

자왈 임지이장즉 경하고 효자즉 충하고 거선이교불능즉 권이니라.

〈주석〉

季康子 : 노 나라의 대부. 성은 季孫, 이름은 肥, 康은 그 시호이다.

以勸 : 以는 連詞(이어주는 말)로 而이다. 勸은 勸勉(힘씀)이다.

臨之以莊 : 執政者가 용모를 장중, 엄숙하게 하고 그 아래 사람에게

　　임함을 말한다. 臨은 윗사람이 아랫사람을 대함이고 莊은 용모가

　　장중하고 엄숙함이다.

孝慈 : 어버이에게 효도하고 민중에게 자비함이다.

擧善而敎不能 : 착한 이는 들어 쓰고 불능한 자는 이를 가르친다.

〈번역〉

　계강자가 공자에게 물었다. "백성으로 하여금 그 윗사람을 존경하
고 또 능히 충성을 다하게 하며 나아가 서로 힘쓰게 하려면 어떻게
해야 합니까?" 공자께서 말씀하셨다.

　"위에 있는 사람은 능히 장중한 태도로써 민중을 대하면 민중은 자
연히 존경하게 될 것입니다. 능히 부모에게 효도하고 민중에게 자애
하면 민중은 자연히 충성을 다할 것이요, 착한 사람을 들어 쓰고 불능
한 사람을 가르치면 민중은 자연히 서로 힘쓸 것입니다."

〈묵상〉

　공자 시대에서는 아주 정답인지 몰라도 오늘 이렇게 민주화된 세대
에서는 어려운 일이다. 먼저 "임지이장즉 경"한다는 말이 맞지 않다.
장중한 태도로써 민중에게 임할 게 아니고 진솔하고 온화한 태도로

임해야 먹혀 들어가는 사회이다. 그리고 효자즉 충한다는 말도 일면 맞기는 하나 어떤 경우 지도자의 施惠的 태도가 불만을 가져오는 수도 있다. 하긴 오늘은 평등한 사회라 지도자라고 반드시 위에 있다는 관념 자체가 잘못되었으니 이 말 자체가 어울릴 수가 없는 것이다. 그러나 그 근본정신은 옳다고 여겨야 할 것이다. 아무리 평등 사회라 하지만 아직 통치자는 그대로 있으며 또한 고용주도 엄연히 군림하고 있는 것이다.

21. 或　謂孔子曰 子　奚不爲政
    혹이 위공자왈 자는 해불위정가? 하니

    子曰 書　云 孝乎　惟孝　友于兄弟　施於有政
    자왈 서에 운 효호인저 유효하며 우우형제하여 시어유정이라 하니

    是亦爲政　奚其爲爲政?
    시역위정이어늘 해기위위정이리오?

〈주석〉

    奚 : 何(어찌)이다.

    書 : 尙書를 가리킨다.

    孝乎惟孝友于兄弟 : 僞古文尙書君陳篇의 句로써 다만 "惟孝友于兄弟" 라고만 하였다. 부모를 잘 섬기는 자는 반드시 형제에게도 우애 한다는 말이다. 惟는 發語辭이다.

    施 : 미루어서 행함이다.

    奚其爲爲政 : 하필 그 자리에 앉아야만 정치를 하는가? 함을 말한다.

어떤 사람이 공자에게 일러 말하였다. "당신은 어찌하여 정치를 하지 않습니까?"

공자께서 말씀하셨다.

"상서에 말하기를 '효도할진저, 능히 부모에게 효도하는 자는 반드시 형제에게도 우애할 것이라.'고 하였는데 이 효와 우애로써 가정에까지 미치면 능히 한 가정을 다스릴 것이다. 이것 또한 정치일진대 하필 관리가 되어야만 정치를 한다고 할 수 있는가?"

〈묵상〉

이에 대한 해석은 두 가지로 나올 수 있다.

첫째는 이 말의 액면 그대로 보는 것이다. 가사를 잘 다스리는 것도 정치인데 또 무얼 나서서 벼슬을 하여 정치한다고 날뛸 게 있느냐? 하는 것이다. 집안 일, 곧 집안 정치하는데도 바쁘고 버거운데 어디 힘이 있어 나가서 정치를 따로 또 할 틈이 있느냐? 하는 것이다. 나라 정치에 초연한 듯한 태도를 보이는 것이다.

다음은 대답하기 귀찮아서 그만 말막음하고자 했다는 것이다. 사실 이 질문은 공자에겐 아주 날카로운 질문이었다. 공자의 약점의 정곡을 찌른 것이다. 그는 정치하기를 너무나 원하셨다. 그리하여 天下周遊 하신 것도 다 당신의 뜻을 펼쳐 보고자 하신 의도에서였다. 당신이 꿈꾸는 왕도 정치를 한 번 실현하시고자 노심초사하신 것이다. 그런데 왜 정치를 하지 않는다고 하셨을까? 그 대답이 번거로워 말막음하신 것이라는 것이다.

나는 뒤의 해석이 옳다고 본다. 공자만큼 정치에 연연해하신 사상가도 그리 많지 않을 것이다. 그런 분이 왜 정치를 안 한다고 하실까? 그럴 리가 없는 것이다.

22. 子曰 人而無信   不知其可也

자왈 인이무신_{이면} 부지기가야_라.

大車無輗   小車無軏   其何以行之哉?

대거무예_{하고} 소거무월_{이면} 기하이행지재_아?

⟨주석⟩

大車無輗 : 대거는 소가 끄는 수레이다. 輗는 멍에 끝에 나무를 가로
질러 묶어 두는 것이다.

小車無軏 : 소거는 말이 끄는 수레이다. 軏은 멍에 끝 위, 구부러진
곳에 말 탄 자를 갈고리로 묶어 두는 것이다. 예나 월은 다 멍에
끝에서 균형을 잡아주는 관건이 된다. 이것 없이는 수레가 가지
못한다.

⟨번역⟩

공자께서 말씀하셨다.

"한 사람이 만약에 신용이 없다면 그가 어떻게 立身 處世를 할는지
나는 모르겠다.

우차에 예가 없고 마차에 월이 없다면 어떻게 갈 수 있게 하겠는
가?"

⟨묵상⟩

사람이 살아가는 데에 가장 중요한 것으로 信을 말씀하셨다. 신은
신의로, 혹은 신용으로 보아야 할 것이다. 참으로 옳은 말씀이다. 그
런데 오늘 세상에는 없는 사람이 있는 척 하니 있는지 없는지 구분하
기가 만만치 않다. 그래서 사기를 당한다. 없는 사람이 있는 척 하는
데 속는다. 필자의 경우도 참 많이도 당하였다. 지금 불혹의 나이를
지나서도 당하고 있다. 사람을 알기란 이렇게도 어려운 것이다.

23. 子張　問 十世可知也?
　　자 장이 문 십 세 가 지 야니이까?

　　子曰 殷因於夏禮　　所損益　可知也
　　자 왈 은 인 어 하 례하니 소 손 익을 가 지 야라.

　　周因於殷禮　　所損益　可知也
　　주 인 어 은 례하니 소 손 익을 가 지 야라.

　　其或繼周者　雖百世　　可知也
　　기 혹 계 주 자면 수 백 세라도 가 지 야니라.

〈주석〉

　十世可知也 : 십 세의 일을 미리 아십니까?를 말한다. 世는 왕자가 易

　　姓 受命을 1세라고 한다.

　因 : 因襲이다.

　損益 : 增減과 같은 말이다.

〈번역〉

　자장이 공자에게 물었다. "십 세의 일을 미리 알 수 있습니까?"

　공자께서 말씀하셨다.

　"은 나라 代에는 하 나라의 예제를 이어받았으므로 손익 된 바를

오늘에도 알 수 있고, 주 나라 대에는 은 나라의 예제를 이어받았으므

로 손익 된 바를 알 수 있다. 그 혹 장차 주 나라를 이어받는 자가

일어난다면 비록 일백세 이후의 일이라도 미리 알 수 있다."

〈묵상〉

　여기 夏, 殷, 周 세 왕조는 중국에서 가장 이상적인 왕조로 칭송된

다. 태평성대의 상징이 되는 나라들로서 흔히들 三代라고 일컫는다.

이 세 왕조를 이어나간다면 비록 앞으로 백세가 갈지라도 그 정치를

알 수 있다는 것이다. 그 이상이 그대로 실현되리라는 기대이다. 그러나 현실은 그렇지 못함에 공자의 아픔이 있었다. 오늘에도 많은 민중들이 이 아픔을 겪고 있다.

24. 子曰 非其鬼而祭之　諂也　見義不爲　無勇也
자왈 비기귀이제지면 첨야오. 견의불위면 무용야라.

〈주석〉

非其鬼 : 그가 당연히 제사해야할 귀신이 아님을 말한다.

諂 : 諂媚(아첨)이다.

見義不爲 : 마땅히 해야 할 일을 하지 않음이다. 이는 용기가 없음이다.

〈번역〉

공자께서 말씀하셨다.

"응당 제사하여야 할 귀신이 아님에도 제사함은 곧 아첨이다.

응당 해야 할 일을 보고도 하지 않음은 용기가 없음이다."

〈묵상〉

얼핏 보면 이 두 구의 말씀은 전혀 상관이 없는데 같이 묶여져 있다는 생각이 든다. 그러나 곰곰 묵상하여 보면 그렇지 않다. 상관이 많다. 비굴한 삶을 꾸짖은 것이다. 오늘 우리에게 주시는 꾸짖음이다. 얼마나 많은 사람들이 자기 귀신이 아닌데도 제사를 지내는가? 아첨하지 않으면 살아남지 못하는 사회 구조로 인하여 비굴한 삶을 사는가? 이 비굴한 삶을 사느라 우리를 더욱 서글프게 만드는 것이다.

필자의 경우 이승만의 재집권을 위하여 산촌 구석구석까지 다녀야 하였으며 박정희 유신을 홍보하러 또한 농촌 마을을 돌아 다녀야만 하였다. 그리고 또 전두환 노태우의 비민주에 항거하는 대학생을 오히려 달래어야만 하였다. 분명 자기 귀신이 아닌데도 제사하였으니 결과적으로 아첨한 것이요, 마땅히 해야 할 일임에도 하지 못하였으니 분명 용기가 없음이었다. 이 자리에서 속죄하는 마음으로 그 비굴을 폭로한다.

지금도 부끄러운 일은 경찰에 쫓긴 여대생이 대구에서 안동까지 나를 찾아 왔는데 내가 그를 안아주지 못한 사실이다. 두고두고 가슴에 맺혀 있다.

八佾 第三

1. 孔子 謂季氏　八佾　舞於庭　是可忍也　孰不可忍也?

공자 위계씨하시되 팔일로 무어정하니 시가인야이면 숙불가인야리오?

<주석>

季氏 : 魯나라 大夫 季孫氏.

八佾 : 天子의 舞樂이다. 여덟 사람이 한 列이 되어 8列이니 모두 64명
이다. 제후는 6열로써 48명이고, 대부는 4열로써 32명이며 士는
2열로써 16명이다. 계손씨는 대부인데 종묘의 뜰에서 八佾의 춤
을 추게 하였으니 이는 대부로서 천자의 예절을 참람히 행한 것
이다.

佾 : 춤의 줄이다.

忍 : 容忍이다.

<번역>

　공자께서 계손씨를 평론하셨다.

　"계씨가 천자의 팔일무를 추게 하였으니 이 참람한 일을 용인한다
면 무슨 일인들 용인하지 못하랴?"

<묵상>

　민주사회는 평등사회이다. 사람 위에 사람 없고 사람 아래 사람 없
다. 그러나 봉건 사회는 분명 상하 계급의 신분이 있었다. 그 계급,
그 신분에 맞게 처신하여야 한다. 이를 어기고 더 높은 계급의 일을
하는 것이 참람함이다. 아무리 돈이 많아도 평민은 100칸 집을 짓지
못하며 상민은 갓을 쓰지 못하였다. 이는 그 사회 질서를 유지하는
律이요, 법이었다. 이를 지키므로 그 사회는 유지되는 것이다. 그런데
여기 계손씨는 제후도 아닌 대부에 불과한데 천자만이 할 수 있는 예
절을 감행하였으니 그 참람함이 극에 달한 것이다. 그럼에도 이를 다

스리지 못하는 그 사회를 한탄하시는 것이다.

　민주사회가 된 대한민국에서도 한때 "각하"란 말이 유행한 적이 있었다. 아마 자유당 때는 군대의 사단장 정도만 되어도 각하란 호칭을 쓴 것 같다. 그러다 박정희 시대에 와서는 대통령에게만 쓰다 나중 노태우 대통령 때부터인가 없어졌던 것 같다.

　그런데 위의 공자님의 말씀을 낡은 봉건 시대의 유물로만 치부하여 버리지 말아야 한다. 오늘날에도 일면의 진리를 지니는 값진 금언이다. 사람은 저마다 자기의 분수가 있다. 또 그 직위에 따른 예의가 있다. 그러므로 그 분수에 맞게 처신하여야 한다. 물론 오늘의 사회에서 인격에 따른 상하는 없다. 그러나 그 직위나 직무에 따른 상하는 있는 것이다. 이를 지켜야지 이를 무시하고선 사회가 제대로 움직여지지 않는 법이다.

2. **三家者 以雍徹　　子曰 相維辟公天子穆穆**
　삼 가 자　이 옹 철이러니　자 왈　상 유 벽 공 천 자 목 목을

奚取於三家之堂?
　해 취 어 삼 가 지 당인고?

〈주석〉

　三家 : 노 나라 대부 孟孫, 叔孫, 季孫을 가리킨다.

　雍徹 : 천자가 종묘의 제사에서 祭品을 거둘 때 雍의 詩를 노래하여
　　　신을 즐겁게 한다.

　雍 : 周 나라 頌의 篇名이다.

　徹 : 제사를 마치고 제품을 거두는 것이다.

相維辟公天子穆穆 : 雍詩의 歌詞이다. 相은 助, 도움이다. 辟公은 제
후, 穆穆은 멀고 깊은 모양이다.

〈변역〉

　　노 나라 대부 맹손, 숙손, 계손 세 집에서 제사를 지내고 제품을
치울 때에 雍詩를 노래하였다. 공자께서 말씀하셨다.

　　"옹시에서 말하기를 제후들의 '도움이여, 천자는 장엄하고 엄숙하
도다.' 하였는데 이를 어찌 삼가자의 묘당에서 취하는고?"

〈묵상〉

　　이 역시 참람함의 극치이다. 대부의 신분으로 감히 천자의 예를 행
하는 것이다. 이에 대해서는 앞 장에서 말하였거니와 여기서는 다른
면에서 묵상해 보자. 위의 삼가자는 노 나라의 대부로서 막강한 권력을
가진 자들이다. 그럼에도 거침없이 이를 꾸짖는 공자의 모습에서 지성
인의 참 모습을 찾아야 할 것이다. 지성인은 언제나 그 시대 그 사회에
서 이렇게 바른 소리를 하여야 한다. 이를 木鐸의 구실이라 할까?

3. 子曰 人而不仁　　如禮何? 人而不仁　　如樂何?
　　자왈　인이불인이면　여례하며　인이불인이면　여악하오?

〈주석〉

　不仁 : 仁이 없는 마음을 말한다.

　如何 : 어쩌느냐?와 같다. 무릇 "어찌 할 거냐? "어떻게 할 거냐?"가 이
　　　런 것이다.

〈변역〉

　　공자께서 말씀하셨다.

"사람이 만약에 어진 마음(仁心)이 없다면 예를 행한다 하여도 어찌 진정한 예가 될 것인가?

사람이 만약 仁心이 없다면 음악을 한다 하여도 어찌 진정한 음악이라 할 것인가?"

〈묵상〉

여기서 仁이 무엇이냐가 문제가 된다. 흔히 "어짊"이라 번역을 하는데 그 "어질다"는 게 무엇이냐고 할 때 대답할 말이 쉽지는 않다. 그러나 일반적 상식으로는 사랑에다 착함이 보태어진 것이 아닌가 여겨진다. 이런 사랑하는 마음, 착한 마음이 없다면 禮도 樂도 다 헛것이라는 것이다. 유가에서 생명처럼 받드는 禮도 그리고 사람을 순전하게 한다는 樂도 다 소용없고 할 수도 없다는 것이다. 아주 옳은 말씀이라 여겨진다. 신약 성경에도 사랑이 없다면 믿음도 소망도 소용없다고 하였다. 이와 같은 맥락의 말씀이라 생각한다. 인이나 사랑이 없는 어떠한 아름다운 일도 다 자기 이욕이요, 혹은 자기도취일 뿐일 것이다.

4. 林放 問 禮之本 子曰 大哉 問 禮 與其奢也寧儉
임방이 문 예지본하니 자왈 대재로다. 문이여. 예 여기사야녕검하고

喪 與其易也寧戚
상 여기이야녕척이라.

〈주석〉

林放 : 魯나라 사람이다.

問禮之本 : 世人들이 오로지 예의 번거로움을 섬기니 그 본의가 여기 있지 않다고 의심하여 말한 것이다.

奢 : 奢侈이다. 지나치게 꾸밈을 말한다.

易 : 治이다. 형식을 번거롭게 함을 말한다.

戚 : 哀痛이다.

〈번역〉

임방이 예의 근본을 물었다. 공자께서 말씀하셨다.

"크도다, 물음이여. 예는 사치함보다는 차라리 검소함이 낫고 상은 형식을 번거롭게 하기보다는 슬퍼함이 낫다."

〈묵상〉

임방의 물음은 당시 번거로운 꾸밈 문화에 대한 나름의 불만이 있어서였다고 짐작된다. 그래서 이것을 고쳐야 하지 않느냐는 불만에서 물은 것이다. 이에 대하여 공자는 먼저 그의 물음에 칭찬을 하시고 역시 번거로운 예를 비판하셨다. 또한 아울러 특히 喪의 꾸밈 문화에 대하여 경고하셨다. 임방은 예에 대하여만 물었는데 공자님은 그 당시 가장 번거롭고 꾸밈이 많은 상에 대하여까지 경고하신 것이다.

이 꾸밈 문화는 오늘날도 그대로 이어지고 있다. 특히 결혼 예식에서 두드러지게 나타난다. 호화 결혼 예식에 이어 호화 신혼여행까지가 다 개선되어야 할 허식인 것이다.

5. 子曰 夷狄之有君 不如諸夏之亡也.

자왈 이적지유군이 불여제하지무야니라.

〈주석〉

夷狄 : 오랑캐의 나라. 異邦을 가리킨다.

諸夏 : 중국을 가리킨다. 각국 제후를 말한다.

〈번역〉

공자께서 말씀하셨다.

"오랑캐 나라에도 오히려 임금이 있거늘 중국의 제후들은 참람하여 도리어 군신의 명분이 없어졌다."

〈묵상〉

이 장은 그 해석에서 논란이 조금 있다. 위의 말을 액면 그대로 해석하면 "오랑캐의 나라에 임금이 있어도 제하의 나라에 임금이 없음만 못하다."가 되어 오랑캐 나라를 아주 폄하하는 말이 된다. 그런데 지금까지의 공자의 말씀은 제후의 참람함을 개탄하였으므로 이런 맥락에서 보면 정 반대로 오랑캐 나라를 오히려 추켜세우는 듯 하면서 제후를 꾸짖는 결과가 된다. 아무래도 전체 공자의 사상으로 보아 후자의 해석이 맞는 듯하다.

중국은 예로부터 자기들은 세계의 중심으로 天子의 나라이고 그 주위는 모두 오랑캐라 여겼다. 그래서 東夷, 西戎, 南蠻, 北狄이라 부르며 업신여겼다. 그러므로 공자의 위의 말씀도 해석을 이렇게 하든 저렇게 하든 오랑캐를 얕보는 생각은 그 기저에 있는 것이다. 이는 오늘날도 엄연히 존재하는 중화민족의 유전자이다.

6. 季氏 旅於泰山　　子謂冉有曰 女弗能救與?
   계 씨 여 어 태 산이어늘 자 위 염 유 왈　여 불 능 구 여아?

   對曰 不能　　子曰 鳴乎　曾謂 泰山　不如林放乎?
   대 왈 불 능이로소이다. 자 왈 오 호라, 증 위 태 산이 불 여 임 방 호아?

旅於泰山 : 旅는 제사의 이름이다. 태산은 산의 이름으로 노 나라에 있다. 옛날 천자라야 비로소 능히 태산에서 제사할 수 있었다. 계씨의 제사는 참람한 것이다.

冉有 : 공자의 제자. 이름은 求, 때에 계씨의 宰相이었다.

救 : 말려 구함, 저지

〈번역〉

계씨가 태산에서 旅祭를 지내려 하였다. 공자께서 염유에게 말씀하셨다. "네가 만류할 수 없는가?" 대답하기를 "없습니다." 공자께서 말씀하셨다.

"오호라, 태산의 신이 임방이 아는 예만큼도 몰라서 이 불합리한 제사를 받을까보냐?"

〈묵상〉

공자의 탄식이 가슴을 친다. 사람은 저마다 자기의 분수가 있거늘 왕도 못되는 주제에 천자만이 행하는 행위를 하는 것을 차마 보지 못하고 울분을 토하고 있는 것이다. 이것이 그 시대를 살아가는 지성인의 아픔이다. 일반인은 모른다. 혹 알아도 모른 척 한다. 그러나 참다운 지성인은 그럴 수 없다. 불의에 차마 눈감지 못한다. 그렇다고 말릴 방법도 없으니 긴 탄식이 나오는 것이다. 그러면서도 오기가 나서 "그래 보자. 태산의 신이 임방도 아는 예를 어기며 그 제사를 받겠느냐는 것이다. 임방은 공자에게 예를 물었던 사람이다. 그래도 공자는 태산의 신이 영험이 있어 그 제사를 받지 않을 것이라 하였다. 오늘날의 대다수 지성인은 이 마지막 보루인 信心마저 없으니 더욱 처량하다고 할까?

7. 子曰 君子無所爭 必也射乎
   자왈 군자무소쟁이나 필야사호인저.

   揖讓而升 下而飮 其爭也君子
   읍양이승하고 하이음하니 기쟁야군자니라.

〈주석〉

必也射乎 : 禮經에 "射에는 네 가지가 있다. 첫째 大射, 둘째 賓射, 셋째 燕射, 넷째 鄕射이다." 여기서는 大射를 가리킨다. 활을 쏜 뒤에 승부 다툼을 말한다.

揖讓而升 : 大射의 禮에 "두 사람이 같이 나아가 서로 세 번 揖하여 경의를 보이고 난 뒤에 堂으로 올라가 활쏘기를 비교한다."고 하였다.

下而飮 : 활쏘기를 마치고 揖을 한 뒤 내려온다. 기다리던 무리도 다 같이 내려온다. 이긴 자는 이에 揖을 하고 진 자는 당에 올라가 표주박을 취하여 서서 마신다.

〈번역〉

공자께서 말씀하셨다.

"군자는 다투는 바가 없다. 활쏘기만은 어쩔 수 없다. 읍양하고 올라가고 내려와 마시는데 그 다툼은 군자의 다툼이다."

〈묵상〉

오늘날 스포츠의 정신도 이를 따라야 할 것이다. 그런데 예경의 그 규칙이 재미있다. 진 자는 술을 마셔야 한다는 것이다. 이게 이른바 罰酒라는 걸까?

8. 子夏問曰 巧笑倩兮 美目盼兮 素以爲絢兮 何謂也
자하문왈 교소천혜여 미목반혜여 소이위현혜라. 하니 하위야니까?

子曰 繪事後素 曰 禮後乎 子曰 起予者 商也
자왈 회사후소니라, 왈 예후호니까? 자왈 기여자는 상야로다.

始可與言詩已矣
시가여언시이의로다.

〈주석〉

巧笑倩兮 三句 : 위의 양구는 詩經 衛風 碩人篇 二章에 보인다. 아래 한 구는 逸詩이다. 倩은 뺨이 예쁜 모습이고 盼은 눈동자가 희고 검음이 뚜렷한 모습이다. 絢은 문채가 있음이다.

繪事後素 : 그림 그리는 일은 흰 바탕 뒤에 한다. 먼저 종이로 바탕을 삼고 그 뒤에 색채를 베푼다. 마치 사람에게 있어서 아름다운 바탕이 있고서 그 후에 꾸밈(文飾)을 가하는 것과 같다.

禮後乎 : 사람이 먼저 忠信의 바탕을 가지고서 그 뒤에 예로써 이를 꾸밈을 말한다. 마치 그림을 그리는데 반드시 흰 종이를 먼저 준비하는 것과 같다.

商 : 姓은 卜이고 이름은 商이다. 字는 子夏이고 공자의 제자이다.

〈번역〉

자하가 묻기를 "어여쁜 웃음에 아리따운 뺨이여, 아름다운 눈에 검은 눈동자여, 희어서 빛나도다, 라고 하였는데 무슨 말입니까?"

공자께서 말씀하셨다.

"그림 그리는 일은 흰 바탕을 먼저 한 뒤에 한다."

자하가 말하기를 "예는 뒤로 한다는 말입니까?"

공자께서 말씀하셨다.

"나를 깨우는 사람은 商이로다. 비로소 더불어 가히 시를 말할 수 있겠다."

〈묵상〉

詩經에서는 단순히 여인의 아름다움을 노래하는 것 같은데 그 아름다움도 바탕이 되고서야 진정한 아름다움이 된다고 "繪事後素"라는 공자의 해석은 참으로 놀랍다. 다음 이 말씀에 자하의 "禮後乎?"라며 되묻는 그 놀라운 해석에도 탄복을 한다. 참으로 그는 공자와 더불어 이야기, 특히 시경 같은 어려운 말도 나눌 수 있는 경지에 도달한 것이다.

"繪事後素" 참으로 지당한 말씀이다. 먼저 인간이 되어야 한다. 바탕(質)이 중요하다. 그러한 뒤에 지식이나 기술이 필요한 것이다. 바탕이 올바르지 못하면 어떠한 학문이나 지식도 다 소용없는 사상누각이다.

그렇다 모든 禮도 文도 다 質의 다음이어야 한다. 먼저 인간 바탕이 올바로 되고서야 거기 그 다음 꾸밈이 필요하다. 바탕이 신통하지 못한 데 꾸미기를 아무리 잘 해도 결국은 오래가지 못하고 무너지고 만다. 禮든 文이든 識이든 무엇이든 부차적인 것이다. 오늘날의 문제는 이 바탕이 튼튼하지 못한데 거기 또 모든 인위적인 것들이 곁들여진 데서 비롯되는 것이 아닐까 생각하여 본다.

9. 子曰 夏禮吾能言之　杞不足徵也　殷禮吾能言之
자왈 하례오능언지나 기부족징야며 은례오능언지나

宋不足徵也　文獻不足故也　足則 吾能徵之矣
송부족징야니라 문헌부족고야라. 족즉 오능징지의니라.

杞 : 周 나라의 封國, 주 나라의 무왕이 천자가 되고서 하 나라의 후예
　　를 기에다 봉하였다.

徵 : 證驗이다.

宋 : 周 나라의 封國. 주 나라의 무왕이 천자가 되고서 商 나라의 후예
　　를 송에다 봉하였다.

文獻 : 文은 典籍을 가리키고 獻은 賢人을 가리킨다.

〈번역〉

　공자께서 말씀하셨다.

　"하 나라의 예는 내가 능히 말할 수 있으나 기 나라는 족히 증험할
수 없다. 은 나라의 예는 내 능히 말할 수 있으나 송 나라는 족히 증험
할 수 없다. 문헌이 부족한 까닭이다. 족하다면 내 능히 증험하리라."

〈묵상〉

　문헌의 중요성을 말씀하고 있다. 아무리 공자님이라고 하여도 문헌
이 부족하다면 그 역사를 알 수가 없는 것이다. 우리의 경우 발해에
대하여 너무 모른다. 문헌이 부족한 연고이다. 나라가 망하면 대개
그 역사마저 묻히고 만다. 국가만이 그런 게 아니다. 모든 사회의 조
직이나 기관이나 단체가 다 그런 것이다. 문헌만이 가장 신빙성이 있
는 자료가 되는 것이다. 이 문헌을 남기는 것은 역사의식이 있어야만
가능하다. 우리는 아무래도 이 의식이 좀 부족하지 않나 하는 생각이
든다.

　그런데 위의 글을 좀 다르게 해석하는 학설이 있다. 곧 이를 읽음에
"하례오능언"으로 끊고 "지기부족징야"로 읽는 것이다. 뒤의 은례 이
하도 같은 예이다. 그럼 어떻게 되는고 하니 "하례는 내 능히 말할
수 있다. 기에는 가보아도 징험할 수가 없다."가 되어 더 합리적인 글

이 되는 것 같다. 之는 간다는 뜻으로 고어에서 더러 쓰였고 또 논어에서도 쓰이고 있다. 그러나 이는 너무 무리한 해석이란 게 중론이다. 또 위의 주석과 같이 "文獻"에서 文을 기록으로 보고 헌을 현인으로 보아 구술 자료라고 하는 학설이 있으나 이 역시 좀 지나친 견강부회가 아닌가 여겨진다. 하지만 이 모두 복잡하고 어려운 전문 학설이라 생략한다.

10. 子曰 禘自旣灌而往者 吾不欲觀之矣
자왈 체자기관이왕자는 오불욕관지의니라.

⟨주석⟩

禘 : 임금이 5년에 지내는 큰 제사의 이름이다. 太廟에서 지낸다.

灌 : 울금초((鬱金草) 즙으로 기장과 합쳐 만든 술로서 땅에 부어 신을 내려오게 하는 것이다.

⟨해석⟩

공자께서 말씀하셨다.

"노국에서 매 5년마다 지내는 체의 제사에서 술을 땅에 붓는 예를 마친 뒤에는 제사하는 사람들의 정성과 공경함이 이미 흐트러지니 나는 더 이상 보고 싶지 않다."

⟨묵상⟩

제사에는 공경함이 중요하다. 예배도 마찬가지이다. 그런데 노 나라 사람들이 5년 만에 지내는 큰 제사임에도 처음에는 조금 정성과 공경함을 가지나 술을 땅에 붓는 강신의 의식만 지나면 곧 해이해지니 공자는 더 이상 보고 싶지 않다는 것이다. 제사에서의 공경을 강조

하는 것이다. 어느 시대, 어떤 제사에서나 다 마찬가지이다. 제사에는
정성과 공경이 앞서야 한다.

11. 或 問 禘之說　　子曰 不知也　　知其說者之於天下也
　　혹ⁱ문 체지설ʰᵃⁿᵈᵉ 자왈 부지야ʳᵒʳᵃ. 지기설자지어천하야ᵉᵐⁱᵉⁿ

其如示諸斯乎　　　指其掌
기여시저사호ʳᵃ 하시고 지기장ʰᵃˢⁱᵈᵃ.

〈주석〉

　不知也 : 공자께서는 깊이 말하고자 아니하여 "모른다."라고 하셨다.

　示 : 視와 같다.

　指其掌 : 공자가 남의 물음에 답할 때에 스스로 그 손바닥을 가리키며
　　　밝고 쉬움을 말한다.

〈번역〉

　어떤 사람이 체의 예에 대하여 공자에게 물었다. 공자께서 말씀하
셨다.

　"나는 잘 모른다. 만약 체의 예에 대하여 아는 사람이 천하를 다스
린다면 이와 같이 쉬울 것이다 하시고 자기 손바닥을 내어 보이셨다."

〈묵상〉

　조금 난해한 장으로 알려지고 있다. 곧 공자의 "나는 모른다."의 본
뜻이 어디에 있는가이다. 정말 모른다고 겸손해 하시는가? 아니면 귀
찮아서인가? 또는 천자만이 행할 수 있는 체의 예가 참람되이 행해지
는 현실을 개탄하여서인가?에 대하여 구구한 의견이 많다. 아마도 그
시대를 개탄하시는 말씀이라 여겨진다. 예가 바로 행해지는 사회라야

바람직한 사회인 것이다. 예는 바로 인간 사회의 가장 기본이기 때문이다. 그런데 그렇지 못한 현실에 실망한 나머지 하신 말씀이라 여긴다.

12. 祭如在　祭神如神在　子曰 吾不與祭　如不祭
제여재하고 제신여신재로라. 자왈 오불여제면 여부제니라.

〈주석〉

祭如在 : 조상을 제사함에 반드시 그 공경함을 다하여 마치 친히 계신 듯 하여 살아 계실 때와 같이 하라는 말이다.

祭神 : 여러 신을 제사함이다.

與 : 참여함이다.

〈번역〉

조상을 제사할 때에는 마치 조상이 여기 계셔 제사를 받는 듯이 하며 신을 제사할 때에는 신이 계셔 제사를 받는 듯이 하라.

공자께서 말씀하셨다. "나는 만약 몸소 제사에 참여하지 못하면 비록 다른 누가 내 대신 참여하여 제사하였다고 하더라도 나는 제사하지 않는 것과 같다."

〈묵상〉

제사에서의 마음 자세를 말하고 있다. 그럼 제사란 무엇인가? 조상에 대한 추모의 염을 가지고 그를 존숭하는 예식이다. 그렇다면 그를 여기 계신 듯 모시는 마음에서 출발하여야 할 것이다. 이 마음은 모든 제사나 예배의 의식에서도 같을 것이다. 반드시 그 분이 여기 계신 듯 그렇게 지내어야 한다. 그렇지 않다면 공자의 말씀처럼 제사하지 않은 것과 같은 것이다.

그런데 여기서 "자왈" 앞의 말은 누구의 말이냐 하는 것을 두고 많은 논란이 있다. 대체로 당시에 흔히 쓰이던 말이라 봄이 자연스러울 것이다. 곧 이런 말이 있는데 공자께서도 이렇게 말씀하셨다고 보는 것이다.

13. 王孫賈問曰 與其媚於奧　寧媚於竈　　何謂也
왕손가문왈 여기미어오로는 녕미어조라 하니 하위야오?

子曰 不然　　獲罪於天　　無所禱也
자왈 불연이로다. 획죄어천이면 무소도야니라.

〈주석〉

王孫賈 : 위 나라 대부이다.

與其媚於奧 寧媚於竈 : 이 두 句는 時俗의 말이다. 媚는 아첨함이다. 奧는 방의 서남쪽 구석으로 어른이 거하는 곳이다. 竈는 옛 사람이 조에게 제사를 지냈다. 부엌 구석에다 신위를 모시고 제사가 끝나면 다시 奧에다 음식을 차려 오의 어른을 맞이하였다. 때문에 오는 항상 존귀하가기는 하되 제사의 주인은 아니다. 조는 비록 비천하지만 때를 당하면 用事한다. 비유하건대 스스로 임금과 관계를 맺는 것보다 권신에게 아부하는 게 낫다는 것이다. 賈는 위의 權臣으로서 공자로 하여금 자기를 따르도록 시속의 말로써 그에게 권한 것이다.

獲罪於天無所禱也 : 逆理는 곧 하늘에 죄를 얻는 것이다. 순리를 행하고 사람에게 아첨하기를 구하지 않는다는 말이다.

　왕손가가 물었다.

　"방 안 서남쪽의 귀신에게 아첨하기보다 부엌 귀신에게 아첨하는
게 더 낫다고 하는데 무슨 말이요?"

　공자께서 말씀하셨다.

　"그렇지 않다. 만약 도리를 위배하면 하늘에 죄를 얻는 것이니 어디
가서 그 죄를 빌겠는가? 그러면 아무 쓸모가 없어지는 것이다."

〈묵상〉

　방 안 귀신 오는 방의 주인이다. 그러나 방에는 먹을 게 없다. 부엌
귀신 조는 천하다. 그러나 부엌에는 먹을 게 많다. 그래서 오보다 조
를 섬기는 게 낫다는 것이다.

　세상은 다들 실리를 따르는 게 정상이다. 그래서 主君을 섬기기보
다 오히려 權臣을 섬기는 게 더 유리한 경우가 많으므로 많은 사람들
이 이 길을 따랐다. 눈앞의 실리를 따르는 것이다. 오늘날도 비슷한
현상이 많다. 사람의 관계에서만이 아니다. 義理와 實利, 正義와 不義,
大義와 實益 등이 충돌할 때 많은 사람들은 후자를 따른다. 그러나
후자의 길은 다 逆理이다. 역리는 곧 하늘의 길을 거스르는 것이다.
결국엔 어디 빌 곳조차 없게 되는 것이다. "獲罪於天이면 無所禱也라
곧 하늘에 죄를 지으면 빌 곳이 없다." 만고의 진리이다. 성경에 말한
바 성령을 거스르면 용서를 못 받는다는 말과 통하는 것이다.

14. 子曰 周監於二代　　郁郁乎文哉　　吾從周
　자왈 주감어이대하니 욱욱호문재라. 오종주하리라.

監於二代 : 주 나라는 夏, 商 두 나라의 예를 보고 그를 본받았음을 말한다. 監은 보다(視)이다. 二代는 하와 상 두 나라이다.

郁郁 : 문체가 성한 모양.

文 : 禮樂 制度 文物을 가리킨다.

吾從周 : 三代의 禮制가 주에 이르러 크게 갖추어졌음을 말한다. 공자는 그 文을 찬미하여 따르겠다는 말이다.

〈번역〉

공자께서 말씀하셨다.

"주 나라의 예제는 하와 상 두 나라를 보고서 보태어 修訂하였다. 그러므로 예악 제도 문물의 아름다움이 극에 달하였다. 나는 주 나라의 예악, 제도, 문물을 따르겠다."

〈묵상〉

하와 상은 이상적인 국가였다. 그러므로 그 나라의 문화는 아주 빛난 것이다. 이 문화의 바탕은 예와 악 그리고 문물제도 등에서 갖추어졌다. 그래서 공자는 이를 흠모한 것이다. 그렇다. 우리가 꿈꾸어야 할 나라는 문화의 강국이다. 백범 선생이 말하듯 우리나라도 문화의 강국을 지향하여야 한다. 어떻게 이룰 수가 있는가? 국민 한 사람 한 사람이 문화인이 되는 것이다. 그럼 자연 문화의 나라가 된다.

15. 子入大廟　每事問　或曰 孰謂鄹人之子知禮乎
　　자 입 태 묘 하사 매 사 문 하신대 혹 왈 숙 위 추 인 지 자 지 례 호 아?

入大廟　每事問　子聞之曰 是禮也
입 태 묘 하여 매 사 문 인가? 자 문 지 왈 시 례 야 니라

大廟 : 魯나라 周公의 廟.

孰 : 誰와 같다.

鄹人之子 : 추는 노 나라 읍의 명칭. 지금의 산동성 곡부현에 있다. 공자의 아버지 숙량흘이 일찍이 추읍의 대부가 되었다. 공자는 여기서 태어났다. 추인지자란 말은 공자의 나이 어림을 가리킬 뿐만 아니라 또한 깔보는 말이다.

是禮也 : 무릇 제사의 여러 예전은 공경하고 근신함이 지극하면 이에 이것이 예가 된다.

〈번역〉

공자께서 태묘에 들어가셔서 매사를 물으셨다. 어떤 이가 말하기를 "누가 저 추읍의 사람더러 예를 안다고 하던가? 태묘에 들어와서 매사를 묻기만 하는구나." 공자께서 들으시고 "이것이 예이다."라고 하셨다.

〈묵상〉

태묘에 들어갔다는 것은 태묘에 제사하러 들어갔다는 말인데 그렇다면 공자께서 벼슬을 한 뒤의 일이다. 벼슬을 얻고 나서야 참여할 수가 있기 때문이다. 그런데 당시에 이미 공자는 예의 전문가로 알려져 있었다. 그럼에도 매사를 물으니 어떤 사람이 비꼬는 것이다. "저 추읍의 촌놈더러 누가 예를 안다고 하던가? 태묘에 들어와 매사를 다 묻기만 하는데."라고 한 것이다. 추읍은 공자의 고향이다. 아주 무시하는 말이다. 그런데 이 말을 들으신 공자는 전혀 엉뚱한 대답을 하신다. "이것이 禮이다." 그렇다. 禮라는 것은 고정불변의 것이 아니다. 상황에 따라 가변적인 것이다. 그러므로 그 순간 그 상황에서 가장 바람직하게 행하여져야 그게 예인 것이다. 그러므로 물어야 한다. 그래야 예를 바로 이룰 수 있다. 게다가 이 물음은 상대방에 대한 존경의 의미도 담고 있는 것이다. 또한 상대방으로 하여금 더욱 올바르게 집행하도록 독려하는 결과도 낳는 것이다. 그러기에 공자의 질문은 예의 지식을 물은 게 아니고 그 상황에서의 적용에 대하여 묻는 것이다. 이런 질문은 삶의 현장에서 언제나 던져야 할 참으로 귀한 질문이라 할 것이다.

16. 子曰 射不主皮　爲力不同科　古之道也

자왈 사부주피는 위력부동과라. 고지도야니라.

〈주석〉

主皮 : 옛날 활 쏘는 예에서 德을 보았다. 한 가운데를 맞히는데 중점을 두었으며 가죽을 뚫고 나감에 중점을 두지 않았다.

爲力不同科 : 사람의 힘에는 강하고 약함이 있어 같지 않음을 말한다. 科는 등급이다.

〈번역〉

공자께서 말씀하셨다.

"활쏘기 예의 시합에서 다만 한 가운데를 맞히는 것에 중점을 두고 가죽을 뚫는 것으로 중점을 두지 않았다. 사람마다 체력이 다르기 때문이다. 이것이 고대의 활쏘기 정신이다."

〈묵상〉

활쏘기의 근본 목적이 어디에 있느냐? 이를 하나의 무술로 본다면 활쏘기의 목적은 당연히 상대를 죽이는 데 중점을 두어야 하는 것이다. 그러려면 반드시 가죽을 뚫는 힘이 필요하다. 그렇지 않고 활쏘기를 하나의 인격 도야의 방법으로 혹은 오늘날처럼 스포츠로 본다면 얼마나 정확하게 맞추느냐에 중점을 두어야 할 것이다. 공자 당시 모든 나라들이 다 상대를 죽이는 것을 목적으로 하는 활쏘기를 장려하였으므로 가죽을 뚫어야만 하였다. 아무리 한 가운데를 맞추어도 가죽을 뚫지 못하면 아무런 효험이 없는 것이다. 이를 한탄하여 공자께서는 사람마다 그 힘은 다 다르므로 이를 인정하고 활쏘기는 그 기술, 즉 한 가운데를 맞추는 데 목적을 두어야 한다는 것이다. 이것이 옛날 선왕들이 보여주신 모범되는 도리라는 것이다. 아주 근본적인 말씀이다. 그러나 당시 사회는 그렇지 못함에 한탄을 하시는 것이다.

그런데 이 장의 해석에 전혀 다른 의견이 나왔다. 즉 射不主皮와 爲力不同科를 倂置시키는 것이다. 곧 사부주피는 그것 대로하고 위력부동과도 또한 그것대로 따로 보는 것이다. 그렇게 되면 위력부동과에서 科를 등급으로 해석하는 게 아니고 科目으로 해석하는 것이다. 그리하여 "활쏘기에서는 가죽 뚫는 것을 주로 삼지 않고 힘을 씀에는 과목을 같이 하지 않는다. 이것이 옛날의 도이다."고 해석하는 것이다. 이 해석 또한 상당한 근거가 있다고 보인다. 곧 다 같은 힘이라도 역도에서의 힘이 다르고 권투에서의 힘이 다르다. 사람마다 다 자기 대로의 힘이 있는 것이다. 이를 인정하여 주는 게 중요하다는 것이다. 그런데 당시의 사회는 그저 무조건 사람을 죽이는 힘에만 집중하다 보니 세상에서 무력이 판을 친다는 것이다. 그러나 이는 바람직한 사회가 아니고 사람이 저마다 자기의 힘이 발휘되는 사회라야 한다는 것이다. 개인의 차이를 인정하여 주는 미덕이 있어야 한다. 오늘에도 상당한 설득력을 가진 말씀이다.

17. 子貢 欲去告朔之餼羊　子曰 賜也 爾愛其羊　我愛其禮

자공이 욕거곡삭지희양하니 자왈 사야 이애기양가? 아애기례니라.

〈주석〉

告朔 : 朔은 매월의 첫 날 곧 초하루이다. 옛날 천자가 매년 겨울에
　　　오는 해의 매월 초하루를 제후에게 반포하면 제후는 이를 받아
　　　조상의 묘실에 보관하였다가 매월 초하루가 되면 양을 잡아 묘실
　　　에 고하고 이를 반포 시행한다.

餼羊 : 죽였으나 아직 삶지는 아니한 양을 가리킨다. 餼는 산 놈이다.

〈번역〉

　　자공이 매월 행하는 곡삭의 의례에서 바쳐지는 희양을 없애고자 하
였다. 공자께서 말씀하셨다.

　　"사야, 너는 그 양을 아끼느냐? 나는 그 예식을 아낀다."

〈묵상〉

　　묵상하기에 앞서 곡삭의 예에 대하여 좀 더 설명을 해야 할 것 같
다. 먼저 告라는 글자는 거성으로서 "곡"으로 읽어야 함을 말하고자
한다. 논어집주에 "告古篤反"이라고 하였다. 이런 말은 읽는 방법을
말하는데 이는 고의 "ㄱ"과 독의 "ㅗㄱ"의 反切이란 것이다. 그러면
곡이된다. 우리가 흔히 쓰는 "出必告하고 反必面하라"는 말에서도 '출
필곡하고'라고 읽는 것이다.

　　다음 곡삭이란 옛날 역법이 부정확하였을 때 천자가 매월의 초하루
를 반포하면 제후들이 이를 받아 자기들의 종묘에 나아가 이를 아뢰
었다고 한다. 초하루를 반포한다고 하는 것은 곧 월력을 반포하는 것
으로 매우 중요한 것이다. 이를 아뢰는 행사에서 양을 잡았는데 여기
자공이 이를 없애고자 한 것이다. 왜냐하면 이미 이 행사는 그 근본정

신은 희석되고 형식만 남아 제후들이 직접 참여도 하지 않고 그저 형식으로 고착되어 무의미하게 되었기 때문이었다. 자공의 말은 상당한 근거가 있었다. 형식화된 제도는 혁파해버려야 한다는 것이다. 오늘날에도 흔히 있는 주장이다. 그리고 아주 혁신적인 발상인 것이다.

그런데 공자는 반대하였다. 그것을 형식화되게 한 현실이 잘못된 것이지 그 근본 취지는 옳은 것이므로 이를 복구하여야 한다는 것이다. 모든 것을 오늘의 기준으로 판단하여 제거하면 그 근본취지마저 희석되어 버린다고 보았을 것이다. 근본 취지를 살려야 한다는 것이다. 오늘의 잘못된 관행을 고쳐야지 근본을 뒤집으면 안 된다는 것이다. 오늘 이 시점에서 이 사회의 기준에 의하여 없애버리면 고귀한 정신은 어디 있겠느냐는 것이다. 진보와 보수의 원형을 본다고 할까? 오늘에도 이어지는 문제가 아닐까 한다.

18. 子曰 事君盡禮 人以爲諂也
자왈 사군진례를 인이위첨야라 하다.

〈번역〉

공자께서 말씀하셨다.

"임금을 섬김에 예의를 다하는 것을 사람들은 아첨이라 하는구나!"

〈묵상〉

임금을 섬김에 예를 다하는 것과 아첨은 전혀 다른 것이다. 그런데도 사람들은 이를 아첨과 혼동한다. 오늘날 사회생활에서도 이런 현상은 종종 있다. 어느 조직에서 상사에게 예의를 다하는 것을 남들은 아첨한다고 욕하는 것이다. 이는 소인배들이 말하는 짓거리이다. 섬김에 예의를 다하는 것은 마땅한 도리이다. 그러나 아첨은 근본부터가 다르다. 아첨은 자기의 유익을 위하여 비굴하게 나아가 비위를 맞추어 주는 것이다. 역시 상사가 또한 소인배라면 盡禮와 阿諂을 구분 못하고 아첨을 진례로 착각하고 수용한다. 그러면 언젠가 그 아첨꾼으로 인하여 그 상사는 물론 그 조직도 큰 피해를 입고 말 것이다.

또한 이런 일은 꼭 상사에 대한 진례에서 생기는 것만도 아니다. 어느 조직에서나 어느 구성원 사이에서도 나타나는 현상이다. 어느 회사에서 열심히 일하는 사원을 두고 아첨하느라 그렇게 한다는 평가를 받기 일쑤이다. 학교에서도 성실히 가르치고 학생을 진정으로 돌보는 교사를 상사에 아첨하느라 그렇게 한다는 말을 많이 듣는다. 이를 들으면서도 끝까지 성실히 한다는 게 그리 쉽지 않다.

19. 定公　問　君使臣　臣事君　如之何
정공이 문하되 군사신하고 신사군을 여지하니이까?

孔子對曰 君使臣以禮　臣事君 以忠
공자대왈 군사신이례하며 신사군 이충이니이다.

⟨주석⟩

定公 : 노 나라 군주. 명은 宋, 定은 그 시호이다. 哀公의 아버지이다.

⟨번역⟩

정공이 물었다. "임금이 신하를 부리고 신하가 임금을 섬김에 어떻게 하여야 합니까?" 공자께서 말씀하셨다.

"임금은 신하를 예로써 부리고 신하는 임금을 충으로써 섬기면 됩니다."

〈묵상〉

　　나는 정공을 보노라면 자신을 보는 듯 하여 낯이 뜨거움을 느낀다. 왜냐하면 내가 정공처럼 연약하기 때문이다. 정공은 공자를 무척 존경하였다. 그리하여 공자를 대사구의 자리에까지 앉히고 정치를 맡겼다. 그러나 이웃나라의 간계에 말려들어 다시 공자를 멀리하였다. 이리하여 공자는 유랑의 길로 들어섰다. 공자를 존경은 하되 그의 철학을 시행할 의지는 약하였다. 또한 여색을 단호히 끊을 결단력도 모자랐다. 결국 공자를 놓치고 그도 그 나라도 쇠퇴의 길로 들어설 수밖에 없었던 것이다. 이 의지의 빈약. 곧 나의 단점인 것이다.

　　그런데 이 구절에 대하여 재미있는 다른 해석이 있다. 곧 임금이 신하를 예로써 부리면 신하는 충으로써 섬긴다는 것이다. 앞의 절을 조건으로 보는 것이다. 이렇게 되면 상대적인 게 아니고 모든 책임이 임금에게 돌아간다. 이 해석도 상당한 논리가 있는 것 같다.

20. 子曰 關雎　樂而不淫　哀而不傷

　　자왈 관저는 낙이불음하고 애이불상이니라.

〈주석〉

　　關雎 : 시경 국풍 주남편의 첫 편이다.

　　淫 : 즐거움이 지나쳐 그 바름을 잃음이다.

　　傷 : 슬픔이 지나쳐 和에 해로움이다.

〈번역〉

　　공자께서 말씀하셨다.

"관저의 시는 표현이 비록 쾌락하나 지나침에 이르지 않고 비록 슬프나 정을 상함에는 이르지 않는다."

〈묵상〉

관저는 시경에서 제일 처음 나오는 노래이다. 꼭 그런 건 아니지만 처음에 나오는 것이 더 중요한 게 사실이다. 이 노래를 평하여 "樂而不淫, 哀而不傷"이라고 하셨다. 이는 공자의 詩觀이요, 평가 기준이다. 아울러 음악의 기준이기도 한다. 그럼 관저의 노래는 어떤 노래인가? 당시 불리던 민요이다. 민요이므로 특정한 작자가 없는 게 사실이다. 그런데 이를 너무 존숭하고 미화하여 문왕이 그의 비 태사가 처녀로 있을 때 부른 노래라고 억지 해석을 하였다. 지금도 시경의 주에는 그렇게 주장하고 있다. 그러나 이는 억지요 왜곡이다. 그저 순수한 민요 가운데 하나의 연애시일 뿐인 것이다. 그럼에도 이 연애시를 공자가 찬미한 것은 그 순박하고 순수한 감정을 높이 산 것이다. 진실한 연애시는 순진무구한 것으로 인간 감정의 고결한 것이라 하여야 할 것이다. 이는 후대의 유학자들이 지탄하듯 그런 지탄의 대상이 될 수 없는 것이다. 어디까지나 인간의 순수한 감정의 발로인 것이다.

이제 그 시를 한 번 직접 감상하여 보자.

關關雎鳩	까악 까악 물수리 새
在河之洲	황하의 모래톱에 있네
窈窕淑女	날씬한 저 아가씨
君子好逑	군자의 좋은 배필이로다.
參差荇菜	들쑥날쑥 물마름
左右流之	이리 저리 흐르고

窈窕淑女　　날씬한 저 아가씨를
寤寐求之　　자나 깨나 구하네.

求之不得　　구하여도 얻지 못하니
寤寐思服　　자나 깨나 그리도다.
悠哉悠哉　　길고도 길도다.
輾轉反側　　이리 뒤척 저리 뒤척

參差荇菜　　들쑥날쑥 물마름
左右采之　　이리저리 캐고요
窈窕淑女　　날씬한 저 아가씨
琴瑟友之　　금슬같이 벗하고자.

參差荇菜　　들쑥날쑥 물마름
左右芼之　　이리저리 삶고요
窈窕淑女　　날씬한 저 아가씨
鐘鼓樂之　　종과 북으로 즐기리.

21. 哀公　問社於宰我　　宰我對曰 夏后氏以松　　殷人以柏
애공이 문사어재아한데 재아대왈 하후씨이송이오, 은인이백이오,

周人以栗　　曰使民戰栗
주인이율이니 왈사민전률이니이다.

子聞之曰 成事　不說　　遂事　不諫　　旣往不咎
자문지왈 성사는 불설하며 수사는 불간하며 기왕불구로다.

社 : 社의 主를 가리킨다. 社는 토지의 신이다. 고대에 토지의 신을
    제사함에 거기 서 있는 하나의 나무로 위패를 만들었기에 이 위
    패를 사주라고 하였다. 신령이 의거하는 것이라 여겼다.

宰我 : 이름은 予, 공자의 제자이다.

夏后氏以松 三句 : 하후씨는 安邑에 도읍하였는데 그 들에 소나무가
    잘 자랐고, 은 나라는 亳에 도읍하였는데 그 들에는 잣나무가 잘
    자라고 주 나라는 鎬에 도읍하였는데 그 들에는 밤나무가 잘 자
    랐다. 각각 그 땅에 알맞게 자라는 나무로 사주를 제작하였다.

戰栗 : 두려워하는 모습이다. 재아가 각각 그 땅에 알맞은 나무로 사
    주를 만든다는 것에 의거하지 않고 애공에게 사주 만드는 뜻을
    번복하여 답하였다. 망령되게 스스로 해석하여 周代에서 밤나무를
    쓰는 것을 사람들로 하여금 두렵게 하는 것이라 하였던 것이다.

遂事 : 이미 이루어져 능히 막지 못하는 것을 말한다. 遂는 行이다.

〈번역〉

　애공이 재아에게 사주에 쓰는 나무에 대하여 물었다. 재아가 답하
기를 "하 나라에서는 소나무를 썼고 은 나라에서는 잣나무를 썼으며
주 나라에서는 밤나무를 썼습니다. 주 나라에서 밤나무를 쓴 것은 백
성들로 하여금 두려워 하게(戰栗) 하고자 함이었습니다." 공자께서 들
으시고 말씀하셨다. "이미 이루어진 일에 대하여 다시 말하지 않고
이미 되어진 일에 대하여 간하지 않으며 이미 지난 일을 탓하지 않는다."

〈묵상〉

　여기서 말하는 社主에 대하여 두 가지 설이 있다. 위의 주석처럼
그 社의 위패를 말하기도 하나 또 나무 자체를 말하기도 한다는 것이
다. 위의 본문을 보면 오히려 나무로 보는 게 더 타당하지 않을까 하

는 생각이 든다. 그러나 이게 무엇이든 그리 중요한 문제는 아니다 문제는 재아의 답변이요 또 공자의 꾸짖음이다. 재아는 말을 썩 잘하였다고 한다. 그런데 여기서의 답변은 말을 잘하는 게 아니고 아주 못되게 하는 것이다. 곧 임금에게 백성을 두렵게 부리라고 부추기는 것이다. 유약한 임금에게 드리는 충언이라고도 하겠으나 당시 권신들에게 쌓여 있는 임금으로 하여금 더욱 난처하게 만드는 것이다. 문제는 백성을 두렵게 할 게 아니고 권신을 두렵게 하여야 할 것인데 그에겐 그럴 힘이 없었던 것이다. 그러니 결국 임금을 욕되게 하는 말인 것이다. 더구나 공자가 노한 것은 공자는 주 나라를 아주 이상적인 나라로 여기는데 이 주 나라에서 백성을 전율케 하기 위하여 밤나무를 썼다는 재아의 말이 공자에겐 너무도 충격적이었을 것이다. 그러나 공자는 직설적인 꾸짖음을 아니하시고 빙 둘러 지나간 일을 말해 무엇 하느냐? 하며 마무리 지었는데 이는 자칫 말의 장난에 휩쓸려 시끄럽게 될까 함에서였을 것이다. 하지만 이 말에서 공자의 깊은 한숨과 재아에 대한 원망을 읽을 수 있다.

그런데 여기 밤나무를 써서 백성을 전율케 하였다는 말은 이해가 되지 않는데 이는 중국의 발음에서 오는 문제이다. 곧 밤나무와 두렵게 한다는 말의 음이 같은 것이다. 그래서 밤나무가 두렵게 한다는 뜻과 연관되어진 것이다.

22. 子曰 管仲之器小哉   或曰管仲儉乎?
자왈 관중지기소재라. 혹왈관중검호아?

曰 管氏有三歸   官事不攝   焉得儉?
왈 관씨유삼귀하며 관사불섭하니 언득검이리오?

然則 管仲知禮乎?

연즉 관중지례호아?

曰 邦君樹塞門 管氏亦樹塞門 邦君爲兩君之好

왈 방군수색문하니 관씨역수색문하며 방군위양군지호하여

有反坫 管氏亦有反坫 管氏而知禮 孰不知禮?

유반점하니 관씨역유반점이라. 관씨이지례면 숙부지례리오?

〈주석〉

管仲 : 성은 관, 이름은 夷吾. 제 나라의 대부. 제 나라 환공을 도와
　　　제후의 패자가 되게 하였다.

器小 : 국량이 좁고 얕다. 器識이 협소하다.

三歸 : 包咸이 말하기를 세 성의 여자에게 장가감이라고 하였다. 朱熹
　　　가 말하기를 삼귀는 臺의 이름이라고 하였다. 兪樾의 〈群經評議〉
　　　에서 말하기를 집에 세 곳이 있다. 오늘날 三座公館이라는 것과
　　　같다고 하였다.

攝 : 兼職이다.

邦君 : 한 나라의 군주이다.

樹塞門 : 문에다 병풍을 치고 안과 밖을 차단하는 것이다. 樹는 병풍
　　　을 새우는 것이다. 塞은 遮蔽이다.

好 : 友好이다.

反坫 : 坫은 흙을 쌓아 만든다. 옛날 두 임금이 서로 만남에 주인이
　　　술을 부어 손님에게 드리면 마신 뒤에 빈 잔을 坫上에 놓는다.
　　　이를 反坫이라 한다.

〈번역〉

공자께서 말씀하셨다.

"관중의 그릇이 작도다." 어떤 이가 물었다. "관중은 검소하였습니까?" "관중은 세 개의 공관을 가졌다. 그리고 한 사람에게 한 일만 시키고 겸직시키지 않았다. 이런데 어찌 검소하였다고 하겠는가?" "그렇다면 관중은 예를 알았습니까?" 공자께서 말씀하셨다. "임금이 궁궐의 문 앞에다 병풍을 세우니 관중도 자기 집 문 앞에다 병풍을 세웠다. 임금이 두 나라의 우호를 위하여 잔치할 때 正堂 양 옆에다 술잔을 놓는 坫을 만드니 관중 또한 자기 집에다 이와 같이 坫을 만들었다. 만약에 관중더러 예를 안다고 하면 누가 예를 모르겠는가?"

⟨묵상⟩

먼저 본문의 내용을 잘 알 필요가 있을 것 같다. 공자 당시 관중에 대한 평가는 아주 좋았다. 그러나 공자는 조금 부정적이었다. 공자의 왕도 정치적 처지에서 보면 관중의 패도정치는 맞지 않는 것이다. 아무리 현실이라고 한들 공자의 이상에서는 벗어나는 것이다. 그리하여 공자는 자기의 생각을 바로 말한다. 관중의 그릇이 작다고 한탄하는 것이다. 좀 더 큰, 그리고 더 이상적인 정치를 할 수 있었는데 하지 않았다고 보는 것이다. 그래서 관중의 그릇이 작았다고 한탄한다.

그러나 이를 들은 혹자는 그래도 관중은 검소하지 않았느냐고 항변을 한다. 이에 대한 공자의 대답은 아주 구체적이고 직설적이다. 그가 세 개의 공관을 가졌고, 또는 다른 해석을 하면 세 여자에게 장가들고 또 한 사람이 여러 사무를 보게 하면 경비가 절약될 터인데 그렇게 하지 않았다. 이런데도 검소하다고 할 수 있는가? 그러자 그래도 관중이 예는 알지 않았습니까? 하고 반문하였다. 어디까지나 관중을 옹호하고자 하는 마음이었다. 그러나 공자는 단호하였다. 임금이 안채를 안 보이게 하려고 안채 앞에다 병풍을 치니 관중도 그렇게 하였고 임금이 다른 나라의 임금을 맞아 두 나라의 우호를 다지며 술을 마심에 필요하여 궁궐에다 반점을 두었는데 관중도 자기 집에다 반점을 두었다는 것이다. 이는 얼른 보면 검소하다는 앞의 문제와 연관되는 듯 한데 그렇지 않다. 이는 참람한 일이니 검소의 대상이 아니라 예의 문제라는 것이다. 신하로서 있을 수 없는 월권이라는 것이다. 이러고도 예를 안다고 하면 어느 누가 예를 모르는 사람이 있겠느냐는 것이다. 여지없이 관중을 폄하하는 말씀이다. 이에 대하여 혹자는 노 나라가 제 나라로부터의 콤플렉스가 있어서 그렇게 제의 관중을 욕하는 것이라 한다. 하지만 공자를 그렇게 단순하게 보아서는 안 될 것이다. 어디까지나 패도정치를 펼친 관중에 대한 불만의 표출이었을 것이다.

그런데 관중에 대한 공자의 평가는 이중적이다. 역시 같은 논어인데도 憲問篇에서는 관중을 아주 높게 추켜세웠다. 곧 관중이 없었더라면 우리는 다 오랑캐가 되었을 것이라는 것이다. 관중의 공적은 절대적으로 인정하여야 한다는 것이다.

그렇다면 공자에게 있어서 관중은 과연 어떤 인물인가? 조금 더 큰 그릇이었더라면 하는 아쉬움이 스며있는 것이다. 그랬더라면 그 능력으로 왕도 정치를 한 번 펼칠 수 있었을 것인데 하는 아쉬움과 안타까움이 공존하는 것이라 보아야 할 것이다. 愛憎이 교차되는 것이다.

23. 子語魯大師樂曰 樂其可知也 始作 翕如也 從之
   자 어 노 태 사 악 왈. 악 기 가 지 야라. 시 작에 흡 여 야하여 종 지하고

純如也 皦如也 繹如也 以成
순 여 야하며 교 여 야하며 역 여 야하여 이 성이니라.

<주석>

語：고함(告訴)이다.

大師：樂官名.

翕如：翕은 合이다. 如는 뜻이 없다. 句末 어조사로 그렇다(猶然)는 것이다.

從：놓아버리는(放散) 것이다.

純：和諧.

皦：밝음이다.

繹：이어져 끊어지지 않음이다.

成：한 자락의 음악이 끝남이다.

<번역>

공자께서 노 나라 악관에게 (음악을 연주하는 도리에 대하여) 말하기를 "음악은 가히 알만하다. 시작에는 서로 합하여지다가 풀어지면서 화해를 이루고 밝아지다가 이어져 끊이지 않으며 끝이 난다."

<묵상>

공자는 음악의 대가이셨다. 그러므로 노 나라 악관인 태사와 더불어 음악을 논하는 대화를 하시는 것이다. 그러므로 이 대화는 우리 같은 아마추어들로서는 전혀 알 수 없는 심오한 이야기인 것이다. 대체로 그저 음악의 화음이랄까 하는 것에 대한 이야기일 것이라 짐작할 뿐인 것이다.

그런데 도올 김용옥 교수는 이 장을 해석하면서 의미 있는 말을 하였다.

"나는 이 장을 가장 실감나게 해석할 수 있는 사람들은 세계에서 한국인 밖에는 없다고 생각한다. 우리나라의 아악이나 향악이야말로 공자가 목도한 음악의 원형에 가까운 형태를 보존하고 있기 때문이다. 나는 이 장의 공자의 음악해설을 생각할 때마다 우리나라의 위대한 관악합주곡인 '수제천(壽齊天)'을 연상한다. …… 수제천을 잘 들어보면 흡여 - 순여 - 교여 - 역여의 구체적 의미를 쉽사리 파악할 수 있을 것이다."

그러나 나같이 무식한 사람은 도올의 말조차도 이해하지 못한다.

24. 儀封人　請見 曰 君子之至於斯也　吾未嘗不得見也
의봉인이 청현 왈 군자지지어사야에 오미상부득현야라

從者見之　　出曰 二三子　何患於喪乎
종자현지한대 출왈 이삼자는 하환어상호아?

天下之無道也久矣　天將以夫子　爲木鐸
천하지무도야구의라 천장이부자로 위목탁이니라.

〈주석〉

儀封人 : 의는 위 나라 읍의 이름이다. 봉인은 변강을 장악하는 관리이다.

君子 : 도덕과 학문이 있는 사람이다.

二三子 : 의봉인이 공자의 제자를 부르는 말이다.

喪 : 자리를 잃고 나라를 떠나감이다.

木鐸 : 금의 입에다 나무의 혀로 된 종으로써 정사를 베풀 때 진동시켜 백성을 경종시켰다.

〈번역〉

위 나라 위읍의 변방 수비대장이 공자님을 뵈옵기를 청하며 말하였다. "군자께서 이곳을 오시면 제가 뵈옵지 않은 적이 없습니다." 공자를 따르던 제자들이 그를 뵈옵게 하였더니 그가 뵈옵고 나오면서 말하였다. "여러분, 어찌 선생님께서 자리를 잃고 나라를 떠나간다고 걱정하십니까? 천하에 도가 없어진 지 오래라 하늘이 장차 선생님을 세상을 울리는 목탁으로 삼아 세상 사람을 가르치실 겁니다."

〈묵상〉

어느 시대 어느 곳에서나 異人이나 현인이 있는가 보다. 이 국경의 경비 대장도 그런 분 가운데 하나이다. 그는 사람을 알아보는 눈을 가졌던 것이다. 그래서 공자를 바로 보았다. 세상을 살다 보면 참 희한한 경험을 하기도 한다. 아주 훌륭한 사람 같은데 그 사고가 아주 비천한 사람이 있는가 하면 도리어 아주 비천한 사람 같은데 훌륭한 도를 가진 분을 만나는 것이다. 이 의봉인 역시 그 벼슬은 별 것 아니나 그 눈은 대단한 것이었다. 공자를 세상을 울릴 목탁으로 보았다. 아주 정확히 본 것이다. 그런 사람을 만나고 싶다. 아니 그런 사람을 만날까 겁이 나기도 한다. 내 내면의 추한 꼴이 그대로 나타날까 해서이다.

하지만 오늘 이 땅에 그런 분이 나타나야 하겠다. 나타나셔서 진정으로 목탁 되시는 분을 좀 찾아주셔야 할 것 같다. 왜냐하면 오늘 이 땅에는 목탁을 자처하는 사람은 참으로 많으나 나중 보면 대개가 허풍이었다. 심지어는 사기꾼이었다. 그래서 참 목탁이 그립다. 그 소리가 듣고 싶다. 그야말로 광야에서 외치는 자의 소리가 듣고 싶다. 그 목탁을 좀 가르쳐 다오. 나도 가서 그의 말씀을 경청하리라.

25. 子謂韶　　盡美矣　又盡善也

자 위 소하시되 진 미 의오 우 진 선 야로다.

謂武 　盡美矣　未盡善也
위무하시되 진미의나 미진선야로다.

〈주석〉

韶 : 舜 임금 시대의 舞樂.

武 : 武王 시대의 舞樂.

〈번역〉

공자께서 순 임금 시대의 음악 소에 대하여 말씀하셨다. "아름다움을 다하였고 또 선함을 다하였다." 또 무왕 시대의 음악 무에 대하여 말씀하셨다. "아름다움은 다하였으나 선함을 다하지는 못하였다."

〈묵상〉

앞에서 본 바와 같이 공자는 음악의 대가이시다. 그러므로 그의 평은 아주 정확할 것이다. 또 공자의 평이라 이 자체가 그만 평의 기준이 될 것이다. 그러나 우리는 여기서 말하는 美나 善의 개념에 대해서는 잘 알지 못한다. 대체적으로 미는 審美的인 측면이요 선은 윤리적인 측면이 아닐까 유추하여 볼 뿐이다. 그런데 이 음악에 대한 평가가 그 나라에 대한 평가와 일치하고 있어 흥미롭다, 즉 순 임금의 은 나라는 평화로운 나라였으며 무왕에 의해 무력으로 세운 주 나라는 살벌한 분위기가 있었을 터이니 그 음악도 그리 되었을 것이다. 그리하여 옛날에는 그 곳의 음악을 듣고 그 곳의 정치까지 가늠하였다지 않은가? 그래서 이 음악을 채집하려고 세운 관청이 樂府였다. 그 음악을 듣고 그 정치를 가늠하여 보려는 의도에서였던 것이다. 그만큼 그 음악을 중요시한 것이다. 이렇게 생각하고 보면 요즘 한국에서 유행하는 음악만 보아도 그렇다고 인정할 수밖에 없을 것이다. 빠르고 좀 광란적이다. 조용한 가운데 우아한 분위기는 없다. 영혼 밑바닥의 그

욱함은 없다. 그저 경쾌하고 즉흥적이고 외향적이다. 이 사회 저변의
분위기를 잘 반영하는 것이다.

26. 子曰 居上不寬   爲禮不敬   臨喪 不哀   吾何以觀之哉
   자왈 거상불관_{하며} 위례불경_{하며} 임상 불애_{하면} 오하이관지재_{리오}?

〈주석〉

   爲禮 : 行禮이다.

   臨喪 : 임하여 타인의 상을 보는 것을 말한다.

〈번역〉

   공자께서 말씀하셨다.

   "위에 있으면서 도리어 능히 관용하지 못하고 예를 행할 때에 공경
하지 못하고 상을 당함에 슬퍼하지 아니하면 내 어떻게 이런 사람들
을 보겠는가?"

〈묵상〉

   어떤 시대 어느 사회에서나 위에 있는 사람이 있고 아래에 있는 사
람이 있다. 평등사회라는 개념과는 다른 차원이다. 나이 많은 사람이
있고 나이 적은 사람이 있으며 그 직책상 위에 있는 사람이 있고 아래
에 있는 사람도 있다. 그런데 그 위에 있는 사람은 관용해야 한다.
그래야 그 사회가 매끄럽고 부드럽게 돌아간다. 그리고 어떤 의식이
든지 행함에는 공경스러움이 우선이다. 공경이 없는 의식은 의례적이
요 나아가 허식이다. 또한 상을 당함에 슬픔이 없다면 이는 인간으로
서의 기본적인 감정을 갖추지 못한 것이다. 이 중요한 세 가지 측면을
실행치 못한다면 다른 무엇으로도 평가할 수 없다는 것이다. 당시 거

만한 관리들에 대한 경종이지만 오늘날 우리들에게도 해당되는 말씀
이다.

里仁　第四

里仁篇은 논어 가운데 가장 오리지널한 공자의 말씀일 것이라고 한다. 문장이 매우 간결하다. 대화 자체를 그대로 옮겼을 것이라 한다. 그리고 仁에 대한 말이 주종을 이룬다. 공자의 사상을 가장 집약한 것이 仁이다. 그리하여 가장 중요한 편으로 보고 있다. 마치 신약성경에서의 산상수훈과 같다고 할 것이다.

1. 子曰 里仁爲美　擇不處仁　焉得知

자왈 이인위미_{하니} 택불처인_{이면} 언득지_{리오}?

〈주석〉

里仁爲美 : 鄭玄이 말하기를 "里는 백성이 사는 곳이다. 仁者의 마을에 거하면 이것이 선한 것이다."고 하였다. 朱熹가 말하기를 "마을에 仁厚한 풍속이 있으면 아름다운 것이다."고 하였다.

處 : 居하는 것이다.

焉 : 何이다.

知 : 智와 같다.

〈번역〉

공자께서 말씀하셨다.

"(사람이) 사는 마을 가운데 인후한 풍속이 있으면 아름답다. 만약에 살 곳을 선택하였는데 풍속이 인후한 곳이 아니라면 어찌 능히 총명하다 하겠는가?"

〈묵상〉

사람은 환경의 지배를 받는다. 더구나 고대에 마을을 주축으로 하는 농경사회에서는 그 마을이 사회의 기본 단위이며 생활의 터전이었다. 그러므로 풍속이 아름다운 마을을 찾아 살아야 함은 매우 중요한 것이다. 너무도 당연한 말이다. 그런데 이런 해석은 종래의 보편적인 해석이었다.

이에 대하여 새로운 해석이 상당한 설득력을 가진다.

里를 마을로 보지 않고 동사로 보아 산다고 해석하는 것이다. 그렇게 되면 仁에 사는 것이 된다. 그래야 좀 깊은 맛이 나는 말씀이 된다는 것이다. 종래의 해석은 너무 보편적인 말이어서 굳이 공자께서 강조할 성질이 아니라는 것이다. 그러므로 이를 인에 산다는 것으로 해석하여야 인을 강조하는 공자의 사상과 맞아진다는 것이다. 그러면 "인에 사는 것이 아름다우니 인을 택하여 살지 않으면 어찌 지혜롭다 하겠는가?"가 된다. 그래도 무언가 좀 어색한 듯도 하다. 오히려 전자의 해석이 더 순리적이지 않나 여겨지기도 한다.

2. 子曰 不仁者　不可以久處約　　不可以長處樂
　자 왈 불 인 자 는 불 가 이 구 처 약 하며 불 가 이 장 처 락 이니

仁者安仁　　知者　利仁
인 자 안 인 하고 지 자 는 이 인 이니라.

⟨주석⟩

約 : 窮困이다.

樂 : 안락이다.

安仁 : 인에 마음이 평안하여서 맞지 않음이 없음을 말한다.

利仁 : 仁을 아는 것이 利가 됨을 알고 이를 행하는 것이다.

⟨번역⟩

　공자께서 말씀하셨다.

"인하지 못한 자는 곤궁한 환경에 오래 거하지 못하고 또한 안락한 환경에서도 오래 거하지 못한다. 인자는 仁道에 평안하여 인을 행하고 지혜로운 자는 인의 좋음을 알기 때문에 이를 행한다."

⟨묵상⟩

仁하지 못하면 곤궁한 생활을 오래 견디지 못한다는 말은 이해가 쉬우나 또한 안락한 환경에서도 오래 거하지 못한다는 말은 이해가 잘 되지 않는다. 그러나 곰곰 생각하니 그도 맞는 말인 것 같다. 안락한 환경 가운데서도 오래 살다 보면 그 환경이 좋은 줄 모르고 더 나은 환경을 요구하게 되고 또 그 환경에 오래 살다 보면 그만 무료하여 싫증을 느끼게 된다. 이게 범인이다. 그러므로 인자라야만 곤궁하든 안락하든 그 환경을 극복하고 인에서 편안함을 누리는 것이다. 그리고 지혜로운 사람은 그 인을 오히려 利得으로 여기는 현명함을 가지는 것이다.

그런데 여기서 인자와 지자가 나란히 나타나는데 仁者는 安仁하고 知者는 利仁한다는 것이다. 이를 보면 인자가 한 수 더 높은 경지인 것 같은 감을 갖게 한다. 곧 安仁은 자연 그대로인데 利仁은 인위적인 무엇이 끼어드는 듯한 느낌을 받는 것이다. 인자는 요산(樂山)하고 지자는 요수(樂水)한다는 말에서도 비슷한 느낌을 받는 것일까?

3. 子曰 唯仁者　能好人　能惡人
자왈 유인자 라야 능호인 하며 능오인 이니라.

⟨주석⟩

能好人 能惡人 : 호인이란 남의 선한 것을 좋아함이고 오인이란 남의

선하지 못함을 미워하는 것이다. 이 두 句는 좋아함과 미워함이
모두 理性에서 나옴을 말한다.

〈번역〉

공자께서 말씀하셨다.

"오직 인자라야 능히 남의 선한 것을 좋아할 수도 있고 또한 남의
악한 것을 미워할 수도 있다."

〈묵상〉

사람이 사람에 대한 판단은 대개 자기중심적이다. 내게 잘해주는
사람은 좋고 나에게 잘 해주지 않은 사람은 싫어하게 된다. 그러나
이는 올바른 판단이 아니다. 올바를 판단은 나에게 중심을 둘 것이
아니라 원리와 원칙, 어쩌면 진리에 그 기준을 두어야 할 것이다. 여
기에다 그 기준을 두고 好惡을 판단하는 사람은 인자만이 가능한 것
이다. 이렇게 보면 우리가 누구를 좋아함도 누구를 미워함도 참으로
어렵다. 왜냐하면 나는 언제나 나도 모르게 편벽되어 있기 때문이다.
편벽되지 않고 사람을 볼 수 있는 눈을 가진 분이 바로 인자일 것
이다.

4. 子曰 苟志於仁矣　無惡也
　　자 왈　구 지 어 인 의 면　무 악 야 라.

〈주석〉

苟 : 誠이다.

志 : 마음이 가는 바이다.

無惡 : 악을 하는 일이 없음이다.

<번역>

공자께서 말씀하셨다.

"한 사람이 능히 진실로 인에 마음을 둔다면 악한 일은 만들지 않는다."

<묵상>

지극히 당연한 원론적인 말씀이다. 그런데 이를 해석함에 '내가 진실로 인에 뜻을 둔다면 악이 없어질 것이다.'고 해석하면 너무 지나친 자만일 것이다. 그저 단순히 '악한 일만은 하지 않을 것이다.' 정도로 보아야 할 것이다. 인간은 워낙 불완전하고 나약하기 때문이다. 바울같은 성자도 내가 하고자 하는 선은 행치 못하고 하고자 아니하는 악을 행한다고 고백하였다. 이게 인간의 타고난 나약함이다. 그러므로 스스로 섰다고 하는 자는 넘어지기를 조심하여야 한다. 잠시라도 섰다고 자만하는 순간 곧 넘어지고 만다. 그래서 항상 인에 뜻을 두고 부단히 그 인을 실천하고자 하여야 겨우 악은 면할 수 있다는 것이다. 그렇지 않고 이제 내가 인에 뜻을 두니 악이 없어지더라고 하는 것은 자기 자만이다. 끊임없이 인에 뜻을 두고 정진하여야만 악을 없이 하고 더욱 나아가 정진하면 인도 이룰 수 있는 경지에 달하는 것이다.

5. 子曰 富與貴 是人之所慾也 不以其道 得之 不處也
자왈 부여귀는 시인지소욕야나 불이기도로 득지어든 불처야하며

貧與賤 是人之所惡也 不以其道 得之 不去也
빈여천은 시인지소오야나 불이기도로 득지도 불거야라.

君子去仁 惡乎成名
군자거인이면 오호성명이리오?

君子 無終食之間違仁　　造次 必於是　　顚沛必於是

군자 무종식지간위인_{이니} 조차 필어시_{하고} 전패필어시_{니라}.

〈주석〉

慾 : 喜愛, 기뻐하고 사랑함이다.

不以其道得之不處也 : 부당하게 얻었으면 부귀라도 처하지 않음이다. 之는 부귀를 가리킨다. 畢浣이 말하기를 "得之"는 아래로 이어 읽어야 한다고 하였는데 역시 한 학설을 갖추었다.

惡 : 싫어함이다.

不以其道得之不去也 : 부당하게 얻었으면 빈천이라도 버리지 않음이다. 之는 빈천을 가리킨다. 대개 군자가 도를 행함에 마땅히 부귀를 얻거나 도리어 빈천을 얻더라도 그것이 그 도로써 얻은 것이 아니라 하더라도 이에 마땅히 빈천에 평안하여야 한다. 거슬려 이를 버리고 망령되게 부귀를 구하여서는 안 된다.

惡乎成名 : 어찌 능히 군자의 이름을 이루겠느냐? 함이다. 惡는 何, 어찌이다.

終食之間 : 밥 한 숟가락 먹는 사이. 아주 짧은 시간을 말한다.

造次 : 급하고 구차한 때, 곧 촉박하여 틈이 없다는 뜻이다.

顚沛 : 넘어짐이다. 넘어져 어려운 때이다.

〈번역〉

공자께서 말씀하셨다.

"부귀, 이것은 사람이 기뻐하고 사랑하는 것이다. 그러나 마땅하게 하지 않고 얻는다면 군자는 그것을 향유하지 않는다. 빈천, 이것은 사람이 싫어하는 것이다. 그러나 마땅하게 하지 않고 얻는다면 이를 포기하지 않는다. 군자가 만약에 仁道를 버린다면 어찌 능히 군자라 칭하겠는가? 군자는 한 숟가락 밥 먹는 동안에도 仁을 떠나지 못하고 촉박하고 급한 때에라도 인과 같이 있어야 한다. 넘어져 곤궁한 때에 라도 인과 함께 있어야 한다."

〈묵상〉

　여기서 "貧與賤 是人之所惡也 不以其道得之 不去也"라는 말의 해석 이 좀 복잡하다. 그 앞의 "부귀라 하더라도 그 도로써 얻은 것이 아니 라면 처하지 않는다."는 말은 이해가 쉽다. 결국 부당하게 얻은 부귀 라면 이를 거절하겠다는 말이다. 그러나 똑 같이 빈천도 그 도로써 얻지 않는다는 말은 이해가 어렵다. 위의 해석도 궤변같이 들린다. 그럼 무슨 뜻인가? 나는 이렇게 해석하고 싶다. 빈천이 비록 정당하게 돌아온 것이 아니라 하더라도 이를 거절하지 않는다는 말이다. 어떤 사람은 부자 집에 태어나고 어떤 사람은 가난하게 태어난다. 그 부함 이나 가난은 내 탓이 아니다. 그러나 그 영향은 너무나 크다. 하지만 가난한 사람도 이를 수용하라는 말이라 생각된다. 천재지변으로 인한 빈천, 부당한 위정자의 사리사욕에 의한 희생, 이들은 다 내 탓이 아니 다. 곧 정당한 방법으로 나에게 돌아온 것이 아니다. 억울하게 돌아온 것이다. 하지만 이를 벗어나려고 나 역시 부당한 방법으로 대항할 수 는 없다는 것이다. 오히려 수용하며 인을 지키라는 말이다. 이를 벗어 나려고 나 역시 인을 버릴 수는 없다는 것이다. 목적이 비록 선하더라 도 그 방법에서도 언제나 인을 떠날 수 없다는 것이다. 아무리 부당하 게 받은 불이익이라도 이를 벗어나려고 나 역시 부당한 방법을 쓸 수 없다는 것이다. 그러므로 어떠한 경우 어떠한 목적에서라도 인을 버 릴 수는 없다는 것이다. 그러므로 인은 내 존재의 모든 근거가 되는 것이다. 참으로 지당한 말씀이다. 우리는 흔히 목적이 선하면 그 방법 에서는 좀 비뚤어져도 용납하는 경우가 많은데 이게 안 된다는 것이다. 목적이야 물론 선해야 하지만 방법 역시 선해야 한다.

6. 子曰 我未見好仁者　惡不仁者　　好仁者　無以尚之
   자왈 아미견호인자와 오불인자라. 호인자는 무이상지요.

   惡不仁者　其爲人矣　不使不仁者　加乎其身
   오불인자도 기위인의에 불사불인자로 가호기신이니라.

   有能一日　用其力於仁矣乎　我未見力不足者
   유능일일에 용기력어인의호아? 아미견력부족자라.

   蓋有之矣　我未之見也
   개유지의라 아미지견야로라.

〈주석〉

無以尚之 : 그 마음이 인을 좋아하는 고로 천하의 사물이 그에게 더
    보탬이 없다는 말이다. 尙은 加.

不使不仁者加乎其身 : 마음이 능히 불인한 일을 버려서 조금도 그 몸
    에 미치지 못하게 함을 말한다.

有能 一日 句 : 어떤 사람이 하루라도 분연히 인에다 그 힘을 쓰겠는
    가? 함이다.

〈번역〉

    공자께서 말씀하셨다.
    "나는 인을 좋아하는 자와 불인을 미워하는 자를 보지 못하였다.
진정으로 인을 좋아하는 자는 세상에서 더 이상 보탤 것이 없다. 진정
으로 불인을 미워하는 자도 불인으로 하여금 그 몸에 더 이상 가하지
못하게 한다. 능히 하루라도 그 힘을 인에다 써 보았는가? 나는 아직

그 힘이 모자라 하지 못하는 자를 보지 못하였다. 대개 그런 사람이 있겠거늘 나는 아직 못 보았다."

〈묵상〉

이 장에서 먼저 눈에 뜨이는 것은 "我"라는 일인칭이다. 대개 "吾"라고 쓰는데 여기서는 我라고 하였는데 무슨 차이가 있는지 모르겠다.

여기서 공자가 보지 못한 것은 두 종류의 사람이다. 好仁者와 惡不仁者이다. 곧 인을 좋아하는 자와 불인을 미워하는 자인데 호인자가 긍정적이라면 오불인자는 부정적이라 할 것이다. 그러므로 얼핏 보면 호인이 오불인보다 좀 더 높은 경지에 있는 것 같기도 하다. 여기 공자의 말씀에도 호인자에게는 더 이상 바랄 것이 없다고 하여 더 높이 평가하는 듯 하다. 그러나 세상엔 호인자만으로는 안 된다. 오불인자가 없다면 이 세상에는 정의가 구현되기 어렵기 때문이다.

그런데 여기서 공자는 이 세상에 그런 호인과 오불인을 힘써 행하려는 사람이 없음을 한탄하고 계신다. 하루라도 인에다 힘을 써보았는가? 인을 하려는데 힘이 모자라 못하는 사람을 못 보았다는 것이다. 있을 것도 같은데 아직 못 보았다는 것이다. 심각한 한탄이다.

오늘날도 같은 한탄이 이어지는 게 아닌가? 흔히들 말하기를 가난하여 사랑하지 못하는 사람은 없다고 하지 않는가? 또한 말하기를 남의 사랑이 전혀 필요 없을 만큼 부한 사람도 없다고 하지 않는가? 우리는 다 남에게 줄 사랑을 갖고 있다. 다만 주지 않을 뿐이요, 또한 남의 사랑을 받아야 할 만큼 빈 구석이 있어 늘 허전함을 느끼는 것도 사실이다.

7. 子曰 人之過也 各於其黨 　觀過 斯知仁矣

자왈 인지과야 각어기당이라. 관과면 사지인의니라.

⟨주석⟩

人之過也 各於其黨 : 黨은 類이다. 정자가 말하기를 "사람의 허물은
　　각기 그 종류가 있다. 군자는 항상 그 후함에서 실수하고 소인은
　　그 박함에서 실수한다. 군자는 사람을 사랑함으로 허물을 짓고
　　소인은 殘忍에서 허물을 짓는다."고 하였다.

觀過斯知仁矣 : 尹焞이 말하기를 "여기서 보면 곧 사람의 인과 불인을
　　가히 알 수 있다."고 하였다.

⟨번역⟩

　　공자께서 말씀하셨다.

　　"사람의 허물은 각각 종류가 있다. 그가 범하는 과실을 보면 곧 그
의 마음이 인한지 불인한지 알 수 있다."

⟨묵상⟩

　　여기서 우선 우리는 공자의 사상 한 모퉁이를 엿볼 수 있다. 곧 사
람은 누구에게나 허물이 있다는 것이다. 군자도 허물이 있을 수 있다
는 것이다. 그런데 문제는 그가 어떻게 허물을 저질렀느냐가 중요한
것이다. 그래서 허물에도 종류가 있다는 것이다. 곧 군자는 인하므로
허물을 짓고 소인은 불인하므로 허물을 짓는 것이다. 그래서 그 허물
을 보고 곧 그 사람됨을 알 수 있다는 것이다.

　　사실 선의의 죄도 많다. 전두환 정권 초기의 일이라 한다. 출장 가
던 농촌의 면사무소 공무원이 길가에서 쓰러져 죽어가는 사람을 보
고 지나칠 수가 없어 그를 업고 병원에 가서 입원을 시키는데 돈이
없으니 그만 그가 갖고 있던 공금으로 썼다. 그러나 그 이튿날 갑자기

닥친 감사반에 의하여 공금유용이란 죄명으로 파직 당하였다. 그가 오히려 잔인하여 그 쓰러진 사람을 보고도 그냥 지나쳤더라면 아무런 일이 없었을 것이다. 그럼 과연 파직당하여야 할 사람은 누구인가?

8. 子曰 朝聞道 夕死 可矣
자왈 조문도면 석사라도 가의니라.

〈주석〉

朝 : 이른 새벽.

聞道 : 사물의 당연한 이치를 들어 알게 된다는 말이다. 道는 사물의 당연한 이치이다.

〈번역〉

공자께서 말씀하셨다.

"아침에 진리를 곧 깨닫는다면 저녁에 죽어도 좋다."

〈묵상〉

여기서 문제는 도이다. 도가 무엇이기에 공자가 그토록 갈망하였던가? 이를 공자가 자기의 고국 노 나라에 이상 정치가 이루어지는 것이라고도 하였으나 그렇게 좁게 보기 보다는 사물의 당연한 이치로서의 도, 곧 진리라 보는 것이 훨씬 보편적이면서 타당성을 갖는다고 할 것이다. 그 진리를 깨닫는다면 죽어도 좋은데 듣지 못한다는 안타까움이 깔려 있다.

그럼 공자가 그토록 추구한 진리란 무엇인가? 이에 대한 답은 저마다 자기의 처지에서 말하므로 생략하는 게 오히려 현명할 것이다. 카

톨릭에서는 일찍부터 도를 말씀, 곧 成肉身하신 예수라고 해석하였다.
그러나 그도 또한 자기의 처지에서 수용한 것이다.

9. 子曰 士志於道 而恥惡衣惡食者 未足與議也
  자왈 사지어도하되 이치악의악식자는 미족여의야니라.

〈주석〉

  士 : 덕행과 도예를 갖추면서 장차 출사할 자를 가리킨다.

  恥惡衣惡食者 : 악의, 악식을 부끄러움으로 여기는 자를 말한다. 악은
    粗劣한 것이다.

〈번역〉

  공자께서 말씀하셨다.

  "한 선비가 이미 전심으로 진리를 추구면서 도리어 자기의 입은 옷
이나 먹는 음식이 좋지 않다고 이를 부끄럽게 여기는 사람과는 진리
를 토론할 수가 없다."

〈묵상〉

  여기서 士를 원본에 독서인이라고 번역하였는데 이는 좀 어색하다.
우리말에는 "선비"라는 아주 좋은 말이 있다. 선비가 옷이나 음식에
구애된다면 선비의 자격이 없다는 말이다. 요즘 세상에선 옷이나 음
식으로 하여 남에게 수치를 당할 만큼 가난한 사람은 그리 흔하지 않
다. 그만큼 우리 사회가 잘 살며 평등사회가 된 것이다. 그러나 내가
어릴 때만 하여도 옷 때문에 기죽는 일이 너무도 흔하고 배고파 받는
수모 또한 엄청나게 많았다. 사실 옷이 없어 가야할 곳에 못가는 경우
가 많고 한 끼의 밥을 얻어먹기 위해 허리 굽히는 일이 많았다. 그런

환경에서 이를 부끄럽게 여기지 않는 선비란 대단하다 하여야 할 것이다.

그런데 선비의 경우 좋은 옷을 입을 수 있고 좋은 음식을 먹을 수 있음에도 이를 거절하고 오히려 청빈을 즐긴다면 이는 칭찬할 가치가 있으나 자기가 노력하지 않고 가난함은 수치인 것이다. 그럼에도 이런 가짜 선비가 너무 많았다. 그리하여 노동을 천하게 여기며 가난을 감수한다고 자처하는 거짓 선비 나부랭이는 참으로 이를 부끄럽게 여겨야 할 것이다.

10. 子曰 君子之於天下也　無適也　無莫也　義之與比
자왈 군자지어천하야에 무적야하며 무막야하여 의지여비니라.

〈주석〉

適 : 可함이다. 專主함이다.

莫 : 不可함이다. 不肯함이다.

義 : 合理이다. 恰當이다.

比 : 의지하여 따름이다.

〈번역〉

공자께서 말씀하셨다.

"군자가 천하의 일체 일에 대하여 반드시 어떻게 하여야 할 것도 없고 또 반드시 어떻게 하지 말아야 할 것도 없다. 오로지 합리하게 따를 뿐이다."

〈묵상〉

適은 긍정이요, 莫은 부정이다. 군자가 천하의 일에 대하여는 꼭 긍정할 것도 아니고 꼭 부정할 것도 아니다. 오로지 의롭게 따르면 된다는 말씀이다. 옳은 말씀이다.

그런데 세상 사는 사람은 모두 다 그 시대 그 상황에서 적과 막의 상황에 부닥쳐 자기의 길을 선택하여야 한다. 이 기준이 바로 義라는 것이다. 그러지 않고 適이든 莫이든 무조건 어느 하나를 고집하면 반드시 의에서 멀어지게 되는 것이다. 항상 의에 기준을 두는 사람이라야 군자인 것이다. 그런데 실상 세상 살아가노라면 義보다 利를 따라야 하는 유혹을 많이 받는다. 그렇게 넘어가는 경우를 많이 본다. 항상 서서 넘어질까 조심하여야 한다. 잠시라도 자만하면 넘어지고 만다. 평생을 존경스러운 삶을 살다 늙어 그만 실수를 하는 분을 많이 본다. 利에 넘어간 것이다. 그래서 그만 그 평생의 업적이 무위로 돌아가고, 아니 그보다 더럽게 생을 마감하는 일을 자주 본다. 근대사에서 춘원 이광수 같은 분이 그렇다. 그 얼마나 아름다운 삶을 살았더냐? 그러나 마지막 그만 변절하여 자기는 물론 민족에게 아픔을 준 것이다. 오늘날에도 존경 받던 종교인들이 노욕으로 인하여 추한 말에 휩싸이는 것을 볼 때면 참 안타깝다. 진정 조심하여야 한다.

11. 子曰 君子 懷德 小人 懷土 君子 懷刑
   자왈 군자는 회덕하고 소인은 회토하며 군자는 회형하고

   小人 懷惠
   소인은 회혜니라.

〈주석〉

   君子 : 도덕 수양이 있는 사람.

懷德 : 회는 思念이고 덕은 도덕이다.

小人 : 도덕과 수양이 없는 사람이다.

土 : 재산이다. 또 주희가 말하기를 "懷土란 그가 처한 곳의 평안함에 빠지는 것이다."라고 하였다.

刑 : 법도이다.

惠 : 은혜이다.

〈번역〉

　　공자께서 말씀하셨다.

　　"군자는 생각하는 것이 도덕의 증가이고 소인은 생각하는 것이 재산의 증가이다. 군자는 생각하는 것이 법도의 준행이고 소인은 생각하는 것이 은혜의 획득이다."

〈묵상〉

　　군자와 소인은 그 생각하는 것이 늘 상반된다. 그런데 사람이 꼭 군자와 소인으로 양분되는 것이 아니다. 어제의 군자가 오늘에는 소인이 되는 수도 있고 오늘의 소인이 내일은 군자가 되는 수도 있다. 또 이 면에서는 군자가 다른 면에서는 소인이 되는 수도 있다. 또 그 반대의 경우도 있다. 우리는 늘 양면성을 가지고 있다. 그리하여 신약성경에 나오는 바울은 선을 행하고자 하나 악을 하게 된다고 탄식을 하였던 것이다. 그러므로 우리는 늘 소인이고자 하는 자신을 쳐서 군자로 돌이켜야 한다. 역사를 보면 한 때의 군자가 소인으로 전락하는 경우를 많이 본다. 최남선 이광수의 경우가 그렇고 3.1운동의 민족대표 대부분이 그러하였다. 반대로 악한이 선인으로 변화하는 경우도 많이 본다. 김익두라는 분은 평양의 깡패였으나 나중 예수를 믿고 훌륭한 목사가 되었다고 하지 않은가? 그리하여 옛 사람들은 관 뚜껑을 덮은 뒤에라야 평한다고 하였다. 그러나 오늘처럼 더욱 복잡한 사회

에서는 사후에라도 당장은 오히려 곤란하고 먼 훗날에야 바로 평할
수 있을 것이다.

12. 子曰 放於利而行 多怨

자왈 방어리이행_{이면} 다원_{이니라}.

〈주석〉

放 : 依據. 放縱.

多怨 : 남들에게 원망을 많이 취함을 말한다.

〈번역〉

공자께서 말씀하셨다.

"이익에 끌려서 일을 하면 반드시 많은 원망을 얻게 된다."

〈묵상〉

여기서 利란 사라사욕을 말하는 것이다. 그리고 放이란 끌려 다닌
다는 말이다. 그 사리사욕에 끌려 다니다가는 반드시 원망을 많이 얻
게 될 것이라는 것이다. 고금 역사에서 이러한 사례는 비일비재하다.
그러면 어떻게 해야 하나? 利의 반대 개념은 인이다. 仁을 실천하여야
한다. 그게 군자이다.

13. 子曰 能以禮讓 爲國乎 何有? 不能以禮讓爲國 如禮何?

자왈 능이예양 위국호_에 하유_아? 불능이예양위국_{이면} 여예_{하 리오}?

禮讓 : 禮는 敬을 主로 하기에 행위가 合宜하고 讓은 和를 주로 하기
      에 上下에 다툼이 없다. 劉寶楠이 말하기를 "讓이란 것은 禮의
      열매요, 禮라는 것은 讓의 무늬(文)이다."라고 하였다.

爲國 : 治國이다.

何有 : 何難之有? 무슨 어려움이 있겠는가? 어렵지 않음을 말한다.

〈번역〉

　공자께서 말씀하셨다.

　"능히 禮讓으로써 나라를 다스린다면 무슨 어려움이 있겠는가? 만
약에 예양으로써 나라를 다스리지 못한다면 예는 다만 헛것이라 장차
어떻게 할 것인가?"

〈묵상〉

　禮는 讓에서 비롯된다고 할 것이다. 사양, 양보하는 마음이 곧 예의
결실이다. 이 예양이 있으므로 이 사회는 훈훈하여진다. 이 마음이
없이 법이나 刑만으로 다스려진다면 그 사회는 유지될 수가 없으려니
와 설사 유지된다고 하여도 사람 살만한 사회는 못 되는 것이다. 오늘
우리 사회는 너무 밝고 약아 이 禮讓이 오히려 잠자는 게 아닌가 우려
된다. 비록 법에 어그러지고 형평에 맞지 않는다고 하여도 양보로 넘
어가 주는 인정의 너그러운 사회라야 살 맛이 나는 것이다. 이게 곧
휴머니티가 아닌가?

14. 子曰 不患無位　　患所以立　　不患莫己知　　求爲可知也
　　자왈 불환무위하고 환소이립하라. 불환막기지하고 구위가지야라.

位 : 職位이다.

所以立 : 그 직위에 설 수 있는 까닭, 곧 자격을 말한다. 그 직위에
설만한 才德을 가리킨다.

莫己知 : 남이 자기를 알아주지 않음.

可知 : 앎의 열매를 가히 볼 수 있음을 말한다. * 남에게 알려지는 것
을 말한다.

〈번역〉

공자께서 말씀하셨다.

"직위가 없음을 걱정하지 말고 자기의 재덕이 그러한 직위를 맡을
자격이 있는가 걱정하라. 남이 나를 알아주지 않는다고 걱정하지 말
고 자기가 무슨 자격으로 남에게 알려질까를 구하라."

〈묵상〉

직위를 얻지 못함을 걱정하지 말고 그 직위에 걸맞는 자격을 갖추
지 못함을 걱정하라는 말은 지극히 온당한 말이다. 그러나 오늘날엔
자기를 알려야만 할 필요성이 절실한 것 또한 사실인 것 같다. 가만히
남이 알아주기를 기다리자면 너무 하 세월이다. 더구나 자기와 비슷
한 조건의 사람이 너무 많다. 그러니 나를 알릴 필요성이 있게 되는
것이다. 그러지 않고 내 자격을 남이 알아주기를 기다리자면 남보다
월등히 뛰어나야 하는데 그게 그리 용이한 것이 아니다. 그 자격이란
게 무슨 학문이나 예술 혹은 무슨 기술 같이 가시적이면 그래도 남의
눈에 띄기가 쉬워 발탁될 수가 많지만 그냥 일반적인 일, 예컨대 일반
회사원이나 단순한 사무원 노동자의 경우 그리고 정치 같은 분야에서
는 자기의 자격을 나타낼 장이 잘 없다. 그런데도 남이 나를 알아주기
를 기다리기는 어려운 것이다.

學而篇에도 비슷한 말이 이미 나왔다. 곧 人不知而不慍이면 不亦君子乎?이다. 남이 나를 알아주지 않더라도 성내지 아니하면 또한 군자가 아닌가? 정말 그렇다면 군자이다. 이런 면에서 나는 결코 군자가 못 되는 소인이다. 조그마한 것 가지고도 자꾸 인정을 받고 싶은 욕망이 생기곤 한다. 부끄럽다.

15. 子曰 參乎 吾道 一以貫之 曾子曰 唯
   자왈 삼호, 오도는 일이관지라. 증자왈 유라.

   子出 門人 問曰 何謂也?
   자출하시니 문인이 문왈 하위야오?

   曾子曰 夫子之道 忠恕而已矣
   증자왈 부자지도 충서이이의라.

〈주석〉

   參 : 증자의 이름. 공자의 제자이다.

   吾道一以貫之 : 공자의 도는 비록 千端 萬緖이나 모두 다 하나의 도리로써 統貫 되었음을 말한다. 貫은 貫通이고 統貫이다.

   唯 : 응낙하는 말이다.

   門人 : 제자이다. 공자의 제자를 가리킨다.

   忠恕 : 자기를 다하는 것을 忠, 자기를 미루어 남에게 미치는 것을 恕라고 한다.

   而已矣 : 구말 어조사로 오늘날 罷了(끝나다)와 같다.

〈번역〉

   공자께서 말씀하셨다.

"參아. 나의 도는 하나로 관통되어 있다." 증자가 대답하기를 "예, 그렇습니다." 하였다. 공자가 나가신 후에 다른 제자가 증자에게 물었다. "이 무슨 말씀이오?" 증자가 말하였다. "선생님의 도리는 忠恕일 따름이다."

⟨묵상⟩

이 장에서 말하고자 하는 바는 공자의 사상의 핵심이다. 그것은 곧 "忠恕"라는 것이다. 忠이란 자기 힘을 다하는 것이요, 恕란 자기에게 하는 것만큼 남에게도 베푼다는 것이다. 이 충서가 공자의 전 사상의 핵심이라는 것이다. 이에 대하여는 이론의 여지가 없다.

그런데 이 장이 여러 학자의 입에 오르는 이유는 전혀 다른 각도에서이다. 곧 공자보다 46세나 적은 제자 參을 가리켜 曾子라고 한 데서 말이 많은 것이다. 그러므로 이는 다분히 후대에 증자의 제자들이 꾸몄다는 것이다. 그들이 공자의 적통을 공자에서 증자로 증자에서 자사로 자사에서 맹자로 삼고자 이렇게 삼을 추켜세웠다는 것이다. 삼의 나이로 보아 당시에 그러한 위치에 있을 인물이 아니라는 것이다. 일리 있는 말이다.

하지만 우리는 그게 그리 대수로운 게 아니다. 다만 공자의 사상의 핵심을 아는 것이 중요한 것이다.

16. 子曰 君子는 喩於義하고 小人은 喩於利니라.
　　자 왈 군 자는 유 어 의 하고 소 인은 유 어 이 니라.

⟨주석⟩

喩：通曉, 깨달음이다.

〈번역〉

공자께서 말씀하셨다.

"군자는 의로움에서 깨닫고 소인은 이익에서 깨닫는다."

〈묵상〉

여기서 喩라는 말을 단순히 "깨닫는다"라고 해석하니 그 의미가 좀 애매하여진다. 이를 "민감하다" 혹은 "밝다"로 풀면 그 의미가 분명하여진다. 그러므로 군자에게는 목숨을 버리더라도 지켜야 할 의가 있는 것이다. 우리는 역사상에서 이런 의인을 많이 만난다.

17. 子曰 見賢   思齊焉   見不賢   而內自省也

자왈 견현하면 사제언하고 견불현하면 이내자성야니라.

〈주석〉

賢 : 賢德者.

思齊 : 어진 이와 더불어 갖기를 생각함.

內自省 : 내심으로 자아를 반성함이다. 자기도 이런 악이 있는가 두려워서이다.

〈번역〉

공자께서 말씀하셨다.

"어진 이를 만나거든 그와 같이 되기를 생각하고 어질지 못한 이를 만나거든 안으로 나도 저런 악이 없는지 스스로 살펴라."

〈묵상〉

지당한 말씀이다. 그러나 문제는 현자와 불현자를 가려내는 내 눈이 문제다. 현자인 줄 알았더니 어느 날 갑자기 보니 아주 불현자이다.

또는 드물기는 하지만 그 반대의 경우도 더러 있다. 게다가 사람은 다 양면성을 가지고 있어 어느 경우에는 현인이나 어느 경우에는 또 그 반대로 변하는 장면을 보이는 수도 있다. 그러므로 현인 불현인으로 양분하는 자체에 문제가 있다. 우선 내 자신부터도 혹 현인인 것 같으나 자세히 들여다보면 영 아니다. 그러나 다만 우리는 그 사람 전체를 파악하기는 어려우나 우선 그의 장처를 보고 배우려 하고 단처를 보고 반면교사로 삼는 지혜가 필요하리라.

18. 子曰 事父母　幾諫　　見志不從　　又敬不違　　勞而不怨

　　자왈 사부모에 기간이니 견지부종이면 우경불위하며 노이불원이니라.

〈주석〉

　　幾諫 : 어른을 대함에 완곡하게 간함이다. 諫은 권고함이다. * 주자는
　　　　幾는 微라고 하였다. 은미하다는 뜻이다.

　　見志不從 又敬不違 : 간하여도 받아들여지지 않을지라도 더욱 공경하
　　　　고 효도하여 부모의 뜻에 감히 저항하지 않음이다.

　　勞 : 근심이다.

〈번역〉

　　공자께서 말씀하셨다.

　　"부모를 섬김에 은미하게 간하여야 한다. 내 뜻이 받아들여지지 않음을 보더라도 더욱 공경하고 저항하지 말아야 한다. 그것이 근심이 되더라도 원망하지 말아야 한다."

〈묵상〉

　　요즘 사람이 들으면 좀 웃지 않을까 여겨진다. 어디 이런 자식이

있을까? 오늘의 기준으로 보면 너무 지나치다고 할 것이다. 부모와 자녀 간의 갈등 문제는 오늘에도 계속 이어지고 있다. 이때 자식 된 자는 비록 그 어버이가 좀 잘못을 저질렀을지라도 참고 기다리는 지혜를 배워야 한다. 그러지 않고 바로 직언을 서슴지 아니하여 부모의 노를 격발하게 되면 결국은 그 잘못을 고치기는커녕 부모 자식 간의 정의만 더 악화되는 것이다. 禮記에는 부모에게 세 번을 간하여도 듣지 않거든 울면서 따르라고 하였다. 그 간하는 문제보다 부자간의 정의를 더 중요한 문제로 본 것이다. 하지만 오늘에야 어디 그런 부모가, 그런 자식이 있으랴? 그렇게 배짱 좋게 버틸 부모도 없고 또 그렇게 여러 번 간할 자식도 없는 게 아닌가? 삭막한 현실이 두렵다.

19. 子曰 父母在 不遠遊   遊必有方
    자왈 부모재면 불원유하고 유필유방이니라.

〈주석〉

　遠遊 : 문밖으로 멀리 나간다는 뜻이다.

　遊必有方 : 方은 일정한 거처이다. 주희가 말하기를 "만약 이미 고한 곳이 東이면 감히 西로 가지 말아야 하고 어버이가 반드시 자기의 소재를 알고서 근심을 없게 할 수 있고, 또 자기를 부르면 즉시 다다라 실수함이 없게 한다."고 하였다.

〈번역〉

　공자께서 말씀하셨다.

　"부모가 계시면 멀리 가지 말 것이요. 가면 반드시 거처를 일정하게 해야 한다."

오늘날 이 말씀은 부모에게가 아니고 부인에게나 남편에게 행하여
져야 할 말씀이다. 또 많은 사람은 그렇게 행하고 있다. 그러나 불행
하게도 부모에게는 거의 알리지 않는다. 그게 오늘의 세태이다. 이러
므로 부모는 가족 가운데서도 소외감을 느끼는 것이다.

20. 子曰 三年無改於父之道 可謂孝矣
    자왈 삼년무개어부지도면 가위효의니라.

    *이 장은 학이편 제11장에도 나온다.

21. 子曰 父母之年 不可不知也 一則以喜 一則以懼
    자왈 부모지년은 불가부지야니 일즉이희요, 일즉이구니라.

〈주석〉
知 : 기억함이다.
一則以喜 一則以懼 : 그 수하심을 기뻐하면서 또 그 쇠함을 두려워하
    는 것이다.
〈번역〉
공자께서 말씀하셨다.
"부모님의 나이는 알지 않으면 안 되나 한 편으로는 오래 사심이
기쁘고 한 편으로는 그 쇠하심이 두려운 것이다."

<묵상>

솔직한 고백이다. 부모의 연세는 자식에게 부담이다. 기쁨과 두려움, 양 면이 있기 때문이다. 그러나 오늘날에는 이런 기쁨도 두려움도 다 없다. 아예 무관심이다. 부모의 처지에선 불효보다 더 무서운 형벌이다.

22. 子曰 古者言之不出　恥躬之不逮也
자왈　고자언지불출은　치궁지불체야니라.

<주석>

言之不出 : 망령되이 입 밖으로 내지 않음을 말한다.

恥躬之不逮 : 친히 몸소 그것을 행함에 미치지 못함을 부끄러워함이다.

<해석>

공자께서 말씀하셨다.

"옛사람은 말을 입 밖에 잘 내지 않았다. 경솔하게 말하고서 자기 몸이 그것을 행하지 못하면 이를 부끄러워하였기 때문이다."

<묵상>

경솔한 말, 더욱이 허풍떠는 말을 삼가야 한다. 특히 오늘날에는 이 허풍이 너무도 많은 세상이다. 특히 정치인들의 허풍은 그 미치는 악영향이 너무도 크다. 그럼에도 모두들 조심을 하지 않는다. 그리고 또 더욱 기막힌 사실은 이 허풍에 잘 속아 넘어가는 愚衆이 있다는 것이다. 그리하여 허풍은 더욱 활개를 치고 날아다닌다. 참으로 한심한 현상이 아닐 수 없다. 허풍을 치는 사람은 나쁘고 이에 넘어가는

사람은 어리석다. 이 나쁨과 어리석음이 어울려 오늘의 세상을 혼탁하게 하고 어지럽힌다. 그러므로 모두가 깨어서 허풍이 자리를 못 잡는 사회를 만들어야 한다.

23. 子曰 以約失之者 鮮矣

자왈 이약실지자는 선의니라.

〈주석〉

約 : 꾸며서 그대로 두지 않음이다.(不侈然自放) 곧 말을 삼가는 것과 행동을 조심하는 것 등 낭비하지 않음이 이런 것이다.

〈번역〉

공자께서 말씀하셨다.

"자기에 대하여 절제하고 단속하면서 실수를 범하는 사람은 아주 적다."

〈묵상〉

자기를 절제하는 것은 누구나 할 수 있는 일이 아니다. 정말 자기를 이기는 자는 천하를 이기는 자일 것이다. 나부터 나를 이기지 못하여 저지르는 실수가 수도 없이 많다. 부끄럽지만 솔직한 고백이다. 자기 절제를 할 수 있다면 무슨 일인들 못하랴? 매일 나를 쳐 내 양심에 복종시키는 일이 무엇보다 귀한 것이다. 특히 남을 가르쳐야 하는 처지에 있는 사람에겐 이 일이 참으로 중요한 것이다.

이런 이야기를 들은 적이 있다. 인도의 성자라고까지 추앙을 받는 간디에게 어느 날 어떤 어머니가 아이를 데리고 왔다. 엄마가 하는 말 "이 아이가 사탕을 너무 좋아하는데 이를 못 먹게 좀 타일러 주세

요. 선생님 말씀이면 아마 들을 것 같습니다." 하였다. 말을 들은 간디
는 한참을 있더니 두 주일 후에 오라고 하였다. 두 주일 후에 가니
간디가 하는 말 "사탕을 먹으면 몸에 해로우니 먹지 말라." 하였다.
이 평범한 말을 왜 두 주일이나 기다려 하였는지 이상하여 물었더니
간디가 하는 말. "사실은 제가 사탕을 좋아하였거든요. 그래서 내가
끊고 나서야 이야기할 수 있지 않겠습니까?"

그렇다. 자기를 절제하고서야 남에게 절제를 권할 수 있는 것이다.

24. 子曰 君子 欲訥於言 而敏於行

자왈 군자는 욕눌어언하고 이민어행이니라.

〈주석〉

訥於言 : 언어가 느리고 둔함을 말한다. 訥은 느리고 둔함이다.

敏於行 : 행동을 민첩하게 하고자 함이다. 敏은 민첩이다.

〈번역〉

공자께서 말씀하셨다.

"군자는 말에는 느리고 둔하나 행함에는 민첩하다."

〈묵상〉

오늘에는 너무도 많은 사람이 이와 반대로 한다. 곧 말에는 민첩하
나 행함에는 둔하다. 이는 소인들이 하는 짓이라 한다. 군자는 이와
반대이다. 곧 말은 느릿느릿하나 행함은 빠르다. 이래야 군자인 것이
다. 군자가 적음이 오늘의 비극이다. 말만 앞세우는 사람이 많음이
오늘의 병이다.

25. 子曰 德不孤 必有隣

자왈 덕불고라 필유린이니라.

〈주석〉

德不孤必有隣 : 덕이 있는 사람은 반드시 그 부류가 있어 따를 것이라. 거처에 이웃이 있음과 같다. 이웃은 친근함이다.

〈번역〉

공자께서 말씀하셨다.

"덕이 있는 사람은 외롭지 않다. 반드시 그 뜻을 같이하는 사람이 그에게 친근하게 다가올 것이다."

〈묵상〉

문제는 이런 믿음을 갖느냐이다. 세상을 살다 보면 때로 홀로선 것 같은 외로움을 느낄 때가 많다. 더구나 나 홀로 좀 바르게 살아가노라고 마음 먹어보면 더욱 그러하다. 그리하여 그들은 그만 넘어지고 만다. 처음부터 넘어진 사람보다 더 비참하다. 남에게 놀림감이 더 된다. 그러므로 바르게 살리라 다짐하는 사람은 애초부터 내가 그럴 능력이 있느냐 잘 생각하여 보아야 한다. 능력도 없으면서 바르게 산다고 큰 소리 치다가는 더 큰 실수를 저지르기 쉽다. 그리고 바르게 살려면 나에겐 반드시 우군이 있으리라는 믿음이 있어야 한다. 이 믿음으로 나아가면 예상외로 이웃이 다가오는 것이다.

26. 子游曰 事君數 斯辱矣 朋友數 斯疎矣

자유왈 사군삭이면 사욕의오 붕우삭이면 사소의니라.

數 : 번거롭게 자주함이다. 누누이 함이다.

疎 : 소원하여져서 친하지 않음이다.

〈번역〉

자유가 말하였다.

"임금을 섬김에 지나치게 번거롭게 하면 욕을 불러오고 벗에게 지나치게 번거롭게 하면 소원하여진다."

〈묵상〉

깊이 새길 금언이다. 우리는 역사에서 이런 충신을 더러 만난다. 여러 번 간하다가 자기와 온 집안이 화를 당하는 경우를 본다. 지혜롭지 못하여 자기는 물론 나아가 나라에도 큰 해를 끼친다. 친구 사이에도 역시 같다. 충고한다고 하다가 결국엔 관계가 소원하여지는 경우를 많이 본다. 처세에서 깊이 알아야 한다. 신실한 내 마음만이 상대에게 전달되는 게 아니기 때문이다.

公冶長 第五

1. 子謂公冶長 可妻也　雖在 縲絏之中　非其罪也
   자 위 공 야 장　가 처 야라. 수 재　류 설 지 중이나　비 기 죄 야라.

   以其子妻之
   이 기 자 처 지하시다.

〈주석〉

公冶長 : 성은 公冶, 이름은 長. 공자의 제자이다. 뒤에 공자의 사위가
    된다.
妻 : 동사로 그의 처가 되다.
縲絏之中 : 옥 가운데서 검은 새끼에 묶여져 있음을 말한다. 류는 검
    은 새끼. 설은 묶음이다.
以其子妻之 : 공자께서 자기의 딸을 공야장에게 시집보냄을 말한다.

〈번역〉

　공자께서 말씀하시길, "공야장, 저 사람은 내 딸을 그에게 시집보낼
만하다. 비록 감옥에 갇혀 있을지라도 그의 죄가 아니다." 하시고 자
기의 딸을 그에게 시집보냈다.

〈묵상〉

　그런데 여기서 한문의 어려움을 발견하게 된다. 곧 "可妻也"란 말에
서 妻라는 말이 동사라고 봄은 마땅하나 그러면 문법적으로 "공야장
은 처를 삼을 만하다."가 된다. 그럼 말이 안 된다. 이러니 전체 뜻을
보아 그에게 시집보낼 만하다로 보아야 한다. 이러므로 한문이 어려
운 것이다.

　사람을 보는 눈이 중요하다. 비록 지금 옥에 갇혀 있는 사람이라
할지라도 그의 무죄함은 물론 그의 사람됨을 보시는 것이다. 우리는
대개 외모로 혹은 학식으로 사람을 보거니와 공자 같은 성인은 그의

중심을 꿰뚫어 본다. 그래서 우리는 늘 위대한 사람 앞에 서기가 두렵다.

2. 子謂南容 邦有道　不廢　邦無道　免於刑戮
   자 위 남 용　방 유 도엔　불 폐하고　방 무 도엔　면 어 형 륙하니

   以其兄之子妻之
   이 기 형 지 자 처 지하시다.

〈주석〉

   南容 : 성은 南宮, 이름은 縚. 또 하나의 이름은 适. 字는 子路, 魯나라
        사람. 공자의 제자이다. 공자의 형 孟皮의 사위가 되었다.

   不廢 : 반드시 쓰임 받음을 말한다.

   免於刑戮 : 亂世에 화를 면함을 말한다.

〈번역〉

   공자께서 南容에 대하여 말씀하시길 "나라에 道가 있으면 반드시
   쓰임을 받을 것이고 나라에 도가 없어도 형륙을 면하리라." 하시고
   형의 딸로 그에게 시집보냈다.

〈묵상〉

   공자의 사람 보시는 눈을 짐작하게 한다. 곧 나라에 도가 있으면
   반드시 채용될만한 능력의 소유자요, 나라에 도가 없는 난세를 만나
   도 어리석게 형륙을 당하는 그런 輕擧妄動하는 인물은 아니라는 것이
   다. 이런 인물이라야 참으로 한 가정을 다스릴 지도자가 될 자격이
   있는 것이다.

3. 子謂子賤 君子哉 若人 魯無君子者 斯焉取斯
   자위자천 군자재여 약인이로다. 노무군자자인데 사언취사오?

〈주석〉

子賤 : 성은 宓(복). 이름은 不齊. 공자의 제자이다.

若人 : 이와 같은 사람 곧 자천을 가리킨다.

斯焉取斯 : "이 사람 어디서 이런 덕을 이루었는가?"라는 말이다. 앞의
斯는 자천을 가리키고 뒤의 斯는 그 덕을 가리킨다.

〈번역〉

공자께서 子賤에 대하여 말씀하시길 "군자로다 이 사람이여. 노 나
라에 군자라고 할 사람이 없었는데 이 사람은 어디서 이런 덕을 취하
였는고?" 하셨다.

〈묵상〉

참 놀라운 말씀이다. 공자께서 이렇게 놀랄 사람을 만나다니 그 기
쁨이 오죽하였으랴? 그러나 성인이라야 능히 성인을 안다고 우리 눈
에는 이런 덕을 가진 사람을 만나도 알지 못한다. 그래서 그만 놓치고
만다. 나중 지나 보면 그 사람이 참 대단한 사람이었구나 하고 깨닫는
다. 느린 사람, 혹은 둔한 사람, 또 어리석은 사람은 나중에도 모르고
그냥 지나치고 만다. 그래서 이런 분들이 세상에서 덕을 못 이루고
초야에서 썩는 것이다. 참으로 안타까운 노릇이다.

4. 子貢 問曰 賜也 何如 子曰 女器也 曰 何器也
   자공 문왈 사야 하여이까? 자왈 여기야라. 왈 하기야오?

曰 瑚璉也.

왈 호 련 야 라.

〈주석〉

  賜 : 子貢의 이름이다.

  女器也 : 여는 汝, 너이다. 자공을 가리킨다.

  器 : 器皿

  瑚璉 : 종묘에서 곡식을 담는 그릇이다. 옥으로 장식하여 그릇에서는
       귀중하고 아름다운 것이다. 廊廟에서 쓰일 인재라는 말이다.

〈번역〉

  자공이 물었다. "저는 어떤 사람입니까?"

  공자께서 말씀하셨다. "너는 그릇이다."

  자공이 물었다. "어떤 그릇입니까?"

  "호련이다."

〈묵상〉

  앞에서 공자께서 子賤을 군자라고 칭찬하시는 것을 들은 자공은 저
는 어떻습니까? 하고 직설적으로 묻는다. 그만큼 허물없이 말할 수
있는 사이로 가까운가 보다. 하지만 이렇게 묻는 걸 보면 子貢도 칭찬
을 들으리라는 믿음 같은 것이 있었을 것 같다. 과연 그의 생각대로
공자께서는 더없는 칭찬을 하셨다. 제자에 대한 칭찬을 아끼지 않는
공자님은 훌륭한 스승의 자질을 갖고 있다 할 것이다. 위대한 스승일
수록 칭찬을 잘 한다. 물론 호되게 꾸짖을 일이 있을 때는 꾸짖지만
제자의 능력을 최대한 펼치도록 격려하고 칭찬하는 것은 교사의 기본
이다. 그래서 공자는 훌륭한 교육자이시다. 훌륭한 교육자이기에 훌
륭한 제자를 기르신 것이다.

5. 或曰 雍也 仁而不佞   子曰 焉用佞

혹왈 옹야 인이불녕이라. 자왈 언용녕이리오.

禦人以口給   屢憎於人   不知其仁   焉容佞

어인이구급이면 누증어인이니 부지기인이나 언용녕리오.

〈주석〉

雍 : 성은 冉(염), 이름은 雍, 자는 仲宮. 공자의 제자이다.

佞 : 말 재주가 있는 것이다.

焉用佞 : 공자가 당시 사람들이 말 재주 있는 사람을 어질다고 여김을
    탄식하신 것이다.

安 : 何이다.

禦 : 抵禦, 對付이다.

口給 : 言辭가 민첩함, 아른바 利口이다.

〈해석〉

　어떤 이가 "雍은 어질기는 하지만 말재주가 없습니다." 하였다. 공
자께서 말씀하셨다.

　"어찌 말재주를 쓰랴? 말재주로써 사람을 방어하면 남에게 미움을
더하리니 그가 어진지는 모르나 어찌 말재주를 쓰랴?"

〈묵상〉

　공자가 싫어하는 것 가운데 하나는 말재주꾼이다. 말만 앞서고 실
천이 없는 것이다. 그래서 누누이 訥言을 강조하셨다. 오늘 정치가들
이 좀 들었으면 한다.

6. 子使漆雕開仕　　對曰 吾斯之未能信　　子說
　자 사 칠 조 개 사_{하시니} 대 왈 오 사 지 미 능 신_{이라하니} 자 열_{하시다}.

<주석>

　漆雕開 : 성은 칠조, 이름은 개, 자는 子若. 공자의 제자이다.

　信 : 여기서는 自信을 가리킨다.

<번역>

　공자께서 칠조개로 하여금 벼슬을 하게 하였더니 대답하여 말하기
를 "저는 아직 자신이 없습니다." 하였다. 공자께서 매우 기뻐하셨다.

<묵상>

　공자께서 기뻐하신 이유는 아마 두 가지였을 것이라 짐작한다. 첫
째는 그의 겸손함이요, 둘째로는 그가 그 자신을 옳게 보는 것이라고
할 것이다. 이렇게 자신의 무능을 알기에 오히려 그를 벼슬하도록 하
셨을 것이다. 자기의 무능을 아는 사람은 큰 실수가 없기 때문이다.
하지만 많은 사람은 자기의 능력을 과대평가함으로 실수를 저지른다.

7. 子曰 道不行　　乘桴浮于海　　從我者　其由與
　자 왈 도 불 행_{하야} 승 부 부 우 해_면 종 아 자_는 기 유 여_라.

　子路 聞之喜　　子曰 由也 好勇過我　無所取材
　자 로 문 지 희_라. 자 왈 유 야 호 용 과 아_나 무 소 취 재_라.

<주석>

　桴 : 대나무로 배를 만드는데 큰 것은 筏(벌)이라 하고 작은 것을 桴라
　　 한다.

從 : 隨從이다.

由 : 子路의 이름이다.

無所取材 : 주희가 말하기를 "材는 裁와 같다. 그가 사리를 잘 재단하여 의에 적합하게 하지 못함을 기롱한 것이다."고 하였다.

〈번역〉

공자께서 말씀하셨다.

"나의 이상이 시행되지 못하여 배를 타고 바다 밖으로 나간다면 나와 같이 갈 사람은 由일 것이다." 子路가 이를 듣고 기뻐하였다. 공자께서 말씀하셨다. "由는 나보다 더 용감하지만 사리를 헤아려 일을 처리하는 바가 없다."

〈묵상〉

용감하다는 것은 좋은 덕목이다. 그러나 그 용감함이 의에 바탕을 두지 못하면 만용에 다름 아니다. 由는 그 용감함에 그 스승보다 앞서지만 그 용감함으로 어디 쓸 곳이 없다는 것이다. 사리를 바로 알고 취할 바를 바로 안 연후 이를 실행함에 용감함을 보여야 하는 것이다.

그런데 이 장에 대해서는 많은 논란이 따른다. "乘桴浮于海"란 말을 바다 밖으로 나간다는 뜻으로 해석하는 게 보통이었다. 그런데 여기서 유추하여 그 바다 밖이 조선일 것이라고까지 해석하기도 하였다. 물론 우리나라 학자들은 이를 수용하였다. 그러나 많은 학자들은 그저 단순히 현실에 대한 불만으로 이 땅을 벗어나고 싶다는 표현일 뿐이라는 것이다. 왜냐하면 작은 뗏목에 불과한 부를 타고는 멀리 바다 밖으로 나갈 수가 없다는 것이다.

그리고 또 材에 대한 해석이다. 종래의 해석은 재를 주자의 설을 따라 裁로 보았다. 그러나 또 다른 해석은 단순히 材를 材木으로 보는 것이다. 그러면 이 해석은 아주 실질적인 것이 된다. 곧 유가 용기는 나보다 더 있다만 뗏목을 만들 재목 하나 구할 수 없다는 것이다. 또 하나의 해석은 재를 哉로 보는 것이다. 그러면 이 재는 그저 감탄사로 별 뜻이 없고 다만 취할 게 없다는 뜻이 된다. 좀 애매해진다. 아무래도 처음 해석이 옳지 않나 여겨진다. 그러나 구체적으로 조선을 생각한 것은 아닐 것이고 그저 도가 실행되지 않은 현실의 불만에서 어디 멀리 다른 곳으로 가고 싶다는 한탄일 것이다.

8. 孟武伯問 子路仁乎   子曰 不知也   又問
   맹무백문 자로인호니까? 자왈 부지야라. 우문하니

   子曰 由也 千乘之國 可使治其賦也   不知其仁也
   자왈 유야 천승지국에 가사치기부야이나 부지기인야라

   求也何如   子曰 求也 千室之邑
   구야하여니까? 자왈 구야는 천실지읍,

   百乘之家 可使爲之宰也   不知其仁也
   백승지가에 가사위지재야이나 부지기인야라.

   赤也 何如   子曰 赤也 束帶立於朝
   적야 하여니까? 자왈 적야는 속대입어조하야

   可使與賓客言也   不知其仁也
   가사여빈객언야이나 부지기인야라.

〈주석〉

   賦 : 兵이다. 옛날엔 밭을 살펴 세금을 매기고 兵을 나가게 했다. 그러므로 兵을 칭하여 賦라고도 했다.

   求 : 성은 冉이고 이름은 구이다. 공자의 제자이다.

千室之邑 : 큰 읍이다. 곧 一千戶의 縣邑이다.

百乘之家 : 경대부의 집이다. 곧 백개의 수레를 가진 卿으로 대부의
집이다. 家는 卿을 가리킨다. 대부의 采邑이다.

宰 : 邑長이다. 家臣의 通號이다.

赤 : 성은 公西이고 이름은 적이요 字는 子華이다. 공자의 제자이다.

束帶 : 옛날 관리들은 조회에 나아갈 때는 반드시 허리띠를 매어 그
옷을 단정히 묶었다.

〈번역〉

맹무백이 물었다. "자로는 어집니까?" 공자께서 말씀하셨다. "모른다."
다시 물었다. 공자께서 말씀하셨다.

"유라는 사람은 천승의 나라에서 가히 그 나라의 병권을 다스릴 수
는 있어도 그가 어진지는 모르겠다."

"구라는 사람은 어떻습니까?" 공자께서 말씀하셨다.

"구라는 사람은 천실의 읍, 백승의 집에서 가히 읍장을 할 수는 있
어도 그가 어진지는 모르겠다." "적이라는 사람은 어떻습니까?"

공자께서 말씀하셨다.

"적이라는 사람은 띠를 띠고 조정에 서서 손님과 이야기할 수는 있
어도 그가 어진지는 모르겠다."

〈묵상〉

사람은 제 각각 자기 그릇이 있다. 그러나 그 그릇의 크고 작음이
그리 큰 문제는 아니다. 문제는 그가 어지냐는 것이다. 이 어질다는
게 공자의 추구하는 도달점이다. 그런데 그의 제자 세 사람 다 불합격
이었다. 다 나름의 능력은 갖추었으나 인하다는 평은 못 받았다. 仁이
란 그렇게 어려운 것이다. 그럼 仁이란 무엇일까?

9. 子謂子貢曰 女與回也 孰愈　對曰 賜也 何敢望回

자위자공왈 여여회야 숙유아? 대왈 사야 하감망회리오?

回也 聞一以知十　賜也 聞一以知二

회야 문일이지십인데 사야 문일이지이라.

子曰 弗如也　吾與女 弗如也

자왈 불여야라 오여녀 불여야라.

〈주석〉

孰愈 : 숙은 누구, 愈는 이김이요 강함이다.

望 : 비교하여 봄이다.

聞一以知十 : 수의 많고 적음을 빌어 優劣을 밝힌 것이다. 안회는 한
　　절을 들으면 미루어 전체를 안다는 말이다.

聞一以知二 : 자공이 스스로 하나를 들으면 겨우 둘을 안다고 하여 자
　　기와 안회의 차이가 현저함을 나타낸 것이다.

弗如 : 不如이다.

〈번역〉

공자께서 자공에게 말씀하셨다.

"너와 회는 누가 나은가?"

대답하여 이르기를 "제(賜)가 어찌 감히 회와 비교해 볼 수 있습니
까? 回라는 사람은 하나를 들으면 열을 아는데 저는 하나를 들으면
겨우 둘을 압니다." 공자께서 말씀하셨다. "미치지 못한다. 나와 너는
미치지 못한다."

〈묵상〉

자기 동료의 능력을 바로 보는 자공이 정말 대단하다고 느껴진다.
사람은 대개 자주 보는 사람에 대하여는 그의 위대함을 잘 모르는데

자공은 그 동료의 위대함을 잘 알고 있다. 이게 위대한 것이다. 또 자기의 제자를 자기보다 낫다고 하시는 공자의 솔직한 고백은 참으로 위대한 스승이라야만 할 수 있는 고백이라 할 것이다. 그 스승에 그 제자. 참 아름답다. 그런데 이에 대하여 공자의 절대적 권위를 추앙하는 주자는 공자가 자기 제자보다 못하다는 말을 그냥 수용할 수가 없었다. 그리하여 이 해석을 전혀 달리 한다. 곧 "吾與女弗如也"에서 "與"를 동사로서 "허여하다"는 뜻으로 해석하는 것이다. 그리되면 그 해석이 영 달라진다. "나는 네가 미치지 못하다는 말을 허여한다."는 뜻이 된다. 곧 네가 안회보다 못하다는 말을 인정한다는 것이다. 그러나 이는 좀 억지인 것 같다. 그 보다는 "맞아, 네 말이 맞아. 너만 안회보다 못한 게 아니라 실은 나도 그보다 못해" 라고 하며 자공을 위로하신 것이라 봄이 더 아름다운 것이다. 실로 대인다운 스승의 모습이다.

10. 宰予晝寢　子曰　朽木　不可雕也　糞土之牆　不可朽也

재여주침하니 자왈 후목은 불가조야요 분토지장은 불가오야라.

　於予與何誅　子曰　始吾於人也　聽其言而　信其行

어여여하주오? 자왈 시오어인야에 청기언이 신기행인데

　今吾於人也　聽其言而　觀其行　　於予與改是

금오어인야에 청기언이 관기행이라. 어여여개시라.

〈주석〉

　宰予 : 성은 재, 이름은 여, 자는 子我. 또는 宰我라고도 했다. 공자의
　　제자이다.

畫寢 : 낮에 자는 것이다.

朽木 : 썩은 나무이다.

雕 : 조각이다.

糞土之牆不可朽也 : 썩은 벽에는 분칠을 할 수 없음을 말한다. 비록
    시공을 하더라도 이루어지지 못함을 비유하였다.

糞土 : 더러운 썩은 똥 흙이다.

朽 : 벽에다 미장을 하는 공구이다. 여기서는 동사로 쓰이었다. 미장
    을 한다는 뜻이다.

與 : 어조사이다. 句中에서 뜻이 없이 쓰인다.

誅 : 책망, 꾸짖음이다.

뒤 문장의 子曰 : 胡寅이 말하기를 "子曰 이하는 衍文일 것이다. 아니
    면 하루의 말은 아닐 것이다."고 하였다.

⟨번역⟩

　재여가 낮잠을 잤다. 공자께서 말씀하셨다.

　"썩은 나무에는 조각을 할 수 없고 썩은 흙벽에는 미장을 할 수가
없다. 予에게 어찌 꾸짖을까?"

　공자께서 말씀하셨다.

　"처음 내가 사람에 대하여서 그 말을 듣고 그 행동을 믿었는데 지금
은 내가 사람에 대하여 그 말을 듣고 그 행동을 보게 되었다. 재여에
게서 이를 고치었다."

⟨묵상⟩

　제자를 그토록 사랑하시고 아끼시던 분이 여기서 재여에 대해서만
은 이렇게 심하게 꾸짖으셨다. "何誅"라는 말은 "어떻게 꾸짖을까? 혹
은 어찌 꾸짖을까?"라는 뜻인데 결국 꾸짖을 가치도 없다는 것이다.
게다가 그 뒤를 이어 한 말은 더할 수 없는 꾸짖음이요, 아예 포기하는

상태이다. 이걸 보면 그 낮잠이란 게 보통의 낮잠이 아니었던 모양이다. 보통의 낮잠은 잘 수도 있다. 피곤하거나 전날 밤 못 잘 일이 있었다면 그럴 수도 있는 것이다. 그런데 이렇게까지 꾸짖은 걸 보면 그 낮잠이 그냥 낮잠에 그친 게 아니라는 것이다.

그러나 다른 한 편 이는 후대의 사람들이 고의적으로 모함하여 넣었으리라는 추측도 한다. 하기는 이 글 자체가 정확하다고 할 근거가 조금 약하기도 하므로 이런 추론도 가능하리라. 하지만 그렇게 본다면 논어 전체에 한없는 반론이 나와 텍스트 자체가 흔들릴 것이다.

그럼 과연 재여라는 인물이 그런 꾸짖음을 받을 인물인가? 그렇다면 어찌 쫓겨나지 않고 제자의 반열에 그대로 남았을까? 여기 대하여도 說이 많은데 생략한다.

11. 子曰 吾未見剛者　或　對曰 申棖
    자왈 오 미 견 강 자라. 혹이 대왈 신 장이라 하니

    子曰 棖也 慾　焉得剛
    자왈 장야 욕하니 언 득 강이리오?

〈주석〉

剛 : 堅强不屈이다.

申棖 : 노 나라 사람으로 공자의 제자이다. 《史記 仲尼弟子列傳》에
　　　신장이 있다. 字는 周이다.

慾 : 욕심이 많음이다.

〈번역〉

공자께서 말씀하셨다.

"나는 견강불굴의 사람을 보지 못하였다." 하니 어떤 사람이 "신장이로소이다." 하였더니 공자께서 말씀하셨다.

"장은 욕심이 많다. 어찌 견강불굴을 얻었다 하겠는가?"

〈묵상〉

여기서 공자가 말하는 剛은 그냥 强함만이 아니다. 신체적 강함을 넘어서 그 인품의 강직함을 말한다. 지조를 일컫는다고 하겠다. 그러므로 慾이 있어서는 안 되는 것이다. 사사로운 욕이 없는 강직함이 바로 剛함이다. 지사적인 것이다. 포은이나 구한말 황매천이나 김창강, 박은식 같은 유학자들에게서 이런 剛한 면모를 볼 수 있을 것이다. 하지만 안타깝게도 근자에 이런 剛한 분을 쉽게 만나보기 어렵게 되었다. 지도자라는 여러분 모두가 욕이 앞선다. 참으로 剛者를 만나기 어려운 세상이 되었다. 부끄러운 현실이다.

12. 子貢曰 我不欲人之加諸我也　吾亦欲無加諸人
자공왈 아불욕인지가저아얀라 오역욕무가저인이라 하니

子曰 賜也　非爾所及也
자왈 사야, 비이소급야라.

〈주석〉

加 : 陵이다. 능멸함이다.

諸 : 之於이다.

非爾所及 : 네가 능히 미칠 바가 아니다.

〈번역〉

자공이 말하였다. "나는 남이 나를 능욕하는 것을 싫어한다. 나 또한 남을 능욕하기를 싫어한다." 공자께서 말씀하셨다.

"사야, 네가 미칠 바가 아니다."

⟨묵상⟩

앞에서 본 "己所不欲 勿施於人"과 비슷한 내용이다. 우리가 추구하는 이상이다. 그러나 이는 쉽게 이루어질 수 없는 고차원의 도덕률이다. 남이 나에게 폭력을 휘두르지 못하도록 하려면 내가 철저히 미연에 준비가 되어 있어야 한다. 그 준비란 바로 내가 남에게 폭력을 하지 않도록 비폭력화의 경지에 도달하여 있어야 한다. 그게 쉬운 게아니다. 그래서 공자는 "네가 미칠 바가 아니다."라고 한 것이다.

13. 子貢曰 夫子之文章 可得而 聞也 夫子之言 性與天道
   자공왈 부자지문장은 가득이 문야나 부자지언 성여천도는

不可得而聞也
불가득이문야로소이다.

⟨주석⟩

文章 : 劉寶楠이 말하기를 夫子之文章은 詩書禮樂을 말한다 하였다. 공자가 항상 이를 들어 가르친 것이다.

性與天道 : 朱熹가 말하기를 "性이라는 것은 사람이 사랑하는 바의 天理이고 天道라는 것은 천리와 자연의 본체이므로 그 실은 一理이다."고 하였다. 유보남의 論語正義에는 성과 천도를 易과 春秋 두 책을 가리킨다고 하였다.

⟨번역⟩

자공이 말하였다.

"선생님의 시서예악은 저희가 들었습니다만 선생님의 성과 천도에
대한 것은 듣지 못하였습니다."

〈묵상〉

여기서 말하는 文章이란 위의 유보남이 구체적으로 지적한 시서예
악이라 하기 보다는 말 그대로 文의 章이다. 여기서 文이란 곧 文化이
다. 그리고 章이란 색채이다. 색채란 꾸밈이다. 이는 인간이 이루어
놓은 문화이다. 형이하학적인 것이다. 공자는 이 현상의 세계에서 이
루어진 일에 대하여서는 많이 말씀하셨으나 보다 근본적인 문제 곧
성과 천도에 대해서는 말씀하시지 않았다는 것이다. 사실 그러했다.
공자는 천도에 대해서는 별 말씀이 없으셨던 것이다.

14. 子路 有聞 未之能行　唯恐有聞
자로 유문 미지능행이면 유공유문이라.

〈주석〉

有聞 : 들은 바가 있음이다. 뒤의 有는 又이다.

〈번역〉

자로는 하나의 도리를 들으면 그것을 실행하기 전에 또 다른 도리
를 들을까 두려워하였다.

〈묵상〉

아주 우직한 한 인물을 만난다. 어찌 보면 너무 고지식한 것 같기도
하다. 그러나 그 우직함에 진실성이 있어 우리를 감동케 한다. 오늘은
너무 약은 세상이라 이런 우직한 인물이 정녕 그립다.

15. 子貢問曰 孔文子何以謂之文也   子曰 敏而好學
자공문왈 공문자하이위지문야_오? 자왈 민이호학_{하고}

不恥下問   是以   爲之文也
불치하문_{이라}. 시이_로 위지문야_{니라}.

〈주석〉

孔文子 : 성은 孔, 이름은 圉(어), 衛나라 大夫. 시호는 文.

文 : 諡法에 勸學 好問曰 文이라 하였다.

敏 : 聰敏이다.

不恥下問 : 아랫사람에게 묻기를 부끄러워하지 않음을 말한다. 下問
   은 자기 아래에 있는 사람에게 물음이다.

〈번역〉

자공이 물어 말하였다. "孔文子를 일컬어 어떻게 文이라 합니까?"
공자께서 말씀하셨다.

"聰敏하면서 배우기를 좋아하고 아랫사람에게 묻기를 부끄러워하
지 않았다. 이러므로 그를 일컬어 文이라 하였다."

〈묵상〉

敏而好學, 不恥下問. 이게 아무나 쉽게 하는 게 아니다. 민이호학은
자기 노력에서 이루어지고 불치하문은 자기 수양에서 나온다. 이 둘
을 몸에 익히면 과연 文이란 이름을 얻을 기초는 닦여지리라 믿어진
다. 그러나 범인은 민이호학도 어렵거니와 불치하문은 더 힘들다.

16. 子謂子産 有君子之道 四焉   其行己也恭
자위자산 유군자지도 사언_{이니} 기행기야공_{하고}

其事上也敬　　其養民也惠　　其使民也義

기 사 상 야 경 하고 기 양 민 야 혜 하며 기 사 민 야 의 라.

<주석>

子産 : 성은 公孫 이름은 僑. 정 나라 대부이다. 자산은 그의 자이다.

恭 : 겸손이다.

敬 : 謹恪이다.

惠 : 은혜를 베풂이다.

義 : 合宜, 合理이다.

<번역>

공자께서 자산을 평하여 말씀하셨다.

"그는 군자가 되기에 합당한 네 가지를 가지고 있었다. 그는 자기의
몸가짐을 겸손히 하고 윗사람을 섬김에 공경스럽게 하며 백성을 기름
에 은혜롭게 하고 백성을 부림에 의롭게 하였다."

<묵상>

공자로부터 이런 평가를 받은 정치가는 그리 많지 않다. 그만큼 子
産은 훌륭하였던 것이다. 정 나라는 소국이었다. 晉 나라와 楚 나라
두 강대국 사이에 끼어 있는 소국으로서 비굴하지 않고 자만하지도
않으면서 나라의 위신을 지키며 임금을 잘 받들고 백성을 잘 돌본 것
이다. 그리하여 이런 칭찬을 받았다. 공자께서 오늘의 정치가를 보시
고는 어떻게 평하실지 궁금하다.

윗사람과 아랫사람은 옛날에만 존재하였던 낡은 사회의 유물이 아
니다. 민주사회에서도 엄연히 존재한다. 직장에서는 상사가 있고 선
배가 있으며 집안에서도 어른이 있는 것이다. 그들을 섬김에 공경스
럽게 하여야 한다. 그래야 그 사회가 순조로이 그리고 화목하게 돌아

간다.

여기 양민이라는 말은 백성을 잘 기른다는 뜻으로 오늘로 말하면 복지의 차원을 말하는 것으로 그 복지를 아주 은혜롭게 하였다는 것이다. 또 사민이란 말은 백성을 부린다는 말인데 백성들로부터 세금을 받고 병역의 의무를 지우는 등의 일을 시킴이다. 이를 의롭게 하였다는 것이다. 공평하게 일을 시키면 불평이 없어지고 결국 의가 이루어지는 것이다. 오늘 사회에서도 꼭 지켜야 할 네 가지 덕목이다.

17. 子曰 晏平仲 善與人交 久而敬之
    자왈 안평중은 선여인교라. 구이경지하다.

〈주석〉

晏平仲 : 성은 晏, 이름은 嬰(영), 자는 仲, 시호는 平. 제 나라 대부이다.
交 : 교우이다.

〈번역〉

공자께서 말씀하셨다.

"晏平仲은 남과 더불어 잘 사귀었다. 오래 되어도 그를 존경하였다."

〈묵상〉

여기서 우리는 두 가지 깊은 도리를 배워야 한다. 첫째는 공자의 올바른 판단력이다. 안평중은 공자에게 있어서는 참으로 서운하게 대한 사람이다. 공자가 젊어 제 나라에 가서 벼슬을 얻으려 하였다. 제 나라의 경공은 공자에게 반하여 중용하려 하였다. 그러나 안영이 반대하여 그 일이 이루어지지 못하였다. 그러므로 공자에게 있어서 안영은 그의 출세의 길을 막은, 참으로 미운 사람일 수밖에 없다. 그럼에

도 공자는 안영을 평함에 이렇게 높이 평하는 것이다. 이 공정한 평
가는 참으로 우리가 배워야 할 덕목이다. 나와의 이해관계나 혹은
친소를 떠나 한 사람을 그대로 올바로 평한다는 것은 참으로 어려운
것이다.

다음으로 우리가 이 장에서 배워야 할 바는 오래 사귈수록 공경을
받았다는 안영의 그 인격이다. 사람은 대개 사귈수록 그 단점이 발견
되어 실망을 주는데 안영은 오래 사귈수록 더 존경을 받았다니 참으
로 인격자인 것이다. 이런 인격을 갖추도록 노력해야 할 것이다. 참으
로 부러운 인격이다.

18. 子曰 臧文仲 居蔡 山節藻梲 何如其知也
　　자왈 장문중 거채에 산절조절하니 하여기지야오?

⟨주석⟩

　臧文仲 : 성은 臧孫, 명은 辰, 자는 仲, 시호는 文. 노 나라 대부이다.

　居蔡 : 큰 거북딱지를 가진 집. 居는 가짐이다. 蔡는 큰 거북딱지이다.
　　　大龜는 國君이 소장하여 吉凶을 점치는 데 썼다. 大夫는 작은 거
　　　북을 사용하였다.

　山節藻梲 : 기둥머리에 산 모양을 조각하고 들보 위 짧은 기둥에는 수
　　　초 모양을 그림으로 이는 천자의 꾸밈이다.

　節 : 기둥머리를 받치는 곳.

　梲 : 대들보 위의 짧은 기둥.

⟨번역⟩

　공자께서 말씀하셨다.

"장문중이 집에다 큰 거북딱지를 걸어 두고 節에는 산 모양을 조각하고 들보 위 작은 기둥에는 수초 모양을 그렸으니 어찌 지혜롭다 하겠는가?"

〈묵상〉

공자가 아주 싫어하는 것 가운데 하나는 자기의 지위를 넘어서는 참월이다. 君君 臣臣이요, 父父 子子이어야 한다. 그런데 장문중은 일개 대부에 불과한데 왕이나 쓸 수 있는 사치를 하였다는 것이다. 자기의 분수를 넘어서는 것이다. 그가 비단 그 집의 사치함에서만 분수를 넘어선 게 아닐 것이다. 정치에서도 역시 참월하는 일이 있었을 것이다. 그러므로 지혜롭지 못하다는 것이다. 참월은 결국 화를 자초하기 때문이다.

19. 子張　問曰 令尹子文 三仕爲令尹　　無喜色

자장이 문왈 영윤자문 삼사위영윤이나 무희색이라.

三已之 無慍色　　舊令尹之政 必以告新令尹　　何如

삼이지 무온색이라. 구영윤지정을 필이고신영윤하니 하여오?

子曰忠矣　曰 仁矣乎　　曰 未知　焉得仁

자왈충의라. 왈 인의호이까? 왈 미지라. 언득인이리오?

崔子弑齊君　　陳文子 有馬十乘　　棄而違之

최자시제군하니 진문자 유마십승인데 기이위지라.

至於他邦 則曰 猶吾大夫 崔子也　　　違之

지어타방 즉왈 유오대부 최자야라 하고 위지라.

之一邦 則又曰 猶吾大夫 崔子也　　　違之 何如

지일방 즉우왈 유오대부 최자야라 하고 위지라 하여오?

子曰 淸矣　曰 仁矣乎　曰 未知　焉得仁

자왈 청의_라. 왈 인의호_{이까}? 왈 미지_라. 언득인_{이오}?

〈주석〉

令尹子文 : 令尹은 官名으로 초 나라의 上卿으로서 執政者이다. 子文
은 성은 鬪(투)이고 이름은 穀於菟(곡어토)이다.

仕 : 동사로 취임이다.

已之 : 벼슬을 그만둠을 가리킨다.

未知焉得仁 : 겨우 그 충성스러움은 알지만 그 밖의 것은 상세히 모른
다. 仁하다고는 하지 못한다.

崔子弑齊君 : 제 나라 대부 崔杼(최저)가 그의 임금 장공을 죽인 것을
말한다.

陳文子 : 이름은 須無. 제 나라 대부이다.

十乘 : 40匹.

違 : 떠남이다.

猶吾大夫崔子也 : 타국의 집정 대신들도 또한 최자처럼 그 임금을 죽
이고 난을 일으키고자 함을 말한다.

之 : 앞으로 가다.

淸矣 : 난을 떠나 다스림을 구하여 그 몸을 더럽히지 않음을 말한다.

〈번역〉

자장이 물었다.

"초 나라 영윤 자문은 세 번 영윤에 취임하였지만 기뻐하는 안색이
없었고 세 번 직위를 그만두게 되어도 성내는 안색이 없었습니다. 그
는 자기가 영윤이 되었을 때의 정황을 새로 오는 영윤에게 반드시 일
러 주었습니다. 어떠합니까?"

공자께서 대답하셨다.

"충성되다."

다시 물었다. "어집니까?"

대답하셨다. "모르겠다. 어찌 어짊을 얻었다고야 하겠는가?"

"최자가 제 나라의 임금을 죽이니 진문자는 말이 십승이나 있으면서도 이를 버리고 그 나라를 떠나갔습니다. 다른 나라에 가서 곧 말하기를 '우리 대부 최자와 같다.' 하고는 떠나갔습니다. 다른 나라에 가서 곧 또 말하기를 '우리 대부 최자와 같다.' 하고는 떠나갔습니다. 어떠합니까?"

공자께서 말씀하셨다.

"깨끗하다."

"어집니까?"

"모르겠다. 어찌 어짊을 얻었다고야 하겠는가?"

〈묵상〉

초 나라의 영윤 자문과 제 나라의 대부 진문자의 이야기이다. 자문의 충성됨과 진문자의 맑음을 이야기하고 있는 것이다. 그런데 이 충성과 이 맑음으로도 인의 경지에는 이르지 못하였다는 것이다. 그럼 인의 경지는 얼마나 깊고 높은 경지인가? 우리 범인으로서는 상상이 어려운 경지이다. 이렇게 상상도 어려운 경지를 어떻게 범인이 도달할 수가 있는가? 불가능할지도 모른다. 그러나 그 근처에라도 도달하고자 하는 마음을 가지고 하루하루 노력하는 자세, 그게 중요한 게 아닐까?

20. 季文子 三思而後行　子聞之　　曰 再斯可矣

계문자 삼사이후행하니 자문지하시고 왈 재사가의니라.

<주석>

季文子 : 성은 季孫. 이름은 行父. 시호는 文. 노 나라 대부이다.

三思 : 생각함이 많음을 말한다.

再 : 다시 생각함을 가리킨다.

斯可矣 : 斯는 語詞, 可는 가함이다.

<번역>

　계문자가 무슨 일에나 두 번 세 번 생각하고 일을 하였다. 공자께서
이를 들으시고 말씀하시기를 "두 번이면 가하다." 하셨다.

<묵상>

　무슨 일이나 신중히 생각하고 일을 처리함은 현명한 태도이다. 그
러나 너무 많이 생각하다 보면 오히려 더 복잡하여져 일을 그르칠 우
려가 많다. 또 많이 생각하다 보면 優柔不斷하여 결정을 내리기가 더
어려워질 수도 있다. 그러므로 두어 번 생각하고는 결단을 하는 게
더 현명한 것이다.

　그런데 이렇게 보는 것이 대체적인 해석인데 이를 전혀 다르게 해
석하는 주석가도 있다. 三思의 三을 3으로만 보는 것이다.

　곧 "계문자는 무슨 일이나 신중하게 세 번이나 생각하고 행하였다.
공자 이를 들으시고 두 번만 생각해도 가한데."라고 해석하는 것이다.
이렇게 되면 오히려 계문자의 삼사이후행이 아주 좋은 뜻으로 받아들
여지는 것이다. 여기 한문의 고문 해석에 어려움이 있다. 전혀 반대
의 뜻으로도 될 수 있으니 헷갈리는 것이다. 위의 문장 역시 그러한
예이다.

그러나 처음 해석이 더 올바른 듯 한데 또 아래의 해석을 하는 측에서는 계문자는 인품이 아주 훌륭한 분이라 공자로부터 칭찬을 받을 분이라는 것이다. 그러니 공자께서 그의 신중함을 칭찬하셨다는 것이다.

21. 子曰 甯武子 邦有道則知   邦無道則愚
자왈 영무자 방유도즉지하고 방무도즉우라.

其知可及也   其愚不可及也
기지가급야이나 기우불가급야라.

⟨주석⟩

甯武子 : 성은 甯. 이름은 兪. 시호는 武. 위 나라 대부이다.

知 : 智와 같다.

愚 : 何晏集解에 孔安國을 인용하여 말하기를 거짓으로 어리석게 하여 사실인 듯 하는 것이라 하였다.

⟨번역⟩

공자께서 말씀하셨다.

"영무자는 국가가 태평할 때에는 총명한 재질을 나타내고 국가가 어지러울 때에는 어리석은 듯 하였다. 그 지혜와 총명은 다른 사람도 따를 수 있으나 그 어리석음은 남들이 따라 하기 어렵다."

⟨묵상⟩

이 말씀은 자칫 오해의 소지가 많다. 곧 세상에 도가 행하여질 때는 자기의 지혜를 드러낸다는 말은 맞는데 세상에 도가 없을 때 어리석은 듯 엎드려 있다고 보면 잘못된 해석이다. 여기서 어리석게 처신한다 함은 세상에 도가 없음에도 어리석을 만큼 충직하게 일한다는 뜻으로 보아야 한다. 그렇지 않고 그냥 쉽게 세상이 어지러우면 어리석은 듯 행세하여 자기의 안전만을 꾀하는 일이야 무엇 그리 어려워 공자가 못 미친다고 하겠는가? 그런 약삭빠른 明哲保身이 아니고 세상에 도가 없음에도 나아가 충직하게 그야말로 어리석게 일을 하는 그 우직함을 칭찬하신 것이다. 영무자는 그러한 삶을 살았다는 것이다. 이런 삶이 참 충성의 삶이다. 무법이 판을 치는 세상, 도저히 자기의 충심이 통하지 않는 세상이라 할지라도 우직하게 충성하는 그 모습을 찬양하신 것이다.

22. 子在陳曰 歸與 歸與   吾黨之小子 狂簡
    자재진왈 귀여 귀여로다. 오당지소자 광간하고

    斐然成章   不知所以裁之
    비연성장이나 부지소이재지로다.

〈주석〉

陳 : 춘추 시대 나라 이름.

吾黨之小子 : 門人으로 魯나라에 있는 자를 말한다. 黨은 鄕黨이고 小子는 제자이다.

狂簡 : 뜻이 커서 일에 대범함.

斐然成章 : 斐는 문채가 성대하고 아름다운 모습. 成章은 그 문리가 이루어져 가히 볼만한 것이 있음을 말한다.

裁 : 剪裁, 裁度

〈번역〉

　　공자께서 진 나라에 계시면서 말씀하시었다.

　　"돌아가자, 돌아가자, 우리 어린 제자들이 뜻은 크고 대범하여 찬란하게 成章하였으나 이를 마름질 할 줄을 모르는구나."

〈묵상〉

　　공자가 周遊天下하고 末年에 이르렀을 때이다. 돌아갈 명분을 吾黨之小子에게서 찾으나 기실은 당신 자신의 내면의 문제였을 것이다. 지친 것이다. 어느 한 나라에서도 달갑게 맞아주지 않았다. 결국 원대한 뜻을 펼치지 못하였다. 그래서 돌아가고픈 것이다. 돌아갈 명분도 마련되었다. 그래서 돌아가고 싶다고 독백을 하는 것이다. 사실 뜻을 펼치러 온 천하를 다 돌아다녔지만 결국엔 다 헛수고에 그쳤다. 자칫 하다간 산토끼 잡으려다 집토끼마저 놓치게 된 것이다. 이를 바로 본 것이다. 역설적이긴 하지만 공자는 뜻을 펼치지 못하고 귀향한 게 오히려 더 큰 성공을 거둔 결과를 낳았다 할 것이다. 만약에 공자가 어느 한 나라에서 쓰임 받아 정치를 하였더라면 그저 하나의 위대한 정치가로서의 업적만 쌓고 말았을 것이다. 결코 오늘의 만인이 숭앙하는 공자는, 아니 유가 자체가 생겨나지 못하였을 것이다.

23. 子曰 伯夷 叔齊　不念舊惡　怨是用希
　　자왈 백이 숙제는 불념구악하니 원시용희라.

〈주석〉

　　伯夷 叔齊 : 孤竹君의 두 아들이다. 고죽은 나라 이름. 武王이 주를 멸하자 두 아들은 주 나라 곡식 먹기를 부끄러워하여 수양산에

은거하다가 끝내 굶어 죽었다.

不念舊惡 : 묵은 원한을 머금고 보복을 하려고 하지 않음을 말한다.

念은 思念이다. 舊惡은 과거의 원한이다.

怨是用希 : 남에게 원한을 받음이 적음이다. 希는 적음이다.

〈번역〉

공자께서 말씀하셨다.

"백이 숙제는 구악을 기억하지 않으므로 남들로부터 원망을 사는 일이 적었다."

〈묵상〉

먼저 백이 숙제란 인물부터 보자. 백이 숙제는 동양 사람들에게 전설적인 인물이다. 글자 그대로 백이가 형이고 숙제가 동생이다. 고죽국의 왕자였다. 부왕이 셋째 아들 숙제에게 왕위를 물려주고자 하다 죽었다. 동생은 형님이 계시는데 내가 왕위에 오를 수 없다 하고 떠나니 형은 아버지의 명령인데 내가 왕이 될 수 없다 하여 떠났다. 나라 사람들이 부득이 그 가운데 아들을 왕으로 모셨다. 두 아들은 함께 주 나라 문왕이 어른을 잘 모신다는 말을 듣고 그리로 갔다. 갔더니 문왕은 죽고 그 아들 무왕이 아버지의 위패를 수레에다 싣고서 은 나라 주왕을 치려고 막 떠나는 참이었다. 이에 그 말고삐를 잡고 간하였다. 아버지가 돌아가셨는데 아직 장례도 치르지 않고 전쟁을 하는 것이 孝라고 할 수 있겠습니까? 신하의 나라로서 그 군주를 치는 것이 仁하다고 할 수 있습니까? 이에 그 시위자들이 그 형제를 죽이려 하였으나 강태공이 그들은 의로운 사람들이라 하여 살려 보냈다. 뒤에 무왕이 은 나라를 평정하고 천하의 종주국이 되었으나 백이 숙제는 주나라 백성이 되는 것을 거부하고 수양산에 들어가 고사리를 캐먹으며 살다 죽었다.

이들은 그렇게 살았지만 구악을 기억하지 않았다는 것이다. 이는 보통의 사람으로서는 거의 불가능한 것이다. 거의 모든 사람은 다 구악을 기억하고 나아가 거기 매여 사는 사람도 많이 있다. 그러나 백이 숙제는 그런 구악을 다 잊고서 살았으므로 공자로부터도 높임을 받았다. 그리고 사마천의 史記列傳에서도 제일 앞장에 실리는 영광을 얻었다.

24. 子曰 孰謂 微生高直   或乞醯焉   乞諸其隣而與之
자왈 숙위 미생고직고? 혹걸혜언하니 걸저기인이여지니라.

〈주석〉

微生高 : 성은 微生, 이름은 高. 魯나라 사람이다.

醯 : 초이다.

與 : 줌이다.

〈번역〉

공자께서 말씀하셨다.

"누가 미생고를 정직하다 말하는가? 어떤 사람이 그에게 초를 얻으려 하니 이웃집에 가서 빌어다 주었다."

〈묵상〉

공자가 말하시는 근본 뜻을 헤아리기 어렵다. 미생고를 칭찬하는 것인지 폄하하는 것인지 얼른 판단이 서지 않는다. 어찌 보면 미생고를 정직하다고만 할 수 없고 이렇게까지 베풀 줄 아는 사람이라는 것을 강조하였다고 볼 수도 있다.

또 어찌 보면 정직에 대한 올바른 기준을 제시한 것이라 하겠다.

곧 자기 집에 없으면 없다고 하는 게 정직이라는 것이다. 이웃집에 가서 빌어다가 줄 만큼 지나치게 할 필요는 없다는 것이다. 왜 그런가? 허위의 체면 의식을 경계하는 것이다. 공자가 이렇게 이를 경계하였음에도 이 체면 의식이 좋지 못한 결과를 많이 낳았다. 나아가 유교 자체의 병폐로 된 것이다.

또 하나의 해석은 남의 집의 것을 빌어다 주면서 자기 것인 양 하였으니 정직하지 못하다는 것이다. 좀 비약인 듯 하나 가장 본 뜻에 적합한 해석이라 여겨진다. 이래도 저래도 공자의 본 뜻은 헤아리기 어렵다.

25. 子曰 巧言 令色 足恭 左丘明 恥之 丘亦 恥之
   자왈 교언 영색 주공을 좌구명이 치지한데 구역 치지라.

   匿怨而 友其人 左丘明 恥之 丘亦 恥之
   익원이 우기인을 좌구명 치지한데 구역 치지라.

〈주석〉

足恭 : 태도가 비굴하며 지나치게 공경하는 것. 주희가 말하기를 足는 過(지나침)이라 하였다. 공안국이 말하기를 주공은 偏僻된 모습 이라 하였다.

左丘明 : 노 나라 太史. 春秋經을 공자에게 준 사람이다.

丘 : 공자 자칭. 고인들은 휘를 피하여 某라고 읽었다.

匿 : 감춤이다.

〈번역〉

공자께서 말씀하셨다.

"교언, 영색, 주공을 좌구명이 부끄럽게 여겼는데 나 역시 그것을 부끄럽게 여긴다. 원한을 감추고서 그 사람을 벗함을 좌구명이 부끄럽게 여겼는데 나 역시 그것을 부끄럽게 여긴다."

〈묵상〉

교언은 교묘한 말 즉 듣기 좋은 번지르한 말이다. 영색은 알랑거리는 얼굴빛이다. 다 간사한 인간들이 꾸미는 것이다. 다음 足恭은 족공이 아니고 주공이다. 이때는 다리 족이 아니고 지나칠 주이다. 그러므로 주공이라 읽어야 한다. 이러한 것을 좌구명이란 분이 부끄럽게 여겼는데 공자 역시 부끄럽게 여긴다는 것이다. 이것들 모두는 다 허위에서 나오는 표현인 것이다. 匿怨而友其人 역시 허위에서 나오는 것임에 틀림없다. 이 허위의식을 신랄하게 꾸짖는 것이다. 丘亦恥之 나 또한 그것을 부끄럽게 여긴다. 아주 강한 표현이다. 공자는 이처럼 허위를 싫어하신 것이다.

그런데 실제로 세상 살다보면 원망이 있는 사람이라도 이를 감추고 어울리지 않으면 안 될 때가 많다. 오늘 이 시대는 포용을 미덕으로 여겨야 하는 시대이다. 예를 들어 내가 환경보존 운동을 펼치는데 거기 나와 원한관계가 있는 사람이 참여한다면 어쩔 것인가? 내가 그 운동을 그만둘 것인가? 아니면 그를 쫓아낼 것인가? 오늘의 세상은 원을 감추고서도 일을 함께 하여야 할 경우가 많을 것이다. 내 마음대로 그런 사람과 어울리지 않고 살 수 있고 내 이상을 실현해 나갈 수 있다면야 오죽이나 좋으랴? 하지만 지금은 그런 세상이 아니다. 때로는 원망이 있어도 이를 감추고 손을 잡아야 할 경우도 많다.

그보다 더 좋은 것은 내 안에 원을 없애는 것이다. 앞에서 본 백이숙제처럼 구악을 다 잊어버리는 것이다. 그러면 아예 匿怨을 할 필요 자체가 없다. 이 경지에까지 나를 끌어올려야 할 것이다. 나에게 악을 행하거니 섭섭하게 한 모든 일들을 다 잊어버린다면 그 누구와도 손을 잡을 수 있는 것이다. 이 이상을 실현하여야 할 것이다.

26. 顔淵 季路侍 子曰 盍各言爾志
안연 계로시_{한데} 자왈 합각언이지_아?

子路曰 願車馬 衣輕裘 與朋友共 敝之而 無憾
자로왈 원거마 의경구 여붕우공 폐지이 무감_{이로소이다}.

顔淵曰 願無伐善 無施勞
안연왈 원무벌선 무시로_{소이다}.

子路曰 願聞 子之志
자로왈 원문 자지지_{로소이다}.

子曰 老者安之 朋友信之 少者懷之
자왈 노자안지_{하고} 붕우신지_{하고} 소자회지_{로다}.

〈주석〉

侍 : 서서 모심이다.

盍 : 何不이다.

衣 : 입음이다.

輕裘 : 구는 가죽 옷이다. 가벼운 가죽옷은 품질이 아름답다. 고로 경구라 한다. 혹은 輕은 衍字(필요 없는 글자)라고도 한다. 그러므로 곧 車馬衣裘이다.

敝 : 破舊, 헤어져 낡음이다.

憾 : 원한이다.

伐善 : 유능함을 자랑함을 말한다. 伐은 자랑하여 뽐냄이다.

施勞 : 공이 있음을 자랑함을 말한다. 施는 자랑하여 뽐냄으로 장대한
   뜻이요 勞는 공이 있음이다.

老者安之 : 이하 三句는 주희가 말하기를 늙은이는 평안하게 모시고
   벗들에게는 믿음을 받고 젊은이는 은혜로 품는다고 하였다.

⟨번역⟩

   顔淵과 季路가 모시고 있었다. 孔子께서 말씀하셨다.

   "어찌 각자의 뜻을 말하지 않은가?"

   자로가 말하였다. "거마 경구를 친구와 함께 쓰다가 낡아져 헤어져
도 유감이 없기를 바랍니다." 안연이 말하였다. "유능함을 자랑하지
아니하고 수고를 떠벌리지 않기를 원합니다." 자로가 말하였다. "선생
님의 뜻을 듣고자 합니다."

   공자께서 말씀하셨다.

   "늙은이를 평안하게 하고 친구를 믿음직스럽게 하고 젊은이를 품어
주는 것이다."

⟨묵상⟩

   먼저 이 세 사람, 공자와 안연과 자로, 이 세 사람이 마주하여 오순
도순 이야기하는 장면이 그립다. 마치 성경의 예수와 베드로, 요한
세 사람이 함께한 모습과 같이 정답다. 그렇게 앉아 정담을 나누는
것이다. 그 이야기 주제도 참 아름답다. 각자의 뜻을 말하는 것이다.
자로는 친구와 더불어 부귀영화를 함께하는 이상을 가졌다. 이게 보
통의 일이 아니다. 대개 수고와 가난 고생은 함께 할 수 있어도 부귀
와 영화는 같이 하기가 어려운 법이다. 무인의 기질을 가진 자로다운
대답이다. 이에 대하여 안연의 대답은 또 정말 안연답다. 유능이나
수고를 자랑하지 않은 그런 인격의 경지에 도달하고 싶다는 것이다.
자기 수양에 초점을 맞추는 것이다. 참으로 보통의 사람으로서는 오

르기 어려운 고차원의 단계이다. 그리고 공자의 원은 평소 당신이 가졌던 이상이다. 늙은이를 평안하게 벗을 믿음직하게 젊은이를 품어주는 그런 사람이 되고자 한다는 것이다. 이 큰 이상을 실현한다면 그야말로 성인이 아니겠는가? 그러나 공자 역시 그 이상은 이상으로서만 아름다웠으니 안타깝다.

27. 子曰 已矣乎 吾未見能見其過 而內自訟者也
   자왈 이의호라 오미견능견기과하고 이내자송자야라.

〈주석〉

已矣乎 : 아마 끝내 보지 못함을 탄식하는 것이리라. 오늘날 "끝장이로다."라는 말과 같다.

內自訟 : 입으로 말하지 않고 마음으로 스스로 허물하는 것을 말한다. 訟은 문책함이다.

〈번역〉

공자께서 말씀하셨다.

"끝장이로다. 나는 아직 자기의 허물을 능히 보고 스스로 마음으로 꾸짖는 사람을 보지 못하였노라."

〈묵상〉

內自訟이 그리도 어려운가? 아니 그보다 먼저 能見其過를 못하니 내자송은 저절로 못하는 것이리라. 먼저 눈을 안으로 돌려 나의 잘못을 볼 줄 알아야 할 것이다. 그러면 내자송, 자신을 허물함이 따라올 것이다. 오늘 하루도 나의 허물을 보는 눈을 갖기를 원한다.

28. 子曰 十室之邑 必有忠信 如丘者焉 不如丘之好學也

자왈 십실지읍에 필유충신이 여구자언이나 불여구지호학야라.

〈주석〉

十室之邑 : 小邑이다. 十戶의 인가가 모여 사는 작은 지방을 말한다.

〈번역〉

공자께서 말씀하셨다.

"열 집이 사는 작은 지방에서도 반드시 나와 같은 충직하고 신실한 사람은 있을 것이다. 그러나 배우기를 좋아함은 나만 못할 것이다."

〈묵상〉

공자의 위대함은 바로 이 好學에 있는 것이다. 忠과 信은 대개의 경우 선천적일 수 있다. 그러나 호학은 후천적이다. 이러므로 공자가 위대한 것이다. 우리가 공자에게서 배워야 할 가장 귀한 것은 바로 이 好學일 것이다.

雍也 第六

1. 子曰 雍也　可使南面　　仲弓問 子桑伯子

   자왈 옹야는 가사남면_{이라}. 중궁문 자상백자_{하니}

   子曰 可也　簡　　仲弓曰 居敬而行簡

   자왈 가야_라 간_{이라}. 중궁왈 거경이행간_{하여}

   以臨其民　　不亦可乎　　居簡而行簡　　無乃大簡乎

   이임기민_{이면} 불역가호_아? 거간이행간_{이면} 무내태간호_아?

   子曰 雍之言然

   자왈 옹지언연_{이라}.

〈주석〉

　南面 : 임금이 정치하는 자리이다. 중궁이 너그럽고 簡重하여 가히 제
　　후가 될 수 있음을 말한 것이다.

　子桑伯子 : 王肅이 말하기를 백자는 書傳에 보이지 않는다고 하였다.
　　朱熹가 말하기를 노 나라 사람이라 하였다.

　可也簡 : 자상백자가 능히 簡하여 또한 가히 남면할 수 있다. 可는 겨
　　우 가하긴 하나 다하지 못함이 있다는 말이다.

　簡 : 簡略하고 번거롭지 않음이다.

　居敬 : 마음을 敬肅함에 거하게 함이다.

　行簡 : 행사가 간략하여 백성을 시끄럽게 하지 않음이다.

　居簡而行簡 : 마음이 간소하면서 행동도 간소함이다. 이렇게 하여 백
　　성에게 다가가면 너무 간하여 법을 지킬 수 없다는 말이다.

　無乃 : 의문사이다. 猶未免(오히려 면하지 못한다)의 뜻이다.

〈번역〉

　　공자께서 말씀하셨다.

　　"옹은 가히 제후가 될 수 있다."

중궁이 물었다. "자상백자는 어떠합니까?"

공자께서 말씀하셨다. "가하긴 하다. 간소하니까."

중궁이 말하였다. "마음을 敬肅함에 두고 행동은 간소하게 하여 그 백성에게 나아가면 또한 가하지 않겠습니까마는 마음도 간소하면서 행동도 간소하다면 오히려 너무 간소하지 않습니까?"

공자께서 말씀하셨다.

"네 말이 맞다."

〈묵상〉

여기서 簡疏하다는 말은 대범하다는 뜻으로 보아야 할 것이다. 대범한 사람이라야 임금 노릇을 제대로 할 수 있다. 그러나 마음도 행동도 너무 대범하여 백성에게 나아가면 또한 폐단이 생긴다. 여기 백성을 다스리는 어려움이 있다. 너무 엄격하여도 안 되지만 그렇다고 너무 너그러워도 안 된다. 오늘날 한국에는 일면 법이 너무 너그러워 문제를 야기시키는 경우를 많이 본다.

2. 哀公問 弟子孰爲好學　　孔子對曰

애공문 제자숙위호학고 하니 공자대왈

有顔回者　好學　不遷怒　不貳過　不幸短命死矣

유안회자니 호학하고 불천노하며 불이과러니 불행단명사의라.

今也則亡　未聞好學者也

금야즉무이라. 미문호학자야라.

〈주석〉

不遷怒 : 갑에게 노한 것을 을에게 옮기지 않음이다. 遷은 옮김(移)이다.

不貳過 : 앞에 잘못한 것을 뒤에 반복하지 않음이다. 貳는 중복이다.

短命 : 안회의 수명이 짧음을 가리킨다. 32세에 죽었다.

亡 : 無와 같다.

〈번역〉

애공이 물었다. "제자 가운데 누가 호학합니까?" 공자께서 대답하셨다. "顔回라는 자가 있었습니다. 배우기를 좋아하고 노를 옮기지 않으며 두 번 거듭 실수함이 없었습니다. 불행히도 단명하여 죽었습니다. 하여 지금은 없습니다. 호학하는 자를 들어본 적이 없습니다."

〈묵상〉

好學이 그렇게도 어려운가 보다. 공자의 제자는 흔히 3,000명이라 하고 그 가운데 賢者가 72명이라고 한다. 또 10哲이 있었다고도 한다. 그런데도 호학자가 안회 한 사람 밖에 없었다고 하니 호학이란 게 그리도 어려운가 보다.

그래서 여기 공자가 말하는 호학이란 단순히 학문을 배우기 좋아한다는 말이 아니고 더 넓은 의미의 인생수업 자체를 일컫는 말일 것이다. 그래서 不遷怒와 不貳過를 말하는 것일 게다. 불천노, 불이과. 이런 덕목들이 모두 배워야할 학문인 것이다. 그러므로 이를 실천한 顔回의 수양이야 말로 우리에게는 참 까마득한 경지이다. 그래서 공자는 그런 사람이 없다는 것이다.

3. 子華使於齊　　冉子爲其母　　請粟　　子曰 與之釜

자 화 사 어 제하니 염 자 위 기 모하야 청 속하니 자 왈 여 지 부하라

請益　　曰 與之庾

청 익하니 왈 여 지 유하라.

冉子與之粟五秉　　子曰 赤之適齊也　乘肥馬 衣輕裘
염자여지속오병하니 자왈 적지적제야에 승비마 의경구라

吾聞之也　　君子　周急不繼富
오문지야하니 군자는 주급불계부라.

原思爲之宰　與之粟九百　　辭　子曰 毋 以與爾隣里鄕黨乎
원사위지재하니 여지속구백한데 사하니 자왈 무 이여이인리향당호라.

⟨주석⟩

子華 : 公西赤으로 자는 자화이다. 공자의 제자이다.

釜 : 6斗 4升이 一釜이다.

庾 : 2두 4승이 일 유이다.

秉 : 16斛이 일병이다. 일곡은 10두이다.

適 : 앞에 감이다.

周急不繼富 : 곤급한 사람의 부족한 것을 구제하고 가진 자에게 더 부
　　하게 하지는 않는다.

原思 : 성은 원이고 이름은 憲이고 자는 思이다. 공자의 제자이다.

爲之宰 : 공자가 노 나라 司寇일 때에 원사로 家宰로 삼았다.

九百 : 공안국은 구백은 구백두이다, 라고 하였다. 주희는 구백은 그
　　양을 말하지 않았으므로 상고할 수가 없다고 하였다.

辭 : 사양하고 받지 않음이다.

毋 : 금지사이다.

⟨번역⟩

　자화가 제 나라에 사신으로 가게 되었다. 염구가 자화의 모친을 대
신하여 공자에게 쌀을 구하였다. 공자가 그녀에게 6斗 4升을 주라고
하였다. 염구가 조금 더 주기를 구하니 공자가 다시 2斗 4升을 주라고

하였다. 염구가 그녀에게 도리어 800斗를 주었다.

공자께서 말씀하셨다.

"赤(자화)이 제 나라로 갈 때에 살진 말을 타고 가벼운 옷을 입었다. 내 듣기로 '군자는 곤급한 사람을 구제하고 가진 자에게 더 부유하게는 않는다.'고 하였다. 원사가 가재가 되었을 때 900두의 곡식을 주었는데 그는 너무 많다고 받지 않았다. 내가 말하였다. '사양하지 말라. 남거든 네 이웃이나 향당에 주어라.'고 하였다."

〈묵상〉

재물을 대하는 공자의 모습을 볼 수 있다. 가진 자에게 더 가지게 하는 건 잘못이다. 자화는 좋은 옷에 좋은 말에 호강을 하는데 거기 더 줄 필요는 없는 것이다. 원사는 주어도 사양을 할 줄 알았다. 그래도 공자는 더 주기를 원하였다. 그는 남으면 이웃 곤궁한 사람에게 나누어 줄 것이라 믿었던 것이다.

오늘날도 같은 형편이다. 가진 사람은 더 가지기를 원하고 덜 가진 자가 오히려 남 돕기를 원하는 것이다.

4. 子謂仲弓曰 犂牛之子　　騂且角　　雖欲勿用　　山川其舍諸
　　자위중궁왈 이우지자나　성차각하니 수욕물용이나 산천기사저아?

〈주석〉

犂牛 : 털 색깔이 박잡한 소, 밭가는 소.

騂且角 : 성은 순 붉은색이다. 각은 뿔이 모두 단정한 것이다. 털 색깔이 순 붉고 뿔이 모두 단정한 소이기에 제사에 적합하다는 말이다.

用 : 제사에 씀이다.

山川 : 산천의 신을 말한다.

舍 : 捨와 같다.

〈번역〉

공자께서 중궁에 대하여 말씀하셨다.

"밭가는 소의 새끼이나 털이 순 붉은 색깔이요, 또 뿔이 단정하니 사람들은 비록 쓰지 않을지라도 산천의 신이야 버리겠는가?"

〈묵상〉

犁牛는 곧 얼룩소이다. 천한 소인 것이다. 중궁의 아버지는 천한 분이었다고 한다. 그럼에도 그 아들 중궁은 앞에서도 공자께서 임금을 할 만하다고 칭찬하신 것처럼 뛰어난 인물이었던 것이다. 여기서 우리는 그 가문이나 출신에 구애 받지 않고 그 인물을 보시는 공자에게 존경을 드리지 않을 수 없다. 당시로서는 너무나 비약적인 눈인 것이다. 하긴 공자 자신도 천한 집에서 태어나긴 하였지만 그래도 이런 안목을 가진다는 건 참으로 신선하다.

이 장의 말씀은 인재는 숨어 있더라도 결국 쓰임 받는다는 것이다. 하지만 오늘에도 그런지는 모르겠다. 오히려 떠벌리며 자기를 알려야 하는 시대가 아닌가 여겨진다. 그만큼 각박한 시대라 할까? 아니면 그만큼 오히려 어두운 시대라 할까? 점잖게 있다간 자기 밥그릇마저 빼앗기는 시대이다.

5. 子曰 回也 其心 三月不違仁 其餘 則日月至焉而已矣
자왈 회야는 기심이 삼월불위인이요, 기여 즉일월지언이이의라.

三月 : 오래임을 말한다.

日月至焉 : 혹 하루 거기 다다름. 혹 한 달 거기 다다름. 능히 그 영역
을 조성하여 오래가지 못함이다.

〈번역〉

공자께서 말씀하셨다.

"안회는 그 마음이 석 달이 지나도 인에서 어그러짐이 없다. 그 나
머지 다른 제자들은 혹 하루, 혹 한 달을 이를 뿐이다."

〈묵상〉

顔回에 대한 공자의 평가는 너무 편애라 할 만큼 과분하다. 하기야
그만큼 안회가 훌륭하였던 건 사실일 것이다. 그래도 다른 제자를 너
무 깎아내리는 것 같아 그들의 처지에선 좀 서운할 것이다.

우리는 다들 다른 제자들처럼 작심삼일이다. 안회처럼 꾸준하기란
정말 힘들다. 이 작심이 그리 어렵기에 나 같은 사람은 작심 자체를
아예 하지 않으려 한다. 스스로에게 실망할 때 느끼는 비참함이 싫은
것이다. 그러니 이 모양 이 꼴이 되었을 것이다. 부끄럽다.

6. 季康子 問   仲由 可使從政也與   子曰 由也 果
   계강자 문하되 중유 가사종정야여이까? 자왈 유야 과하니

   於從政乎   何有
   어종정호에 하유리오?

   曰 賜也 可使從政也與   曰 賜也達   於從政乎   何有
   왈 사야는 가사종정야여이까? 왈 사야달하니 어종정호에 하유리오?

曰 求也　可使從政也與　　曰 求也藝　　於從政乎　何有

왈 구야는 가사종정야여이까? 왈 구야예하니 어종정호에 하유리오?

〈주석〉

從政 : 대부가 됨을 말한다. 오늘날 정치에 종사함과 같다.

果 : 결단이 있음이다.

何有 : 무슨 어려움이 있겠는가? 어렵지 않음을 말한다.

達 : 사리에 통달함이다.

藝 : 재능이 많음이다.

〈번역〉

계강자가 물었다. "仲由는 가히 정치에 종사할만합니까?"

공자께서 말씀하셨다.

"중유는 과단성이 있다. 정치에 종사함에 무슨 어려움이 있겠는가?"

"賜는 가히 정치에 종사할만합니까?"

공자께서 말씀하셨다.

"사는 사리에 통달하니 정치에 종사함에 무슨 어려움이 있겠는가?"

"求는 가히 정치에 종사할만합니까?"

공자께서 말씀하셨다.

"구는 재능이 많다. 정치에 종사함에 무슨 어려움이 있겠는가?"

〈묵상〉

이 말을 얼른 보면 정치에 종사시킬 사람은 어느 특정인이 아니라 누구든 다 할 수 있는 것 같다. 물론 맞는 말이다. 그러나 그렇게만 해석하면 너무 싱거운 말이 된다. 정치에는 과단성도 필요하고 사리를 아는 지혜도 필요하며 또 다양한 재주도 필요한데 이 모두를 아우를 지도력이 필요하다는 것이다. 그리하여 과단성을 가진 사람도 지혜 있는 사람도 그리고 다재다능한 사람도 다 써서 적재적소에 배치시켜야 된다는 말이다. 이렇게 보지 않고 액면 그대로라면 정치를 못할 사람이 하나도 없을 것이다. 다 할 수 있기는 하나 이를 시킬 사람이 필요하다는 것을 은연중 나타내는 말로 보아야 할 것이다.

7. 季氏使閔子騫   爲費宰   閔子騫曰 善爲我辭焉
계씨사민자건으로 위비재한데 민자건왈 선위아사언하라,

如有復我者   則吾必在汶上矣
여유부아자면 즉오필재문상의리라.

〈주석〉

閔子騫 : 성은 閔, 이름은 損, 자는 子騫. 공자의 제자이다.

費 : 계씨의 家邑.

復 : "다시 나를 부르면"이란 말이다.

汶 : 강 이름이다. 제 나라의 남쪽이요 노 나라의 북쪽 경계이다.

〈번역〉

계씨가 민자건으로 하여금 비읍의 읍재로 삼고자 하였다. 민자건이 말하기를 "나를 위하여 잘 거절하라. 만약 다시 나를 부른다면 나는 반드시 문수 강가에 있을 것이다."

〈묵상〉

민자건은 덕행이 뛰어나고 효행이 남다른 분이라 한다. 그런데 무례하고 방종한 계손씨의 신하가 되라고 하니 거절할 수밖에 없는 것이다. 그 거절이 단호하여 다시 부른다면 나는 제 나라로 망명할 것이라는 것이다.

세상엔 벼슬을 얻지 못하여 애쓰는 사람이 대부분이지만 민자건처럼 거절하는 사람도 더러 있다. 그런데 옛날엔 그런 사람이 더러 있긴 하였는데 요즘엔 참 드문 것 같다. 내 알기로 고려대 총장을 지내셨던 김준연 씨 같은 분은 장관직 총리직도 다 사양하였다고 듣고 있다. 또 손기정 같은 분도 여러 직함을 드려도 받지 않았다고 한다. 근자엔 소설가 이문열 씨가 국회의원직을 거절하였다고 한다. 다 놀라운 분들이요 대단한 결단이다. 그 명예에 그 부귀를 마다하는 용기가 돋보인다. 만에 하나 민자건이 그 벼슬을 받았더라면 어떻게 되었을까? 아무런 성과도 거두지 못한 채 이름만 더럽히고 말았을 것이다. 오늘날도 다 같은 형편일 것이다.

8. 伯牛有疾　　子問之　　自牖執其手曰 亡之　　命矣夫
백 우 유 질하니 자 문 지하시고 자 유 집 기 수 왈　망 지로다 명 의 부로다.

斯人也　　而有斯疾也　　斯人也　　而有斯疾也
사 인 야여. 이 유 사 질 야여. 사 인 야여 이 유 사 질 야여.

⟨주석⟩

伯牛 : 성은 염, 이름은 耕(경), 자는 백우. 공자의 제자이다.

有疾 : 악질이 있음이다. 先儒들은 나병으로 보았다.

牖 : 창이다. 自牖執其手(창으로부터 그 손을 잡았다)라 함은 대개 영결을 의미한다.

亡之 : 亡은 喪亡이다. 병이 심하여 곧 이 사람의 죽음을 말한다.

命矣夫 : 명은 천명이다. 의부는 어조사로 감탄을 나타낸다.

斯人 : 백우를 가리킨다.

斯疾 : 그가 필경 이 악질에 걸렸음을 가리킨다.

〈번역〉

　　백우가 병이 들었더니 공자께서 문병하시고 창 너머로 그 손을 잡
으시고 말씀하셨다. "죽는구나. 명이로다. 이 사람이여, 이 병이 걸렸
도다. 이 사람이여, 이 병이 걸렸도다."

〈묵상〉

　　命은 공자도 어쩔 도리가 없는 것이다. 전적으로 하늘의 뜻이다.
이 병 앞에는 공자도 속수무책이다. 그래서 탄식만 하는 것이다. 제자
의 죽음 앞에서 탄식하시는 공자에게서 그 제자를 향한 뜨거운 정을
느낄 수 있다. 이래서 성자이다. 넘치는 뜨거운 사랑의 소유자가 바로
성자인 것이다.

9. 子曰 賢哉　　回也　　一簞食　一瓢飮　　在陋巷
　　자왈 현재로다. 회야여. 일단사와 일표음으로 재 누 항이라.

　　人不堪其憂　回也 不改其樂　　賢哉 回也
　　인 불 감 기 우 나 회 야 불 개 기 락하니 현재 회 야여.

〈주석〉

　　簞 : 대나무 그릇으로 밥을 담는다.

　　食 : 밥이다. 명사이다.

　　瓢 : 박으로 만들었는데 물을 담는 것이다.

　　陋巷 : 陋室과 같다. 마을 가운데 길을 항이라 하고 사람이 사는 곳을
　　　　　또한 항이라 한다.

　　堪 : 능히 담당함이다. 참고 견딤이다.

〈번역〉

공자께서 말씀하셨다.

"어질도다. 안회여, 한 그릇의 밥과 한 바가지 물로 누추한 곳에 사는도다. 남들은 그 근심을 견디지 못하는데 안회는 그 즐거움을 바꾸지 않는도다. 어질도다, 안회여."

〈묵상〉

한 사발의 밥과 한 바가지 물로 누추한 곳에 살면서도 그 가난을 즐거움으로 받아들이는 안회야말로 현자라 할 것이다. 가난 자체가 결코 즐거움은 아니다. 그 가난을 견디는 가운데 즐거움을 맛보는 경지에 다다를 때에라야 현자가 되는 것이다. 그러므로 그 경지에 다다른 안회에게는 부하다 가난하다는 개념 자체가 이미 아무런 의미가 없는 것이다.

흔히 이런 경지를 모르고 유교 자체가 가난을 미화하는 것처럼 생각하기 쉬우나 결코 그런 것은 아니다. 공자도 돈을 벌어 잘 살 수 있다면 마부의 짓이라도 하겠다고 하셨다. 그러나 그게 안 된다면 내 길을 가겠다고 하셨다. 그러니 내 길을 가면서도 돈도 벌 수 있다면 그 길을 왜 마다 하겠는가? 다만 가난을 벗어나려는데 비도덕적인 것이 항상 도사리고 있기에 그렇다면 차라리 가난을 수용하고 가난을 즐기겠다는 것이다. 그러나 보통 사람들은 이를 감내하지 못한다. 그러므로 이를 즐길 줄 아는 안회 같은 사람은 현자라 할 것이다.

그러나 오늘날 안회 같은 사람은 현자는커녕 도리어 무능의 극치라며 조롱을 받을 것이다. 이 시대가 그렇게 악한, 부도덕한 시대인 것이다.

10. 冉求曰 非不說子之道　力不足也　子曰 力不足者
염구왈 비불열자지도_{이나} 역부족야_라 자왈 역부족자_는

中道而廢　今女　畵
중도이폐_라 금여_는 획_{이라.}

〈주석〉

說 : 悅과 같다.

中道而廢 : 반쯤 가다 폐함이다.

畵 : 땅에다 금을 그어놓고 스스로 한정함이다. 능히 나아갈 수 있음
　　에도 다시 나아가지 않음을 말한다.

〈번역〉

　염구가 말하였다. "선생님의 도를 기뻐하지 않음은 아니나 힘이 부
족합니다."

　공자께서 말씀하셨다.

　"힘이 부족한 자는 중도에서 폐하고 만다. 지금 너는 금을 그어놓고
있다."

〈묵상〉

　스스로 금을 그어 놓고 자신을 제한하는 사람이 너무나 많다. 이런
사람은 어쩔 도리가 없다. "하늘은 스스로 돕는 자를 돕는다."는 격언
은 뒤집으면 스스로 포기하는 사람은 하늘도 어쩔 수 없이 포기한다
는 말이다. 아주 두려운 말이다. 그러나 우리 모두는 대개 다 이렇게
금을 그어놓고 살고 있다. 이런 염구에게 자극을 주어 꾸짖는 공자는
역시 위대한 스승이요 또한 그 가르침은 위대한 교수법이라 할 것
이다.

11. 子謂子夏曰 女爲君子儒　無爲小人儒

　　자위자하왈　여위군자유ㅇ 무위소인유라.

<주석>

　　女爲君子儒 二句 : 儒는 학자의 지칭이다. 君子儒는 큰 것을 알아 크
　　　게 받을 수 있음을 가리키고 小人儒는 비근한 것에 힘쓰는 것을
　　　말한다.

　　無 : 毋와 같다.

<번역>

　　공자께서 子夏에게 말씀하셨다.

　　"너는 군자의 선비가 되고 소인 선비가 되지 말라."

<묵상>

　　자하는 자유와 아울러 학문에 뛰어난 학자였다. 그러나 학문을 단
　　지 아는 것에만 치우치면 그냥 많이 아는 선비일 뿐 군자는 못 되는
　　것이다. 군자는 학문에다 덕을 쌓아야 한다.

　　이 말씀은 오늘날에도 절실히 요구되는 말씀이다. 많은 학자들이
　　학문에는 박학하고 심오하나 그 덕행에 있어서는 너무 모자라는 분들
　　이 많다. 이들은 하나의 전문인, 혹은 기능인으로서는 기여하나 인격
　　적으로 감화를 주는 참다운 선비는 못 되는 것이다.

12. 子游　爲武城宰　子曰 女得人焉爾乎

　　자유가 위무성재하니 자왈 여득인언이호아?

　曰 有澹臺滅明者　行不由徑　非公事　未嘗至於偃之室也

　　왈 유담대멸명자니 행불유경하고 비공사면 미상지어언지실야니이다.

武城 : 노 나라의 邑名이다.

焉爾乎 : 어조사이다. 의문을 나타낸다.

澹臺滅明 : 성은 담대. 이름은 멸명. 자는 子羽. 뒤에 또한 공자의 제
자가 되었다.

行不由經 : 徑은 길이 좁으면서 빠른 것이다. 움직임에 반드시 바르게
하고 속히 하고자 하는 욕심이 없음을 말한다.

偃 : 子游의 이름이다.

〈번역〉

子游가 무성의 읍재가 되었다. 공자께서 말씀하셨다. "너는 사람을
얻었는가?" 대답하되 "담대멸명이란 자가 있습니다. 길을 감에 지름길
을 취하지 않고, 공사가 아니면 저의 방에 들어온 적이 없습니다."

〈묵상〉

자유의 사람 보는 눈도 정확하고 담대멸명이란 사람도 위대한 사람
이다. 그는 편법이 없는 원칙주의자이며 또한 공과 사가 분명한 사람
이다. 너무 딱딱하여 인정이 없다고도 하겠으나 지나치게 부패가 많
은 오늘날 참으로 본보기가 되는 사람이다. 이런 원칙주의자가 대접
받는 사회가 되어야 바람직한 사회가 되는 것이다.

13. 子曰 孟之反　不伐　　奔而殿　　將入門　策其馬 曰
　　자왈 맹지반은 불벌하다. 분 이 전하야 장입문에 책 기 마 왈

　　非敢後也　馬不進也
　　비 감 후 야라 마 부 진 야로다.

孟之反 : 노 나라 대부, 이름은 側.

伐 : 공을 자랑함이다.

奔 : 敗走 패하여 도망함이다.

殿 : 군대의 후미이다. 대개 전쟁에서 패하여 돌아올 때는 뒤에 옴을
   공으로 여긴다.

策 : 鞭, 채찍이다.

〈번역〉

공자께서 말씀하셨다.

"맹지반은 공을 자랑하지 않는다. 전쟁에서 패하여 돌아옴에 군대의
뒤에서 왔다. 장차 문에 들어오면서 그 말을 채찍질하면서 하는 말,
'감히 뒤에 오고자 하지 않았다. 말이 나아가지 않았다.'고 하였다."

〈묵상〉

노 나라와 제 나라가 싸웠다. 노 나라가 패하였다. 앞 다투어 도망
치는데 맹지반은 제일 뒤에서 적군을 막으며 군사들의 후퇴를 도왔
다. 전쟁에서 전진할 때는 앞서는 사람이 가장 용감하고 후퇴할 때는
뒤에 따르는 사람이 가장 용감한 것이다. 그런데 맹지반은 마지막으
로 들어오면서도 "내가 일부러 뒤에 처진 게 아니라 이놈의 말이 달리
지를 못하여 그리 되었다." 하며 말에 채찍을 쳤다는 것이다.

할 수만 있으면 자기의 공을 자랑하는 게 세상의 인심이거늘 공을
일부러 감추는 그 겸손이 참 돋보인다. 범인으로서는 감히 가까이하
기 어려운 경지의 미덕이다. 이런 미덕을 가져야 하는데 자꾸 알아주
기를 바라니 참 부끄럽다.

14. 子曰 不有祝鮀之佞　而有宋朝之美　難乎免於今之世矣

자왈 불유축타지녕이며 이유송조지미이면 난호면어금지세의니라.

〈주석〉

祝鮀 : 축은 종묘의 벼슬. 타는 위 나라 대부로서 字는 子魚. 말재주가
    있었다.

宋朝 : 송 나라의 공자. 아름다운 얼굴을 가졌다.

〈번역〉

공자께서 말씀하셨다.

"祝鮀와 같은 말재주와 宋朝와 같은 미모를 갖지 않고는 오늘의 세
상을 살아가기 어렵다."

〈묵상〉

축타는 말재주가 있어 위 나라 대부가 되었고 송조는 미남이라 위
나라 영공의 부인과 정을 통하여 대부가 되었다. 이를 한탄하시는 공
자의 마음은 참으로 편치 못하였을 것이다. 오늘 세상도 이와 크게
다름이 있을까?

15. 子曰 誰能出不由戶　何莫由斯道也

자왈 수능출불유호아? 하막유사도야오?

〈주석〉

何莫 : 何不과 같다.

斯道 : 此道와 같다. 도는 길이다. 사람이 모두 걸어가는 이치를 말
    한다.

<번역>

공자께서 말씀하셨다.

"누가 능히 문지방을 거치지 않고 나갈 수 있느냐? 어찌 이 길을 거치지 않은가?"

<묵상>

공자의 탄식이다. 눈에 뻔한데 바른 길을 거치지 않은 것이다. 지름길로 가려고 하고 올바르지 못한 길로 가고자 한다. 지름길은 없으며 올바르지 못한 길로 가면 도착점에 다다르지 못한다. 문지방을 넘지 않고 밖으로 나가려는 사람과 같다. 그럼에도 많은 사람들이 이 바른 길을 외면한다. 이를 바라보는 공자의 마음은 괴로운 것이다. 그래서 탄식을 하는 것이다. 왜 이 정당한 길을 버리느냐고.

공자 당시에만 그런 게 아니다. 오늘날에도 자꾸만 많은 사람들은 문지방을 거치지 않고 밖으로 나가려 한다. 그래서 종국엔 그의 일생을 망치고 남도 곤경에 빠트리는 것이다.

16. 子曰 質勝文則 野 文勝質則 史 文質彬彬 然後 君子
   자왈 질승문즉 야하고 문승질즉 사하니 문질빈빈 연후라야 군자라.

<주석>

質 : 樸質함이다.

野 : 비루하여 야인과 같다.

史 : 관청에서 문서를 다루는 사람이다. 많이 듣고 일에도 익숙하나 성의가 부족하다.

文質彬彬 : 질박함과 文采가 적당히 고루 퍼짐이다. 彬彬은 사물이 서

로 섞이어 적당히 고르게 있는 모양이다.

〈번역〉

공자께서 말씀하셨다. "質이 文을 이기면 野하여지고 文이 質을 이기면 史하여진다. 文과 質이 고르게 적당히 되어야 비로소 군자이다."

〈묵상〉

文質彬彬

내가 가장 좋아하는 금언 가운데 하나이다. 여기서의 질은 바탕이요, 문은 文飾이다. 그러므로 질은 선천적이요, 문은 후천적이다. 아무리 바탕이 좋아도 다듬지 않으면 사람이 야해지고 반대로 아무리 잘 다듬어도 그 바탕이 신통치 못하면 하나의 재주꾼, 혹은 하나의 전문인이 될 뿐 인격자는 못 되는 것이다. 공자가 이상으로 하는 인간상은 어디까지나 군자, 곧 인격자이다. 이 인격자는 먼저 바탕에다 꾸밈이 가해져야 한다.

그런데 오늘 사회는 인격자를 요하지 않고 그저 하나의 재주꾼 혹은 전문인을 원한다. 여기 오늘의 비극이 있다. 예를 들면 축구 선수는 공만 잘 차면 그만이다. 그에게 인격이니 도덕이니를 따지지 않는다. 학자에게도 역시 같다. 그 학문에의 깊이만 요구한다. 그래서 오늘 이 사회에서는 인격자가 대접을 받는 게 아니고 오히려 하나의 기술, 하나의 재능만을 원하는 저급한 사회가 되어가는 것이다. 이 병리 현상을 고쳐야 한다. 인격자가 되고서 다음 전문인이 되도록 교육체계를 바꾸어야 한다.

17. 子曰 人之生也直　罔之生也　幸而免
자왈 인지생야직하니 망지생야는 행이면이라.

人之生也直 : 사람이 세상을 살아감에 성품은 다 정직하여야 한다. 朱熹
　　　는 注에서 程子의 말을 끌어와 '사는 이치는 본래 直'이라 하였다.

罔 : 不直, 곧지 못함이다.

〈번역〉

공자께서 말씀하셨다.

"사람이 세상을 살아감에 곧아야 한다. 이것이 없이도 삶은 요행히
화를 면하였을 뿐이다."

〈묵상〉

공자의 원론적인 말씀이다. 세상을 살아감에는 정직하지 못한 사람
이 더 잘 사는 경우를 많이 보는 것이다. 일제시대에 친일 세력이 해
방 후에 반공 세력이 되어 오히려 민족지사를 괴롭히며 잘 사는 경우
가 얼마나 많이 있었던가? 또 현하 한국의 정치계를 보라. 고위직에
있는 사람들은 대부분이 다 위장전입 경력을 가지고 있지 않던가? 심
지어는 대통령을 한 분까지. 위장 전입이 무언가? 말 그대로 거짓말이
지 않은가? 그들이 잘 살 뿐 아니라 고위직에서 국민을 다스리고 있지
않는가? 게다가 저 일본을 보라. 위안부 자체가 없었다고 거짓말을
외치는 그들이 우리보다 더 잘 살고 있지 않은가? 이런 모든 일들이
다 요행히 화를 면하고 있는 것이냐? 오히려 더 정상적인 것만 같지
않으냐? 그래서 사마천은 천도가 있느냐고 외치지 않던가? 이 비뚤어
진 사회를 바로잡는 데는 어떤 妙方이 필요한가? 정직한 사람만이 잘
살 수 있는 풍토를 만들어야 한다. 그러기 위해서는 정직한 사람이
지도층이 되어야 한다.

18. 子曰 知之者不如好之者　　好之者不如樂之者

자왈 지지자불여호지자_{하고} 호지자불여낙지자_라.

〈주석〉

　知之者 : 학문을 이해하는 자를 가리킨다. 包咸이 말하기를 知之者는
　　　　　好之者의 돈독함보다 못하고 호지자는 낙지자의 깊음보다 못하
　　　　　다고 하였다.

　好之者 : 마음으로는 좋아하나 능히 얻지는 못한다.

　樂之者 : 마음으로 깊이 좋아하면서 그 가운데 도취하는 것이다.

〈번역〉

　공자께서 말씀하셨다.

　"그것을 이해하는 사람은 그것을 사랑하는 사람보다 못하고 그것을
사랑하는 사람은 그것을 좋아하여 거기 도취하는 사람만 못하다."

〈묵상〉

　공자는 학문을 두고 말씀하셨다고 하지만 비단 학문에 대해서만 이
런 게 아니다. 모든 사물에 대하여서도 이렇다. 그것을 단순히 안다는
건 단지 아는 것 그 뿐이다. 그렇게 아는 정도보다 더 깊은 것은 그것
을 좋아하는 것이다. 그러나 그보다는 거기 완전히 빠져 도취되는 것
이 더 나은 것이다. 예를 들어 내가 어떤 사람이나 혹은 어떤 예술을
알거나 사랑하거나 하는 것도 다 이런 깊이의 차이가 있다. 樂山樂水
의 경지도 다 이런 樂之者 정도의 경지가 아닐까?

19. 子曰 中人以上　可以語上也　中人以下　不可以語上也

자왈 중인이상_은 가이어상야_나 중인이하_는 불가이어상야_라.

語 : 알림이다.

〈번역〉

공자께서 말씀하셨다.

"중등 자질 이상인 사람에게는 高深한 도리를 알릴 수 있고 중등 자질 이하의 사람에게는 그 도리를 알릴 수가 없다."

〈묵상〉

잘못 들으면 공자의 교만이랄 수 있다. 그러나 현실이 그렇다. 어떤 수준 이하의 사람에게는 깊은 경지의 도리를 깨우치기 어려운 것이다. 열 살이 아직 안 된 어린이에게 인생이 무엇인가를 설명할 수가 있는가? 들을 귀가 준비된 사람이라야 들리는 것이다.

20. 樊遲 問知　子曰 務民之義　敬鬼神而遠之　可謂知矣
번지 문지하니 자왈 무민지의요 경귀신이원지하면 가위지의니라.

問仁　曰 仁者　先難而後獲　可謂仁矣
문인하니 왈 인자는 선난이후획이니 가위인의니라.

〈주석〉

知 : 智와 같다.

務民之義 : 사람이 마땅히 해야 할 일에 대하여 오로지 힘쓰는 것이다. 民은 사람이다.

先難而後獲 : 어려운 일을 만나면 그것을 다투어 먼저 하고 사사로운 이익을 얻는 일은 나중에 하는 것이다. 獲은 得이다.

〈번역〉

번지가 지혜에 대하여 물었다.

공자께서 말씀하셨다.

"사람이 마땅히 해야 할 일에 대하여 오로지 힘쓰고 귀신을 공경하되 멀리하면 가히 지혜롭다고 말할 수 있을 것이다."

仁에 대하여 물으니 가로되, "어진이는 어려운 일을 만나면 그것을 다투어 먼저하고 사사로운 이익을 취하는 일은 뒤로 한다. 그러면 가히 어질다고 말할 수 있을 것이다."

〈묵상〉

여기서 말하는 "民之義"란 사람으로서 해야 할 마땅한 도리로서의 의를 말하는 것이다. 그러니 사람으로서 지켜야 할 마땅한 도리라 할 것이다. 이 기본 도리에 힘쓰라는 것이다. 다음으로는 귀신을 공경은 하되 멀리하라는 말씀인데 공자가 가리키는 귀신이란 무엇을 의미하는지 이해가 어렵다. 더구나 그 귀신을 공경은 하되 멀리 하라는 말씀은 이해가 더 어렵다. 어떤 대상을 공경은 하되 멀리한다는 게 과연 가능할지도 모르겠다. 이런 사람은 지혜롭다고 하였는데 아마 처세에서 기본 도리를 하고 귀신에 대해서는 그저 공경하는 척 예의는 갖추되 가까이 하여 그의 비호를 받거나 도움을 요청하는 일은 말라는 정도로 이해하면 될 것 같기도 하다. 하지만 역시 공자의 鬼神觀에 대해서는 더 깊은 천착이 있어야 할 것 같다.

다음 仁者에 대해서는 먼저 희생을 하고 뒤에 자기의 이득을 챙긴다는 평범한 진리를 말씀하는 것이라 보면 될 것 같다. 그러나 이 평범한 진리가 실상에 있어서는 대단히 어려운 것이다. 대개 보통 사람들은 다 희생은 남보다 늦게 적게 하려고 하고 이득은 빨리 많이 취하려고 한다. 이를 거꾸로 하는 사람이라면 과연 인자라 할 것이다.

21. 子曰 知者 樂水　　仁者 樂山　　知者 動　　仁者 靜

자왈 지자 요수하고 인자 요산이라. 지자 동하고 인자 정이라

知者 樂　　仁者 壽

지자 낙하고 인자 수라.

<주석>

知者樂水 : 知者가 사리에 도달함이 물과 흡사함이 있다 그러므로 물을 즐긴다. 樂은 기뻐하며 좋아하는 것이다.

仁者樂山 : 인자는 의리에 편안하고 무거워 옮기지 않음이 산과 흡사함이 있다. 그러므로 산을 즐긴다.

<번역>

공자께서 말씀하셨다.

"지혜로운 사람은 물을 좋아하고 어진 사람은 산을 좋아한다.

지혜로운 사람은 움직이기를 좋아하여 항상 나아가고자 힘쓰고 어진 사람은 고요하기를 좋아하여 생각을 줄이고 욕심을 적게 한다.

지혜로운 사람은 공이 이루어져 항상 즐기고 어진 사람은 평안하고 담담하여 항상 오래 산다."

<묵상>

知者와 仁者, 다 같이 우러러 볼 사람들이다. 그러나 여기서는 지자보다 인자가 한 수 위이다. 사실 그런 것 같다. 그럼 같은 값이면 우리는 지자보다 인자를 추구하여야 할 것이다. 하지만 지자의 경지를 넘지 않고 인자의 경지에 도달할 수 있을까?

여기서 말하는 "壽"란 생리적인 인간의 수명을 말하는 게 아니라 그의 덕화랄까 아니면 그의 명성이랄까 하는 것 등이 오래간다고 보아야 할 것이다.

22. 子曰 齊 一變 至於魯 魯 一變 至於道

자왈 제 일변에 지어노하고 노 일변에 지어도니라.

〈주석〉

齊一變至於魯 : 제 나라에는 강태공이 끼친 교화가 있고 노 나라에는 주공이 끼친 교화가 있어 예의와 음악이 거기 있었다. 공자의 때에 제 나라는 강하여 覇道를 행하였는데 만약 明君이 위에 있다면 가히 노 나라와 같이 예교를 존중하는 나라로 변화시킬 수 있다는 말이다.

道 : 先王의 道이다.

〈번역〉

공자께서 말씀하셨다.

"제 나라가 한 번 변하면 노 나라의 수준에 다다를 수 있고 노 나라가 한 번 변하면 천하태평의 경지, 곧 道에 다다를 수 있다."

〈묵상〉

공자의 탄식이다. 한 번만 변하면 그 나라의 수준을 일층 높일 수 있는데도 그것을 하지 못하는 현실을 안타까이 보시고 탄식하는 것이다. 오늘 우리나라도 마찬가지다. 전 국민의 교육수준이며 경제며 문화가 다 상당함으로 정치하는 사람들이 조금만 더 잘한다면 정말 일등 문화국가가 될 것인데 참으로 안타깝다.

23. 子曰 觚不觚 觚哉觚哉

자왈 고불고면 고재고재아?

觚不觚 : 고는 술그릇이다. 혹은 稜角(능각)이라고도 한다. 당시의 임
　　　금이 임금답지 못하고 신하가 신하답지 못하고 아비가 아비답지
　　　못하고 자식이 자식답지 못함을 비유하셨다.

〈번역〉

　　공자께서 말씀하셨다.

　　"술잔이 술잔답지 못하면 어찌 술잔이라 칭할 것이냐? 어찌 술잔이
라 칭할 것이냐?"

〈묵상〉

　　그렇다. 술잔은 술잔으로서만 가치가 있다. 자기의 본분을 잊으면
그 존재가치를 잃는 것이다. 그런데 오늘 현실에선 아비가 아비답지
못하고 스승이 스승답지 못하고 지도자가 지도자답지 못함이 너무나
많다. 모두가 제 자리를 지키지 못한다. 제 자리를 못 지키면서 또
남의 자리에까지 간섭하려니 이 사회가 이리도 혼란스러운 것이다.

24. 宰我問曰 仁者雖告之曰 井有仁焉　　其從之也
　　재아문왈 인자수고지왈 정유인언이면 기종지야니까?

　　子曰 何爲其然也　　君子　　可逝也　　不可陷也
　　자왈 하위기연야오? 군자는 가서야이나 불가함야며

　　可欺也　　不可罔也
　　가기야나 불가망야니라.

〈주석〉

　　仁 : 井有仁의 仁자는 마땅히 "人"자이다.

其從之也 : 인자가 따라가서 우물에 들어가 구하기를 도모할 것인가?

　　其는 仁者를 가리킨다.

之 : 우물 속의 사람을 가리킨다.

也 : 與耶와 같다. 의문어조사이다.

然 : 此와 같다.

可 : 가능이다. 아래도 같다.

逝 : 앞으로 감이다. 가서 구함을 말한다.

不可陷也 : 자기 또한 우물에 빠질 수 없음을 말한다.

欺 : 도리에 있는 바로써 속임을 말한다.

罔 : 도리에 없는 바로써 어리석게 함을 말하다.

〈번역〉

　　재아가 물었다. "어진 사람은 비록 그에게 고하기를 우물에 사람이 빠졌다고 하면 인자는 그를 따라 우물에 들어갑니까?"

　　공자께서 말씀하셨다.

　　"어찌 그렇겠는가? 군자는 가게 할 수는 있어도 빠지게 할 수는 없으며 속일 수는 있어도 어리석게 만들 수는 없다."

〈묵상〉

　　여기 등장하는 君子像에 대하여 깊이 생각하여야 한다. 여기서 말하는 군자는 상당히 지혜로워야 함을 말한다. 군자는 남을 구하려고 우물에까지 가기는 한다. 그러나 이미 빠진 사람을 구할 수 없음을 알면 우물에 들어가지는 않는다는 것이다. 그러므로 비록 군자를 속일 수는 있어도 그를 어리석게 할 수는 없다는 것이다. 이런 지혜를 가져야 군자가 되는 것이다. 무모하게 어리석게 날뛰지 않고 경거망동하지 않는 지혜가 필요한 것이다. 그래야 군자인 것이다.

25. 子曰 君子 博學於文 約之以禮 亦可以弗畔矣夫

자왈 군자는 박학어문하고 약지이례하면 역가이불반의부로다.

〈주석〉

博學於文 : 군자는 배움에서 그 넓고자 함을 말한다. 그러므로 문장
　　　전적에 상고하지 않음이 없다. 文은 典籍이다.

約之以禮 : 자기의 행위를 묶어서 예에 합당하게 함을 말한다. 禮는
　　　일상 행위의 준칙이다. 주희가 말하였다. 그 요체를 지키려 하는
　　　고로 그 행동은 반드시 예로써 한다.

弗畔 : 도에 어그러지지 않음이다.

矣夫 : 句末 어조사이다. 감탄을 나타낸다.

〈번역〉

　공자께서 말씀하셨다.

　"군자가 전적에서 널리 배우고 이를 예로써 단속한다면 또한 가히
어그러지지 않을 것이다."

〈묵상〉

　군자 되기 어렵다. 博學於文도 어렵지만 約之以禮는 더욱 어렵다.
그래도 그래야 군자가 될 수 있다. "博約會"라는 모임이 있다. 이 博約
을 실현해 보고자 하는 모임이다. 그러나 군자연하는 분들이 모여 느
닷없이 자기 가문의 양반 자랑이나 한다니 참 군자 되기 어렵다.

26. 子見南子 子路不說 夫子矢之曰 余所否者

자현남자하니 자로불열이라. 부자시지왈 여소부자면

天厭之　　天厭之

천 염 지_{리라} 천 염 지_{리라}.

天厭之

천 염 지_{리라}

〈주석〉

南子 : 위 나라 영공의 부인. 음행이 있었다.

矢 : 서약함.

否 : 예에 합하지 않거나 도에 말미암지 않음을 말한다.

天厭之 : 하늘이 나를 싫어하여 버릴 것이다. 朱熹가 말하기를 "염은
싫어하여 버림이다."고 하였다. 혹은 말하기를 내가 장차 하늘로
부터 버림받아 죽을 것이다. 했다. 厭은 壓과 같다.

〈번역〉

공자께서 南子를 뵈었다. 子路가 기뻐하지 않았다. 선생께서 맹세
하여 말씀하셨다.

"내가 어그러진 일이 있었다면 하늘이 나를 싫어하여 버릴 것이다."

〈묵상〉

세상 살아가기가 참 어렵다. 때로는 비난 받을 줄 알면서도 사람을
만나야 하고 하기 싫은 일도 하여야 한다. 공자님 역시 南子를 만나고
싶지는 않았을 것이다. 그 여자는 음행으로 이미 평판이 나 있었기
때문이다. 그러나 그녀가 정치의 실권자라 안 만날 수도 없었던 것이
다. 이에 제자 자로가 노골적으로 불만을 나타내었다. 이에 대하여
공자는 비록 내가 만나긴 하였으나 예의나 도리에 어긋나지 않았다고
변명한다. 물론 자로 역시 자기 스승이 무슨 어긋난 일을 하지 않았으
리라고 믿는다. 하지만 그 불의한 여자를 만났다고 하는 사실 그 자체
가 스승에게 오점이 되니 기분 나쁜 것이다. 그러나 안 만날 수 없는
그 딱한 사정을 좀 이해하는 아량이 있었더라면 그 스승을 아프게 하

지는 않았을 것이다.

27. 子曰 中庸之爲德也　其至矣乎　　民鮮久矣
　　자왈 중용지위덕야는 기지의호로다. 민선구의로다.

〈주석〉

中庸 : 不偏不倚하고 지나침이나 미치지 못함이 없음으로 가히 常用
　　　의 덕을 말한다.

至 : 극히 선함이다.

〈번역〉

　　공자께서 말씀하셨다.

　　"중용의 덕이 됨이여, 그 지극히 좋도다. 백성들에게 이것이 적어짐
이 오래되었도다."

〈묵상〉

　　중용의 덕, 우리 소인들은 감히 어림잡기도 힘들다. 대개 우리는
어느 한 곳으로 기울어진다. 그러면서도 그것이 진리인 양 떠받든다.
그러므로 소통이 어렵다. 각자 자기의 기준을 고수하기에 조화가 어
려운 것이다. 그렇다고 하여 중용은 타협이 아니다. 화합을 위한 자기
희생으로 이루어진다.

28. 子貢曰 如有博施於民　　而能濟衆　　何如 可謂仁乎
　　자공왈 여유박시어민하고 이능제중이면 하여 가위인호이까?

子曰 何事於仁   必也聖乎 堯舜其猶病諸

자왈 하사어인이리오? 필야성호라 요순기유병저로다.

夫仁者 己欲立而立人   己欲達而達人

부인자는 기욕립이립인하고 기욕달이달인이니라.

能近取譬 可爲仁之方也已

능근취비면 가위인지방야이로다.

〈주석〉

博施 : 은혜를 널리 베풂이다.

濟衆 : 대중을 구조함이다.

何事於仁 : "이 일이 어찌 인에만 그치겠는가?"라는 말이다.

病 : 마음에 여기 대하여 부족함이 있음이다.

諸 : 之乎와 같다.

己欲立而立人 二句 : 자기 자신이 도에 서고자 하면 또한 타인을 도에
    서게 하라. 자기 자신이 세상에서 도를 행하고자 하면 또한 타인
    을 도를 행하게 하라는 말이다.

能近取譬 : 가까이 자기 몸에서 취하라는 말이다. 자기가 하고 싶은
    바로써 타인에게 이를 이루어주는 것이다.

譬 : 喩이다.

方 : 길이요, 방법이다.

〈번역〉

    자공이 물었다. "만약 백성에게 널리 베풀고 능히 무리를 구제하면
어떻습니까? 仁하다고 하겠습니까?" 공자께서 말씀하셨다.

    "어찌 인에만 그치겠는가? 반드시 聖이라 할 것이다. 요, 순 임금도
이를 아파하였다.

대저 어진 이는 자기가 서고자 하면 남을 세우고 자기가 달하고자 하면 남을 달하게 하여 준다. 능히 자기가 하고 싶은 바로써 남에게 이루어 준다면 가히 인의 방법이라고 할 수 있을 것이다."

〈묵상〉

널리 백성에게 은혜를 베풀고 널리 사람을 구제한다면 仁의 경지를 넘어 聖의 경지에 이른다고 하셨다. 요 순 임금도 이를 못 이루어 아파 하였다고 하셨다. 그런데 오늘의 이 나라 정치가들은 이를 할 수 있다 고 허풍을 떤다. 그 정치가도 한심하지만 이에 속는 국민도 참 한심하 다. 참으로 어진 사람은 자기를 세우기보다 남을 먼저 세우는 사람이 라고 하셨다. 우리 정치가들도 이렇게 남을 세워 나라를 바로잡겠다 는 겸손한 마음을 가진다면 훨씬 더 아름다운 사회가 되지 않을까? 내가 서기 전에 남을 먼저 세워 주는 사회, 내가 가고자 하는 곳에 남을 먼저 보내주는 미덕의 사회, 이게 참 아름다운 사회일 것이다.

述而 第七

1. 子曰 述而不作　　信而好古　　竊比於我老彭

자왈 술이부작_{하고}　신이호고_{하여} 절비어아로팽_{이니라.}

<주석>

述而不作 : 공자는 스스로 겸손하셔서 오로지 舊聞을 傳述할 뿐 예를 의론하지도 않고 제도를 만들지도 않고 文을 고찰하지도 않았다는 것이다. 述은 舊聞을 傳述함이다. 作은 창작이다. 古는 고대의 문물제도를 가리킨다.

竊比 : 사사로이 스스로 비교함이다.

老彭 : 商代의 賢大夫.

<번역>

공자께서 말씀하셨다.

"나는 겨우 舊聞을 傳述할 뿐 창작은 하지 않았다. 독실히 믿으며 또한 고대의 문물제도를 좋아하여 나는 사사로이 상대의 노팽에게 나를 비교해 본다."

<묵상>

공자의 지극히 겸허함을 나타내는 말씀이다. 옛 사람의 끼친 것을 이어받고자 하는 그 순수한 마음이 그대로 나타난다. 이렇게 구문을 열심히 연구하다보면 자연 자기 것이 생겨나게 되거늘 오히려 이를 경계하는 자세야말로 진정 학문하는 자세요, 또한 도를 터득하는 자세일 것이다. 공자 같은 어른이 이러하셨거늘 하물며 평인들이야 더욱 낮추어야 할 것이다.

2. 子曰 黙而識之 學而不厭 誨人不倦 何有於我哉
자왈 묵이지지하고 학이불염하며 회인불권이라. 하유어아재아?

〈주석〉

黙而識之 : 말하지 않고 마음에 간직함이다. 識는 記住이다. "지"로 읽
는다.

誨 : 가르쳐 인도함이다.

何有於我哉 : 나에게 무슨 어려움이 있는가 함이다. 何有는 어렵지 않
음을 말한다.

〈번역〉

공자께서 말씀하셨다.

"보고 들은 것을 묵묵히 마음에 간직하고 배움에 싫증을 느끼지 않
고 다른 사람을 가르침에 게으르지 않는다. 이런 일에 무슨 어려움이
있겠는가?"

〈묵상〉

배움에 싫증을 느끼지 않고 가르침에 게으름이 없다면 학자로서는
완벽하다 할 것이다. 이런 경지에 다다름이 결코 쉽지 않다. 대개의
경우 우선 배움에 싫증을 느끼고 나가떨어진다. 그러나 이를 극복하
고 배움에 정진하면서 한 편으로 가르침에 열중하려고 하다 보면 그
만 지친다. 그러면 짜증이 나고 나아가 가르치는 일 자체가 귀찮아지
는 것이다. 그런데 공자님은 이를 넘어서 배우고 가르침에 어려움이
없다는 것이다. 聖人만이 다다를 수 있는 경지이다.

3. 子曰 德之不修　　學之不講　　聞義不能徙

자왈 덕지불수하고 학지불강하며 문의불능사하고

不善不能改　　是吾憂也

불선불능개이니 시오우야니라.

〈주석〉

之 : 句中 어조사로 뜻이 없다.

修 : 수양이다.

講 : 講習이다.

徙 : 옮김이다.

〈번역〉

　공자께서 말씀하셨다.

　"덕이 닦아지지 않고 배움이 익혀지지 않고 의를 듣고도 능히 옮기지 못하고 不善을 능히 고치지 못하니 이것이 나의 근심이다."

〈묵상〉

　성인의 이 진솔한 고백 앞에 머리가 숙여진다. 얼마나 겸허한 말씀이냐? 공자님이 이러시다면 범인들이야 말해 무엇 하겠는가? 그럼에도 범인들은 이를 근심으로 여기지 않으니 그게 더 큰 문제다. 이런 말씀을 묵상하며 날마다 자신을 채찍질 하여야 할 것이다.

4. 子之燕居　　申申如也　　夭夭如也

자지연거에 신신여야하며 요요여야니라.

燕居 : 한가하여 일이 없는 때.

申申如 : 그 모습이 아주 흡족함이다. 如는 句末 어조사로 그렇다는
    것이다. 아래도 같다.

夭夭 : 그 神色이 유쾌함이다.

〈번역〉

　공자님이 한가히 거하실 때에는 모습이 흡족해 하시고 신색이 유쾌
하시다.

〈묵상〉

　聖人의 진솔한 일면을 엿보게 한다. 자칫 생각하면 성인은 평상시,
아주 한가하실 때에도 근엄한 모습을 지녔을 것 같은데 그게 아니다.
아주 흡족해 하시는 듯 유쾌하게 보인다는 것이다. 이게 본 모습이다.
전혀 꾸밈도 없이 본 모습 그대로다. 전혀 인위적이거나 또는 강제됨
이 없는 순수 본 모습 그대로다. 이게 어려운 것이다. 범인은 다 세파
에 때 묻어 조금은 비뚤어지고 가식되어 있는 것이다.

5. 子曰 甚矣　　吾衰也 久矣　　吾不復夢見周公

　　자왈　심의로다.　오쇠야　구의로다.　오불복몽견주공이로다.

〈주석〉

衰 : 쇠하여 늙음이다.

夢見周公 : 주공은 성은 姬요, 이름은 旦이다. 周 文王의 아들로 武王
    의 동생이다. 官制를 개정하고 禮法을 만들었다. 공자께서 장년
    에 주공의 도를 행하고자 하였는데 실행하지 못하고 지금 늙음이

심하여 다시 이 마음이 없어지니 곧 꿈에도 주공을 뵙지 못한다고 스스로 탄식하는 것이다.

〈번역〉

　　공자께서 말씀하셨다.

　　"심하도다. 내 늙음이여, 오래되었도다. 내 꿈에 다시 주공을 뵙지 못하였도다."

〈묵상〉

　　대개 聖人들은 자기의 이상적인 스승을 가지는 모양이다. 그래서 그를 닮고자 밤낮 없이 노력하는 것이다. 공자에게 있어서 그 이상적인 스승은 주공이셨다. 얼마나 그리었는지 꿈에도 만난 것이다. 그저 성인이 되는 게 아니다. 이런 간절한 욕망을 갖고 꿈에서조차도 따라가 뵈옵고 배우고자 하는 욕망이 그를 그렇게 위대하게 만드는 것이다. 한용운님의 시가 생각난다. "너에게도 님이 있느냐? 너의 그림자니라." 공자처럼 이런 님이 있어야 하거늘 그저 그림자만 붙들고 헤매고 있으니 초라한 인간이 되는 것이다. 그리워 그리워 꿈에서까지 찾아 만나는 그리움이라야 그를 닮는다. 당신에게도 과연 님이 있는가? 스스로에 물어보자.

6. 子曰 志於道　　據於德　　依於仁　　遊於藝

　　자왈 지어도하고 거어덕하며 의어인하고 유어예니라.

〈주석〉

　　志 : 마음이 가는 바이다.

　　道 : 人倫으로 날마다 마땅히 행할 바의 것이다.

據 : 잡고 지키는 것이다.

依 : 어그러지지 않음이다.

遊 : 노닐어 익힘이다.

藝 : 禮, 樂, 射, 御, 書, 數 六藝에 노닐어 익힘을 가리킨다.

〈번역〉

공자께서 말씀하셨다.

"뜻을 세워 도를 향하고 덕을 잡아 지키며 인에서 떠나지 않으며 여섯 가지 예 가운데 노닌다."

〈묵상〉

공자 같은 경지에 오른 분이라야 할 수 있는 말이다. 범인들은 감히 어느 하나도 실행하기 어렵다. 志於道, 據於德, 依於仁, 遊於禮. 어느 하나도 감히 행하기 어려운 것들이다. 만에 하나 이 가운데 어느 하나만이라도 가히 행할 수 있다면 다른 것들도 다 쉽게 이루어지리라.

7. 子曰 自行束脩以上　吾未嘗無誨焉

자 왈　자 행 속 수 이 상이면　오 미 상 무 회 언이니라.

〈주석〉

束脩 : 脩는 마른 고기이다. 10脡이 束이다. 그러므로 束脩라 한다. 禮
　　의 薄함을 말한다.

〈번역〉

공자께서 말씀하셨다.

"무릇 능히 스스로 아주 작은 예물이지만 스승을 존경하여 가져오면 나는 그에게 가르쳐주지 않음이 없었다."

스승의 솔직한 고백이다. 그런데 어떻게 보면 속수도 못 가져오는 제자라도 가르쳐야 하지 않으냐고 할 수도 있다. 그러나 배우고자 하는 의욕이 있다면 속수의 예물 정도는 가지고 가는 성의는 있어야 한다는 것이다. 그마저도 안 가지고 간다면 그는 배우고자 하는 자세에 문제가 있는 것이다. 그러나 오늘날은 사도가 무너져 속수가 아니라 현금으로 지식을 팔고 사는 세상이 되었으니 참으로 끔직한 세상이다. 그래서 참 스승이 없는 것이다.

이 시대의 비극이다.

8. 子曰 不憤　　不啓　　不悱　不發
자왈 불분이면 불계하고 불비면 불발이니라.

擧一隅　　不以三隅反 則不復也
거 일 우인덴 불 이 삼 우 반 즉 불 부 야라.

〈주석〉

不憤不啓 : 憤은 마음으로 통하기를 구하나 얻지 못함이다. 啓는 그 뜻을 열어줌을 일컫는다.

不悱不發 : 비는 입으로 말하고자 하나 능히 못함이다. 發은 그 말에 다다름을 일컫는다.

隅 : 物의 모난 것을 말한다.

不復 : 다시 가르치지 않음이다.

<번역>

공자께서 말씀하셨다.

"분내지 않으면 열어주지 못하고 말하지 않으면 그 말에 다다르게 못하고 한 모서리를 드는데 세 모서리로 반응하지 않으면 다시 가르치지 않는다."

<묵상>

배우는 자의 자세를 말한다, 배우고자 하는 의욕이 없으면 스승도 어쩔 수 없는 것이다. 배우고자 하는 자는 스스로 분발하여야 하고 의심나는 것은 묻는 등 적극적인 자세로 다가가야 한다. 그리하여 스승이 한 모서리만 들어주시면 이내 즉각 세 모서리로 응답하여야 하는 것이다. 제자의 자세를 말씀하신다. 그러나 이는 어디까지나 희망사항이요 바라는 이상이다. 막상 공자의 제자 가운데에도 이런 제자는 많지 못하였다. 오히려 스승은 분내지 않는 제자를 분내어 배우게 하여야 하고 입을 닫고 있는 제자에게는 나아가 그 입을 열게 하여 주어야 한다. 그리고 한 모서리가 아니라 세 모서리를 들어주고 한 모서리라도 스스로 들게 하여 주어야 하는 게 오늘의 스승이다. 이렇게라도 하여 깨우쳐 주어야 하는 자세가 절실한 현실이다. 공자가 말씀하는 그런 제자는 오늘날엔 없다고 해도 과언이 아니다. 이 시대의 비극이다.

9. 子食於有喪者之側　　未嘗飽也　　子於是日哭　　則不歌

　　자식어유상자지측이면 미상포야라. 자어시일곡하시고 즉불가시라.

<번역>

　　공자께서 상을 당한 사람의 옆에서 식사를 하시면 언제나 배부르게 자시지 않으셨다. 공자께서 이 날에 곡하시고 노래하지 않으셨다.

<묵상>

　　이는 예의에 앞서 인간 본연의 배려이다. 소아마비 환자 옆에서 등산 이야기를 삼가고 세끼 끼니 걱정하는 사람 곁에서 골프 치러 가는 이야기는 하지 말아야 한다. 이는 공자같은 성인만이 할 수 있는 일이 아니다. 최소한의 인간 본성을 지닌 사람이라면 다 할 수 있고 또 하여야 하는 것이다. 그러나 오늘날 우리 사회는 너무 양극화 되어 가진 자들이 지나치게 기득권을 자랑한다. 없는 자들을 무시하는 행동을 서슴없이 한다. 위에 있는 분들이 좀 자제하였으면 한다.

10. 子謂顔淵曰 用之則行　舍之則藏　唯我與爾 有是夫.
　　자위안연왈 용지즉행하고 사지즉장함은 유아여이 유시부니라.

　　子路曰 子行三軍 則誰與?
　　자로왈 자행삼군 즉수여리오?

　　子曰 暴虎憑河　死而無悔者　吾不與也
　　자왈 포호빙하하며 사이무회자는 오불여야리라.

　　必也 臨事而懼　好謀而成者也
　　필야 임사이구하고 호모이성자야라.

<주석>

　　用之則行舍之則藏 : 舍는 捨와 같다. 孔安國이 말하기를, "가히 행할 만하면 행하고 그칠 만하면 그친다는 말이다."고 하였다.

暴虎 : 맨손으로 범을 잡음.

憑河 : 배 없이 강을 건넘. 맨 손으로 강을 건넘.

懼 : 경계하며 두려워 함. 그 일을 조심함을 말한다.

好謀而成 : 모략을 좋아하며 능히 이룸을 말한다. 成은 그 모략이 이루어짐을 말한다.

⟨번역⟩

공자께서 안연에게 말씀하셨다.

"나를 쓰면 행하고 나를 버리면 숨는 것은 오직 나와 너만이 이를 할 수 있다."

자로가 말하기를 "선생님께서 삼군을 통솔하여 출정하게 되면 누구와 같이 하시겠습니까?" 하였다.

공자께서 말씀하셨다.

"맨손으로 범을 잡고 배도 없이 강을 건너며 죽어도 후회가 없는 자와는 나는 함께하지 않는다. 반드시 일에 임하여는 경계하며 조심하고 계략을 좋아하여 이루는 자라야 한다."

⟨묵상⟩

用之則行하고 舍之則藏한다는 말은 아주 평범한 말 같지만 이게 참으로 어렵기에 공자께서도 나와 안연만이 할 수 있다고 하셨다. 곰곰 따져보면 용지즉행한다는 것은 누구든 어느 정도 가능하다고 하겠으나 사지즉장한다는 것은 그리 쉬운 게 아니다. 여기서 藏한다는 것은 버림받았으니 어쩔 수 없이 물러가는 피동적인 게 아니라 스스로 능동적으로 물러나는 것이다. 얼마나 많은 사람들이 자기 자리에 연연하여 물러나지 않고 버티다가 망신을 당하지 않던가? 유방을 도와 천하를 제패하였지만 곧 숨어버리는 장량과 같은 지혜가 필요한 것이다.

다음 자로의 질문에 대한 공자의 답변은 만용을 경계하라는 것이다. 무슨 일에나 두려워하며 경계하라는 경고이다. 만용은 과신과 교만에서 온다. 그러므로 일에 임하여서는 늘 두려워하며 조심하고 계략을 쓰라는 것이다.

그런데 위의 처세와 뒤의 만용과는 큰 연관이 없는 문제인 것 같은데 함께 묶여져 있는 게 이상하다. 옛날 竹簡이 잘못 섞인 탓인가? 아니면 내 소견이 짧아 몰라서인가?

11. 子曰 富而可求也　雖執鞭之士　吾亦爲之
자왈 부이가구야면 수집편지사라도 오역위지라.

如不可求　從吾所好
여불가구면 종오소호하리라.

〈주석〉

富而可求 : 정당한 방법으로써 財富를 취함을 말한다. 而는 如果(만약)이다.

執鞭之士 : 손으로 가죽 채찍을 잡는 천한 일. 士는 事와 같다.

〈번역〉

공자께서 말씀하셨다.

"재부를 만약 구하여 얻을 수 있다면 비록 가죽 채찍을 잡는 천한 일이라도 나 또한 그것을 하겠다. 만약 구하여도 얻지 못할 것 같으면 도리어 내가 좋아하는 바를 따르리라."

〈묵상〉

오늘날 이 말씀은 도리어 돈을 좋아하는 사람들이 애용하는 변명의 말이 되었다. 공자 같은 성인도 그만큼 돈을 좋아하였다는 것이다.

사실인 것 같기도 하다. 그러나 공자의 본뜻은 정당한 방법으로 돈을 모은다는 게 쉽지 않으니 자기가 좋아하는 올바른 일을 하라는 것이다. "從吾所好"에 역점을 둔 말씀이다. 그러함에도 많은 사람들은 돈도 벌고 자기 좋아하는 일도 하고자 한다. 그리하여 학자도 돈을 벌려 하고 지어는 성직자까지도 돈을 벌려 한다. 그러니 정치가, 교육자들이야 말할 나위도 없다. 고위 공직자의 경우를 보아도 돈 벌려고 위장 전입 같은 불법을 얼마나 저지르던가? 그들이 그가 가진 국가의 정보를 이용하여 돈을 벌려고 위장 전입을 하는 것이다. 그런데도 더욱 기 막히는 사실은 이 불법은 불법으로도 여기지 않는 듯 모든 국민이 다 눈감는 것이다. 여기 이 사회의 비극이 있다. 모두가 불법을 자행하니 다 무감각해지는 것이다. 그만 양심마비 사회가 되는 것이다.

12. 子之 所慎 齊 戰 疾

자지 소신은 제, 전, 질이니라.

〈주석〉

齊 : 齋와 통한다. 齋戒이다.

〈번역〉

공자께서 謹愼하는 바의 일은 재계와 전쟁과 질병이다.

〈묵상〉

여기서 재계라 함은 마음과 몸을 깨끗이 함이다. 재계하고 종묘에 나아가고 혹은 제사 같은 데 임하는 것이다. 그러므로 근신할 수밖에 없다. 그리고 전쟁은 바로 죽고 사는 당면의 문제이니 조심스레 다가가야 할 것이요, 질병 역시 가벼이 보아서는 안 된다. 오늘날에도 이 세 가지 일에는 조심스레 다가가야 할 것이다. 그런데 오늘날 사람들은 도무지 재계하지 않는다. 특히 신 앞에 나아가는 성직자들은 재계가 체질화되어야 함에도 너무 속되다. 그리고 전쟁에 대해서도 좀 무감각한 듯 하다. 아직도 휴전이요, 더구나 북한에서는 핵으로 저렇게 발광을 하는데도 우리 국민은 너무 덤덤하다. 그런데 질병에 대해만은 너무 과잉반응하지 않나 하리만큼 예민하다. 조심하는 정도를 넘어 두려워 떤다. 질병의 끝인 죽음에의 철학이 없거나 약해서일 것이다.

13. 子在齊　　聞韶　　三月不知肉味
  자 재 제 하여 문 소 하시고 삼 월 부 지 육 미 러라.

  日 不圖爲樂之至於斯也
  왈　부 도 위 악 지 지 어 사 야 로다.

〈주석〉

  韶 : 舜 임금 때의 음악 이름.
  三月不知肉味 : 三은 虛數이다. 삼월은 그저 몇 개월을 가리킨다. 대개 마음이 이에 오로지함으로 육미를 몰랐다는 것이다.
  斯 : 指稱詞로서 윗글의 삼월 부지 육미를 가리킨다.

〈번역〉

  공자께서 제 나라에서 韶 음악을 들으시고 석 달을 고기 맛을 모르셨다. 말씀하시길 "음악이 여기까지 이를 줄은 생각하지 못하였다."고 하셨다.

〈묵상〉

음악의 위대함이다. 그러나 그 음악을 올바로 듣는 성인의 위대함
도 놀랍다. 이런 귀가 부럽다. 나 같은 귀는 위대한 음악도 騷音도
구분 못하니 참 안타깝다.

14. 冉有曰 夫子爲衛君乎　子貢曰 諾　吾將問之

염유왈 부자위위군호아? 자공왈 락이라. 오장문지하리라.

入曰 伯夷叔齊 何人也　曰 古之賢人也

입왈 백이숙제는 하인야오? 왈 고자현인야로다.

曰 怨乎　曰 求仁而 得仁　又何怨

왈 원호아? 왈 구인이 득인이니 우하원이리오?

出曰 夫子不爲也

출왈 부자불위야라.

〈주석〉

爲 : 도움이다.

衛君 : 공자 輒(월)을 가리킨다. 衛나라 靈公이 그 世子 蒯聵(괴외)를
　　　쫓아내었다. 영공이 죽자 나라 사람들이 괴외의 아들 輒(월)을
　　　세웠다. 이에 晉 나라에서는 괴외를 용납하나 월은 이를 거절하
　　　였다. 이에 부자간에 君位를 다투었다. 때에 공자는 마침 衛나라
　　　에 있었다.

諾 : 應辭이다.

怨 : 悔恨.

〈번역〉

염유가 말하였다. "선생님께서는 위 나라 임금을 도울 것인가?" 자공이 말하였다. "좋다. 내 가서 물어보리라." 들어가서 말하였다. "백이 숙제는 어떤 사람입니까?" 말씀하시길 "옛날의 賢人이시다."

"悔恨이 있었습니까?" "仁을 구하여 仁을 얻었는데 또한 무슨 회한이 있었겠는가?"

나와서 말하였다. "선생님께서는 돕지 않을 것이다."

〈묵상〉

자공의 재치 있는 물음이 참으로 돋보인다. 위 나라의 그 시끄러운 정치 현장, 부자 간에 왕위를 다투는 그 현장에 마침 공자님이 계셨다. 그리고 공자님은 현실 정치에 참여하여 자기의 이상을 실천하여 보고자 하는 야망이 있었다. 이런 마당이니 제자 염유는 그 스승의 처세가 궁금하여 물은 것이다. 자공 또한 궁금하던 차라 이를 알아보고자 한 것이다. 그런데 그 질문이 아주 지혜롭다. 왕위를 두고 다투는 이 현실과 왕위를 서로 양보한 백이 숙제의 처신을 비교하면서 스승의 판단을 묻는다. 결국 스승은 왕위를 양보하고서도 아무런 후회가 없는 백이 숙제의 길이 옳다는 것이다. 그 스승에 그 제자, 부럽다.

15. 子曰 飯疏食　飮水　曲肱而枕之　樂亦在其中矣
자왈　반소사하고　음수하며　곡굉이침지라도　낙역재기중의라.

不義而 富且貴　於我如浮雲
불의이　부차귀는　어아여부운이니라.

〈주석〉

飯疎食 : 飯은 동사로 먹음이다. 疏食는 거친 밥이다.

曲肱而枕之 : 팔꿈치를 굽혀 베개로 하여 누움이다. 肱은 팔꿈치이다.

於我如浮雲 : 공자 스스로 말하였다. "불의하면서 부귀함은 뜬구름과
  같이 본다." 마음에 동요가 없음을 말한다.

〈번역〉

공자께서 말씀하셨다.

"거친 밥을 먹고 물을 마시고 팔을 굽혀 베개를 삼아 누울지라도
즐거움이 또한 그 가운데 있다, 불의하면서 부하고 귀하게 됨은 나에
게는 뜬구름과 같은 것이다."

〈묵상〉

"樂亦在其中"의 경지가 어려운 것이다. 대개의 경우 거친 밥을 먹는
처지면 다 불행해 하고 비관하거나 불평한다. 그리고 그 처지가 자기
탓이 아니라고 사회를 탓하거나 남을 욕한다. 그런데 공자님은 그 처
지를 즐긴다는 것이다. 그러나 진실로 공자님이 그런 경제적 어려움
을 당하셨나 하는 것이다. 그렇지는 않았던 것 같다. 그러니 이 말씀
도 그저 피상적으로 그렇게 말하는 게 아닌가 여겨져 씁쓸하다.

16. 子曰 加我數年   五十以學易   可以無大過矣
   자왈 가아수년이면 오십이학역하야 가이무대과의니라.

〈주석〉

加我數年 : 나에게 수 년 더 보태어줌을 말한다. 《史記 孔子世家》에
  "加我數年"의 "加"는 "假"와 통한다고 하였다.

五十以學易 : 易은 易經이다.

〈번역〉

공자께서 말씀하셨다.

"나에게 수 년을 더 빌어준다면 50세에 역을 배워 가히 큰 허물이 없으리라."

〈묵상〉

그렇게 크게 깨치시고도 또 더 공부하여야 한다니 참 놀랍다. 그 공부가 易이라니 그 "易"이란 게 도대체 얼마나 깊은 도리를 갖춘 학문인가 궁금하다. 그리고 또 "역"을 배워 천하에 어떤 도를 전하려는 게 아니고 그저 허물을 덜겠다니 조금은 실망스럽기도 하다. 그러나 달리 생각하니 공자께서 얼마나 자기 수양에 매진하시는가 하여 옷깃을 여미게 한다. 도대체 인간은 얼마나 노력하여야 허물을 없앤단 말인가? 공자마저 이렇다면 범인은 그 허물을 그대로 지고 가는 수밖에 없다고 좌절할 게 아닌가? 성경은 말한다. 의인은 없나니 한 사람도 없다. 그런데 의인이 되는 길은? 무조건 사랑으로 용서받는 길 밖에 없다고 하였다. 죄인이 용서를 받아 의인이 된다는 것이다. 이게 올바른 말이 아닐까?

17. 子所雅言 詩, 書, 執禮 皆雅言也
자소아언 시, 서, 집례 개아언야니라.

〈주석〉

雅言 : 正言, 당시 중국에서 통하던 語言. 후세에 말하던 官話, 혹 今人이 말하는 國語.

執禮 : 執은 守이다. 禮에서 오로지 執을 말하는 것은 사람이 執守하여야 할 것으로서 말하는 것이요, 다만 통설만으로서가 아니다.

皆雅言也 : 공자께서 평일에는 노 나라 말을 쓰시나 오직 시를 읊거나 서경을 읽거나 예를 행하실 때에는 주 나라의 正音을 쓰셨다는 것을 말한다.

⟨번역⟩

공자께서 아언을 쓰셨으니 시를 읊거나 서경을 읽거나 예를 행하실 때에는 모두 아언이었다.

⟨묵상⟩

"子所雅言"의 해석이 난감하다. 그리고 이 말은 누구의 말인지 확실한 근거가 없는 듯 하다. 공자의 사생활을 관찰하고 쓴 것이다. 이 말을 자세히 따져보면 공자께서는 평소에는 노 나라의 방언을 쓰셨으나 시를 읊거나 서를 읽거나 또는 공식적인 용어는 반드시 정음을 쓰셨다는 것이다. 이때의 언어 습관이 어떠하였는지 잘 모르나 방언이 많았던 것만은 사실인 듯 하다. 우리나라같이 좁은 땅에서도 방언이 심한데 그 넓은 대륙에 있어서랴? 그럼에도 정음, 곧 雅言이 있어 표준어의 구실을 하였다니 참 놀랍다 할 것이다. 이는 아마 문자의 힘이 컸을 것이다.

18. 葉公問孔子於子路　　子路不對

섭공문공자어자로하니 자로부대라.

子曰 女奚不曰　　其爲人也　　發憤忘食　　樂以忘憂

자왈　여해불왈가? 기위인야, 발분망식하고 낙이망우하야

不知老之將至云爾

부지노지장지운이라.

〈주석〉

葉公 : 성은 沈, 이름은 諸梁이고 자는 子高이다. 楚나라의 大夫로서
　　食邑이 葉이다. 公이라 僭稱하였다.

奚不 : 何不이다.

發憤 : 勤奮(부지런함)이다.

云爾 : 語助辭이다.

〈번역〉

섭공이 자로에게 공자에 대하여 물었다. 자로가 대답하지 않았다.
공자께서 말씀하셨다.

"너 왜 말하지 않았는가? '그 사람됨이여, 부지런하여 먹는 것을 잊
고 즐김으로써 근심을 잊어 늙음이 장차 오는 줄도 모른다.'고"

〈묵상〉

섭공은 대부인데도 公이라 僭稱하는 인물로서 그리 좋은 사람은 아
닌 것 같다. 그래서 자로는 그런 인물에게 자기 스승을 설명하기 귀찮
고 싫어서 대답하지 않았을 것이다. 바로 말하여도 받아들이지 않을
터이니 입을 닫았을 것이다. 이 말을 들은 공자의 말이 아주 재미있다.
스스로를 희극화시킨 것이다. 먹는 것도 잊고 근심도 잊고 늙는 줄도
모르는, 그저 그렇게 사는 별 볼 일 없는 사람이라는 것이다. 그러나
그 이면을 자세히 보면 꼭 그런 농담만이 아니다. 이 모든 것을 잊을
만큼 다른 어떤 가치를 추구하고 있다는 말이다. 그 가치란 바로 "道"
일 것이다. 이를 위해 모든 걸 잊고 전력투구하는 것이다. "너에게도
님이 있느냐?"고 묻는 한용운의 음성이 들리는 듯하다. "사람이 천하

를 얻고도 그 목숨을 잃으면 무엇이 유익하냐?" 예수님의 말씀이 들린다. 궁극적으로 추구할 최고의 가치를 위하여 모든 것을 잊는 자세가 필요한 것이다. 백범 김구는 너의 소원이 무엇이냐고 하나님이 물으신다면 첫째도 대한의 독립이요, 둘째, 셋째도 대한의 독립이라고 대답할 것이라 하였다. 최고로 추구할 가치, 그를 위하여 전력투구하는 삶이라야 참다운 삶일 것이다.

19. 子曰 我非生而知之者　好古敏以求之者也

자왈 아비생이지지자라. 호고민이구지자야니라.

〈주석〉

敏 : 빠르고 부지런함이다.

〈번역〉

공자께서 말씀하셨다.

"나는 나면서 아는 자가 아니다. 옛것을 좋아하여 빠르게 부지런히 이를 구하는 자이다."

〈묵상〉

공자의 진솔한 고백이다. 生而知之者는 없다. 그럼에도 제자들은 스승을 그렇게 보았다. 하도 깊고 높으니 그리 생각할 수도 있으리라. 그러나 사실은 아니다. 빠르게 그리고 부지런히 구하여 얻은 것이다. 공자의 이 진솔한 고백은 제자들로 하여금 스스로 열심히 추구하도록 유도하는 것이다. 제자들을 분발토록 하는 스승의 지극한 마음이 보인다.

20. 子不語 怪力亂神

자불어 괴력난신하시다.

怪力亂神 : 朱子는 謝氏를 인용하여 말하기를 "성인은 平常을 말하고 怪를 말하지 않는다. 德을 말하고 力을 말하지 않는다. 다스림 (治)을 말하고 어지러움(亂)을 말하지 않는다. 사람을 말하고 귀신을 말하지 않는다."고 하였다.

〈번역〉

공자께서는 怪力亂神에 대해서는 말씀하지 않으셨다.

〈묵상〉

여기서 "語"라는 말은 "관심을 가진다."는 정도의 말로 보면 쉽게 이해가 될 것 같다. 怪力亂神. 이런 것에 관심하면 얻는 것보다 잃는 게 많은 것이다. 실없는 낭비인 것이다. 그럼에도 많은 사람들은 이에 관심을 가진다. 무협소설이나 무협영화 같은 게 다 이런 類이다. 백해무익인 것이다.

21. 子曰 三人行   必有我師焉

자왈 삼인행이면 필유아사언이라.

擇其善者而從之   其不善者而改之

택기선자이종지하고 기불선자이개지니라.

〈주석〉

三人行必有我師焉 : 삼인은 허수이다. 반드시 삼인이라고 정할 필요

는 없다. 주희가 말하였다 "삼인이 동행하면 그 하나는 나이고 그 두 사람은 하나는 선하고 하나는 악하다. 그런 즉 나는 그 선한 사람을 따르고 그 악한 사람에게서는 이를 고친다. 그리하여 그 두 사람은 다 나의 스승인 것이다."

〈번역〉

공자께서 말씀하셨다.

"세 사람이 길을 가면 반드시 내 스승이 있다. 그 선한 사람을 택하여서는 이를 따르고 그 악한 사람에게서는 이를 고친다."

〈묵상〉

늘 배우고자 하는 자세가 참으로 돋보이는 것이다. 그러나 많은 사람들은 남의 장점을 보고는 그저 칭찬하는 데만 그치고 남의 단점을 보고는 열심히 욕을 한다. 그러나 또 어떤 사람들은 밉게 보고는 곱게 배운다. 참 역설이지만 사실이다.

22. 子曰 天生德於予   桓魋其如予何

자왈 천생덕어여신데 환퇴기여여하리오?

〈주석〉

桓魋 : 宋의 司馬 向魋이다. 桓公에게서 나왔다. 고로 또한 桓氏라고
    도 한다. 魋가 공자를 해치고자 하였다. 공자는 "하늘이 나에게
    이와 같은 덕을 주셨는데 환퇴가 나를 어쩌겠느냐?" 하셨다.

〈번역〉

공자께서 말씀하셨다.

"하늘이 나에게 덕을 주셨는데 환퇴가 나를 어쩌겠느냐?"

〈묵상〉

실제로 공자가 송 나라에서 당하신 일이다. 환퇴가 공자를 죽이려
한 것이다. 이에 제자들은 공자에게 빨리 피하자고 하였다. 이때 공자
가 하신 말씀이다. 공자의 또 하나의 진면목을 본다. 그 자부심, 그
사명감, 고개가 숙여진다. 공자의 그 하늘은 오늘도 분명 있건만 이를
아는 사람은 드물다. 더구나 그 하늘로부터 덕을 부여받았다는 사람
이 어디 있던가? 이 소명감이 공자로 하여금 공자 되게 한 게 아닐까?
하늘은 나에게 무엇을 주셨는가? 분명 나에게도 덕을 주셨을 터인데
내가 불민하여 이를 모르고 있는 건 아닌지? 황공하기만 하다.

23. 子曰 二三者　以我爲隱乎　吾無隱乎爾

　　자왈 이삼자야, 이아위은호아? 오무은호이로다.

　　吾無行而不與二三子者　是丘也

　　오무행이불여이삼자자라 시구야로다.

〈주석〉

　二三者 : 여러 제자를 가리킨다.

　乎爾 : 구말 어조사. 뜻이 없다.

〈번역〉

　공자께서 말씀하셨다.

　"제자들아, 내가 숨긴다고 생각하는가? 나는 숨기는 게 없다. 나는
너희들과 더불어 행하지 않음이 없는 사람이다. 이게 나 丘이다."

<묵상>

숨기는 게 없는 삶, 이건 성자 만이 가능한 삶이다. 숨기는 게 많은 삶은 고달프다. 툭 털어버리고 모든 걸 드러내놓고 사는 삶은 얼마나 단순하고 가벼우랴? 그러나 우리는 가려야 할 치부도 있고 또 숨겨야 할 비밀도 있다. 가리고 숨기느라 허덕인다. 그래서 괴로운 것이다. 이를 떨치는 삶, 만천하에 드러내놓고 사는 삶. 참 부럽다.

24. 子以四敎　　文, 行, 忠, 信

자이사교하시니 문, 행, 충, 신이시다.

<주석>

文 : 옛날에 끼친 文으로서 詩, 書, 禮, 樂 등의 典籍이다.

行 : 德行이다.

<번역>

공자께서는 네 가지를 가르치셨다. 文, 行, 忠, 信이다.

<묵상>

오늘날로 말하면 정식 교육과목은 문뿐이고 다음 행, 충, 신은 다 덕목이다. 책에서 얻는 교육보다 인성교육을 더 중요시하고 더 집중한 것이다. 오늘 우리 교육과는 거리가 멀다. 그러나 따져보면 이 교육이 더 중요한 것이 틀림없다. 오늘 많은 문제는 문에만 치우친 교육의 탓이 아닐까?

25. 子曰 聖人 吾不得而見之矣 得見君子者 斯可矣

자왈 성인을 오부득이견지의나 득견군자자면 사가의니라.

子曰 善人吾不得而見之矣 得見有恒者 斯可矣

자왈 선인오부득이견지의나 득견유항자면 사가의니라.

亡而爲有 虛而爲盈 約而爲泰 難乎有恒矣

무이위유하며 허이위영하고 약이위태면 난호유항의니라.

〈주석〉

聖人 : 品德이 최고의 사람.

君子 : 재주와 덕이 출중한 사람.

善人 : 심성과 행위가 선량한 사람을 가리킨다.

有恒者 : 마음 씀이 일치하고 언행에 떳떳함(恒)이 있는 사람을 가리
킨다.

亡而爲有 四句 : 邢昺(형병)이 말하기를 "때가 이미 야박하니 모두가
다 헛되게 교만하여 없으면서 있는 듯이 하고 비었으면서 찬 듯
이 하고 안으로는 실로 窮約함에도 겉으로는 사치하며 태연하니
常을 가졌다고 이름짓기 어렵다."고 하였다.

〈번역〉

공자께서 말씀하셨다.

"성인을 나는 얻어 보지 못하나 군자라도 얻는다면 이로써 가하다."

공자께서 말씀하셨다.

"선인을 나는 얻어 보지 못하였으나 항심이 있는 사람만 얻는다면
이로써 가하다.

없으면서 있는 듯이 하고 비었으면서 찬 듯이 하고 적으면서 많은
척 하면 항심이 있기는 어렵다."

<묵상>

공자의 깊은 탄식이다. 그때에도 그랬거니와 더 야박하여진 오늘에랴? 성인을 어디 볼 수 있으며 선인 또한 어디 그리 흔하더냐? 조석으로 변하는 인심인데 항심 가진 자가 어디 그리 많더냐? 나부터가 성인이야 물론이지만 선인도 아니요, 항심을 가진 자도 못 된다. 삶이, 그리고 사람됨이 부끄러울 뿐이다. "오호라, 나는 괴로운 사람이다."고 절규한 바울의 절규가 그립다. 나는 그런 절규도 하지 못하고 그냥 한심스럽게 자기도취하고 있으니 말이다. 그야말로 없으면서 있는 척하고 비었으면서 찬 듯이 행세하고 있지 않은가?

26. 子 釣而不綱　弋不射宿

자 조 이 불 강 하고　익 불 사 숙 이니라.

<주석>

綱 : 굵은 새끼로 그물을 엮은 것으로서 물 흐름을 가로질러서 고기를 잡는 것.

弋 : 生絲(생사)에다 화살을 매어 쏘는 것이다.

宿 : 자는 새이다.

<번역>

공자께서는 낚시로 고기를 잡으나 큰 그물을 써서 고기를 잡지 않았다. 생사를 써서 새를 쏘나 잠자는 새는 쏘지 않았다.

<묵상>

오늘로 말하면 자연 보호, 동물 애호의 귀감이라 할 것이다. 그러나 당시에는 그런 측면보다 측은지심의 발로였을 것이다. 미물에 대하여

서까지도 이 마음을 쓴 것이다. 공자의 그 근본 바탕의 어짊을 나타내는 단편적인 예이다. 이게 仁의 바탕이 아닌가 여겨진다.

27. 子曰 蓋有不知而作之者　我無是也
자왈 개유부지이작지자이나 아무시야라.

多聞　擇其善者而從之　多見而識之　知之次也
다문하야 택기선자이종지하며 다견이지지가 지지차야니라.

〈주석〉

不知而作：그 이치를 모르면서 망녕되이 짓는 것을 말한다.

識：기억.

知之次也：비록 上智의 능히 창작함에는 미치지 못하나 또한 가히 上智에 버금갈 수는 있다는 말이다.

〈번역〉

공자께서 말씀하셨다.

"대개 알지 못하고 짓는 자가 있으나 나는 이것은 없다. 많이 듣고서 그 좋은 것을 택하여 그것을 따른다. 많이 보고서 기억함은 지혜의 다음이다."

〈묵상〉

부끄럽다. 내가 바로 不知而作之者이기 때문이다. 무슨 말을 더하랴?

28. 互鄕難與言　童子見　門人惑
호향난여언인데 동자현하니 문인혹이라.

子曰 與其進也   不與其退也   唯何甚

자왈 여기진야요, 불여기퇴야라. 유하심_{한가}?

人潔己以進   與其潔也   不保其往也

인결기이진_{이면} 여기결야요, 불보기왕야_{니라}.

〈주석〉

互鄕 : 鄕의 명칭. 그 향의 풍속이 악하여 더불어 선을 말하기 어려웠다.

惑 : 의혹이다. 스승께서 그를 만나는 것이 부당하다고 의혹하는 것이다.

與 : 허락, 찬성이다, 아래도 같다.

潔 : 몸을 닦아 깨끗이 하여 좋게 함이다.

不保其往 : 이전의 행위를 들추어 낼 필요가 없음을 말한다. 往은 이
  전이다.

〈번역〉

호향의 사람들과는 말하기가 어려웠다. 그런데 동자가 뵙고자 하니
공자께서 만나주셨다. 이에 문인들이 의혹을 가졌다. 공자께서 말씀
하셨다.

"그의 나아옴을 허락하고 그의 물러감을 허락지 않는다. 무엇을 그
리 심하게 구느냐? 사람이 자기를 깨끗이 하고 나아오면 그의 깨끗함
을 허락해야지 그 지난날을 들출 필요는 없다."

〈묵상〉

공자 당시에도 특정 지역에 대한 고정 관념이 있었던 모양이다. 호
향이란 지역에 대해서는 아주 안 좋은 선입견을 갖고 있었던 모양이
다. 그런데 공자께서는 이를 무시하고 그곳의 동자를 접견하시니 제
자들로서는 의혹을 갖지 않을 수 없었던 것이다. 이에 대하여 공자는
단호히 그 고정 관념을 깨트리신다.

오늘 한국에서도 이 정신이 필요하다. 영호남의 갈등은 정치를 넘어 개개인에게 널리 퍼져 있다.

지역감정 뿐 아니다. 전과자에 대한 선입견은 아주 지독하다. 낙인 찍어 내친다. 공자의 이 정신이 절실히 요구되는 시점이다. 빨아 입은 옷은 새 옷 보다 더 깨끗한 경우도 많은 것이다. 이 진리를 알아야 한다.

29. 子曰 仁遠乎哉   我欲仁   斯仁至矣
자왈 인원호재아? 아욕인이면 사인지의니라.

〈번역〉

공자께서 말씀하셨다.

"인이 멀리 떨어져 있는가? 내가 인하고자 하면 여기 인이 온다."

〈묵상〉

아주 쉬우면서도 깊은 진리를 담고 있는 말이다. 문제는 나의 의지이다. 내가 인하고자 하느냐? 않느냐? 의 의지인 것이다. 하고자 하면 곧 오는 것이다.

30. 陳司敗問 昭公 知禮乎   孔子曰 知禮
진사패문 소공 지례호니까? 공자왈 지례라.

孔子退   揖巫馬期而進之 曰 吾聞   君子不黨
공자퇴어늘 읍무마기이진지 왈 오문하니 군자부당인데

君子亦黨乎　　君取於吳　　爲同姓　　謂之吳孟子
군자역당호이까? 군취어오하니 위동성이라. 위지오맹자라.

君而知禮　孰不知禮　　巫馬期 以告
군이지례면 숙부지례리오? 무마기 이고하니

子曰 丘也幸　　茍有過　人必知之
자왈 구야행이라. 구유과면 인필지지니라.

〈주석〉

陳司敗 : 陳은 國名이고 司敗는 官名으로 곧 司寇이다.

昭公 : 魯나라 君으로 이름은 裯(주)이다.

巫馬期 : 성은 巫馬, 이름은 施, 자는 子期, 공자의 제자이다.

黨 : 잘못을 서로 도와 감춤이다.

君取於吳爲同姓 : 魯와 吳는 모두 姬姓이다. 古禮에서는 同姓과는 결
　　혼하지 않는다. 取는 娶와 통한다.

吳孟子 : 昭公의 부인이다. 吳나라의 여자이므로 마땅히 吳姬라고 해
　　야 하나 오맹자라 칭함은 동성과 결혼하였음을 기피한 것이다.

〈번역〉

　진사패가 물었다. "소공이 禮를 압니까?" 공자께서 말씀하셨다. "禮
를 압니다."

　공자가 물러가니 무마기에게 읍하고 나아가 말하기를 "내 듣건대
군자는 黨을 하지 않는다는데 군자 또한 黨을 합니까? 소공은 오나라
에 장가들어 동성 결혼이 되었습니다. 그리하여 부인을 오맹자라고
불렀습니다. 소공이 예를 안다면 누가 예를 모른다 하겠습니까?"

　무마기가 이를 고하니 공자께서 말씀하셨다. "나는 참 다행이다. 내
가 허물이 있으면 사람들이 반드시 알려주는구나." 하셨다.

　이를 액면 그대로 수용하면 정말 공자도 패거리(黨)를 옹호하는 인물이 되고 만다. 내용을 바로 이해하기 위해서는 깊은 성찰이 필요하다. 진사패가 공자에게 질문한 의도는 정말 몰라서 묻는 게 아니다. 그는 다 알고서도 물은 것이다. 孔子더러 공자의 나라 임금 소공을 욕하게 하고자 하는 의도가 다분히 있었다. 그리하여 그 소공도 예를 알았느냐고 물은 것이다. 만약 알았다고 한다면 공자도 당을 짓는 소인이 되는 것이고 예를 몰랐다고 한다면 공자로 하여금 자기 임금을 욕보이게 하는 것이다. 이에 공자는 자기가 소인이 될지언정 자기 임금을 욕되게 할 수는 없었던 것이다. 그리하여 알았다고 하였다. 그리고는 이를 지적하자 자기의 잘못을 지적하여준다고 도리어 다행이라 하였다. 공자가 어디 그것을 몰라 그렇게 대답하였을까? 공자의 고도의 지혜를 보여주는 장면이라 할 것이다. 공자로서는 자기 군주가 예를 모르는 사람이라고 자기 입으로 말할 수는 없었다. 그래서 알았다고 한 것이다. 그리고 이렇게 남의 약점을 잡아 대드는 진사패를 도리어 소인으로 만드는 것이다. 처세의 훌륭한 한 단면을 본다.

31. 子與人歌　而善　必使反之　而後和之
　　자 여 인 가에 이 선이면 필 사 반 지하시고 이 후 화 지하시다.

〈번역〉

　공자께서 다른 사람과 같이 노래함에 그 사람의 노래가 좋으면 반드시 다시 부르게 하고 뒤에 자기도 화답하셨다.

〈묵상〉

공자는 음악을 좋아하셨다. 성정을 맑게 하는 순기능을 인정하신 것이다. 노래에 취하여 함께 부르며 또 화답하는 그 경지가 부럽다. 나 같은 범인은 아쉽게도 그 귀가 없다. 따라서 입도 없다.

32. 子曰 文莫 吾猶人也 躬行君子則 吾未之有得

자왈 문막은 오유인야라. 궁행군자즉 오미지유득이라.

〈주석〉

文莫吾猶人也 : 論語正義에 欒肇(란조)의 論語駁을 인용하여 말하였다. "燕나라와 齊나라에서는 힘써 노력함을 文莫이라 한다."고 하였다. 그러므로 句讀는 "文莫, 吾猶人也"로 해야 한다. "노력에는 나도 오히려 남에게 미칠 수 있다."는 말이라 하였다. 朱熹는 말하였다. 莫은 疑辭이다. 능히 남보다 지나치지는 못하여도 오히려 가히 미칠 수 있음을 말한다. 그러므로 句讀는 "文 莫吾猶人也"가 되어야 한다. 글을 배우는 일은 나도 남에게 미칠 수 있다는 말이다.

〈번역〉

공자께서 말씀하셨다.

"힘써 노력함은 나도 남과 같을 수 있다. 군자로서 몸소 실천하는 일에는 나는 아직 갖지 못하였다."

〈묵상〉

위의 주석에서 보듯 두 해석이 있을 수 있으나 주자의 해석은 논리적으로 어색하다. 文을 독립시키고 莫을 疑辭로 보면서 猶人也를 긍정으로 해석하는 것은 도리에 맞지 않다. 위의 번역이 옳은 것 같다. 그러면 공자의 평소 겸손한 소신과도 어울린다. 그러나 魯나라의 공자께서 과연 燕, 薺의 方言을 사용하셨을까 하는 의문은 또한 남는다.

33. 子曰 若聖與仁 則吾豈敢 抑爲之不厭 誨人不倦
자왈 약성여인은 즉오기감이리오. 억위지불염하고 회인불권은

則可謂云爾己矣 公西華曰 正唯弟子不能學也
즉가위운이이의라 공서화왈 정유제자불능학야로소이다.

⟨주석⟩

抑 : 或이다. 轉接之辭이다.

云爾 : 이 말이 있다는 詞이다.

⟨번역⟩

공자께서 말씀하셨다.

"聖과 仁은 내 어찌 감당하겠는가? 도리어 그것을 함에 싫어하지 않고 가르침에 게으르지 않음을 가히 말할 따름이니라." 공서화가 말하였다. "바로 그것이 제자들이 능히 배우지 못할 것입니다."

⟨묵상⟩

공자의 겸손한 고백이다. 聖과 仁은 나도 감당하지 못하는 영역이라는 것이다. 그러나 그것을 하고자 하는 욕망은 가졌으며 또 가르침에 게으르지 않았다는 데에 공자의 위대함이 있는 것이다. 이 점을 제자 공서화가 잘 본 것이다. 소설 〈위대한 바위 얼굴〉에서처럼 그것을 배우고자 열심히 하면 결국 얻고 또 되는 것이다. 그리하여 공자도

聖의 반열에 오른 것이 아닌가? 공자의 위대함이 여기 있는 것이다.

34. 子疾病　　子路請禱　　子曰 有諸
　　자 질병하니 자로청도라. 자왈 유저아?

　　子路 對曰 有之　　誄　曰 禱爾于上下神祇
　　자로 대왈 유지라. 뇌에 왈 도이우상하신지라 하니

　　子曰 丘之禱久矣
　　자왈 구지도구의라.

〈주석〉

請禱 : 귀신에게 기도하기를 청하다.

有諸 : 有之乎? 그것이 있는가?

誄 : 讄(뢰)와 같다. 기도문이다.

上下神祇 : 上下는 천지를 가리킨다. 天神은 神이라 하고 地神은 祇
　　(지)라 한다.

〈번역〉

　　공자가 중병에 걸렸다. 子路가 기도하기를 청하였다. 공자께서 말
씀하셨다. "그게 있는가?" 자로가 대답하였다. "있습니다. 誄에 말하기
를 하늘과 땅의 귀신에게 기도한다는 말이 있습니다." 하니 공자께서
말씀하셨다. "나의 기도는 오래되었다."

〈묵상〉

　　공자가 아는 귀신이란 어떠하였을까? 자못 궁금하다. 그리고 정말
그 귀신이 자기 병을 고칠 수 있다고 믿고 기도하였을까? 사람이 어쩔
수 없는 질병 앞에서 마지막 잡아보고자 하는 지푸라기 같은 존재로

서의 귀신인가? 정말 천지의 주재자로서의 天神을 아셨던가? 그래서
그를 믿고 기도하였던가? 호기심이 인다.

* 註: 〈주석〉의 본문에 "請禱"를 "귀신에게 대신 기도하기를 청하다."
고 하였는데 왜 "대신"이 들어갔는지 의문이다. 아마 子路가 스승
에게 기도하기를 청한 게 아니고 자기가 스승을 대신하여 기도하
겠다고 해석하는 것 같은데 좀 어색하여 "대신"을 뺐다.

35. 子曰 奢則不孫　儉則 固　與其不孫也 寧固
자 왈 사즉불손하고 검즉 고니 여기불손야 녕고니라.

〈주석〉

孫 : 遜과 같다. 겸손함이다.

固 : 고루함이다.

〈번역〉

공자께서 말씀하셨다.

"사치하면 불손하다. 검소하면 고루하다. 불손함보다는 고루함이 낫
다."

〈묵상〉

불손이나 고루함은 다 병통이다. 그러나 그래도 불손함보다는 고루
함이 나은 것이라 하셨다. 왜일까? 불손은 자기 교만에서 나오지만
고루는 자기 성격에서 나오기 때문이다. 근본 바탕이 다른 것이다.
교만은 악이지만 좀 다른 성격은 악은 아닌 것이다.

그래도 무슨 일을 함께 도모함에는 고루한 사람은 참 다루기 힘들
다. 그 부질없는 고집을 꺾을 수가 없다. 그 낡은 사고를 고칠 수가

없다. 차라리 불손한 사람이 낫다고 여길 경우가 참 많다. 그런데 나의 이 생각 자체도 어떤 경우 고집이 되는 수가 있으니 조심해야 할 것이다.

36. 子曰 君子는 坦蕩蕩   小人은 長 戚戚
    자왈 군자는 탄탕탕하고 소인은 장 척척이니라.

⟨주석⟩

坦 : 平이다.

蕩蕩 : 너그럽고 넓은 모습이다.

長戚戚 : 근심이 많음이다.

⟨번역⟩

공자께서 말씀하셨다.

"군자는 평소 평탄하여 너그럽고 넓으며 소인은 늘 걱정하고 근심한다."

⟨묵상⟩

이 말씀을 음미하여 보면 군자는 아무래도 그 그릇이 다르다는 생각이 든다. 坦蕩蕩, 그게 어디 배운다고 되는가? 닦는다고 되는가? 아마 조금 더 가까이 나아갈 수는 있으리라. 그러나 아무래도 그릇을 타고나야 하는 것 같다. 그리고 소인은 늘 근심이 많은 게 사실이다. 큰 근심이 없기 때문이다.

37. 子溫而厲   威而不猛   恭而安이니라.
    자온이려하고 위이불맹하며 공이안이니라.

厲 : 엄숙함이다.

猛 : 凶猛이다.

〈번역〉

　공자께서는 온화하시면서 엄숙하시고 위엄이 있으시면서 사납지 않으시고 공손하시며 평안하셨다.

〈묵상〉

　끝의 安은 남에게 편안함을 준다고 보아야 할 것이다. 공자의 성품을 단적으로 표현하였다. 말하자면 인품의 모범 답안이다. 오늘날에도 그대로 적용되리라 본다. 다만 여기에 유머 감각을 더 넣으면 금상첨화가 아닐까? 혹은 사족이라 욕할까? 아무래도 덧붙여야 하지 않을까? 그래야 현대인으로서의 이상적인 면모가 살아나리라 여겨진다. 그래야 스스로도 여유가 있으리라.

泰伯 第八

1. 子曰 泰伯 其可謂至德也已矣

자왈 태백은 기가위지덕야이의니라.

三以天下讓 民無得而稱焉

삼이천하양하되 민무득이칭언이라.

〈주석〉

泰伯 : 周나라 太王의 長子인데 아래 동생은 仲雍이요, 다음 동생은 季歷이다. 季歷이 현명하고 또 지혜로운 아들 文王 昌을 낳았으므로 태백은 굳이 천하를 양보하고 중옹과 같이 오랑캐 땅으로 도망가 버렸다. 이에 태왕은 계력을 세웠다.

〈번역〉

공자께서 말씀하셨다.

"태백은 가히 지극한 덕을 갖추었다고 말할 수 있다. 세 번이나 천하를 양보하였지만 백성들은 그의 덕을 칭송할 수 없었다."

〈묵상〉

이를 이해하기 위해서는 그 역사를 좀 알 필요가 있다. 주 나라의 태왕에게는 세 아들이 있었다. 泰伯(태백), 仲雍(중옹), 季歷(계력)이다. 그런데 왕은 셋째 아들 계력이 가장 현명하다고 여겼다. 게다가 계력의 아들 역시 현명하였다. 그래서 왕위를 막내 계력에게 물려주기를 원하였다. 이 아버지의 뜻을 안 태백은 둘째인 중옹을 설득하여 둘이 함께 오랑캐 땅으로 도망가 버렸다. 그리고는 아버지가 승하하셨다고 하여도 가지 않았다. 가면 왕위 문제로 시끄러워지기 때문이다. 세 번 양보하였다는 것은 도망가는 게 첫 번째이고 또 아버지 장례에도 가지 않음이 두 번째이며 나중 계력이 불러도 가지 않음이 세 번째이다. 이리하여 계력이 왕위에 올랐는데 그가 그 유명한 성군 문왕이요, 그 아들이 무왕으로 그는 천하를 통일하는 공을 세웠다. 과연 태왕의 눈은 정확하였던 것이다.

그런데 공자는 이렇게 천하를 동생에게 양보한 것만으로 태백을 칭송한 것에 그치지 않고 태백이 자기를 칭찬하지 못하도록 처신하였다는 것을 높이 본 것이다. 그렇게 천하를 양보하면서도 백성들이 모르게 하여 자기를 칭송하지 못하게 하였다는 것이다. 만에 하나라도 백성들이 알면 왕위를 차지한 계력은 염치없는 왕이 되는 것이다. 이를 못하게 자기의 처신을 숨긴 것이다. 이게 정말 훌륭한 것이다. "民無得而稱焉", 이렇게 만든 처신, 이게 왕위를 양보한 것보다 더욱 위대한 것이다. 그래서 공자께서도 "至德"이라 칭송하셨다. 우리나라 세종대왕 3형제의 이야기도 이에 버금간다고 할 수 있을까? 오늘날로서는 다 신화 같은 이야기들이다.

2. 子曰 恭而無禮則勞   愼而無禮則葸   勇而無禮則亂
   자 왈 공 이 무 례 즉 로 하고 신 이 무 례 즉 사 하며 용 이 무 례 즉 란 하고

   直而無禮則絞   君子篤於親 則民興於仁
   직 이 무 례 즉 교 하니라. 군 자 독 어 친 즉 민 흥 어 인 하고

   故舊不遺 則民不偸
   고 구 불 유 즉 민 불 투 니라.

〈주석〉

葸(사) : 두려워함이다.

絞 : 急切함이다. 남의 잘못을 찌름이다.

君子 : 남의 위에 있는 사람을 가리킨다.

民不偸 : 民德은 두터운 데로 돌아감을 말한다. 경박하지 않음이다. 偸는 澆薄함이다. 인정이 담박함이다.

〈번역〉

공자께서 말씀하셨다

"공손하면서도 무례하면 번거롭게 수고하게 하고 근신하면서도 무례하면 두려워하게 하고 용감하면서도 무례하면 어지럽게 하고 정직하면서도 무례하면 급절하게 하나니 군자가 친속에게 돈독히 하면 백성은 仁에 일어나고 옛 벗을 저버리지 않으면 백성은 인정을 각박하게 하지 않으리라."

〈묵상〉

禮라는 것은 사람 사이에 지켜야 할 최소한의 제약이다. 제약이기에 번거로울 수 있다. 그러나 이 제약이 없어지면 오히려 사람 사이에 금이 가기 쉽다. 그러므로 최소한이지만 지켜야 한다. 그래야 인간 사이에 금이 안 간다. 그러나 공손하고 근신하고 용감하고 정직하더라도 거기 禮가 보태어지지 않으면 勞, 葸, 亂, 絞 등의 반대급부가 따르게 된다. 그러므로 군자는 자기 친족과 故舊를 저버리지 않음으로 인정에의 모범을 보여야 한다. 아주 인본주의적, 오늘날로 말하면 휴머니즘적인 말씀이라 할 것이다.

3. 曾子有疾　召門弟子曰 啓予足　啓余手

증 자 유 질 하야 소 문 제 자 왈　계 여 족 하고　계 여 수 하라.

詩 云 戰戰兢兢　如臨深淵　如履薄氷

시 에 운 전 전 긍 긍 하여　여 림 심 연 하며　여 리 박 빙 이라하니

而今而後　吾知免夫　　小子

이금이후　오지면부라.　소자야.

〈주석〉

啓 : 開이다. 증자 평일에 身體髮膚受於父母라 여겨 不敢毁傷하였으
　　므로 제자로 하여금 그 이불을 열고 보라고 한 것이다.

詩云 四句 : 詩經 小雅 小旻篇의 句이다. 이미 늘 몸을 근신하여 지킴
　　이 마치 못에 임하여 빠질까 조심함 같이 하고 마치 얇은 얼음에
　　임하여 빠질까 조심함 같이 하여 일시라도 감히 게으르지 말라고
　　비유한 것이다. 戰戰은 두려워하는 모습이고 兢兢은 경계하고 근
　　신하는 모습이다.

而今以後 : 從今以後이다.

吾知免夫 : 증자가 죽게 됨에 이후에는 毁傷을 면함을 알았다는 것이다.

小子 : 門人이다.

〈번역〉

　　증자가 병이 중함에 제자들을 불러 말하였다. "이불을 걷고 내 발을
보아라, 내 손을 보아라. 시에 말하기를 전전긍긍하여 마치 깊은 못에
임한 듯 하고 마치 얇은 얼음을 밟듯 하라 하였다. 이제 이후로는 내
가 이를 면한 줄 안다. 제자들아."

〈묵상〉

　　그렇게 몸을 아끼고 조심하였다는 것은 그만큼 효도를 하였다는 말
이다. 몸을 훼상하지 않음이 효도의 시작이라 하였으니 이를 실천한
것이다. 사실 옛날이나 오늘이나 부모를 가장 근심되게 하는 것은 자
식의 병이다. 자식의 병보다 더 부모를 괴롭히는 것은 없다. 그러므로
그 몸을 먼저 잘 보존하여야 한다. 이를 잘못하여 병들었다면 본인은

물론 그 몸이 아프지만 그보다 그 부모의 마음이 더 아픈 것이다. 더 괴로운 것이다. 이 마음을 헤아려 자기 몸을 소중히 여겨야 한다.

4. 曾子有疾　　孟敬子問之　　曾子言曰 鳥之將死　其鳴也哀
   증자유질하니 맹경자문지라. 증자언왈 조지장사에 기명야애하고

   人之將死　其言也善　　　君子所貴乎道者三
   인지장사에 기언야선이니라. 군자소귀호도자삼이니

   動容貌　斯遠暴慢矣　正顔色　斯近信矣　出辭氣
   동용모에 사원포만의며 정안색에 사근신의며 출사기에

   斯遠鄙倍矣　　籩豆之事則有司存
   사원비배의니라. 변두지사즉유사존이니라.

〈주석〉

   孟敬子：魯나라 大夫 仲孫捷이다.

   言：스스로 말함이다.

   動容貌：容貌擧止를 禮에 의하여 움직임을 가리킨다.

   暴慢：粗暴 放肆함이다.

   辭氣：言語의 聲調이다.

   鄙倍：비속하고 이치에 어긋남이다.

   籩豆之事：器用 사물의 세세한 일. 籩豆는 禮器이다.

   有司：일을 주관하는 사람.

〈번역〉

   증자가 병이 들었다. 맹경자가 문병을 갔다. 증자가 말하였다. "새가 죽으려 함에는 그 울음이 슬프고 사람이 죽으려 함에는 그 말이

선하다. 군자가 귀하게 여길 바의 도에는 세 가지가 있으니 몸을 움직일 때에는 포악하고 오만함을 멀리 하여야 하고 안색을 바로 하여 믿음을 가까이 하여야 하고 말을 할 때에는 야비하거나 이치에 어긋남이 없어야 한다. 제기를 다루는 자잘한 일은 그 일을 맡은 유사에게 맡겨야 한다."

〈묵상〉

증자의 유언이다. 그는 비장하게 입을 연다. 군자의 세 가지 도를 말한다. 동용모, 정안색, 출사기를 지켜야 함을 말하고 이어 그 밖의 일은 다 그 맡은 자들이 있으니 너무 신경 쓸 게 없다고 하였다. 옳은 말이요, 맞는 말이다. 그러나 더 궁극적으로 그렇게 하여야 하는 목적이 애매하다. 이 점에서 그 스승 공자와의 거리가 먼 듯 하다.

5. 曾子曰 以能問於不能　以多問於寡　有若無　實若虛

증 자 왈　이 능 문 어 불 능 하고　이 다 문 어 과 하며　유 약 무 하고　실 약 허 하며

犯而不校　昔者　吾友　嘗從事於斯矣

범 이 불 교 를　석 자 에　오 우　상 종 사 어 사 의 니라.

〈주석〉

犯而不校 : 侵犯함을 당하여도 따지지 않음을 말한다. 校는 따짐, 헤아림이다.

吾友 : 馬融이 말하기를 顏淵을 말한다고 하였다.

〈번역〉

증자가 말하였다. "능함으로써 무능에 묻고, (학식이) 많으면서도 적은 사람에게 묻고, 있으면서도 없는 듯이 하며, 실하면서도 허한 듯

이 하고, 침범을 당하여도 따지지 않음을 옛날 내 벗이 이에 일찍이 따랐느니라."

〈묵상〉

　지나친 겸손, 나아가 지나친 자기 비하가 아닐까? 오늘날 자기선전 시대에 이러고도 살아남을 수 있을까? 우리 사는 세상이 이렇게 야박한데도 괜찮을까? 하는 생각이 드는 말이다. 이런 세상에서는 안연도 증자도, 나아가 공자조차도 다 살기 어려울 것이다.

6. 曾子曰 可以託六尺之孤　可以寄百里之命
　증자왈　가이탁육척지고하고 가이기백리지명하며

臨大節而不可奪也　君子人與　君子人也
임대절이불가탈야면 군자인여아 군자인야니라.

〈주석〉

　託六尺之孤 : 임금의 명을 받아 어린 임금을 보좌함을 말한다. 육척지
　　고는 15세 이하의 어린 임금이다.
　寄百里之命 : 국정을 맡음을 말한다. 百里는 대국을 가리킨다. 命은
　　政令이다.
　大節 : 국가 존망, 개인 생사의 중요한 關頭이다.
　奪 : 동요함이다.
　與 : 歟와 같다. 의문어조사.

〈번역〉

　증자가 말하였다. "가히 나이 어린 임금을 보좌하도록 부탁할 만하고 가히 나라의 정령을 맡길 만하며 나라의 존망이나 개인의 생사를

가름하는 위급한 때를 당하여도 동요함이 없다면 군자인가? 군자로다."

〈묵상〉

어린 임금을 보좌하며 국정을 맡아 잘 다스림은 능력이다. 그러나 능력만으로 군자가 되는 건 아니다. 문제는 大節에 동요함이 없어야 하는 것이다. 이건 군자만이 할 수 있는 것이다. 여기서 말하는 대절이란 生死存亡이 걸린 중대한 일을 당하였을 때의 그 節義를 말하는 것이리라. 이성계나 수양대군의 왕위 찬탈 같은 경우에 내가 처신할 절의 같은 것일 것이다. 그 순간에도 절의를 지켜야 군자인 것이다.

7. 曾子曰 士不可以不弘毅 任重而道遠

증자왈 사불가이불홍의니 임중이도원이니라.

仁以爲己任 不亦重乎 死以後已 不亦遠乎

인이위기임이니 불역중호아. 사이후이니 불역원호아?

〈주석〉

士 : 독서인이요, 지식분자이다.

弘毅 : 弘大剛毅이다. 弘大하지 않으면 그 무거움을 이길 수 없고 剛毅하지 않으면 그 멂에 다다를 수 없다.

〈번역〉

증자가 말하였다. "선비는 弘大 剛毅하지 않을 수 없으니 임무는 중하고 길은 멂이다. 仁이 자기의 임무이니 또한 무겁지 않은가? 죽은 뒤에야 끝나니 또한 멀지 않은가?"

〈묵상〉

　　선비의 자격이다. 그럼 누가 선비인가? 무거운 仁으로써 자기의 임
무로 삼는 사람이다. 죽을 때까지 이 길을 걷는 사람이다. 仁으로써
평생을 산다는 것 참 어려운 삶이다. 고려 말의 포은이나 한말의 매천,
그리고 근대의 한용운이나, 안창호, 또 현대의 함석헌이나 장준하 같
은 분들이 참 선비가 아니었을까 여겨진다. 우리 범인들은 그들의 자
취를 따라가며 배워야 할 것이다.

8. 子曰 興於詩　　立於禮　　成於樂

　　자 왈 흥 어 시 하고 입 어 례 하며 성 어 악 이니라.

〈주석〉

　　興於詩 : 詩는 性情을 근본으로 하는 작품으로 사람을 감동시켜 쉽게
　　　　들어가게 한다. 그러므로 능히 사람으로 하여금 선을 좋아하게
　　　　하고 악을 미워하는 마음을 일으키게 한다.
　　立於禮 : 예는 공경 겸손으로 근본을 삼는다. 그러므로 예를 배우면
　　　　가히 立身할 수 있다.
　　成於樂 : 음악은 가히 사람의 성정을 기르고 사특하고 더러운 것을 씻
　　　　어 낸다. 그러므로 능히 사람의 성을 이룬다.

〈번역〉

　　공자께서 말씀하셨다.

　　"시는 가히 사람의 의지를 고무시키고 사람으로 하여금 선한 마음
으로 향하도록 한다. 예는 가히 사람의 행위를 단정하게 하고 사람으
로 하여금 덕업을 탁연하게 자립할 수 있게 한다. 음악은 가히 사람의

성정을 함양하여 사람으로 하여금 완미한 인격을 양성하게 한다."

〈묵상〉

솔직히 나는 이 말씀을 올바로 이해하지 못한다. 그 경지에 들어가
보지 못하기 때문이다. 그리하여 그저 역자의 번역을 그대로 옮길 뿐
이다. 부끄럽지만 솔직한 고백이다.

9. 子曰 民   可使由之   不可使知之

자왈 민은 가사유지나 불가사지지니라.

〈주석〉

民可使由之 二句 : 주희가 말하였다. "백성을 가히 좇게 할 수 있음은
　　　　　이치의 당연함이다. 그러나 그들에게 이 이치를 알게 하지 못함
　　　　　은 그들이 그렇기 때문이다."

〈번역〉

공자께서 말씀하셨다.

"일반 백성들은 지식 정도가 높지 못하므로 다만 그들에게 어떻게
일을 하라 알려 그들로 하여금 그대로 실행하게 할 수는 있어도 그들
에게 왜 그렇게 시켰는가, 그 도리를 알게 할 수는 없다."

〈묵상〉

공자의 백성관이다. 어디까지나 피지배자의 자리에 있어야 한다고
보았다. 그리하여 다만 부림의 대상일 뿐 그 부리는 원리를 알릴 수도
또 알릴 필요도 없다고 보았다. 오늘날의 눈으로는 전혀 맞지 않는
논리이다. 그러나 당시로서는 이 논리가 사회를 지탱하는 근간이 되
어 있었던 것이다. 오늘날도 이 사고는 상당히 설득력을 갖는다. 특히

독재자는 이 논리에 빠져 있다. 백성은 그저 통치의 대상일 뿐이라는 것이다. 아마 북한의 독재자도 이 사고에 빠져 있을 것이다.

10. 子曰 好勇疾貧 亂也 人而不仁 疾之已甚 亂也
자왈 호용질빈이 난야요. 인이불인을 질지이심이 란야니라.

〈주석〉

疾貧 : 빈궁함을 미워함이다.

疾之已甚 : 어질지 못한 사람을 미워하여 그들을 수용하지 못하면 반드시 난에 다다르게 됨을 말한다.

〈번역〉

공자께서 말씀하셨다.

"용감함을 좋아하고 자가의 가난함을 미워하면 반드시 난을 일으키게 되고, 어질지 못한 사람에 대하여 너무 미워하면 그는 갈 곳이 없으므로 난을 일으킨다."

〈묵상〉

용감함은 미덕이다. 그 미덕을 자신의 가난에 나타내면 반드시 난을 일으킨다는 말이다. 내 어릴 적 친구 가운데 참 용감한 친구가 있었다. 가난에 불평이 많았다. 그 친구는 그 용감함과 가난에의 불평함으로 끝내 일을 저질렀다. 총을 들고 강도짓을 하다 잡힌 것이다. 가난도 겸허히 수용할 자세가 되어 있어야 한다. 그리고 남을 어질지 못하다 하여 지나치게 미워하면 결국엔 그를 죽이려 들 것이다. 그러면 나쁜 사람이라 지목된 그 사람은 도리어 나를 나쁜 사람으로 보고 죽이려 들 것이다. 이러므로 나쁜 사람도 포용할 수 있는 아량을 가져야 한다. 우리 역사에서 피로 얼룩진 당쟁의 비극도 이에서 비롯된 것이다.

11. 子曰 如有周公之才之美　使驕且吝　其餘　不足觀也已
자왈 여유주공지재지미라도 사교차인이면 기여는 부족관야이니라.

〈주석〉

才之美 : 知能 技藝의 美이다.

驕且吝 : 교만하고 또 인색함.

〈번역〉

공자께서 말씀하셨다.

"주공의 재주와 같은 아름다움을 가졌을지라도 그가 교만하고 인색다면 그 나머지는 볼 것이 없다."

〈묵상〉

주공은 공자에게 있어서 가장 典範이 되시는 인물이다. 그러나 그가 만약 교만하고 인색하다면 아무런 가치도 없다는 것이다. 교만과 인색함을 경계하신 말씀이다. 그러나 주공같은 아름다움을 가졌다면 교만과 인색함을 그와 동시에 가질 수는 없을 것이다.

12. 子曰 三年學　不至於穀　不易得也
자왈 삼년학에 부지어곡을 불이득야니라.

不至於穀 : 穀은 봉록이다. 朱熹가 말하기를 "至는 마땅히 志이어야
　한다."고 하였다.

〈번역〉

　공자께서 말씀하셨다.

　"삼년을 학습하고서도 벼슬에 뜻을 두지 않은 사람을 쉽게 얻을 수
없다."

〈묵상〉

　당시로서는 배움의 목적이 다 벼슬이었다, 그럼에도 벼슬에 뜻을
두지 않고 배움 자체에 목적을 둔다면 이는 참으로 대단한 사람이다.
그의 배움은 다만 지식습득 그 자체이거나 인격 수양이 목적이었다.
그게 바로 공자님도 원하는 학문의 근본 목적이다. 그런 사람 얻기
어렵다는 푸념이다.

13. 子曰 篤信好學　　守死善道
　　자왈 독신호학하며 수사선도니라.

危邦不入　　亂邦不居　　天下有道則見　　無道則隱
위방불입하고 난방불거하며 천하유도즉현하고 무도즉은이라.

邦有道　貧且踐焉　恥也　邦無道　富且貴焉　恥也
방유도에 빈차천언은 치야요. 방무도에 부차귀언은 치야니라.

〈주석〉

篤信好學守死善道 : 信은 道를 믿음을 가리킨다. 學은 도를 배움을 가
　　리킨다. 능히 독신하고 또 능히 호학한 연후에 능히 이를 지켜

죽음에 다다르면 비로소 능히 그 도를 선하게 할 수 있다. 고로 朱熹가 말하기를 "죽음을 지킨다는 것은 독신의 효험이요, 도를 선히 한다는 것은 호학의 공이다."고 하였다.

見 : 現과 같다. 出仕를 가리킨다.

〈번역〉

공자께서 말씀하셨다.

"독실히 믿고 배움을 좋아하고 죽음을 걸고 도를 선하게 하여야 한다.

위태로운 나라에 들어가지 말고 어지러운 나라에는 살지 말라. 천하에 도가 있으면 나아가고 도가 없으면 은거하라. 나라에 도가 있는데 가난하고 천하다면 이는 수치이고 나라에 도가 없는데 부하고 귀하다면 이도 수치이다."

〈묵상〉

세 가지를 가르치고 있다. 첫째는 篤信과 好學하여 守死善道이다. 둘째는 나아가고 물러감의 도리이다. 곧 나라에 도가 있으면 나아가고 없으면 물러가라는 것이다. 셋째는 빈천과 부귀에 대한 평가이다. 나라에 도가 있는데도 빈천하다면 이는 그 사람의 책임이므로 치욕이고 반대로 나라에 도가 없는데도 부귀하다면 이는 그 사람이 부정한 방법으로 되었기에 치욕이라는 것이다. 다 맞는 말씀이다. 그럼 지금 이 시대는 어느 시대인가? 나아갈 만하고 부귀하여도 부끄럽지 않는 시대요, 사회인가? 글쎄. 사람에 따라 평가가 다르겠지만 정당한 방법으로 큰 부자가 되거나 큰 벼슬을 하기엔 어려운 면이 있지 않을까? 더러 국회의 청문회를 보라.

14. 子曰 不在其位 不謀其政

자왈 부재기위_면 불모기정_{이니라}.

〈주석〉

位：官位, 職位.

謀：계획에 참여함이다.

政：政事를 가리킨다.

〈번역〉

공자께서 말씀하셨다.

"그 직위에 있지 않으면 그 정사에 참여하지 말라."

〈묵상〉

남의 일에 참견 말라는 경고이기도 하지만 또 다른 한 편 직위를 못 얻어 정사를 못 펼친다는 한숨이기도 하다. 두 가지 해석이 다 가능하다. 아마 후자의 해석이 더 맞으리라. 공자도 그렇다. 오늘도 많은 정치인들이 이런 하소연을 한다. 그러나 막상 맡겨보면 대동소이할 뿐이다. 그러니 늘 정치가 이 모양이다.

15. 子曰 師摯之始 關雎之亂 洋洋乎 盈耳哉

자왈 사지지시_에 관저지란_이 양양호 영이재_{로다}.

〈주석〉

師摯：魯나라의 樂師로 이름은 摯이다.

始：음악의 시작이다. 무릇 음악의 大節에는 樂이 있고 笙이 있으며 間이 있고 合이 있다. 이것이 하나로 이루어진다. 升歌에서 시작하고 合樂에서 끝난다.

關雎之亂 : 관저는 시경 國風 周南의 머리 편이다. 古詩는 노래 부를
　　　　 수 있다.

亂 : 음악의 끝이다. 곧 合樂하여 마친다.

洋洋乎 : 아름답게 꽉 찬 모습이다. 關雎의 亂을 가리켜 말하였다.

〈번역〉

　　공자께서 말씀하셨다.

　　"태사 지가 연주를 시작하여 관저의 끝장을 마침이 귀에 가득 차
있도다. (참 듣기 좋았도다.)"

〈묵상〉

　　이에 대한 번역이 좀 애매한 면이 있다. 始를 음악의 시작으로 보는
게 아니고 태사 지가 처음 임관하였음을 말한다고 보는 것이다. 그럴
수도 있을 것 같으나 아무래도 음악의 始로 보는 게 옳을 것 같다.

　　공자님은 음악의 천재이다. 음악에 감동되어 밥맛을 잊을 정도라
하였으니 가히 그 천재성을 인정하여야 할 것이다. 여기서도 그 감동
을 말하고 있는 것이다. 그러나 우리 같은 범인이야 감히 알 수 없는
차원이다.

16. 子曰 狂而不直　侗而不愿　悾悾而 不信　吾不知之矣
　　자왈 광이부직하며 통이불원하고 공공이 불신이니 오부지지의로다.

〈주석〉

狂而不直 : 狂妄하면서 진솔하지 못함이다.

侗 : 無知.

愿 : 謹厚, 忠厚.

悾悾 : 무능한 모습이다.

〈번역〉

공자께서 말씀하셨다.

"방자하면서도 진솔하지 못하며 무지하면서도 성실하지 못하고 무능하면서도 신의가 없으니 나는 이해할 수가 없도다."

〈묵상〉

공자님의 탄식이다. 그러나 공자님의 당시 사람들에 대한 탄식만이 아니라 오늘 나에게 대한 탄식으로 들린다. 내가 바로 그 사람인 것이다.

17. 子曰 學如不及　猶恐失之

자왈 학여불급이오 유공실지라.

〈주석〉

學如不及 : 배움은 오히려 미치지 못함을 두려워하듯 함이다.

猶恐失之 : 이미 배워 얻은 것을 다시 잃을까 두려워함이다.

〈번역〉

공자께서 말씀하셨다.

"배움은 미치지 못하는 듯 하고 오히려 잃을까 두려워해야 한다."

〈묵상〉

배움의 자세는 언제나 목마르듯 다가가야 한다. 이미 얻었다 하면 그 자리에서 끝난다. 그리고 이미 얻은 것이라도 이를 잃을까 걱정해야 한다. 항상 겸손한 자세로 나아가 계속 추구해야 한다.

18. 子曰 巍巍乎　舜禹之有天下也　而不與焉

자왈 외외호라. 순우지유천하야에 이불여언이로다.

〈주석〉

巍巍乎 : 높고 큰 모습 乎는 然과 같다. 語助辭이다.

不與 : 불상관이란 말과 같다. 그 지위로써 樂을 삼지 않았다는 말이다.

〈번역〉

공자께서 말씀하셨다.

"높고도 크도다. 순 임금과 우 임금은 천하를 가지고서도 거기 더불지 않았도다."

〈묵상〉

참으로 높고도 큰 덕이로다. 임금의 자리를 낙으로 여기지 않았도다. 그들은 그 자리를 항상 덕 있는 인재에게 넘기고자 애쓴 것이다. 오직 목표는 백성의 행복에 있었다. 오늘 우리로서는 상상도 하지 못할 꿈이다. 그래서 성왕이 된 것이다. 이런 위정자가 그립다.

19. 子曰 大哉　堯之爲君也　巍巍乎

자왈 대재라. 요지위군야여. 외외호라.

唯天爲大　唯堯則之　蕩蕩乎　民無能名焉

유천위대어늘 유요칙지시니 탕탕호라. 민무능명언이로다.

巍巍乎　其有成功也　煥乎　其有文章

외외호라. 기유성공야여. 환호라. 기유문장이여.

唯 : 惟와 같다. 홀로. 오직이다.

則之 : 準之이다. 요 임금의 덕은 가히 하늘과 더불어 서로 법칙이 됨을 말한다.

蕩蕩乎 : 蕩蕩은 넓고 먼 모습이다. 乎는 然과 같다. 어조사이다.

無能名焉 : 요 임금의 덕이 넓고도 멀어 언어로써 형용할 수가 없다는 말이다. 焉은 지시대명사이다. 요 임금의 덕을 가리킨다.

成功 : 사업이 성취됨을 가리킨다.

煥 : 光明한 모습이다.

文章 : 禮樂 法度를 가리킨다.

〈번역〉

공자께서 말씀하셨다.

"크도다. 요의 임금 됨이여, 높고도 크도다. 오직 하늘이 크다만 오직 요가 이를 본받았도다. 넓고도 멀도다. 백성이 능히 말로써 형용할 수가 없도다.

높고도 크도다. 그가 성공을 거두었도다. 빛나도다. 그가 예악과 법도를 가졌도다."

〈묵상〉

공자의 요 임금이나 순 임금 등 聖王에 대한 숭앙은 절대적이다. 그는 그들을 典範으로 본받고자 하였다. 사람은 이렇게 자기의 전범이 되는 인물을 가짐이 중요하다. 그런데 오늘날 우리는 이 숭앙할 전범을 잃었다. 우러러 받들 우상이 사라지고 없다. 그리하여 저마다 자기를 우상으로 여기는 난장판에 우리가 처하여 있다. 청소년에게도 나아가 민족에게도 우상이 사라진 너무나도 가난한 처지에 홀로 서 있다.

20. 舜有臣五人 而天下治　武王曰 予有亂臣十人

순유신오인에 이천하치니라. 무왕왈 여유난신십인이라.

孔子曰 材難 不其然乎　唐虞之際 於斯爲盛

공자왈 재난이 불기연호아? 당우지제로 어사위성하나

有婦人焉 九人而已

유부인언하니 구인이이니라라.

三分天下 有其二 以服事殷

삼분천하에 유기이하사 이복사은하니

周之德 其可謂至德也已矣

주지덕은 기가위지덕야이의로다.

〈주석〉

有臣五人 : 孔安國이 말하기를 "禹, 稷(직), 契(계), 皐陶(고도), 伯益 (백익)"이라 하였다.

亂臣十人 : 馬融이 말하기를 "亂은 治이다. 治官 十人이 있었으니 周 公旦(주공단), 召公奭(소공석), 太公望(태공망), 畢公(필공), 榮公 (영공), 太顚(태전), 閎夭(굉요), 散宜生(산의생), 南宮适(남궁괄), 그 한 사람은 文母를 가리킨다."고 하였다.

才難 : 대개 고어인데 인재를 얻기 어려움을 말한다.

唐虞之際於斯爲盛 : 唐虞 이후 周에 이르기까지 인재가 가장 성하였 음을 말한다. 際는 下, 後를 말한다.

〈번역〉

순 임금은 신하 5명이 있었는데 천하가 다스려졌다. 무왕이 말하였 다. "나에게는 治官 10인이 있다." 공자께서 말씀하셨다.

"인재를 얻기 어렵다 하니 그렇지 않은가? 요순시대 이후 성하였다

하나 부인이 있어 아홉 사람뿐이었다. 천하를 삼분하여 그 둘을 가지면서도 은 나라를 섬기었으니 周의 덕은 가히 지극한 덕이라 말할 것이다."

〈묵상〉

신하가 많다고 나라가 잘 다스려지는 것은 아니다. 무왕은 5인으로, 주 나라는 10인으로도 잘 다스렸다고 한다. 오늘날도 마찬가지이다. 장관이 많다고, 혹은 국회의원이 많다고 또는 담당 부서가 많다고 나라가 잘 다스려지는 것은 아니다. 많으면 오히려 더 번거로울 수가 있다. 문제는 신하가 아니라 지도자이다. 지도자의 덕이요, 능력이다.

그런데 여기 공자님의 말씀 가운데 재미있는 말이 있다. 곧 부인은 사람 축에 넣지 않은 것이다. 10인이라고 하는데 사실은 부인이 한 사람 끼었으니 9명뿐이었다는 것이다. 하기야 옛날엔 부인과 아이가 수에 끼이지 못한 건 동서양이 다 같았던 모양이다. 오늘엔 여자가 최고 지도자가 되기도 하니 여권 신장은 참 많이 개선되었다고 할 것이다.

21. 子曰 禹 吾無間然矣   菲飮食 而致孝乎鬼神
자왈 우는 오무간연의로다. 비음식 이치효호귀신하며

惡衣腹 而致美乎黻冕
악의복 이치미호불면하고

卑宮室 而盡力乎溝洫   禹吾無間然矣
비궁실 이진력호구혁하니 우오무간연의로다.

間 : 간극. 그 틈을 가리켜 흠잡음을 말한다.

菲 : 微薄. 작고 약하게 함이다.

致孝乎鬼神 : 제사를 풍성히 함을 말한다.

黻冕 : 모두 제복이다. 불은 무릎을 가리는데 소가죽으로 만든다. 冕
　　은 冠이다.

溝洫 : 밭 사이의 水路이다.

〈번역〉

　공자께서 말씀하셨다.

　"우 임금은 내 흠잡을 데가 없다. 음식은 간략히 하면서도 제사는
풍성히 지내어 효를 다하며 옷은 검소히 하면서도 불면은 아름답게
하며 궁실은 험하게 하면서도 밭 사이의 수로에는 힘을 다하였으니
우 임금에 대해서는 내 흠잡을 틈이 없도다."

〈묵상〉

　오늘날에 더욱 이런 지도자가 그립다. 오로지 백성을 위해 자기 한
몸 희생하는 지도자 말이다. 멀리 다른 나라는 몰라도 우리나라에서
는 이런 지도자를 근래에 보기 어렵다. 대개 다 자기 한 몸의 영화에
너무 매달리는 모습을 보였으니 말이다. 위의 우 임금 같이 백성을
아끼는 지도자를 모신다면 우리 역사도 달라지겠는데.

子罕 第九

1. 子罕言利與命與仁

자 한 언 리 여 명 여 인이니라.

〈주석〉

子罕言利與命與仁 : 罕은 少이다. 程子가 말하기를 "이득을 셈하면 義
를 害친다. 命의 이치는 미묘하고 仁의 도는 크다. 모두 선생님께
서 말을 적게 하는 것이다."라 하였다.

〈번역〉

공자께서는 利益과 命運과 仁德에 대하여는 극히 말을 적게 하셨다.

〈묵상〉

참으로 놀라운 가르침을 주는 말이다. 공자님마저 이렇게 조심하며
말씀을 자제한 것들을 오늘 우리는 마치 天理를 다 통한 듯 너무 말이
많다. 좀 더 신중하고 겸허하여야 하겠다. 어디 감히 함부로 지껄일
주제이더냐? 이득의 말이 많으면 사람이 천하여지고 명에 대해 말이
많으면 僭濫(참람)하게 되고 인에 대해 말이 많으면 위선자가 되기
쉽다. 자제하여야 한다.

그런데 논어에 보면 공자님께서 "仁"에 대해서는 말씀이 많음을 본
다. 어인 까닭인가? 그러나 이는 피상적인 관찰이다. 논어의 편집자가
인에 대해 관심이 많으므로 비록 공자께서는 적게 말씀하셨지만 인에
대한 모든 걸 주위 실었기 때문에 많게 보이는 것일 것이다.

2. 達巷黨人　曰 大哉　　孔子　博學而無所成名

달 항 당 인이 왈 대 재로다. 공 자여. 박 학 이 무 소 성 명이로다.

子聞之 謂問弟子曰 吾何執 執御乎 執射乎
자 문 지 하시고 위 문 제 자 왈 오 하 집 고? 집 어 호 아? 집 사 호 아?

吾執御矣
오 집 어 의 리라.

⟨주석⟩

達巷黨人 : 달항은 마을 이름, 옛날 오백 집을 한 黨이라 하였다.

無所成名 : 한 가지 재주로 이름 짓지 못함을 말한다.

御 : 수레를 모는 것이다.

⟨번역⟩

달항 마을의 사람들이 말하였다. "크도다. 공자여, 박학하시니 한 가지로 이름 지을 수가 없도다." 하였다. 공자께서 들으시고 제자에게 말하기를 "내가 무엇을 잡을까? 수레를 몰까? 활을 잡을까? 내 수레를 몰리라."

⟨묵상⟩

달항 마을 사람들이 공자를 바로 보았다. 정녕 위대한 인물은 한 가지로 이름 지을 수가 없는 것이다. 우리 근, 현대사에서도 그런 위대한 분들이 더러 계신다. 도산 안창호 선생 같은 분, 장준하 같은 분들이 다 이에 해당하는 분들이다. 도산은 정치가이지만 사상가요, 동시에 교육자였다. 장준하 선생 역시 정치가이면서 언론인이요, 사상가이셨다. 그 뜻이 너무 커서 한 가지만으로 이름 지을 수가 없다. 공자님에 대해서는 더욱 그럴 것이다.

그런데 이 말을 들으신 공자의 대답이 더욱 걸작이다. "그럼 내가 수레를 끌어볼까?" 이름에 연연해하지 않는 늠름한 기상을 엿보게 한다. 정말 위대한 인물이다.

3. 子曰 麻冕禮也　　今也純儉　　吾從衆

　자 왈　마 면 예 야어늘　금 야 순 검이라.　오 종 중하리라,

拜下禮也　　今拜乎上　　泰也　　雖違衆　　吾從下

　배 하 예 야어늘　금 배 호 상하니　태 야라.　수 위 중이나　오 종 하하리라.

〈주석〉

　麻冕 : 마로써 만든 관이다. 禮帽이다.

　純 : 검은 실이다.

　儉 : 마로써 짠 禮帽는 규정대로 하면 2,400의 실을 써야 한다. 마는
　　　질이 아주 조잡하므로 반드시 세밀하게 하여야 하고 공이 많이
　　　든다. 만약 검은 실로 하면 실이 가늘기에 쉽게 짤 수 있고 비용
　　　도 절감된다.

　拜下 : 신하가 임금과 예를 행함에 마땅히 당 아래에서 예를 행하여야
　　　한다. 임금이 이를 사양하면 이에 당 위에 올라가 예를 한다.

　泰 : 거만함이요, 교만함이다.

〈번역〉

　공자께서 말씀하셨다.

　"麻冕이 예이거늘 지금 사람들이 검은 실로 하니 절감이 된다. 나는
무리를 따르리라. 임금에게는 당 아래에서 배례함이 예이거늘 지금
사람들이 당 위에서 한다. 이는 거만함이다. 나는 비록 무리에 어긋나
지만 아래에서 하리라."

〈묵상〉

　예의의 근본정신을 말씀하셨다. 옷이나 의관은 비록 좀 허술하더라
도 가급적 경제적인 면을 헤아려 좀 축소하거나 혹은 생략할 수도 있
다. 그러나 다만 내 한 몸 좀 편하려고 예의에 어긋난 일을 할 수는

없다. 당 위에서 임금에게 배례함은 오로지 귀찮다고 예의를 그르치는 행위이다. 그러므로 교만이요, 거만이다. 예의는 어디까지나 그 근본정신에 있어야 한다. 꼭 마면이라야 한다는 고루한 전통은 깨트려도 좋지만 당 위에서 배례하는 것이 아무리 유행이라도 도리에 맞지 않으므로 당 아래에서 하는 전통은 지켜야 한다. 전통이나 예의에서 버려야 할 것과 지켜야 할 기준을 분명히 하신 것이다.

4. 子絶四　　　母意 母必 母固 母我
　자 절 사 하시니　무 의　무 필　무 고　무 아 니라.

〈주석〉

母意 : 母는 無와 같다. 아래에도 같다. 意는 도로써 기준을 삼는다. 그러므로 망령되게 억측하지 않는다.

必 : 期必이다.

固 : 고집이다.

我 : 자기를 사사롭게 함이다.

〈번역〉

　공자께서 네 가지를 절대로 안 하셨으니 억측하지 않으셨고 장담하지 않으셨고 고집하지 않으셨고 私己하지 않으셨다.

〈묵상〉

　억측하지 않고 장담하지도 않고 고집하지 않고 사욕을 갖지도 않으셨다면 일컬어 성인이라 할 것이다. 보통사람으로서는 단 하나라도 감내하기 어려운 것이다. 편견으로 억측하기가 쉽고 자신을 과신하여 장담도 잘하고 그리고 소신이라 하여 고집도 잘 부린다. 그리고 만사에 자기를 중심으로 득실을 따진다. 공자는 이 모두를 초월하셨으니 정녕 성인인 것이다.

5. 子畏於匡　　曰　文王旣沒　　文不在玆乎

　　자 외 어 광 하시니 왈, 문 왕 기 몰 인데 문 부 재 자 호 아?

　　天之將喪斯文也　　後死者　不得與於斯文也

　　천 지 장 상 사 문 야 면 후 사 자 부 득 여 어 사 문 야 지만

　　天之未喪斯文也　　匡人其如予何

　　천 지 미 상 사 문 야 이면 광 인 기 여 여 하 리오?

〈주석〉

　畏 : 두려움이다.

　匡 : 地名이다. 陽虎가 일찍이 광에서 포악한 일을 하였다. 그런데 공
　　　 자의 모습이 양호와 비슷하므로 광인들이 그를 가두었다.

　文 : 예악, 법도, 교화의 자취. 오늘날 소위 말하는 전통문화이다.

　後死者 : 공자의 자칭이다.

　與 : 참여이다.

〈번역〉

　　공자께서 匡에서 두려운 일을 당하시니 말씀하셨다.

　　"文王이 이미 돌아가셨는데 문화가 여기 나에게 있지 않는가? 하늘
　이 장차 이 문화를 없이하려면 나에게 이 문화에 참여치 못하게 할
　것이지만 하늘이 장차 이 문화를 없애지 않으려면 광인이 나에게 어
　떻게 하리요?"

<묵상>

　　이 사건은 역사적인 사건이다. 공자가 제자들을 데리고 匡城으로
지나가게 되었다. 그런데 그 이전에 노 나라의 양호라는 사람이 이곳
에 와서 아주 포악한 일을 저지른 적이 있었다. 그 무리 가운데 顔刻이
라는 공자의 제자도 이에 가담하였는데 그가 다시 공자와 함께 나타
난 것이다. 게다가 공자의 모습이 양호와 아주 비슷하였다. 그러므로
광 사람들이 무기를 들고 공자 일행을 포위한 것이다. 이때 성급한
제자 子路가 창으로 무찌르며 나가려 하자 공자가 만류하며 이 말씀
을 하시고 제자들에게 노래를 부르게 하고 자신도 같이 불렀다. 이에
광인들이 오해를 풀고 사과하였다는 것이다.

　　공자의 참 모습을 대한다. 자기에게는 하늘이 주신 사명이 있다는
것이다. 그 사명이란 곧 이 문화를 이어가야 한다는 것이다. "전통문
화의 계승" 이것은 나에게 주어진 하늘의 사명인데 이 사명을 아직
완수하지 않았으므로 광인 따위가 나를 어쩌지 못한다는 것이다. 이
"천부에의 사명감", 이게 위인의 필수조건이다. 그렇다면 하늘은 과연
너에게, 혹은 나에게 무슨 사명을 주셨던가? 이 召命感이 있는가? 겸
허하게 귀를 열면 그저 두렵고 부끄러울 뿐이다.

6. 大宰 問於 子貢曰 夫子聖者與　　何其多能也
　　태제 문어 자공왈 부자성자여아? 하기다능야오?

　　子貢曰 固天縱之將聖　　又多能也
　　자공왈 고천종지장성이요, 우다능야니라.

　　子聞之曰 大宰知我乎　　吾少也　　賤故　　多能鄙事
　　자문지왈 태재지아호로다. 오소야에 천고로 다능비사라.

君子多乎哉　不多也　牢曰 子云 吾不試故　藝
군자다호재아? 부다야니라. 뇌왈 자운 오불시고로 예니라.

〈주석〉

大宰 : 官名이다. 오나라인지 송 나라인지 잘 모른다.

與 : 歟와 같다. 의문어조사이다. 태재는 대개 다능하면 성자가 된다
　　고 생각하였다.

縱 : 放縱, 限量할 수 없음을 말한다.

將聖 : 大聖, 將은 大이다.

牢 : 성은 琴이고 자는 子開이다. 공자의 제자이다.

不試 : 세상에 쓰임 받지 못함을 말한다. 試는 用이다.

〈번역〉

　　태재가 자공에게 물었다. "선생님께서는 성자이시지요? 어찌 그리
다능하십니까?" 자공이 말하였다. "진실로 하늘이 한량없이 큰 성자로
만드셨고 또 다능하십니다." 공자께서 이를 들으시고 말씀하셨다.

　　"태재가 나를 아는구나. 내 어려서 천하였다. 그러므로 자잘한 일에
다능하였다. 군자는 다능하여야 하는가? 다능하지 않다."

　　牢가 말하였다. 공자께서 말씀하시기를 "내가 세상에서 쓰임을 받
지 못한 고로 技藝를 갖게 되었다."고 하셨다.

〈묵상〉

　　이 장에서 두 가지를 생각하게 한다.

　　첫째로 성자에 대한 기준이다. 태재는 다능한 사람이라야 성자가
된다고 여겼다. 그러나 성자는 다능한 자가 아니라는 공자의 대답이
다. 그렇다. 진실로 큰 그릇은 자잘한 일에 매이지 않는다. 성자만이
아니다. 정치가도 자잘한 일에 매이지 않고 큰 틀을 짜는 자라야 큰

정치가가 된다. 자잘한 일은 장관이 있고 비서관도 있다. 큰 그림만 그리면 된다. 옛날에도 진실로 정치를 잘 하고 어진 임금은 南面만 하였다고 한다.

　다음으로 이 장에서 배워야 할 덕목은 공자의 솔직한 자기 고백이다. 내 어려서 미천하였고 또 세상에 쓰임 받지 못하여 온갖 천한 일을 하였다는 솔직한 답변이다. 이 역시 큰 인물만이 할 수 있는 자기 고백이다. 오늘 많은 사람은 자기 추한 과거는 얼마나 숨기려 발버둥 치는가?

7. 子曰 吾有知乎哉　無知也
　자왈 오유지호재아? 무지야니라.

　有鄙夫問於我　空空如也　我叩其兩端 而竭焉
　유비부문어아면 공공여야하여 아고기양단 이갈언이니라.

〈주석〉

　鄙夫 : 낮고 무지한 사람이다.

　空空如 : 如는 然과 같다. 어조사이다. 空空은 곧 悾悾으로 성실하고
　　　간절한 모습이다.

　叩 : 反問이다.

　兩端 : 兩頭라는 말과 같다. 시종, 본말, 上下 등을 말한다.

　竭 : 다함이다.

〈번역〉

　공자께서 말씀하셨다.

　"내가 아는 게 있는가? 아는 게 없다. 어떤 비부가 나에게 물어오면

성의를 다하여서 그에게 그 문제의 本末과 始終을 반문하고서 그에게
정성을 다하여 알린다."

〈묵상〉

공자의 겸허한 자세요, 또한 성실한 자세를 말하고 있다. 자신을
무지하다고 고백하는 그 자세가 참으로 돋보인다. 그리고 비부에게라
도 정성을 다하여 가르치고자 하는 그 마음이 곧 성인의 마음이다.
그리고 가르치는 요령으로는 그 양단을 다 알고자 반문을 하여 다 안
뒤에 정성을 다하여 끝까지 말한다는 것이다. 참으로 성실한 자세이
다. 얼마나 노력하면 그 경지에 다다를 수 있을까? 가르침에 게으른
자신을 뉘우친다.

8. 子曰 鳳鳥不至　河不出圖　吾已矣夫

　자왈 봉조부지하고 하불출도하니 오이의부로다.

〈주석〉

鳳鳥不至河不出圖 : 鳳鳥至, 河出圖는 모두 聖王의 상서로움(吉兆)
　이다.
已 : 止이다.

〈번역〉

공자께서 말씀하셨다.

"봉새가 이르지 않고 하수에서는 도문이 나오지 않으니 내 이미 그
만이구나."

〈묵상〉

공자님의 자탄이다. 봉새가 나타나고 圖文이 나옴은 곧 성왕의 출

현을 말하는데 그 성왕이 오시지 않으니 나의 도를 펼칠 수가 없구나 하는 탄식이다. 아무리 성인이라 할지라도 그 길이 열리지 않으면 어찌할 수가 없다. 이에 자탄을 한다. 모르긴 하지만 오늘도 초야에서 이런 자탄을 하는 인물이 있을 것이다. 千里馬는 흔하건만 그를 알아보는 伯樂이 없다.

9. 子見齊衰者　冕衣裳者　與瞽者　　見之　雖少　必作
　　자견자최자와　면의상자와　여고자하시고　견지에　수소라도　필작하시며

　　過之　　必趨
　　과지에는　필추하시다.

〈주석〉

　齊衰：喪服이다. 거친 麻로써 변을 꿰매지 않은 것을 斬衰(참최)라
　　　　하는데 상복의 무거운 것이다, 변을 꿰맨 것을 齊衰(자최)라 하는
　　　　데 상복의 가벼운 것을 말한다. 여기서는 두루 상복을 말한다.
　冕衣裳：귀한 사람의 성대한 복장이다.
　瞽：盲人이다.
　少：나이 젊음이다.
　作：일어섬이다. 경의를 표시함이다.

〈번역〉

　　공자께서는 상복을 입은 자와 성대한 복장(관복이나 예복)을 입은
　사람과 장님을 보시면 그들이 비록 젊더라도 반드시 일어나시고 그들
　을 지나감에는 반드시 빨리 걸으셨다.

〈묵상〉

    상복을 입은 사람에게는 哀悼를 표함이요, 성복을 입은 사람은 대
개 그들이 왕을 대신하는 고관이므로 왕을 공경함이요, 또 장님에게
는 그 형편을 동정하기 때문이다. 이는 그 마음의 표현이다. 그에게는
이런 예의가 체질화 되어 있었던 것이다. 이 마음과 행동이 바로 인본
주의의 기틀이요, 아름다운 사회의 기초가 아닐까 여겨진다.

10. 顏淵　喟然歎曰 仰之彌高　鑽之彌堅
    안연이 위연탄왈 앙지미고하며 찬지미견이라.

    瞻之在前　　忽焉在後
    첨지재전이러니 홀언재후로다.

    夫子循循然 善誘人　博我以文　　約我以禮
    부자순순연 선유인하사 박아이문하시고 약아이례니라.

    欲罷不能　旣竭吾才　如有所立　卓爾
    욕파불능하여 기갈오재라도 여유소립이 탁이라.

    雖欲從之　末由也已
    수욕종지나 말유야이로다.

〈주석〉

    喟然 : 감탄하는 소리.
    仰之彌高 鑽之彌堅 : 仰彌高는 不可及이고 鑽彌堅은 不可入이다. 之
        는 공자의 도, 또는 그 사람을 가리킨다. 彌는 益, 또는 愈이다.
    瞻 : 앞을 향하여 봄이다.
    循循 : 차례가 있는 모양이다.

誘 : 이끎, 유도함이다.

如有所立卓爾 : 그런 뒤에 선생의 선 바가 우뚝함을 본다는 말이다.

卓爾 : 卓然 : 서 있는 모습이다.

末由也已 : 말미암을 길이 없다는 말이다. 末由는 無從이다.

〈번역〉

　　안연이 탄식하여 말하기를 "쳐다보면 더욱 높고 뚫어보면 더욱 굳다. 바라보면 앞에 계시는데 갑자기 뒤에 계신다. 선생님께서는 차근차근히 사람을 잘 이끄시어 文으로써 나를 넓혀주시고 예로써 나를 다듬어 주신다. 그만두려 해도 되지 않아 이미 나의 재주를 다하여도 서신 바가 우뚝한지라 비록 따라가 보려 하나 좇을 길이 없도다."고 하였다.

〈묵상〉

　　위대한 사람이라야 위대한 인물을 알고 성인이라야 능히 성인을 안다. 안연이기에 이렇게 그 스승의 높이와 깊이를 짐작이나마 하였던 것이다. 하지만 그로서도 旣竭吾才하였지만 그 무한한 경지에 도저히 다다르지 못하고 "雖欲從之나 末由也已"라고 탄식하는 것이다. 정녕 공자는 워낙 크고 워낙 우뚝하여 무어라 이름 지을 수 없고 알 수 없는 것이다. 오늘에도 그런 스승 있으련만 내가 못 찾는 건 아닌지.

11. 子疾病　　子路使門人　　爲臣

　　자 질병하니 자로 사문인으로 위신하니라.

病間曰　久矣哉　由之行詐也

　　병간왈　구의재라. 유지행사야여.

無臣而爲有臣　　吾誰欺　　欺天乎

무신이위유신하니 오수기오? 기천호아?

且予與其死於臣之手也　　無寧死於二三子之手乎

차여여기사어신지수야론 무녕사어이삼자지수호아?

且予縱不得大葬　　予死於道路乎

차여종부득대장이나 여사어도로호아?

〈주석〉

臣 : 家臣이다.

病間 : 병세가 조금 좋아짐이다.

行詐 : 거짓을 하는 일이다.

大葬 : 君이나 신하의 禮葬

〈번역〉

　　공자께서 병이 나셨다. 자로가 문인으로 하여금 가신으로 하였다.
병이 조금 나아지자 공자께서 말씀하셨다.

　　"오래 되었도다. 유가 거짓을 행함이여, 가신이 없으면서 있는 체
하였다. 나는 누구를 속일까? 하늘을 속일까? 또 나는 가신의 손에
죽는 것보다는 차라리 제자들의 손에 죽는 게 낫다. 또 내가 大葬이야
받지 못하더라도 내가 도로에서야 죽겠는가?"

〈묵상〉

　　자로는 그 스승에게 지극한 정성을 드리고 싶었다. 그리하여 그 문
인을 가신으로 꾸며 수종들게 하였다. 그리고 유사시에는 가신으로
하여금 일을 처리하도록 하였다. 그렇게 그 스승을 대접하여 드리고
싶었다. 그러나 그 스승 공자는 그 행동을 꾸짖었다. 속임이요, 속임
은 곧 참람함에 이른다는 뜻이었으리라. 그리하여 "네가 나를 속이듯

나도 하늘을 속여 그런 성대한 장례를 받으란 말이냐?"고 하신 것이다. 그래서 거짓 가신의 손에 죽기보다는 차라리 너희들 제자들의 손에 죽는 게 더 났다고 하신 것이다. 그리고 또 "내 죽으면 임금이나 신하가 받는 그런 대장이야 못 받겠지만 설마 도로에서 죽기야 하겠는가" 하신 것이다.

허례와 허식, 나아가 위선을 경계하시는 것이다. 그러나 공자가 그토록 경계하신 이 허례와 허식은 끝내 유가의 큰 병폐가 되어 망국의 원인으로까지 이어졌으니 안타까울 따름이다.

12. 子貢曰 有美玉於斯 韞匵而臟諸 求善賈而沽諸
   자공왈 유미옥어사어늘 온독이장저이까? 구선가이고저이까?

   子曰 沽之哉 沽之哉 我待賈者也
   자왈 고지재라. 고지재라. 아대가자야라.

〈주석〉

   韞匵 : 독 가운데 감춤을 말한다. 韞은 臟(장) 감춤이고 匵은 匵(궤)함이다.

   諸 : 之乎 의문어조사이다. 아래도 같다.

   善賈 : 높은 값을 말한다. 賈는 價와 같다. 一說에는 賈의 音이 상인과 같아서 善賈는 돈을 잘 늘릴 줄 아는 상인이라 어진 임금에 비유하였다고 한다.

   沽 : 내어다 파는 것이다.

〈번역〉

   자공이 말하였다. "美玉이 여기 있거늘 독에 감추고 이를 저장하시겠습니까? 좋은 값으로 파시겠습니까?"

공자께서 말씀하셨다.

"팔겠다. 팔겠다. 나는 살 사람을 기다린다."

〈묵상〉

자공은 말을 잘한다고 알려진 제자이다. 과연 그런 면이 여기서도 보인다. 스승에게 거취를 묻는 것인데 이를 직설적으로 묻지 않고 이렇게 비유로 묻는 것이다. 이게 지혜이다. 말을 잘한다는 것은 단순히 입으로 말 잘하는 게 아니라 깊은 지혜에서 우러나온 말이라야 참으로 말을 잘 하는 것이다. 자공은 그 지혜로 스승의 뜻을 물은 것인데 오히려 공자는 직설적으로 대답하셨다. 나는 팔리기를 원한다는 것이다. 그러나 불행하게도 공자는 팔리지 못하였다. 온 천하를 두루 다니며 팔리기를 원하였지만 끝내 팔리지 못하였다. 팔리기를 원하는 공자의 모습이 처량하게 느껴진다. 그러나 달리 보면 공자가 팔리지 못하였기에 오히려 더 큰 일을 하신 게 아닌가 여겨진다. 하늘은 그에게 더 큰 사명을 주신 것이라 할 것이다. 이를 공자 자신도 모르고 그렇게도 애타게 팔리기를 원하셨던 것이다. 만에 하나 팔렸더라면 오늘의 위대한 성인 공자는 없었을 것이다. 하늘의 뜻은 그를 성인으로, 위대한 인류의 스승으로 만들고자 그를 오히려 팔리지 않게 하신 것이다.

13. 子欲居九夷　　或曰　陋如之何
    자 욕 거 구 이 하니 혹 왈　 누 여 지 하 니까?

子曰　君子居之　　何陋之有
자 왈　 군 자 거 지 면　 하 루 지 유 리오?

〈주석〉

九夷 : 동방의 오랑캐가 아홉 종류 있었다. 동방의 여러 오랑캐를 말
하는데 고려를 가리킨다.

陋 : 문화가 폐색되고 낙후됨이다.

〈번역〉

공자께서 九夷에 가서 살고자 하셨다. 어떤 사람이 말하기를 "문화
가 낙후할 터인데 어쩌겠습니까?" 공자께서 말씀하셨다.

"군자가 사는데 어찌 낙후됨이 있겠는가?"

〈묵상〉

천하를 주유하시고도 어디 받아들이는 곳이 없으니 문화가 미개한
곳에라도 가고자 하는 바람이 있었을 것이다. 그런데 그 九夷라는 곳
이 구체적으로 어디를 가리키는지 막연하다. 흔히 동방이라 하여 지
금 내가 대본으로 쓰는 책의 저자는 동방이고 나아가 고려라고까지
꼭 집어 말하였는데 무슨 근거가 있는지 애매하다. 공자 당시에는 아
직 고려라는 지명이나 나라도 없었던 것이다. 그렇다면 공자는 그저
막연히 이 땅을 떠나 미개한 곳에라도 가서 뜻을 펼쳐 보았으면 하는
願望에서 뱉은 말인데 이를 후세인들이, 특히 우리 동이족이 공자마
저 살고 싶어 하신 곳이라고 자랑스럽게 야단을 하는 게 아닌가 싶다.
정말 그렇다면 이는 오히려 부끄러운 이야기이다. 그만큼 미개한 민
족으로 보인 것이다.

14. 子曰 吾自衛反魯然後 樂正 雅頌各得其所
자왈 오 자 위 반 로 연 후에 악 정하여 아 송 각 득 기 소하니라.

<주석>

樂正 : 음악을 訂正함이다.

雅頌 : 詩經에 雅頌의 체제가 있다. 음악 또한 雅頌의 음률로 나누어
진다. 곧 그 樂音과 음률을 바로잡음이다.

<번역>

공자께서 말씀하셨다.

"내가 위 나라로부터 노 나라로 돌아온 뒤에 음악이 바로잡혀져 雅
와 頌이 각각 그 자리를 얻었다."

<묵상>

공자는 음악에 아주 조예가 깊으셨다. 周遊天下에 얻은 것 없이 돌
아오신 것이 68세였는데 이때부터 후진을 기르셨다. 공자의 위대한
업적은 모두 이때부터 이루어진 것이다. 음악도 이때부터 손을 대신
것이다. 특히 음악에 대하여 조예가 깊으셨다. 감상력이 대단하셨다.

15. 子曰 出則事公卿　　入則事父兄　　喪事不敢不勉
자 왈　출 즉 사 공 경 하고　입 즉 사 부 형 하며　상 사 불 감 불 면 하고

不爲酒困　何有於我哉
불 위 주 곤 이　하 유 어 아 재 아?

<주석>

出 : 朝廷에 出仕함이다.

入 : 家鄕에 들어가 삶이다.

困 : 困擾, 擾亂이다.

공자께서 말씀하셨다.

"나가서는 공경을 섬기고 들어와서는 부형을 섬기며 상사에 감히 게으르지 않고 술에 난잡하여지지 않음은 나에게 무슨 어려움이 있겠는가?"

〈묵상〉

이 말씀의 해석에는 좀 문제가 있다. "何有於我哉"를 어떻게 해석하느냐? 이다. "그 정도야 나에게 무슨 문제이랴?" 하는 해석이 유력하여 여기서도 그렇게 해석하긴 했으나 종래의 공자의 겸손하신 태도로 보아서는 이런 평상적인 일도 나에게는 어렵다는 뜻으로 "어찌 나에게 있으랴?"라고 직역하는 게 가능하다. 역자는 후설이 더 맞지 않는가 하는 감을 갖는다. 워낙 겸손하신 분이시기에 이 평상적인 일도 쉽지 않음을 강조하신 것이라 여겨진다.

16. 子在川上曰 逝者如斯夫　　不舍晝夜

자 재 천 상 왈　서 자 여 사 부인저, 불 사 주 야로다.

〈주석〉

逝 : 가는 것(往)이다.

舍 : 捨와 같다. 止息이다.

〈번역〉

공자께서 냇가에서 말씀하셨다.

"가는 게 이와 같도다. 낮이나 밤이나 쉬지 않는도다."

여기 간다는 것은 세월이 감을 말한다. 냇물이 밤낮을 가리지 않고 흐르듯 그렇게 세월도 가는 것이다. 공자도 이 흐름에 느꺼워 하신 것이다. 그렇다. 세월은 가는 것이다. 밤이고 낮이고 쉬지 않고 가는 것이다. 가는 도중에 나의 삶을 가꾸어야 하는데 그게 그리 쉽지 않다. 어영부영하다 보면 그만 가버리는 것이다. 가는 세월이란 잡을 수 없는 것. 가기 전에 보람 있게 써야 하는데.

17. 子曰 吾未見 好德 如好色者也
　　자왈　오미견　호덕을　여호색자야니라.

〈주석〉

吾未見好德如好色者也 : 朱子의 注에 謝氏를 끌어 말하기를 "好色을 좋아하고 惡臭를 미워함은 진실이다. 德을 좋아함을 色을 좋아함 같이 함은 진실로 덕을 좋아함이다. 그러나 백성은 능히 하는 자가 적다."고 하였다.

〈번역〉

공자께서 말씀하셨다.

"나는 덕을 좋아함을 색을 좋아함같이 하는 사람을 보지 못하였다."

〈묵상〉

덕을 펼치려 애쓰시는 공자의 비탄이다. 바로 보신 것이다. 예로부터 그러하였던 것이다. 그런데 이를 너무 지나치게 강조하다 보면 금욕주의에 빠지기 쉽다. 好色 자체가 나쁘다는 게 아니라 그만큼 好德도 하라는 것이다. 이렇게 해석하면 너무 오해인가? 그러나 당시 상황으로서는 선비에게 호색이 일반화 되었으니 이런 해석도 가능하리라. 그러나 호덕, 그리 쉬운 게 아니었다.

18. 子曰 譬如爲山　未成一簣　止　吾止也
자왈 비여위산에 미성일궤라도 지면 오지야며

譬如平地　雖覆一簣　進　吾往也
비여평지에 수복일궤라도 진이면 오왕야니라.

〈주석〉

未成一簣 : 산을 이룸에 한 광주리가 적음을 말한다. 簣는 竹簣, 竹籠 등으로 흙을 담는 대나무 그릇이다.

〈번역〉

공자께서 말씀하셨다.

"비유하건대 산을 이룸에 한 광주리라도 모자라 그치면 내가 그친 것이며 비유하건대 땅을 평평하게 하는데 비록 한 광주리라도 덮으면 내가 나아간 것이다."

〈묵상〉

일은 시작하면 반드시 끝까지 마쳐야 하고 또 일을 함에 조금이라도 나아가면 이루어지는 것이다. 이 성실함이 성공의 열쇠인 것이다. 이 한걸음씩의 나아감을 사람들은 흔히 소홀히 한다.

19. 子曰 語之而 不惰者　其回也與
자왈 어지이 불타자는 기회야여이라.

語 : 알림(告訴)이다.

惰 : 나태이다.

與 : 歟와 같다. 어조사로 감탄을 나타낸다.

〈번역〉

공자께서 말씀하셨다.

"일러주면 게을리 하지 않는 자는 그 回이다."

〈묵상〉

공자의 안회에 대한 칭찬은 대단하다. 그는 우직하게도 배우려 노력하였다. 이 마음가짐이 그로 하여금 亞聖의 자리에까지 오르게 한 것이라 여긴다. 그 스승에 그 제자, 아름답다.

20. 子謂顔淵曰 惜乎　　吾見其進也　　未見其止也
　　자 위 안 연 왈　석 호 로다. 오 견 기 진 야 요,　미 견 기 지 야 라.

〈주석〉

惜乎 : 안연이 이미 죽어 공자께서 애석해 하는 것이다.

〈번역〉

공자께서 안연에 대하여 말씀하셨다.

"아깝도다. 나는 그의 나아감을 보았을 뿐, 그의 그침을 보지 못하였다."

〈묵상〉

일찍 죽은 제자가 더욱 애석하였다. 그리하여 바로 앞장에서 말씀한 그침과 나아감으로 안회를 칭찬하며 아까워하는 것이다. 제자를 그토록 사랑하는 스승의 참 모습을 본다.

21. 子曰 苗而不秀者　有矣夫　秀而不實者　有矣夫

자왈 묘이불수자도 유의부며 수이불실자도 유의부로다.

〈주석〉

苗而不秀 : 苗는 볍씨가 성장함이다. 秀는 開花함이다.

實 : 열매 맺음이다.

〈번역〉

공자께서 말씀하셨다.

"싹이 나고서 꽃이 피지 못하는 놈도 있으며 꽃이 피고서도 열매 맺지 못하는 놈도 있다."

〈묵상〉

제자들의 성취도를 말하는 것 같다. 배우고도 개화도 못하는 놈도 있고 개화하고서도 열매 맺지 못하는 놈도 있다는 것이다. 그럼 과연 열매 맺은 자는 누구이던가? 죽은 안연을 두고 탄식하는 말씀 같기도 하다. 이런 현상은 오늘도 그대로 계속되고 있다.

22. 子曰 後生可畏　焉知來者之不如今也

자왈 후생가외니 언지래자지불여금야리오?

四十五十而無聞焉　斯亦不足畏也已

사십오십이무문언이면 사역부족외야이니라.

〈주석〉

後生可畏 : 후생은 年富力强이라 족히 학문을 쌓아 기대함이 있으리
니 그 세가 두려워할 만함을 말한다. 後生은 나이 어린 後進의
사람을 말한다.

焉 : 安이다. '어찌, 어떻게'이다. 부사이다.

來者 : 후배를 가리킨다.

今 : 오늘의 成人을 가리킨다.

聞 : 名望, 이름이 세상에 들림이다.

焉 : 어조사 뜻이 없다.

〈번역〉

공자께서 말씀하셨다.

"젊은이가 두렵다. 어찌 후배가 오늘 우리들만 못하다고 알겠는가?
그러나 만약 40, 50세가 되어도 명망이 없다면 족히 두려워할 게 없
다."

〈묵상〉

젊은이를 격려한 말씀이기도 하고 또 40, 50세가 된 장년에게 충격
을 주고자 한 말씀이기도 하다. 또 늙은이에게는 젊은이를 바로 알라
는 경고이기도 하다. 그렇다. 後生可畏의 자세로 젊은이를 대하여야
한다. 그러나 안타깝게도 늙은이는 젊은이를 긍정하는 데 인색하다.
자꾸 철이 덜 들어 보인다. 보기에 위태롭고 불안하다. 이게 늙은이의
병이다.

23. 子曰 法語之言 能無從乎 改之爲貴
자왈 법어지언을 능무종호아? 개지위귀니라.

巽與之言　能無說乎　繹之爲貴

손여지언을 능무열호아? 역지위귀니라.

說而不繹　從而不改　吾末如之何也已矣

열이불역하며 종이불개면 오말여지하야이의니라.

<주석>

法語之言 : 엄정하고 경계하는 말이다.

巽與之言 완곡하게, 부드럽게 타이르는 말이다.

說 : 悅과 같다.

繹之 : 부드럽게 타이르는 말의 깊은 뜻을 찾음이다. 繹은 尋究이다.
　　之는 巽與之言을 가리킨다.

末如之何 : 無可奈何 末은 無이다.

<번역>

공자께서 말씀하셨다.

"올바른 말을 따르지 않겠는가? 이를 고치면 귀한 것이다. 부드럽게
타이르는 말을 기뻐하지 않겠는가? 이를 찾으면 귀한 것이다. 기뻐하
면서도 찾지 않고 좇으면서도 고치지 않으면 나는 어찌할 수가 없다."

<묵상>

법어지언이 넘쳐나고 손여지언도 많이 들린다. 그러나 오늘의 현실
은 들을 귀가 적다. 아예 귀를 막고 산다. 막고 있는 귀에 무슨 말을
하랴? 그리하여 오늘은 외치는 소리가 없어졌다. 도시에서도 광야에
서도 외치는 소리가 없다. 아니 소리는 혹 있어도 소음에 눌려 그 소
리가 들리지 않는다. 소음에 귀가 먹은 오늘의 비극이다.

24. 子曰 主忠信　　毋友不如己者　　過則勿憚改

자왈 주충신하며 무우불여기자하고 과즉물탄개니라.

*이 장은 중복이 되었다. 學而篇 제8장에 이미 나왔다.

25. 子曰 三軍　　可奪帥也　　匹夫不可奪志也

자왈 삼군에 가탈수야이나 필부불가탈지야라.

〈주석〉

三軍可奪帥 : 삼군이 비록 많으나 마음은 하나가 아니니 그들의 장수
　　를 빼앗아 차지할 수 있다는 말이다.

匹夫不可奪志 : 필부가 비록 미약해도 굳이 그 뜻을 지키면 얻을 수
　　없다는 말이다. 匹夫는 平民을 말한다.

〈번역〉

공자께서 말씀하셨다.

"삼군이라도 가히 그 장수를 빼앗을 수 있지만 필부에게라도 그 뜻
을 빼앗을 수 없다."

〈묵상〉

뜻의 중요함을 강조하신 말씀이다. 충신, 열사, 열녀의 뜻은 그 누
구도 빼앗지 못하는 것이다. 그러므로 治者, 지도자는 그 뜻을 얻는
자가 되어야 한다. 어떻게 얻는가? 德으로써이다. 덕으로만이 남의 뜻
을 얻을 수 있다.

26. 子曰 衣敝縕袍   與衣狐貉者   立而不恥者   其由也與

자왈 의페온포하여 여의호학자로 입이불치자는 기유야여인저.

不忮不求   何用不臧

불기불구면 하용부장이리오?

子路 終身誦之   子曰 是道也   何足以臧

자로 종신송지하니 자왈 시도야이나 하족이장이리오?

〈주석〉

衣敝縕袍 : 헤어진 솜 도포를 입음. 衣는 입음이다. 敝는 헤어지고 오
    래 됨. 縕은 오래된 솜, 일설에는 어지러운 삼베라고도 한다.

狐貉 : 여우나 담비의 가죽으로 裘를 만든다. 옷 가운데 귀한 것이다.

不忮不求何用不臧 : 詩經 衛風 雄雉篇의 句이다. 남을 미워하여서 가
    해하고자 하는 마음이 없고 자기의 없음을 부끄러워하여 남에게
    서 취하려 구하는 마음이 없다면 왜 不善을 하겠는가? 忮는 해침
    이다. 求는 貪求이다. 臧은 善이다.

〈번역〉

공자께서 말씀하셨다.

"헤어진 솜 도포를 입고 여우나 담비를 입은 자와 더불어서도 부끄
러워하지 않은 자는 아마 由일 것이다. 해치지고 않고 구하지도 않으
면 어찌 불선을 하리오?" 자로가 이를 종신토록 암송하니 공자께서
말씀하셨다. "이는 도이다마는 어찌 족히 선하겠는가?"

〈묵상〉

由는 子路이다. 그는 늘 꾸중을 많이 들었는데 이때만은 칭찬을 들
었다. 곧 가난에 기죽지 않는다는 것이다. 이것은 대단한 용기이다.
그러므로 그는 남을 해치지도 않을 것이고 남에게 구하지도 않을 것

이라고 시편의 말로써 격려하셨다. 그럴 것이다. 가난에 초월하여 개의하지 않으면 구태여 남을 해칠 일도 또 남에게 아쉽게 구할 일도 별로 없을 것이다. 이 말씀에 고무된 자로는 이 시편의 말을 늘 암송하였다. 그러자 스승은 충고를 한다. "그건 道일 뿐이야, 그 정도로는 너무 소극적이야, 어찌 선하다 하겠는가? 더 적극적으로 선을 행하여야지." 하는 것이다.

가난에 기죽지 않는 자로도 상당한 인물이다. 이미 물욕을 초월한 것이다. 칭찬 받을 만하다. 그러나 그것은 그저 그뿐이다. 남에게 해도 안 끼치지만 득을 끼치는 것도 없다. 이에서 나아가 선을 행하여야 한다는 것이다. 走馬加鞭, 우직한 제자에게 충격을 주어 더 나아가게 하는 스승의 가르침이 참으로 돋보인다.

27. 子曰 歲寒然後 知松柏之後彫也

자왈 세한연후에 지송백지후조야니라.

〈주석〉

彫 : 凋와 같다. 시듦이다.

〈번역〉

공자께서 말씀하셨다.

"날씨가 추워진 후에야 소나무와 잣나무가 늦게 시듦을 아느니라."

〈묵상〉

그렇다. 봄, 여름에는 모든 나무들이 다 무성하다. 그러나 가을이 오고 차차 날씨가 추워지면 다른 나무들은 다들 잎을 떨어트리며 시들어 간다. 그러나 소나무 잣나무는 여전히 그대로 청청하다. 사람의 일도 다 이렇다. 순풍이 불고 화평할 때는 다들 푸르다. 그러나 역경을 만나고 환난을 당할 때에는 많은 사람들이 그 푸름을 포기한다. 한말에 나라가 일본에 넘어갈 때에야 비로소 변절하는 자와 지조를 지키는 송백 같은 지사들을 알 수 있었다. 이승만 독재를 이어 군부 독재 때도 같았다.

28. 子曰 知者不惑 仁者不憂 勇者不懼
자왈 지자불혹_{하고} 인자불우_{하며} 용자불구_{니라}.

〈주석〉

知者不惑 三句 : 邢昺(형병 昺은 炳과 同字)이 말하기를 "知者는 일에 밝은 고로 미혹되어 어지러워지지 않고 仁者는 命을 알기에 걱정이 없으며 勇者는 과감한 고로 두려워하지 않는다."고 하였다.

〈번역〉

공자께서 말씀하셨다.

"知者는 미혹 당하지 않고 仁者는 걱정하지 않으며 勇者는 두려워하지 않는다."

〈묵상〉

知, 仁, 勇. 군자가 갖추어야 할 세 가지 덕이다. 이에 대하여 邢昺이 아주 잘 지적하였다. 그러나 범인은 知者도 仁者도 勇者도 못 되니 늘 미혹당하고 걱정하고 두려워하며 살아간다. 범인으로서는 산다는 자체도 그리 쉬운 게 아니다. 그리하여 괴롭게 산다. 이 苦海에서 벗어나고자 몸부림치는 게 중생이 아니던가? 이 愚衆에게 지자요, 인자요, 용자요 하는 것은 너무 높은 차원이 아닌가? 그리하여 "수고하고 무거운 짐 진 자들아" 하고 부르시는 음성이 참으로 반갑게 들림이 과장이 아닌 것이다.

29. 子曰 可與共學　未可與適道　可與適道
  자왈　가여공학이라도 미가여적도며 가여적도라도

  未可與立　可與立　未可與權
  미가여립하고 가여립이라도 미가여권이니라.

〈주석〉

可與 : 그와 더불어 가히 일을 같이함이다.

適道 : 도를 향함과 같은 말이다. 適은 앞으로 감이다.

立 : 朱熹가 말하기를 "돈독한 뜻을 고집하여서 변하지 않음이다."고
　　하였다.

權 : 경중을 헤아려 의에 합하도록 함이다.

〈번역〉

　공자께서 말씀하셨다.

　"가히 더불어 같이 배울 수는 있어도 가히 더불어 道에 나아갈 수는
없고 가히 더불어 도에 나아갈 수는 있어도 가히 더불어 설 수는 없으
며 가히 더불어 설 수는 있어도 가히 더불어 의에 합할 수는 없다."

〈묵상〉

　共學에서 適道로 적도에서 立으로, 立에서 權까지 함께 가는 친구가
있다면 참으로 행복한 사람일 것이다. 대개의 경우 立의 경지에까지
는 같이 갈 수 있어도 權에는 같이 이르기가 쉽지 않다. 성삼문과 신숙
주의 경우가 이런 것이 아닐까? 사람은 다 각각 저마다 자기의 삶을

산다. 그러나 그 삶의 모습이 다른 것은 좋으나 어떤 모습이라도 그 질에서는 궁극적으로 의에 합하여야 하는 것이다.

또한 이 말씀은 개인차를 인정하신 말씀이라고 한다. 개인차로 적 도에도 이르지 못하는 사람도 있고 적도에 이르러도 입의 경지 더 나 아가 권의 경지에까지 가기는 더욱 어려운 것이다.

그런데 여기 "權"을 권세로 보아도 좋을 것이다. 우리 현실 삶에 더 맞을 것이다.

30. 唐棣之華　偏其反而　　豈不爾思　　室是遠而
　　당 체 지 화여 편 기 반 이로다. 기 불 이 사마는 실 시 원 이로다.

　　子曰 未之思也　　夫何遠之有
　　자 왈 미 지 사 야라. 부 하 원 지 유리오?

〈주석〉

　　唐棣之華 四句 : 이 네 句는 逸詩이다. 唐棣는 나무 이름이다. 郁李이다.

　　華 : 花의 古字.

　　偏 : 翩과 같다.

　　反 : 翻과 같다.

　　室 : 집을 가리킨다.

　　而 : 어조사이다.

〈번역〉

　　당체의 꽃이여,

　　펄펄 나부끼네.

　　어찌 당신을 그리워하지 않을까마는

집이 멀도다.

공자께서 말씀하셨다.
"그리워하는 게 아니로다. 대저 무슨 멂이 있으랴?"
〈묵상〉
　이는 逸詩라고 한다. 詩經에 실려 있지 않는 當時의 詩이다. 이 시를
보시고 말씀하신 評이다. 진실로 그리워한다면 집이 먼 것이 무슨 거
침이 되겠는가? 그건 그리워하는 게 아니라는 공자님의 판단이 옳은
것이다. 남녀의 애정에도 적용되는 말이라고 하겠다. 그러나 여기서
는 공자님이 그 제자들에게 학문에도 뜻이 중요함을 깨우친 것이라
여긴다. 진실로 학문에 간절한 뜻이 있다면 길이 멀다고 포기할 수가
없다는 것이다.

鄉黨　第十

1. 孔子於鄉黨　恂恂如也　似不能言者

　공자어향당에　순순여야하사　사불능언자라.

其在宗廟朝廷　便便言　唯謹爾

　기재종묘조정에　편편언하사　유근이라.

〈주석〉

　鄉黨 : 鄉里를 가리킨다. 공자는 陬邑(추읍)의 昌平鄉에서 태어났다.
　　　뒤에 曲阜(곡부)의 闕里(궐리)로 옮겼다.

　恂恂如 : 온화 공경한 모습이다. 如는 然과 같다.

　便便 : 맑게 밝히는 모습이다.

〈번역〉

　공자님은 고향에서는 온화 공경하시어 흡사 말을 못하는 사람 같았
다. 종묘와 조정에서는 맑고 밝게 말하시나 오직 삼가셨다.

〈묵상〉

　향당편에는 공자의 일상생활과 공적 활동에 대한 제자의 살핌을 기
술하였다.

　이 장에서는 공자의 두 얼굴을 본다. 고향에서는 어디까지나 온화
공손하며 말을 못하는 사람처럼 하였으나 종묘나 조정에서는 조리
를 세워 거침없이 밝히 말하는 것이다. 이게 정상이다. 고향에서는
말을 많이 할 필요가 없다. 그러나 종묘나 조정은 공적인 장소이다.
거기서는 일을 올바로 하여야 할 중요한 곳이므로 명명백백하게 밝
혀 설득을 하고 자기의 뜻을 바로 펼쳐야 한다. 공인이 말을 어물어
물하며 적당히 넘기는 것은 직무유기이다. 공인은 공적인 책임을 지
고 자기의 소신을 밝혀야 한다. 그러나 이때에도 조심하여야 함은
당연하다.

2. 朝與下大夫言 侃侃如也 與上大夫言 誾誾如也

조 여 하 대 부 언에 간 간 여 야하시고 여 상 대 부 언에 은 은 여 야하시다.

君在踧踖如也 與與如也

군 재 축 적 여 야하시고 여 여 여 야하시다.

〈주석〉

侃侃與 : 孔安國이 曰 "간간은 화락한 모습이라." 하였고 朱熹는 "간간
은 강직이다."고 하였다.

誾誾如 : 中正의 모습이다.

踧踖 : 공경하여 편안하지 않는 모습이다.

與與如 : 威儀 가운데 적합한 모습이다.

〈번역〉

조정에서 하대부와 말씀하실 때에는 화락한 모습이시고, 상대부와
말씀하실 때에는 中正, 適度한 모습이시다. 임금이 계실 때에는 공경
하면서도 마음으로는 불안한 듯한 모습이요, 威儀 적당하여서 예의에
맞았다.

〈묵상〉

앞 장에 이어지는 말이다. 공자의 조정에서의 태도를 기술하고 있
다. 손아래 사람과는 아주 화락한 모습으로 평안함을 주시었고 손위
사람에게는 공손하셨다. 그리고 임금 앞에서는 경건하면서도 예의에
맞게 하셨다는 것이다. 때와 장소에 따라 가장 알맞는 태도를 가짐을
말한다. 이는 몸에 배이지 않으면 쉽게 이루어지지 않는다. 오늘날로
말하면 신사도가 체질화된 것이다.

3. 君召使擯　　色勃如也　　足躩如也

군소사빈_{이면} 색발여야_{하며} 족곽여야_라.

揖所與立　　左右手 衣前後　　襜如也　　趨進　翼如也

읍소여립_{하사} 좌우수 의전후_{시니} 첨여야_라. 추진_에 익여야_라.

賓退　必復命曰 賓不顧矣

빈퇴_면 필복명왈 빈불고의_라 _{하시다}.

〈주석〉

擯 : 나라 임금의 시킴을 받아 손님 접대를 주관하는 자이다.

勃如 : 勃然 變色, (성내어 얼굴빛이 변함) 莊矜한 모습이다.

躩如 : 빨리 가는 모습이다. 皇侃이 말하기를 "발이 빠름"이라 하였다.

所與立 : 손님과 같이 섬을 말한다.

襜如 : 가지런한 모습이다.

趨進 : 걸음에 속도를 더함이다. 경의를 표함이다.

翼如 : 새가 나래를 펴듯 함이다.

〈번역〉

　　임금의 부름을 받아 손님을 접대함에는 얼굴색이 변하며 발걸음은
종종걸음 하듯 하였다. 揖하고서 손님과 같이 서서 좌우 손은 옷의
앞뒤로 가지런히 하셨다. 빨리 나아감에 나래를 편 듯 하셨다. 손님이
물러가면 반드시 복명하여 말씀하기를 "손님은 뒤돌아보지 않았습니
다." 하셨다.

〈묵상〉

　　임금의 부름을 받아 손님을 접대함은 임금을 대신하여 접대함이다.
그러므로 공손히 그리고 예에 맞게 하여야 한다. 이 모범을 보여주는
장면이다. 장중하면서도 공손히 예의를 다하는 모습이다. 그리고 마

지막 끝까지 손님을 보내고 복명을 함으로 자기의 소임을 다하는 것이다.

4. 入公門 鞠躬如也 如不容 入不中門   行不履閾
   입공문에 국궁여야하사 여불용이라. 입부중문하시고 행불리역이라.

   過位 色勃如也 足躩如也 其言似不足者
   과위에 색발여야하고 족곽여야라. 기언사부족자라.

   攝齊升堂 鞠躬如也 屏氣似不息者
   섭자승당에 국궁여야하고 병기사불식자라.

   出降一等   逞顏色 怡怡如也
   출강일등하야는 영안색 이이여야라.

   沒階 趨翼如也 復其位 踧踖如也
   몰계 추익여야하고 복기위엔 축적여야라.

〈주석〉

   公門 : 군주의 문, 조정의 문이다.

   鞠躬如 : 공경하고 근신하는 모습이다.

   閾 : 문의 한계, 문지방이다.

   過位 : 임금이 비록 계시지 않더라도 지나감에 반드시 공경하였다. 位
       는 임금의 빈자리.

   攝齊 : 옷 아랫자락을 끌어올림을 말한다. 섭은 끌어올림이다. 자는
       옷의 아랫자락이다.

   等 : 곧 臺의 계단이다.

   逞(영) : 폄이다.

怡怡如 : 온화하고 기쁜 모습이다.

沒階趨 : 俗本에는 趨 아래에 進 자가 있으나 지금 그를 따르지 않았다.

〈번역〉

대궐 문을 들어가심에 허리를 굽히시어 마치 용납되지 못하는 듯 하셨다. 중문에 들어가서는 걸음에 문지방을 밟지 않으셨다. 임금의 자리를 지남에는 얼굴빛을 긴장하시고 발은 종종걸음을 하셨다. 그 말은 마치 부족한 것처럼 하셨다. 옷 아랫자락을 끌어올려 당에 오르시고 허리를 굽히시어 숨을 막고 마치 숨 쉬지 않은 듯 하셨다. 나옴에 한 계단 내려와서는 얼굴빛을 편안히 하시어 온화하고 기쁜 모습을 하셨다. 계단을 다 내려오시면 걸음이 나래를 단 듯 하고 그 자리에 돌아오시면 공경스러웠다.

〈묵상〉

임금을 모시는 대궐에서의 행동이다. 일거수일투족이 다 예에 맞고 또 공경 스러히 행하시었다. 모범을 보이는 行動擧止라 할 것이다. 그런데 이렇게도 상세하게 보고 또 묘사하는 그 재주에 감탄한다.

5. 執圭　鞠躬如也　　如不勝　　上如揖　　下如授
　　집규에 국궁여야하사 여불승이라. 상여읍하고 하여수하며

　　勃如戰色　足蹜蹜如 有循
　　발여전색하야 족축축여 유순이라.

　　享禮有容色　私覿　愉愉如也
　　향례유용색하며 사근에 유유여야라.

執圭 : 이웃 나라에서 문안 왔을 때 대부로 하여금 임금의 圭로서 신
표를 삼게 함을 말한다. 圭는 玉器, 옥으로 만든 牌이다.

上如揖下如授 : 규를 잡음에 평형을 이루어 손은 가슴에 가지런히 하
여 위로는 읍함을 지나지 않게 하고 아래로는 주는 자세를 지나
지 않게 함을 말한다.

戰色 : 떨리어서 얼굴을 두려워 함.

踏踏 : 발을 아주 좁게 함이다.

享禮 : 聘禮 후에 곧 형례를 행한다. 형례는 使臣이 바치는 예물을 뜰
앞에 나열함이다. 享은 獻이다.

有容色 : 조금 펴지는 낯빛이 있음이다.

覿 : 상견이다.

〈번역〉

　　圭를 잡으심에 마치 못 이기는 듯 하시고 위로는 읍하는 자세를 지
나지 않게 하시고 아래로는 가슴 밑을 내려가지 않게 하시며 얼굴을
긴장하여 두려운 듯 하시고 발은 종종걸음을 하여 끌리듯 하셨다. 향
례에는 부드러운 얼굴을 하시고 사사로이 만남에는 즐거워 하셨다.

〈묵상〉

　　외국에 사신으로 갔을 때의 모습을 사실적으로 묘사하였다. 왕을
대신하는 막중한 사명이므로 그 신표인 圭를 잡는 것이 마치 들지 못
하듯 그렇게 정중하여야 한다. 그리고 그 위치도 아주 알맞게 하여야
한다. 또 걸음걸이도 조심하여야 한다. 그러나 일을 마치고 사사로이
만남에는 아주 즐겁게 만나 정을 나눈다. 공과 사의 구분을 분명히
하는 것이다. 공직에서 가져야 할 모습을 보여주신다.

6. 君子 不以紺緅飾　　紅紫不以爲褻服

군자　불이감추식하시며 홍자불이위설복하시다.

當暑　袗絺綌　必表以出之

당서하사 진치격을 필표이출지하시다.

緇衣羔裘　素衣麑裘　黃衣狐裘　　褻裘長　　短右袂

치의고구요, 소의예구요, 황의호구로다. 설구장하나 단우메라.

必有寢衣　　長一身有半

필유침의하시니 장일신유반이라.

狐貉之厚以居　　去喪　無所不佩

호학지후이거하시다. 거상에 무소불패하시다.

非帷裳　　必殺之　羔裘玄冠　不以弔

비유상이면 필쇄지라. 고구현관으로 불이조라.

吉月　必朝服而朝

길월에 필조복이조하시다.

〈주석〉

紺緅 : 감은 깊이 푸르러 검은 색에 가까움이다. 추는 絳色이다.

飾 : 옷깃.

褻服 : 집에 있을 때 입는 옷.

袗絺綌 : 갈로 만든 짧은 옷을 말한다. 진은 짧은 옷이고 갈의 精한 것을 치라 하고 거친 것을 격이라 한다.

表以出之 : 먼저 속옷을 입고 겉으로는 치격으로 하여 밖으로 나타낸다. 몸을 드러내지 않고자 함이다. (* 역자 註: 주치의강구, 소의예구, 황의호구에 대한 설명이 많으나 난삽하여 생략함.)

褻裘長 : 설구는 집에서 입는 옷이다. 장은 따뜻하고자 함이다. 袂는

옷소매이다.

寢衣 : 작은 덮는 이불이다.

狐貉之厚以居 : 居는 앉음이다. 호학은 털이 깊고 따뜻하고 두텁다. 앉는 자리로 한다. 그 몸에 맞게 함이다.

去喪 : 除喪이다. 상기가 다하였음을 가리킨다.

無所不佩 : 어떠한 장식물이라도 다 찼다. 朱熹가 말하기를 "군자는 까닭 없이 옥을 몸에서 버리지 않는다. 뿔로 만든 물건들도 또한 다 찬다."고 하였다.

帷裳 : 조정에 나아가거나 혹 제사 때에 입는 예복이다.

殺 : 감소하다. 절거하다.

羔裘玄冠 : 흑색의 羊皮 옷과 흑색의 禮帽.

吉月 : 月朔, 매달 초하루.

〈번역〉

공자께서는 곤색과 아청색으로 옷깃을 달지 않으시며 붉은색과 자주색으로 집에서 입는 옷을 만들지 않으셨다.

더위를 당하시면 갈포로 만든 홑옷을 입으시고 반드시 받쳐 입어 겉으로 드러내었다.

검은 옷에는 염소의 털옷을, 흰 옷에는 흰 새끼사슴의 털옷을, 누런 옷에는 여우의 털옷을 받쳐 입으셨다.

집에서 입는 털옷의 길이는 길되 오른 쪽 소매의 길이는 짧게 하셨다.

반드시 짧은 이불이 있으니 길이는 키의 한 배 반이었다. 집에서는 여우나 담비의 털로 앉는 자리를 하였다.

喪을 마치면 차지 않는 패물이 없었다.

예복이 아닌 바지는 반드시 짧게 하였다.

검은색 양털 옷과 검은 모자로는 조문하지 않으셨다.

매달 초하루에는 반드시 조복을 입으시고 조회에 나가셨다.

〈묵상〉

　　공자의 옷차림에 대한 기술이다. 아주 사실적이다. 그 근본은 예의
에 맞으면서도 생활에 간편함을 요하였다. 공자는 결코 허례허식하지
않으셨다. 실생활도 편하게 하고자 하셨다. 그런데 패물을 차셨다는
건 좀 이상하게 들린다.

7. 齊必有明衣　布　　齊必變食　居必遷坐
　　제 필 유 명 의 니 포 러라. 제 필 변 식 하고 거 필 천 좌 라.

〈주석〉

　　明衣 : 재계함에는 반드시 목욕하고 목욕이 끝나면 깨끗한 베옷을 입
　　　　　음을 말한다.
　　布 : 옛날에 면포가 없었으므로 여기서는 삼이나 갈 따위로 만든 베를
　　　　　가리킨다.
　　變食 : 오늘날 소박하게 먹는 것과 같은 것이다.
　　遷坐 : 늘 있던 곳을 바꿈이다. 재계 시에는 다른 방에서 자야한다.
　　　　　처와 더불어 같이 자지 못한다.

〈번역〉

　　재계함에는 반드시 목욕하시고 깨끗한 베옷으로 입으셨다. 재계함
에는 반드시 식사를 바꾸고 잠자리도 반드시 옮겼다.

〈묵상〉

　　齊는 齋戒함이다. 재계는 제사를 받들기 10일 전에 시작하니 그 10
일 동안에 이렇게 근신하여야 한다. 곧 화려한 옷을 입지 않고 육식을

금하고 素食하여야 하며 부인과 동침도 금하는 것이다. 공자께서 이렇게 하셨다 함인데 범인들이 따라 하기엔 참 어려움이 많을 것이다. 하기야 오늘날엔 단 하루인들 이렇게 재계하는 사람이 있을까?

8. 食不厭精　　膾不厭細
　　사불염정하시며　회불염세하시다.

　　食饐而餲　魚餒而肉敗　不食
　　사의이애와　어뇌이육패를　불식하시다.

　　色惡不食　　臭惡不食　　失飪不食　　不時不食
　　색악불식하시고　취악불식하시며　실임불식하시고　불시불식하시다.

　　割不正不食　　不得其醬不食
　　할부정불식하시고　부득기장불식하시다.

　　肉雖多　　不使勝食氣　　唯酒無量　　不及亂
　　육수다라도　불사승사기하시며　유주무량이나　불급란하시다.

　　沽酒市脯　不食　　不撤薑食　不多食
　　고주시포를　불식하시다.　불철강식이나　부다식이니라.

　　祭於公　不宿肉　　祭肉不出三日　　出三日　不食之矣
　　제어공에　불숙육하시며　제육불출삼일하시고　출삼일에　불식지의니라.

　　食不語　寢不言　　雖疏食菜羹　　瓜祭　　必祭如也
　　식불어　침불언하시다.　수소사채갱이나　과제하시되　필제여야니라.

〈주석〉

　　食不厭精膾不厭細 : 朱注에 食는 飯(밥)이고 精은 鑿(착), 곧 깨끗이
　　　　찧음이다. 소나 양과 물고기의 날것을 잘게 썰어 자르면 회가 된

다. 밥은 정하면 능히 보양이 되고 회는 거칠면 능히 사람을 해친다. 不厭은 이것이 옳다고 하여 반드시 이를 하고자 하는 것은 아님을 말한다.

食饐而餲(사의이애) : 식량이 오래 되어 냄새가 나고 변함이다. 皇侃(황간)이 말하기를 "饐는 음식이 오래 되어서 썩은 냄새가 남이요, 餲는 오래 되어서 맛이 나쁨이다."고 하였다.

餒 : 물고기가 썩음이다.

敗 : 고기가 썩음이다.

不時 : 하루 세끼를 먹는데 세끼 이외를 불시라 한다. 鄭玄이 말하기를 "아침, 저녁, 점심이 아님이다."고 하였다.

割不正 : 돼지나 소, 양을 잡음에 부당함이다. 割은 잡는 방식이다.

不使勝食氣 : 고기를 먹음이 밥의 기운보다 지나치지 않게 함을 말한다. 食氣는 오곡의 기운을 말한다.

不撤薑食 : 밥을 먹은 후 강식을 물리치지 않음을 말한다. 撤은 撤去이다.

祭於公不宿肉 : 임금을 도와 제사를 지내고 얻은 고기는 돌아오면 곧 나누어 주고 하루를 넘기지 않았음을 말한다.

雖疎食菜羹瓜祭 二句 : 비록 거친 음식이라도 제사(고수레) 드림에 그 제사는 반드시 공경스럽게 함을 말한다.

〈번역〉

밥은 精한 것을 좋아하셨고 회는 가늘게 썬 것을 좋아하셨다. 밥이 쉬어서 맛이 변한 것과 물고기가 상한 것과 고기가 썩은 것은 잡수시지 않으셨다. 빛깔이 나쁘면 잡수시지 않으시고 냄새가 나쁘면 잡수시지 않으셨다. 알맞게 익지 않으면 잡수시지 않으셨고 때가 아닌 음식을 잡수시지 않으셨다. 올바로 잡지 않은 고기는 잡수시지 않으시고 간이 맞지 않은 음식은 잡수시지 않으셨다. 고기가 비록 많아도 밥의 기운보다 넘지 않게 하셨다. 술은 양이 없으나 난함에 미치지 않으셨다. 사온 술이나 시장의 육포는 잡수시지 않으셨다. 강식을 물리치지는 않으셨으나 많이 드시지는 않으셨다. 임금을 도와 제사를 지내고 얻은 고기는 밤을 넘기지 않으시고 집안의 제사 고기는 삼일을 넘기지 않으시고 삼일을 넘기면 그것을 잡수시지 않으셨다. 식사할 때는 말하지 않으시고 잠자리에서 말하지 않으셨다. 비록 거친 밥에 나물국이라도 고수레를 하고 반드시 제사 지내듯 하였다.

〈묵상〉

누군가 꼼꼼하게도 살피었다. 그만큼 스승에 대한 관심이 많았던 것이다. 공자의 식성은 당시로서는 좀 까다로운 편인 듯 하였다. 그러나 위생을 감안한 것이라 모범이라 할 것이다.

9. 席不正 不坐

석 부 정 이면 부 좌 라.

〈주석〉

席 : 땅 위에 펼친 풀, 갈대, 혹 대나무로 된 자리를 가리킨다. 옛날엔 의자가 없고 땅에 자리하여 앉았다.

〈번역〉

자리는 바르지 않으면 앉지 않으셨다.

〈묵상〉

까다롭다고 할 것이다. 그러나 그 마음가짐이다. 비뚤어진 방석에 앉으면 자연 몸이 바르지 않게 된다. 몸이 바르지 않으면 자연 마음도 흐트러지기 쉽다. 그러므로 방석을 바르게 하여 앉아야 한다. 중국에서 의자 생활이 정착된 것은 당 나라 이후라고 한다.

10. 鄕人飮酒 杖者出　斯出矣　鄕人儺 朝服而立於阼階
　　향인음주에 장자출이라야 사출의라. 향인나에 조복이립어조계러라.

〈주석〉

鄕人飮酒 : 옛날 鄕飮酒의 禮를 행하였다. 鄕黨에서 제사할 때 敬老를 주로 하였다는 말이다.

杖者 : 노인이다.

儺 : 신을 맞아 疫鬼를 쫓아낸다. 周禮에 方相氏로 이를 주관하게 하였다.

阼階 : 동쪽 계단, 주인이 서는 자리이다.

〈번역〉

　　鄕里에서 거행하는 鄕飮酒禮 時에는 노인이 자리를 뜬 다음에야 비로소 나가셨다. 鄕人들이 거행하는 역귀를 쫓아내는 나례에는 예복을 갖추어 입고 종묘의 동쪽 계단에 서 계셨다.

〈묵상〉

　　앞 단락은 술자리에서도 노인을 공경하는 모범을 보이신 것이다. 다음 단락 나례에 참가하였음은 물론이요, 예복을 차려 입고 동쪽 섬돌에 서 계셨다는 것은 이 행사에 그만큼 정성을 쏟았다는 것이다. 그럼 나례란 무엇인가? 제야에 역귀를 쫓아내는 행사이다. 그렇다면 역귀를 인정하는 결과가 되는데 공자의 신관과 모순이 되지 않는가 하는 의문이 든다. 공자는 조상 신 이외에는 다 배격하였으니 말이다.

이에 대하여는 당시의 정치 사회에 대한 인식이 필요하다. 당시는 祭政이 함께하는 시대였다. 그러므로 이 제사 역시 治國安民하는 하나의 정치 행사였던 것이다. 그러므로 경건히 참여하여야 하는 것이다.

11. 問人於他邦　再拜而送之
문 인 어 타 방 할새 재 배 이 송 지 라.

康子饋藥　拜而受之　曰 丘未達　不敢嘗
강 자 궤 약 하니 배 이 수 지 하여 왈 구 미 달 이라. 불 감 상 이로소이다.

〈주석〉

問 : 問候 慰問 古代에 남을 향해 문후할 때 예물을 보내며 정의를 표하였다.

康子 : 季康子 노 나라의 卿이다.

饋 : 餽贈, 남에게 물건을 보냄이다.

未達 : 약의 性을 잘 알지 못함이다.

〈번역〉

他邦의 사람에게 문후를 드림에 두 번 절하여 보내었다.

계강자가 약을 보내니 절하고 받으며 말하기를 "저는 약의 성을 잘 모릅니다. 감히 먹지는 못합니다." 하였다.

〈묵상〉

사람을 보내어 문후를 드림에 두 번 절하여 보냄은 아마 그분에게 본인이 직접 가서 문후를 드림 같이 처음 가서 뵈오며 절하고 다음 하직하며 절하는 것이다. 그만큼 정성스레 문후를 드리는 것이다.

다음 노 나라의 대부인 계강자가 약을 보내니 역시 감사하여 절하

고 받으심은 예의이다. 그러나 이 약의 성질을 잘 모르므로 먹지는
못한다는 말은 아주 솔직한 고백이다. 보통 사람 같으면 그저 감사하
다고 하고는 받아 두는 것으로 그칠 것이다. 그러나 공자는 솔직히
자기의 의사를 전달하였다. 여기 공자의 진면목이 보인다.

12. 廐焚　子退朝 曰 傷人乎　不問馬
구분이라. 자퇴조 왈 상인호아? 불문마하시다.

〈주석〉

廐 : 마구간

〈번역〉

마구간에 불이 났다. 공자께서 조정에서 물러나와 물으셨다. "사람
이 상하였느냐?" 하시고 말에 대해서는 묻지 않으셨다.

〈묵상〉

공자의 인본주의적인 사상을 볼 수 있다. 그럴 경우 대개는 그까짓
마구간에서 일하는 하인들보다 오히려 말에 대해 더 관심이 갈 터인
데 공자는 철저히 사람에 대해서만 관심하시고 말에 대해서는 전혀
관심하시지 않은 것이다. 공자의 진면목이 보여 더욱 존경스럽다.

13. 君賜食　必正席先嘗之　君賜腥　必熟而薦之
군사식이면 필정석선상지하시고 군사성이면 필숙이천지하시고

君賜生　必畜之　侍食於君　君祭先飯
군사생이면 필휵지하시다. 시식어군에 군제선반이러시다.

疾　君視之　東首　　加朝服拖紳
질에 군 시 지면 동 수하시고 가 조 복 타 신이러시다.

君召命　　不俟駕行矣
군 소 명이면 불 사 가 행의러라.

〈주석〉

腥 : 생고기.

薦 : 올려 바침. 조상에게 올려 바침이다.

君祭先飯 : 옛날에는 먹기 전에 반드시 고수레를 했는데 모시고 먹는
　　자는 임금이 고수레를 하면 자기는 고수레하지 않고 먼저 밥을
　　먹었다. 만약 임금이 밥을 맛보게 한다면 손님의 예를 감당하지
　　못하는 것이다.

東首 : 병자는 항상 북쪽 창가에 눕는다. 임금이 오셔서 보면 잠시 남
　　쪽 창 아래로 옮기고 머리를 동쪽으로 두어 임금이 의자에서 남
　　쪽을 바라보게 한다.

加朝服拖紳 : 병들어 누우면 옷을 입거나 띠를 매지 못한다. 그렇다고
　　아무런 옷으로 임금을 뵈올 수는 없다. 그러므로 몸 위에 朝服으
　　로 덮고 또 조복 위에다 큰 띠로 더하고 큰 띠의 한 끝을 아래로
　　늘어뜨린다. 拖는 끎이다.

君召命不俟駕行矣 : 임금의 명에 빨리 가야 하기에 먼저 걸어가고 가
　　마는 뒤에 곧 따라오게 함이다.

〈번역〉

　　임금이 음식을 주시면 반드시 자리를 바로 하여 이를 맛보시고 임
금이 날고기를 주시면 반드시 익혀서 조상에게 바치고 임금이 산 짐
승을 주시면 반드시 이를 기르셨다. 임금을 모시고 밥을 먹을 때에는

임금이 고수레를 하시면 먼저 밥을 맛보셨다.

병이 나서 임금이 오셔서 보시면 머리를 동쪽으로 하여 눕고 몸에다 조복을 덮고 큰 띠를 찼다.

임금이 부르시면 가마를 기다리지 않고 먼저 가셨다.

〈묵상〉

임금에 대한 깍듯한 예의이다. 오늘날엔 부모님이나 스승에 대하여 이렇게 하여야 할 것이다. 그러나 고수레 같은 행위는 삼갈 것이다. 요는 그 받드는 마음이 이와 같아야 할 것이다.

14. 入大廟　　每事　問

입 태 묘 하시어 매 사 를 문 하시다.

*重出이다. 八佾篇 15章에 있다.

15. 朋友死　　無所歸　曰 於我殯　朋友之饋　雖車馬

붕 우 사 하여 무 소 귀 러니 왈 어 아 빈 하라. 붕 우 지 궤 는 수 거 마 라도

非祭肉　不拜

비 제 육 이면 불 배 러라.

〈주석〉

殯 : 죽은 자를 관에 염하여 두고 장사를 기다리는 것을 빈이라 한다.
　　여기서는 장사하는 일 일체를 가리킨다.

饋 : 물건을 드림이다.

非祭肉不拜 : 벗의 선물에는 절하지 않는다. 제육이면 절하는 것은 그
　　조상을 공경함이다.

〈번역〉

　　벗이 죽어 돌아갈 곳이 없으니 말씀하기를 "나의 집에 빈소를 차리
라." 하셨다.

　　벗의 선물은 비록 거마라도 제육이 아니면 절하지 않았다.

〈묵상〉

　　벗에 대하여 지극한 정을 가지셨다. "내 집에 빈소를 차리라." 이는
보통의 희생이 아니다. 대개 사람들은 살아서 벗이지만 죽으면 끝이
다. 그러나 공자의 벗 사랑은 죽은 뒤에도 더 지극하였다.

　　그리고 벗의 선물은 그것이 아무리 귀하더라도 그 물건 자체를 경
배하는 데까지는 이르지 않았다. 아무리 귀해도 물건은 물건일 따름
인 것이다.

16. 寢不尸　　居不容　　見齊衰者　　雖狎　　必變
　　침 불 시 하시고 거 불 용 하시다. 견 자 최 자 하시면 수 압 이나 필 변 이라.

　　見冕者與瞽者　雖褻　　必以貌
　　견 면 자 여 고 자 면 수 설 이나 필 이 모 러시다.

　　凶服者式之　　式負版者　　有盛饌　　必變色而作
　　흉 복 자 식 지 하시고 식 부 판 자 하시다. 유 성 찬 이면 필 변 색 이 작 하시다.

　　迅雷風烈　　必變
　　신 뢰 풍 렬 이면 필 변 이라.

尸 : 죽은 사람처럼 누워 있음.

居不容 : 집에 있음에 엄숙한 얼굴을 짓지 않음이다. 또 陸德의 《明經
典釋文》과 《唐石經》에는 "居不客"이라 하여 집에 있을 때에는 손
님이거나 혹 손님을 만날 때처럼 꿇어앉지 않았다는 것이다.

齊衰 : 喪服의 일종. 비교적 무겁다. (역자 주 : "자최"로 읽는다.)

雖狎必變 : 狎은 親狎이요 親近이다. 變은 얼굴을 바꿈이다.

褻 : 자주 만남이다.

貌 : 禮貌이다.

式 : 軾과 같다. 수레 앞의 橫木이다. 여기서는 몸을 굽힘을 가리킨다.
두 손으로 잡고 굽혀 공경을 표시한다.

負版者 : 나라의 圖籍을 짊어 진 자.

作 : 일어남. 주인을 공경하는 예의요, 그 성찬 때문이 아니다.

〈번역〉

주무실 때는 시체처럼 눕지 않으시고 집에서는 엄숙한 얼굴을 짓지
않으셨다. 상복을 입은 자를 보면 비록 친한 사람이라도 낯빛을 변하
셨다. 예복 입은 사람과 소경을 보시면 비록 자주 만나는 사람이라도
예모를 갖추었다. 상복을 입은 사람에게는 허리를 굽히고 나라의 圖
籍을 짊어 진 자에게는 허리를 굽혔다. 盛饌이 있으면 반드시 낯빛을
바꾸어 일어나시었다. 번개나 우레, 바람이 맹렬하거나 하면 반드시
낯빛을 바꾸셨다.

〈묵상〉

공자님의 일거수일투족이 다 典範이 되는 것이다. 특히 소경과 상
을 당한 자. 그리고 나라의 圖籍을 짊어진 자에게 베푸시는 공경은
특히 배워야 할 것이다.

17. 升車　　必正立執綏

승거하사 필정립집수하시다.

車中不內顧　　不疾言　　不親指

거중불내고하시며 부질언하시고 불친지하시다.

〈주석〉

綏 : 당겨서 수레에 오르는 줄.

疾言 : 말을 빨리 함.

〈번역〉

수레에 오를 때에는 반드시 바로 서서 끈을 잡으셨다. 수레 안에서는 돌아보지 않으시며 말을 빨리 하지 않으시고 친히 손가락질하지 않으셨다.

〈묵상〉

공자의 승차와 차내에서의 태도이다. 위험부담을 없애는 것이다. 그 정신은 오늘날도 배워야 할 교통도덕이요, 예의이다.

18. 色斯擧矣　　翔而後集　　曰 山梁雌雉　　時哉 時哉

색사거의하여 상이후집이러라. 왈 산량자치에 시재 시재로다.

子路共之　　三嗅而作

자로공지한데 삼후이작하니라.

〈주석〉

色斯擧矣 翔而後集 : 공자 산행에 자로가 따라갔다. 산 다리 위에 있는 꿩 암수 놈을 잡으니 그 나머지는 놀라서 높이 날아갔다. 다음

빙 돌고 살피더니 또 산 다리 위에 모였다. 王引之 經典釋詞八에 말하기를 "色斯라는 것은 새가 날아감이 빠름을 말하는데 翔而後集과 상반된다."고 하였다.

山梁 : 산 사이에 있는 다리.

時哉時哉 : 자로가 잠자는 꿩 암수 놈을 그 때 아닌 때에 잡음을 공자가 책망한 것이다.

共之 : 공경스럽게 손을 모아 꿩을 땅에 놓음이다.

三嗅而作 : 암수 놈이 놓임을 받자 세 번 나래를 펴고 후에 높이 날아감을 말한다. 嗅는 아마 狊(날개 펼 격) 자의 잘못일 것이다. 狊은 날개를 펴고 날아가는 모습이다.

〈번역〉

자로가 산속 다리 위에서 꿩 한 쌍을 잡으니 그 나머지 꿩들은 모두 놀라 날아갔다. 빙 돌더니 깊이 살핀 후 다시 다리 위에 앉았다. 공자께서 자로를 책망하셨다. "네가 다리 위에서 잠자는 꿩 한 쌍을 잡느냐? 그 잡을 때인가? 때인가?" 이에 자로가 두 손으로 공손하게 땅 위에다 놓아 주었다. 꿩은 놓임을 받자 나래를 펼치고 높이 날아갔다.

〈묵상〉

이 장에 대하여는 이론이 분분하다. 朱子마저 闕文이 있을 것이라고 하였다. 그러므로 정확한 해석이 어렵다. 그런데 이 해석은 또 종래의 해석과는 전혀 다르다. 여기서는 자로가 이미 꿩을 잡은 것으로 되어 있고 이를 공자가 책망하는 것으로 하였는데 종래에는 이미 잡았다고 하지 않고 잡으려 하였다고 하였다. 종래의 해석을 따르면 山梁의 꿩들이 모여 노는 것을 공자가 보시고 그들은 때를 얻어 저리 노는데 나는 때를 못 얻었다는 자탄이라는 것이다. 종래의 해석이 더 바르다는 생각이 든다.

先進　第十一

1. 子曰 先進於禮樂　野人也　後進於禮樂　君子也
자왈 선진어예악에 야인야요. 후진어예악에 군자야라 하니

如用之則 吾從先進
여용지즉 오종선진하리라.

⟨주석⟩

先進 : 先輩와 같다.

野人 : 바탕이 문식을 이기는 자. 질박한 郊野 백성을 말한다. 兪樾續
　　　論語騈技에 보인다.

後進 : 後輩.

君子 : 문식이 바탕을 이기는 자. 도시의 사람.

如用之 : 예악을 씀을 말한다.

⟨번역⟩

　　공자께서 말씀하셨다.

　　"선배는 예악에서 야인이다. 후배는 예악에서 군자이다. 만약 쓴다
면 나는 선배를 따르겠다."

⟨묵상⟩

　　質과 文, 이 둘은 조화를 이루어야 한다. 그러나 繪事後素라고 하셨
다. 먼저 바탕이 되어 있어야 한다. 바탕이 잘 되면 올바로 될 수가
있지만 바탕이 바르지 못하면 아무리 잘 꾸며도 안 된다. 그러므로
꾸미는 것은 나중 일이다. 質勝文이어야 한다. 사람도 이와 같다. 그
근본 바탕이 중요하다. 바탕이 나쁜데 아무리 학문을 쌓고 기교를 가
하여도 인간 자체를 변화시킬 수는 없는 것이다.

2. 子曰 從我於陣蔡者 皆不及門也

자왈 종아어진채자는 개불급문야로다.

德行 顔淵 閔子騫 冉伯牛 仲弓. 言語 宰我 子貢.

덕행에 안연 민자건 염백우 중궁이오. 언어에 재아 자공이오.

政事 冉有 季路. 文學 子游 子夏

정사에 염유 계로이오. 문학에 자유 자하니라.

〈주석〉

陣蔡 : 두 나라 이름. 지금 하남성 안휘성 일대이다. 공자가 일찍이
진, 채에서 곤경을 당하였다. 길이 막히고 식량이 떨어졌다.

皆不及門 : 朱熹가 말하기를 "이때는 모두 문하에 없었다."고 하였다.
鄭玄이 말하기를 "모두가 섬기며 나아가지 못하고 그 자리를 잃
었다."라고 하였다.

閔子騫 : 성은 민이요, 이름은 損이요, 자는 자건이다. 공자의 제자이다.

言語 : 外交, 辭令을 가리킨다. 명을 받아 응대하여 말한다.

文學 : 시, 서, 예악을 가리킨다. 제도를 전장하여 말한다.

〈번역〉

공자께서 말씀하셨다.

"진 나라 채 나라에서 나를 따르던 자들이 다 문하에 미치지 못하였
도다. 덕행에는 안연, 민자건, 염백우, 중궁이요. 언어에는 재아, 자공
이요. 정사에는 염유, 계로요. 文學에는 자유, 자하로다."

〈묵상〉

사람은 누구나 늙으면 과거를 회상하게 된다. 그 과거 가운데서도
가장 고생스러웠던 시절을 떠올리게 된다. 진 나라, 채 나라에서 당한
고생은 이루 말할 수가 없었다. 그 어려움 가운데 함께 하였던 제자들

이 그리운 것이다. 그들이 다 떠나고 없음에 더욱 그리운 것이다. 그리하여 누구는 덕행으로 누구는 언어에, 누구는 정사에, 그리고 누구는 문학에 뛰어났다고 칭찬하며 아쉬워한다.

여기서 공자가 말씀한 덕행, 언어, 정사, 문학을 "孔門四科"라 하는데 뒤에 이 四科에 각각 뛰어난 10명씩을 뽑아 "孔門十哲"이라 부르기도 한다.

3. 子曰 回也 非助我者也　於吾言　無所不說
　　자왈 회야는 비조아자야로다. 어오언에 무소불열이로다.

〈주석〉

非助我者也 : 회가 말을 들으면 즉시 이해하나 나에게 유익함을 주는 것은 없다는 말이다. 助는 益이다.

無所不說 : 말을 들으면 즉시 이해하고 마음으로 기뻐함을 말한다. 說은 悅과 같다. 邢昺이 말하기를 "說은 解"라 하였다.

〈번역〉

공자께서 말씀하셨다.

"회는 나를 돕는 자가 아니다. 내 말에 기뻐하지 않음이 없다."

〈묵상〉

회를 칭찬하신 말씀이다. 그런데 역설적으로 말씀하셨다. 나를 돕는 사람은 아니라는 것이다. 그럼에도 그를 좋아하고 사랑하는 것은 그가 내 말을 기뻐하지 않음이 없기 때문이라는 것이다. 그렇다면 내 말을 잘 이해하고 기뻐하는 사람이 좋다는 결론이 된다. 그렇다. 누구든 내 말을 기뻐하는 그 사람이 좋은 것이다. 내 말에 진실로 귀를 기울여 듣고 이해하며 나아가 기뻐하기까지 하는 사람이 얼마나 귀하던가? 그 제자가 최고의 제자가 아니던가?

4. 子曰 孝哉　閔子騫　人不間於其父母昆弟之言
자왈 효재로다. 민자건이여, 인불간어기부모곤재지언이로다.

〈주석〉

人不間於其昆弟之言 : 間은 비난이다. 昆弟는 兄弟를 가리킨다. 朱子
注에 胡氏를 끌어 말하기를 "부모 형제들이 그의 효도하고 우애
함을 칭찬함에 사람들이 모두 믿고 이의를 말하는 사람이 없었
다. 대개 그 효도하고 우애함의 열매가 안으로 맺히고 겉으로 드
러났기 때문이다."고 하였다. 陳羣이 말하기를 "사람들이 비난하
는 말을 갖지 못하였다."고 하였다.

〈번역〉

공자께서 말씀하셨다.

"효성스럽도다. 민자건이여, 사람들이 그 부모 형제가 칭찬하는 말
을 비난할 수가 없었도다."

〈묵상〉

민자건의 효성은 어려서부터 나타났다고 한다. 어머니가 돌아가시
자 계모가 와서 아들 형제를 낳았다. 그런데 계모가 자기 아들에게는
솜옷을 해 입히고 자건에게는 베옷을 입혀 떨게 하였다. 이를 안 아버
지가 계모를 보내려 하자 아버지를 말리며 "지금 어머니가 계시면 한
아들만 떨지만 어머니가 가시면 세 아들이 떱니다." 하였다. 그리고는
계모에게도 계속 효도하니 계모도 개과천선하여 착한 어머니가 되었

다고 한다. 이리하여 그 어머니가 자건을 효자라 칭찬하고 그 형제들이 형님은 우애 있다고 하니 사람들이 믿었다고 하였다. 자건의 인품을 말해 준다. 참 효도는 우애를 보여야 한다. 부모는 자녀들의 우애를 가장 기뻐하는 법이다.

5. 南容三復白圭　　孔子以其兄之子　妻之

남 용 삼 복 백 규 하니 공 자 이 기 형 지 자 로 처 지 하 다.

〈주석〉

南容 : 공자의 제자 南宮适이다. 자는 子容이다. 또한 南容이라 부른다.

三復 : 하루에 여러 차례 외움을 말한다.

白圭 : 詩經 大雅抑의 篇名이다. 詩句에 말하기를 "백규의 흠을 갈 (磨) 수가 있으나 말의 흠은 갈 수가 없구나." 하였다. 뜻은 사람들에게 말을 조심하라는 것이다.

兄之子 : 姪女를 가리킨다.

〈번역〉

남용이 하루에도 몇 번씩 시경 백규장을 외우자 공자께서 그 질녀를 그에게 시집보냈다.

〈묵상〉

시를 외우는 바람에 장가를 잘 간 셈이다. 그러나 실상은 그의 인품을 말하는 것이다. 公冶篇 2章에 보면 南容은 나라에 도가 있음에 쓰이며 도가 없음에도 형벌을 받지 않을 것이라 하고 그의 질녀를 시집보냈다고 하였다. 그가 그렇게 현명하게 처신하는 인물이라는 것이다. 거기에 또 말조심을 이렇게 하니 더욱 자격을 갖춘 것이다.

6. 季康子問　　弟子孰爲好學　　　孔子對曰 有顏回者

계강자문 하되 제자숙위호학 이니까? 공자 대왈 유 안 회 자 하여

好學　　不幸短命死矣　今也則亡

호 학 이러니 불행단명사 의라. 금 야 즉 무 이로소이다.

〈번역〉

　　季康子가 물었다. "제자 가운데 누가 배움을 좋아합니까?"

　　공자께서 대답하셨다.

　　"안회라는 자가 있어 배우기를 좋아하였으나 불행하게도 단명하여
죽었습니다. 지금은 없습니다."

〈묵상〉

　　雍也篇 2章, 哀公과의 문답 내용과 거의 비슷하다. 顏回의 호학함을
칭찬하며 그의 죽음을 안타까워한 말씀이다.

7. 顏淵　死　　顏路　請　　子之車　以爲之槨

안 연 이 사 하니 안 로 청 하대 자 지 거 로 이 위 지 곽 이라　하니

子曰 才不才　亦各言其子也　　鯉也死　有棺而無槨

자 왈 재 부 재 에 역 각 언 기 자 야 라. 이 야 사 에 유 관 이 무 곽 이라.

吾不徒行以爲之槨　　以吾從大夫之後　　不可徒行也

오 부 도 행 이 위 지 곽 은 이 오 종 대 부 지 후 이니 불 가 도 행 야 니라.

〈주석〉

　　顏路 : 顏淵의 아버지. 이름은 無繇(무요), 공자보다 6살 적다. 또한 공
　　　　자의 제자이다.

槨 : 덧널이다. 수레를 팔아 덧널을 사고자 하였다.

鯉 : 공자의 아들 伯魚이다. 享年 50세. 공자 앞서 죽었다. 때에 공자
　　는 70세였다.

徒行 : 보행과 같다.

以吾從大夫之後 : 공자는 때에 대부여서 걸어가지 못함을 말한다. 謙
　　辭이다. 옛날에 대부는 걸어 다니지 못하였다. 諸侯가 준 수레는
　　저자에서 팔 수가 없다.

〈번역〉

　　안연이 죽으니 그의 아버지 안로가 공자의 수레를 팔아 그의 덧널
을 사고자 청하니 공자께서 말씀하셨다.

　　"재주가 있든지 재주가 없든지 또한 각자 아들이다. 내 아들 이가
죽어서도 관은 썼지만 덧널은 쓰지 않았다. 내가 걷고 덧널을 쓰지
않은 것은 나는 대부의 뒤를 따라야 하니 걸어 다닐 수 없기 때문이다."

〈묵상〉

　　공자의 안연에 대한 사랑은 지극하였다. 이 사랑을 믿고 안연의 아
버지는 공자더러 당신의 수레를 팔아 당신이 사랑하는 제자에게 덧널
을 마련해 주자고 청한 것이다. 당시 사자에게 덧널을 해주는 것은
대단한 대접이었던 모양이다. 확실히 무례한 청이었다. 이에 대하여
공자의 대답은 단호하면서도 아주 설득력이 있다. "재주야 있든 없든
다 각각 자기 아들이 아니냐? 내 아들 鯉가 죽어서도 나는 덧널을 쓰
지 않았다. 그때도 수레를 팔면 되었다. 하지만 못하였다. 그래도 나
는 대부가 아니냐? 대부가 걸어 다닐 수야 없지 않은가?" 이 대답에
안로는 무색하였을 것이다. 여기서 우리는 자기의 의사를 분명히 밝
히는 태도를 배워야 한다. 대개 거절을 해야 함에도 이를 분명히 밝히
지 못하여 뒤에 말썽의 소지를 남기는 경우를 많이 본다.

8. 顔淵 死   子曰 噫   天喪予   天喪予

안연 사하니 자왈 희라. 천상여로다. 천상여로다.

<주석>

噫 : 아파 지르는 소리이다.

天喪予 : 주희가 말하기를 "애도하는 말을 전할 수가 없어 마치 하늘
　　이 자기를 죽이는 것 같다고 함이다." 하였다.

<번역>

안연이 죽으니 공자께서 말씀하셨다.

"아, 하늘이 나를 망치는구나. 하늘이 나를 망치는구나."

<묵상>

촉망하던 제자의 죽음, 그 스승은 너무도 아파한다. 그리하여 하늘
을 원망한다. 이런 스승이 된다면…, 나는 참 부끄럽다.

9. 顔淵 死   子哭之慟   從者曰 子慟矣

안연 사하니 자곡지통이라 종자왈 자통의로소이다,

曰 有慟乎   非夫人之爲慟   而誰爲

왈 유통호아 비부인지위통이면 이수위리오.

<주석>

慟 : 悲痛이다.

夫人 : 이 사람이다. 안연을 가리킨다.

<번역>

안연이 죽으니 공자께서 곡하심이 비통하셨다. 종자가 말하기를

"스승님께서 비통해 하셨습니다." 하니 가로대 "통곡함이 있었는가? 이 사람을 위해 비통해 하지 않으면 누구를 통곡하리오?" 하셨다.

〈묵상〉

제자의 죽음에 통곡을 하시는 스승의 그 마음이 부럽다. 얼마나 사랑하셨기에 그러하였을까? 나는 누구를 위해 이렇게 통곡을 하여 본 일이 있는가?

10. 顔淵 死　門人欲厚葬之　子曰 不可　門人厚葬之
안연　사하니 문인욕후장지라. 자왈 불가라. 문인후장지라.

子曰 回也視予猶父也　予不得視猶子也
자왈　회야시여유부야어늘 여부득시유자야라.

非我也　夫二三子也
비아야요 부이삼자야로다.

〈주석〉

門人欲厚葬之 : 喪具는 집안 형편에 따라 알맞게 하여야 한다. 가난하면서도 후하게 치름은 예가 아니다. 그러므로 공자께서 이를 말리셨다. 之는 안연을 가리킨다.

夫二三子也 : 문인을 가리킨다. 夫는 彼이다.

〈번역〉

안연이 죽으니 문인들이 후하게 장례하고자 하였다. 공자께서 "不可"라 하셨다. 그러나 문인들이 후하게 장례를 치렀다.

공자께서 말씀하셨다.

"회는 나 보기를 아버지같이 하였다. 나는 아들같이 보지 못하였다.

내 잘못이 아니다. 저 몇 놈들 때문이다."

〈묵상〉

情에 이끌리지 않고 正道를 걷는 성인의 모습을 본다. 그렇게도 아끼던 제자 안회인데도 그를 후하게 장례 치름은 반대하셨다. 왜? 집 형편에 맞게 하는 게 도리이기 때문이다. 그리하여 자기 아들처럼 소박하게 장례 치르지 못한 책임이 자기에게 있는 게 아니고 몇 철없는 아이들에게 있다는 것이다. 자기 형편에 맞게 길흉사를 치르는 것이 바른 예의이다. 그런데도 이 제자들마저 스승의 뜻을 어그러지게 하니 허례허식의 폐단은 참으로 오랜 전통을 가졌다 할 것이다. 또 고치기도 그렇게나 어려운 것이다.

11. 季路 問事鬼神　子曰 未能事人　焉能事鬼

계로 문 사 귀 신 하니 자 왈 미 능 사 인 인데 언 능 사 귀 리오?

敢問死　曰 未知生　焉知死

감 문 사 하니 왈 미 지 생 인데 언 지 사 리오?

〈주석〉

問事鬼神 : 귀신 섬기는 도리를 물었다. 하늘을 대하여는 神이라 하고, 사람에게 돌아옴은 鬼라 한다.

〈번역〉

계로가 귀신 섬김에 대하여 물었다.

공자께서 말씀하셨다.

"능히 사람도 섬기지 못하는데 어찌 귀신을 섬기랴?"

"감히 죽음에 대하여 묻습니다."

대답하셨다.

"삶도 알지 못하는데 어찌 죽음을 알랴?"

〈번역〉

절실한 물음에 대하여 공자의 솔직한 대답이다. "신과 죽음", 예로 부터 인간의 원초적인 의문이다. 이에 대하여 알고 싶어 한다. 그러나 안타깝게도 성인 공자도 알지 못하였다. 그래서 솔직히 모른다고 하 셨다. 그러나 그런 문제보다 당장 눈앞에 절실한 사람에 대한 문제, 삶에 대한 문제에 관심을 가지라고 충고한다. 그렇다, 이게 정답이다. 신과 죽음은 종교의 영역이지 인간 두뇌의 영역은 아니다. 그러기에 공자도 모르는 것이다. 이에 대하여 아는 종교인은 어쩌면 공자보다 더 위대한 깨우침을 가진 사람일 것이다.

12. 閔子侍側　誾誾如也　子路　行行如也

민자시측에　은은여야하고　자로는　행행여야하며

冉由 子貢　侃侃如也　子樂　　若由也 不得其死然

염유　자공은　간간여야라.　자락하시다.　약유야　부득기사연이라.

〈주석〉

行行如也 : 굳센 모습.

不得其死然 : 然은 정해지지 못한 말이다. 자로는 굳세어 아마 그 죽 음이 자연스럽지 못할 것이다. (제 명대로 못 살리라. 臥席 終身 못하리라.) 그 후 자로는 과연 위 나라 孔悝의 난에 죽었다.

〈번역〉

민자건이 옆에서 모심에 공손하였고 자로는 굳세었으며 염유와 자공은 화락하였다. 공자께서 즐거워 하셨다. 말씀하셨다. "저 由같은 놈은 그 죽음이 자연스럽지 못하리라."

⟨묵상⟩

좋은 제자를 둠은 행복이다. 그러나 그 제자 가운데 너무 건강하여 와석종신 못할 것 같으므로 불안하셨다. 그래서 "너 그러면 제 명에 못 죽는다."고 경고하였건만 그는 끝내 내전에 휘말려 죽었다. 그 성격은 그 자신도 스승도 어쩌지 못하였다. 이렇게 성격이 운명을 결정하는 수가 많다. 그 스승, 그 죽음을 얼마나 슬퍼하였으랴. 일찍 스승의 경고를 듣고 조금만 더 자기 기질을 죽였더라면….

13. 魯人　爲長府　閔子騫曰 仍舊貫如之何　何必改作
노인이 위장부어늘 민자건왈 잉구관여지하오? 하필개작이리오?

子曰 夫人不言　言必有中
자왈 부인불언이언정 언필유중이라.

⟨주석⟩

長府 : 府藏의 이름. 貨財를 감추는 곳을 府라 한다.

仍舊貫 : 舊制를 그대로 따름과 같은 말이다.

夫人 : 민자건을 가리킨다.

⟨번역⟩

노 나라 사람들이 長府를 다시 지으니 민자건이 말하기를 "그대로 하면 어떤가? 하필 새로 짓는가?" 하였다. 공자께서 말씀하셨다.

"저 사람은 말을 아니 할지언정 말하면 꼭 들어맞는다."

"不言 言必有中" 참 귀하다. 말하지 않음이 좋다. 그러나 꼭 해야할 말은 반드시 정곡을 찔러야 한다. 그러나 이게 어디 그리 쉬우냐? 그러므로 범인들은 그저 입을 다무는 게 상책이다.

14. 子曰 由之瑟   奚爲於丘之門   門人 不敬子路

자왈 유지슬을 해위어구지문인가? 하니 문인이 불경자로라.

子曰 由也 升堂矣   未入於室也

자왈 유야 승당의이나 미입어실야니라.

〈주석〉

由之瑟 : 瑟은 악기의 이름. 馬融이 말하기를 "자로가 악기를 탐은 雅頌에 맞지 않았다."고 하였다. 주자가 家語를 인용하여 말하기를 "자로가 악기를 탐에 북쪽 야비한 살기가 있었다."고 하였다. 그 소리가 不中和 함을 말한다.

奚爲 : 何爲.

升堂矣未入室 : 먼저 門에 들어가고 다음 堂에 들어가고 마지막으로 室에 들어간다. 학문을 하는 層次를 표시한다. 도에 들어가는 차례를 비유한다. 이미 正大 高明의 지역에는 들어갔으나 아직 정미한 곳에는 깊이 못 들어갔음을 말한다.

〈번역〉

공자께서 말씀하셨다.

"유는 비파를 왜 나의 집에서 타는고?" 문인들이 자로를 존경하지 않았다.

공자께서 말씀하셨다.

"유는 堂에는 올랐는데 아직 방(室)에는 들지 못하였다."

〈묵상〉

由는 子路이다. 자로는 무인 기질이 있는 제자이다. 그런 그가 비파를 탐에 그 소리가 조화롭지 못하였다. 이에 이를 들은 공자가 나무랄 겸 하신 말씀이다. 그런데 이 말을 들은 그는 얼마나 부끄러운지 그만 7일간이나 밥을 먹지 못하였다고 한다. 그런데 또 공자의 말씀을 들은 제자들은 자로를 공경하지 않게 되었다. 자로는 공자보다 9살 아래였으니 제자 가운데는 아주 선배이다. 그럼에도 공자의 이 말씀으로 자로를 우습게 여기는 것이다. 이에 다시 공자가 자로를 칭찬하는 말씀을 하신다. 곧 그는 이미 堂에는 올랐다는 것이다. 그러니 아직 당에 오르지 못한 그들로서는 다시 자로를 공경하지 않을 수 없게 된 것이다.

스승의 아량, 되지 못한 악기를 타는 제자를 나무라기도 하지만 또한 어루만져 키워주는 슬기, 참으로 돋보이는 솜씨이다. 그리고 스승의 꾸지람에 7일간이나 밥을 먹지 않고 자중하는 제자의 겸손. 그 스승에 그 제자. 부럽다.

15. 子貢　問　師與商也 孰賢

자공이 문하되 사여상야 숙현이니이까?

子曰 師也過　商也不及　曰 然則 師愈與

자왈 사야과하고 상야불급이라. 왈 연즉 사유여니이까?

子曰 過猶不及

자왈 과유불급이니라.

師 : 공자 제자, 潁孫師(영손사). 자는 子張. 자장은 재주가 높고 뜻이 넓어서 어려운 일을 잘하였다. 고로 늘 중도를 넘었다.

商也不及 : 상은 공자 제자 卜商이다. 자는 子夏이다. 자하는 篤信 謹守하나 규모가 좁다. 그러므로 늘 미치지 못하였다.

愈 : 이김(勝)이다.

過猶不及 : 다 같이 중도를 얻지 못함을 말한다. 그러기에 다 같이 中庸의 도에 합하지 못한다.

〈번역〉

자공이 물었다.

"사와 상은 누가 더 어집니까?"

공자께서 말씀하셨다.

"사는 지나치고 상은 미치지 못하였다." 다시 물었다. "그렇다면 사가 더 낫습니까?"

말씀하셨다.

"지나침이나 미치지 못함이나 다 같다."

〈묵상〉

過猶不及. 그렇다. 실은 세상일이란 過가 저지르는 결과가 不及이 저지르는 결과보다 더 엄청나게 큰 경우가 많다. 불급은 제 하나로 그치나 과는 여러 사람에게 피해를 주는 일이 많기 때문이다.

16. 季氏富於周公　　而求也爲之聚斂　　而富益之

계 씨 부 어 주 공 이어늘 이 구 야 위 지 취 렴 하여 이 부 익 지 한대

子曰 非吾徒也   小子   鳴鼓而攻之   可也
자왈 비오도야_라. 소자_야, 명고이공지_{함이} 가야_{니라}.

〈주석〉

　季氏 : 魯나라 신하, 諸侯의 卿이다. 노 나라의 시조인 周公旦의 후예
　　　이다. 주 왕실을 세습한 공작인데 王朝에 머물렀다.

　求也爲之聚斂而富益之 : 冉求가 계씨의 宰가 되어 그를 위하여 세금
　　　을 더 많아 내게 하였음을 말한다. 취렴은 거두어들임이다.

　鳴鼓而攻之 : 그 죄를 성토함을 말한다.

〈번역〉

　계씨가 주공보다도 더 부하여졌다. 그럼에도 염구는 그를 위해 취
렴하여 더욱 부하게 하였다. 공자께서 말씀하셨다.

　"내 제자가 아니다. 얘들아, 북을 쳐 그를 성토함이 옳다."

〈묵상〉

　어느 시대 어느 나라를 막론하고 취렴하는 자들은 있었던 모양이
다. 이들을 성토함은 지식인들의 책임이다. 이를 묵인하는 것은 오히
려 협조하는 것이다. 그러므로 난세에 지식인 처신이 어려운 것이다.
우리나라 현대사를 보건대도 올바른 지식인이 얼마나 있었던가? 독재
정권에 얼마나 저항하였던가? 그러나 아부한 지식인 또한 얼마나 많
았던가?

17. 柴也愚　　參也魯　　師也辟　由也喭
　시야우_{하고} 삼야로_{하며} 사야벽 유야언_{하니라}.

柴也愚 : 柴는 성이 高이고 이름은 柴이며 자는 子羔(자고). 공자 제자
이다. 愚는 愚直함이다.

魯 : 遲鈍함이다.

辟 : 便辟이다. 그 일함이 밖으로 스스로 높여서 편벽됨에 흐름을 말
한다.

喭 : 粗俗이다. 鹵莽(로망), 거칢이다.

〈번역〉

柴는 우직하고, 參은 지둔하고, 사는 편벽되고 유는 거칠다.

〈묵상〉

제자들의 단점을 정확히 지적하여 주었다. 사람은 다 장, 단점을
가지고 있다. 장점이 도리어 단점이 되기도 하고 단점이 도리어 장점
이 되는 수도 있는 것이다.

18. 子曰 回也 其庶乎   屢空   賜不受命   而貨殖焉
자왈 회야 기서호나. 누공이로다. 사불수명이나 이화식언이라.

億則屢中
억즉루중이니라.

〈주석〉

庶 : 가까움, 庶幾이다. 聖道에 거의 가까움을 말한다.

屢空 : 자주 궁핍에 다다랐음이다.

不受命 : 祿을 받지 않음을 말한다.

貨殖 : 貨財生殖. 오늘의 장사와 같다.

億 : 추측이다.

〈번역〉

공자께서 말씀하셨다.

"回는 거의 聖道에 가까웠으나 자주 궁핍하였다. 賜는 祿을 받지 않고서도 貨殖을 함에 추측이 자주 맞았다."

〈묵상〉

위에서 네 제자에 대하여 촌평을 하시고 다시 이어 두 제자에 대하여 말씀하신다. 回는 거의 聖道에 가까워졌다고 하셨다. 그리하여 후세에 안회를 亞聖이라고 부른다. 그러나 너무 가난하였다. 이를 안타깝게 여기는 것이다.

다음 賜에 대하여는 해석이 두 가지다. 위의 해석은 긍정적이다. 命을 祿으로 본 것이다. 그러니 곧 봉록을 받지 않고도 돈을 잘 번다는 것이다. 그럼 이는 칭찬이다. 그러나 반대의 해석이 있다. 命을 天命으로 보는 것이다. 그럼 완전히 부정적이 된다. 곧 천명을 거슬러 돈을 벌었다는 것이다. 아마 당시의 정황으로는 이 설이 더 맞을는지도 모른다. 그러나 오늘날의 기준으로는 전설이 더 설득력이 있는 것이다. 사실 賜, 곧 子貢은 실리주의자로 가난한 가운데서도 장사를 잘하여 부를 누렸다.

19. 子張　問善人之道　子曰　不踐迹　亦不入於室

자장이 문선인지도한대 자왈 불천적이면 역불입어실이니라.

〈주석〉

善人 : 바탕은 아름다우나 배우지 못한 사람이다.

不踐迹亦不入於室 : 옛 자취를 밟지 않고는 또한 성인의 오묘한 방에
　는 들어가지 못하는 것을 말한다.

〈번역〉

　　자장이 善人의 도를 물었다. 공자께서 말씀하셨다.

　　"옛날의 자취를 밟지 않고는 또한 방에는 못 들어간다."

〈묵상〉

　　여기서 "善人之道"에 대한 번역상의 문제가 있다. 앞에서처럼 그냥
"善人의 道"로 보느냐 하는 것과 달리 "남을 선하게 하는 道"로 보느냐
하는 것이다. 이러면 해석이 완전 달라지게 된다. 아마 이 해석이 더
설득력 있지 않을까 한다. 왜냐하면 그들은 늘 治民에 관심을 가졌기
때문이다.

20. 子曰 論篤　是與　　君子者乎　色莊者乎
　　자왈 논독이면 시여인가? 군자자호아? 색장자호아?

〈주석〉

　　論篤是與 : 언론이 독실한 자를 稱許함이다. 與는 칭허, 허락함이다.
　　色莊者 : 곧 얼굴이 맑으며 마음이 부드러운 사람

〈번역〉

　　공자께서 말씀하셨다.

　　"말이 독실하면 이를 허락하는가? 군자인가? 색장자인가?"

〈묵상〉

　　말만으로는 안 된다는 것이다. 행동을 지켜보아야 한다. 그러나 우
리는 많은 경우 그의 말로 그를 믿는 경우가 많다. 그러나 세상에는

말은 그럴 듯하면서도 실은 그렇지 못한 사람이 너무나 많다. 사기일
수록 말은 더 독실하다.

21. 子路問　　聞斯行諸　　子曰 有父兄在
　　자로문_{하되} 문사행저_{이까}? 자왈 유부형재_{하니}

　　如之何 其聞斯行之
　　여지하 기문사행지_{리오}?

　　冉有 問　　聞斯行諸　　子曰 聞斯行之
　　염유 문_{하되} 문사행저_{이까}? 자왈 문사행지_{니라}.

　　公西華曰 由也 問　　聞斯行諸　　子曰 有父兄在
　　공서화왈 유야 문_{하되} 문사행저_{이까}? 자왈 유부형재_라 _{하시고}

　　求也問　　聞斯行諸　　子曰 聞斯行之
　　구야문_{하되} 문사행저_{이까}? 자왈 문사행지_라 _{하시니}

　　赤也 惑　　敢聞　　子曰 求也退
　　적야 혹_{하야} 감문_{이로소이다}. 자왈 구야퇴_라.

　　故進之　　由也兼人　　故退之
　　고진지_{하고} 유야겸인_{이라} 고퇴지_{니라}.

〈주석〉

　　聞斯行諸 : "의를 들으면 곧 이를 행합니까?"라는 말이다. 斯는 此, 이
　　　　것이다. 의를 들음을 가리킨다. 諸는 之乎이다.
　　退 : 두려워 앞으로 나아가지 못함을 말한다. 鄭鉉이 말하기를 "염유
　　　　는 성격이 謙退하였다."고 하였다.
　　兼人 : 남을 이김을 말한다.

〈번역〉

　　자로가 물었다. "의를 들으면 곧 이를 행해야 합니까?"

　　공자께서 말씀하셨다.

　　"아버지가 계시고 형님이 있는데 어찌 그것을 듣는다고 곧 행하겠느냐?"

　　염유가 물었다. "의를 들으면 곧 이를 행해야 합니까?"

　　공자께서 말씀하셨다.

　　"그것을 듣거든 곧 행하라."

　　공서화가 말하였다. "由가 '의를 들으면 곧 행해야 합니까?' 하고 물을 때에는 선생님께서 '아버지가 계시고 형이 있는데.'라고 하시고 求가 '의를 들으면 곧 행해야 합니까?' 하고 물을 때에는 선생님께서 '의를 들으면 곧 행하라.'고 하시니 저는 의혹되어 감히 묻습니다." 공자께서 말씀하셨다.

　　"求는 물러난다. 그러므로 나아가게 하였고 由는 남을 이긴다. 그러므로 물러나게 하였다."

〈묵상〉

　　공자의 놀라운 교육 방법이다. 개인의 자질과 성격에 따라서 그에 알맞게 가르치시는 것이다. 너무 소극적인 사람에게는 그를 나아가게 하고 또 너무 진취적인 사람에게는 그를 조금 물러나게 한다. 교육에서 한 가지 절대 원칙이란 없다.

22. 子畏於匡　　顔淵後　　子曰 吾以爲死矣
　　자 외 어 광 하실새 안 연 후 러니 자 왈 오 이 위 사 의라 하니

344　논어 묵상

曰 子在　回也 何敢死
왈 자재_{신대} 회야 하감사_{리오}?

〈주석〉

後 : 일행을 잃고서 뒤에 있음.

何敢死 : 감히 가볍게 싸우다 죽음을 말한다.

〈번역〉

공자께서 광에서 어려움을 당하셨다. 안연이 뒤쳐졌다. 공자께서 말씀하셨다.

"나는 네가 죽은 줄 알았다." 안연이 말하였다. "선생님이 계시는데 제가 어찌 감히 죽습니까?"

〈묵상〉

광에서 陽虎로 오인되어 봉변을 당할 때의 일이다. 안연이 보이지 않게 되자 걱정하던 스승이 그가 나타나자 반가워하신 말씀에 대한 안회의 답변이다. 師弟間의 돈독한 정이 넘쳐난다. 그러나 인간의 壽命이란 마음대로 못하는 것. 그 큰소리치던 안회가 그만 병에 걸려 먼저 죽었다. 그 스승이 얼마나 애통해 하셨던가? 그러므로 부모 앞서 죽는 것이 가장 큰 불효요, 부모 앞에서 앓는 것 역시 불효인 것이다. 하지만 자기 뜻대로 못하니 여기 인간의 한계가 있고 命이란 것도 있는가 보다.

23. 季子然　問　仲由 冉求　可謂 大臣與
계자연_이 문_{하되} 중유 염구_는 가위 대신여_{이까}?

子曰 吾以子爲 異之問   曾由與求之問
자왈 오이자위 이지문이러니 증유여구지문이로다.

所謂 大臣者 以道事君   不可則止
소위 대신자는 이도사군하다가 불가즉지하나니

今由與求也 可謂具臣矣
금유여구야는 가위구신의니라.

曰 然則 從之者與   子曰 弑父與君   亦不從也
왈 연즉 종지자여이까? 자왈 시부여군에는 역부종야니라.

〈주석〉

　季子然 : 季氏의 子弟이다. 계씨가 子路와 冉求를 얻어 家臣을 삼았으
　　　므로 물었다.

　異之問 : 이상한 질문을 말한다. 異는 非常이다.

　曾 : 乃이다.

　具臣 : 숫자나 채우는 신하이다.

〈번역〉

　계자연이 여쭈었다. "중유와 염구는 가히 대신이라 말할 수 있습니
까?"

　공자께서 말씀하셨다.

　"나는 당신이 남다른 질문을 하리라 생각하였는데 중유와 염구에
대한 질문이군요.

　이른바 대신이란 도로써 임금을 섬기다 되지 않으면 그칩니다. 지
금 유와 구는 具臣이지요." "그렇다면 그저 따르는 자입니까?"

　공자께서 말씀하셨다.

　"아비나 임금을 죽이는 일에는 또한 따르지 않을 겁니다."

<묵상>

愚問賢答이다. 계씨 집안은 임금이 아니다. 집권자일 뿐이다. 그럼에도 그는 임금인 양 행세를 하면서 자기 家臣을 일컬어 大臣 운운하며 묻는 것이다. 이에는 당신의 제자를 신하로 두었다는 자랑도 은근히 담겼다. 이에 대한 공자의 대답은 자못 의미심장하다. 먼저 당신의 질문이 고작 그것이냐고 누른 다음 대신이란 도로써 임금을 섬기다 안 되면 물러나는 법인데 그들은 그저 자리나 지키는 정도일 뿐이라고 답변하신다. 그러니 그들은 임금이 아닌 당신을 그렇게 도로써 섬길 수가 없다는 것이다. 이에 대하여 계자연은 그들의 능력이 그렇다는 줄 알고서 그러면 그저 명령에 잘 복종만 하는 그런 신하이냐고 다시 묻는다. 이에 대하여도 공자님은 아주 놀라운 답변을 하신다. 그래도 그들이 아비를 죽이거나 임금을 죽이는 그런 일에는 따르지 않을 것이라 하는 것이다. 言中有骨, 그들을 부도덕한 일에 부리지 말라는 경고가 숨어 있는 것이다.

24. 子路使子羔 爲費宰 子曰 賊夫人之子
   자로사자고로 위비재하니 자왈 적부인지자로다.

   子路曰 有民人焉 有社稷焉
   자로왈 유민인언하며 유사직언하니

   何必讀書然後 爲學 子曰 是故 惡夫佞者
   하필독서연후라야 위학이리까? 자왈 시고로 오부녕자니라.

<주석>

賊夫人之子 : 배움이 성숙하지 못하였는데 그로 하여금 재를 삼으면

바로 그를 해치는 것이라는 말이다. 賊은 해침이다.

夫人之子 : 자고가 아직 어림을 가리킨다.

惡 : 싫어함이다.

佞 : 말재주. 이치가 약하고 말이 궁하면 말재주로 방어함을 말하는
    것이다.

〈번역〉

　　자로가 자고로 하여금 費의 宰로 삼고자 하였다. 공자께서 말씀하
셨다.

　　"남의 자식을 해치려 하는구나."

　　자로가 말하였다. "백성이 거기 있고 사직이 있습니다. 하필 독서를
하여야만 배운다 하겠습니까?" 공자께서 말씀하셨다.

　　"이런 까닭에 말재주 부리는 놈을 미워한다."

〈묵상〉

　　子羔는 전도가 유망한 청년이다. 아직 더 배우고 자라야 한다. 그런
데 자로가 그를 季氏家의 家臣으로 삼고자 하는 것이다. 이에 공자가
남의 자식 버린다고 극력 반대한다. 이에 자로가 "꼭 독서만이 배움입
니까? 거기 백성도 있고 사직도 있으니 현장에서 배우는 것도 배움이
아닙니까?" 하고 대드는 것이다. 이 말에 궁해진 공자, "이 때문에 나
는 말 잘하는 놈 싫어한다."고 대답하는 것이다.

　　사실 자로의 말이 일리가 있다. 학문은 독서에만 있는 건 아니다.
현장에서 더 많이 배울 수도 있다. 또 현장에서 배워야만 옳은 지식이
될 수 있다. 그러나 아직 성숙하지 못한 상태에서 현장에 나가면 그
현장의 단맛에 취하여 망치는 수가 많다. 현장은 언제나 추하고 악한
곳이 많기 때문이다. 그래서 사람을 망치는 수가 많다. 더구나 계씨
가문은 그렇게 좋은 가문만은 아닌 것이다.

오늘날도 같다. 일찍이 관계나 정치판에 끼어들었다가 망치는 사람
이 많지 않은가?

25. 子路　曾晳　冉有　公西華　侍座
자로와 증석과 염유와 공서화가 시좌하니

子曰 以吾一日長乎爾　毋吾以也　　居則曰 不吾知也
자왈 이오일일장호이나 무오이야하라. 거즉왈 불오지야라 하니

如或知爾　則何以哉
여혹지이면 즉하이재아?

子路 率爾而 對曰 千乘之國　攝乎大國之間　　加之以師旅
자로 솔이이 대왈 천승지국이 섭호대국지간하야 가지이사려요.

因之以饑饉　　由也爲之　比及三年　　可使有勇
인지이기근이거든 유야위지면 비급삼년하야 가사유용이요.

且知方也　　　夫子哂之
차 지방야로소이다. 부자신지하시다.

求 爾何如
구 이하여아?

對曰 方六七十　如五六十　求也爲之　比及三年
대왈 방육칠십과 여오륙십에 구야위지면 비급삼년하여

可使足民　　如其禮樂　以俟君子
가사족민이라. 여기예악엔 이사군자리이다.

赤 爾何如
적 이하여아?

對曰 非曰能之　願學焉　宗廟之事　如會同
대왈 비왈능지라. 원학언이라. 종묘지사와 여회동에

端章甫　願爲小相焉
단장보로 원위소상언하나이다.

點　爾何如
점 이하여아?

鼓瑟希　鏗爾舍瑟而作　對曰 異乎三子者之撰
고슬희러니 갱이사슬이작하여 대왈 이호삼자자지찬이다.

子曰 何傷乎　亦各言其志也
자왈 하상호아? 역각언기지야니라.

曰 莫春者　春腹旣成　冠者五六人　童子六七人
왈 모춘자에 춘복기성이어든 관자오륙인과 동자륙칠인으로

浴乎沂　風乎舞雩　詠而歸
욕호기하고 풍호무우하여 영이귀리라.

夫子 喟然歎曰 吾與點也
부자 위연탄왈 오여점야하노라.

三子者出　曾晳後　曾晳曰 夫三子者之言　何如
삼자자출에 증석후러니 증석왈 부삼자자지언이 하여오?

子曰 亦各言其志也已矣
자왈 역각언기지야의의니라.

曰 夫子　何哂由也　曰 爲國以禮　其言不讓
왈 부자는 하신유야니까? 왈 위국이례인데 기언불양이라.

是故　哂之
시고로 신지라.

唯求則非邦也與

유구즉비방야여 _{이까}?

유 구 즉 비 방 야 여 이까?

安見方六七十　如五六十　而非邦也者

안 견 방 육 칠 십 과　여 오 륙 십　이 비 방 야 자 리오?

唯赤則非邦也與

유 적 즉 비 방 야 여 이까?

宗廟會同　非諸侯而何　　赤也爲之小　孰能爲之大

종 묘 회 동 이　비 제 후 이 하 리오?　적 야 위 지 소 면　숙 능 위 지 대 리오?

〈주석〉

曾晳：姓은 曾, 이름은 點, 曾參의 아버지. 공자의 제자.

以吾一日長乎爾：내 비록 나이가 너희보다 조금 많다는 말이다.

毋以吾也：너희들이 내 나이 많다고 말하기 어려워하지 말라는 말이다.

居：平居, 平日.

何以哉：장차 무엇을 하겠느냐는 말이다.

率爾：가벼운 모습이다.

攝：협박.

師旅：침벌하는 일에서 옛날에 2,500명을 師라 하고 500명을 旅라 하였다.

因：仍, 연접.

饑饉：饑荒 곡식이 익지 않음을 饑라 하고 채소가 익지 않음을 饉이라 한다.

比及：將及이다.

哂：미소.

如：或也.

足民 : 백성으로 하여금 부하고 족하게 함이다.

俟 : 기다림.

宗廟之事 : 제사를 말한다.

會同 : 제후가 서로 만남이다. 제후가 때로 만남을 會, 자주 만남을
同이라 한다.

端章甫 : 端은 검은 끝. 고대 예복, 甫는 고대 예모.

小相 : 相은 擯相. 임금의 예를 돕는 사람, 小라고 함은 겸사이다.

希 : 거문고 소리가 드물게 되어 끊어짐을 말한다.

鏗爾 : 거문고를 던지는 소리.

舍瑟而作 : 사는 버림이다. 거문고를 밀고 일어섬을 말한다.

撰 : 具(갖춤)이다. 갖춘 바의 뜻이다.

莫春 : 곧 暮春이다. 음력 삼월이다.

春服 : 간단한 옷, 좁은 옷.

冠者 : 옛날 남자 20세면 冠을 하였다. 성년이 된 사람을 말한다.

浴乎沂 : 기수의 물에서 목욕함을 말한다. 욕은 씻음이다. 낯을 씻고
손을 씻음이다.

風乎舞雩 : 무우의 아래에서 바람 쏘임을 말한다. 풍은 서늘함을 탐이
다. 오늘의 바람 쏘임이다.

舞雩 : 지명. 기우제를 지내던 곳이다. 풍광이 아름다워 노 나라의 풍
경구가 되었다. 가히 놀만한 곳이다.

詠 : 歌詠 노래함이다.

與 : 찬동함이다.

赤也爲之小孰能爲之大 : 孔安國이 말하기를 "赤이 겸손히 말하여 小
相이라 하였는데 누가 능히 大相이라 하겠는가?" 하였다.

자로, 증석, 염유, 공서화가 모시고 섰는데 공자께서 말씀하셨다.

"내가 나이 조금 더 많다고 나를 어려워하지 말아라. 평소 나를 알아주지 않는다 하였는데 만약 너희를 알아준다면 무엇을 하겠는가?"

子路가 불쑥 대답하여 말하였다. "천승의 나라가 대국의 사이에 끼었는데 군대의 침입을 받고, 이로 인하여 기근이 심하여도 제가 다스린다면 삼년에 미쳐서는 가히 용감하게 하고 또 방책을 알도록 하겠습니다."

공자께서 웃으셨다.

"求야, 너는 어떻게 하겠느냐?"

대답하였다. "方 육칠십리 혹은 오륙십리를 제가 다스린다면 삼년만에 가히 백성을 족하게 하겠습니다. 禮樂에서는 군자를 기다리겠습니다."

"赤아. 너는 어떻게 하겠느냐?"

대답하였다. "능히 하겠다고는 못하나 배우기를 원합니다. 종묘의 제사 지내는 일과 제후들 회합 때에 예복과 예모를 갖추고 보좌하는 小相이 되겠습니다."

"點아 너는 어떻게 하겠느냐?"

타던 거문고를 가늘게 하더니 소리 나게 멈추고 거문고를 밀치고 일어나 대답하였다.

"세 사람의 생각과 다릅니다."

"뭐 어떠냐? 각기 제 뜻을 말한 것이다."

대답하였다. "늦은 봄에 봄옷을 만들어 입고 관자 오륙인과 동자 육칠인과 기수에서 목욕하고 무우에서 바람 쏘이고 읊으면서 돌아오고자 합니다."

스승께서 길이 탄복하시며 말씀하셨다. "나는 점에게 찬동한다."

세 사람이 나가자 증석이 뒤쳐져 말하였다.

"저 세 사람의 말이 어떠합니까?"

공자께서 말씀하셨다.

"각각 자기의 뜻을 말하였을 뿐이다."

"선생님은 왜 由에게 웃으셨습니까?"

"나라를 禮로써 다스린다고 하면서 그 말이 불손하니 이 까닭에 웃었다."

"求의 말은 나라가 아닙니까?"

"方이 육칠십리요, 혹 오륙십리인데 어찌 나라가 아니겠느냐?"

"赤의 말은 나라가 아닙니까?"

"宗廟 會同이라 하였으니 제후가 아니라면 무엇이겠는가? 赤이 거기서 小相을 하겠다면 누가 능히 大相을 하랴?"

〈묵상〉

《논어》 가운데 가장 긴 章이다. 세 사람의 제자가 다 각각 자기의 포부를 말한다. 두 사람은 나라를 다스리고 싶다는 욕망을 솔직히 말하는데 點(曾晳)만은 한가로운 생활을 얘기한다. 스승은 점에게 동감을 표시한다.

이들의 꿈이 이루어질까? 다 꿈일 뿐이었다. 스승도 제자도 다 그랬다. 오늘날도 그렇다. 꿈이란 게 하고 싶다고 이루어지는 게 아니다. 인간은 꿈을 꾸지만 성패 여부는 자기 몫이 아니다. 그러나 다만 그 꿈을 이루고자 성실히 노력하는 삶이 위대한 것이다.

顔淵　第十二

1. 顔淵問仁

안연문인하니

子曰 克己復禮 爲仁 一日克己復禮 天下歸仁焉

자왈 극기복례가 위인이니 일일극기복례면 천하귀인언하나니

爲仁 由己 而由人乎哉

위인은 유기요 이유인호재아

顔淵曰 請問其目 子曰 非禮勿視 非禮勿聽

안연왈 청문기목하나이다. 자왈 비례물시하고 비례물청하며

非禮勿言 非禮勿動

비례물언하며 비례물동이니라.

顔淵曰 回雖不敏 請事斯語矣

안연왈 회수불민이나 청사사어의리이다.

〈주석〉

克己 : 자기 몸의 사욕을 이김이다.

復禮 : 예절을 실천하여 행함을 말한다. 禮는 天理의 節文이다.

仁 : 本心의 全體. 그러므로 인을 행하는 자는 반드시 사욕을 이기고
   예를 실천하여야 한다. 본심의 덕을 회복함은 나에게 있다.

歸仁 : 一日 극기복례면 천하의 사람이 다 그 인에 돌아옴을 말한다.
   極言하건대 그 효과가 심히 빠르고 지극히 큼을 말한다. 歸는 줌
   이다. 허락함의 뜻이다.

目 : 조목이다.

勿 : 금지의 말이다.

請事斯語 : 이 말씀을 공경스럽게 받들어 반드시 이를 행함이다.

〈번역〉

안연이 인을 질문하였다 공자께서 말씀하셨다.

"자기를 이기고 예로 돌아감이 곧 인이 되는 것이니 하루 극기복례면 천하가 인에게로 돌아갈 것이다. 인을 이룸은 자기를 말미암는 것이요 남을 말미암으리오."

안연이 말하였다. "청컨대 그 조목을 여쭙니다."

공자께서 말씀하셨다.

"예가 아니면 보지 말고 예가 아니면 듣지 말며 예가 아니면 말하지 말며 예가 아니면 행동하지 말라."

안연이 말하였다. "제가 비록 불민하오나 이 말씀을 받들어 실천토록 하겠습니다."

〈묵상〉

克己復禮, 소인들은 감히 엄두를 못 낼 차원의 경지인가? 그렇기도 하지만 또한 그렇지 않기도 하다. 큰 사람은 큰 일에 극기복례하지만 평인들은 그저 사소한 일상생활 가운데에서도 늘 극기하고 복례를 하는 경우가 많은 것이다. 복잡한 버스 가운데에서 나도 피곤하지만 노약자에게 자리를 양보해 드리는 것도 훌륭한 극기복례요, 한 끼 굶으면서도 자선냄비에 1000원 지폐 한 장 넣는 것도 다 극기복례인 것이다. 우리는 항상 공자의 말씀을 너무 고차원의 말씀으로만 수용하기에 오히려 그 뜻을 저버리고 그 심오한 사상을 피안의 세계로 보내는 우를 범한다. 그렇지 않다. 그 말씀은 늘 우리 곁에서 우리 사소한 삶에 실천되어질 윤리요 지혜이다. 그리고 이를 늘 스스로 하고자 해야지 남을 의식하여 하고자 하면 안 된다. 어디까지나 스스로를 말미암는 것이다.

2. 仲弓　問仁　子曰 出門　如見大賓
중궁이 문인하니 자왈 출문에 여견대빈하고

使民　如承大祭　己所不欲　勿施於人
사민에 여승대제하며 기소불욕을 물시어인이니

在邦無怨　在家無怨　　仲弓曰 雍雖不敏　請事斯語矣
재방무원하며 재가무원이니라. 중궁왈 옹수불민이나 청사사어의리이다.

〈주석〉

大賓 : 公侯의 손님.

承 : 承奉, 承當이다.

大祭 : 郊禘의 제를 가리킨다.

己所不欲勿施於人 : 자기가 하기 싫은 일을 남에게 시키지 말라. 곧
　　恕道이다. 자기에게 다함을 忠이라 하고 자기를 미루어 남에게
　　다함을 恕라 한다.

在邦 : 제후의 나라에 있음이다.

在家 : 卿이나 大夫의 집에 있음이다.

〈번역〉

중궁이 인을 물으니 공자께서 말씀하셨다.

"문을 나서면 대빈을 만나듯 하고 백성을 부림에는 대제를 받들듯
하며 자기가 하고자 아니하는 일은 남에게 시키지 말 것이니 이렇게
하면 제후의 나라에 있어도 원망이 없고 대부의 집에 있어서도 원망
이 없느니라."

중궁이 말하였다. "제가 비록 불민하오나 이 말씀을 받들어 섬기겠
습니다."

<묵상>

그런데 여기서 공자의 말씀은 좀 소극적인 면이 보인다. 己所不欲
勿施於人, 참 좋은 말이다. 이게 어디 보통 일이겠는가? 대개 사람들
은 자기가 하기 싫은 일은 오히려 남에게 시킨다. 그럼 남에게 시키지
않으면 자기가 하여야 한다. 또 이렇게 하면 집에서나 나라에서 원망
이 없다고 하셨는데 원망이 없게 행동한다는 것은 곧 소극적인 행동
이다. 한 걸음 더 나아가 적극적으로 칭찬을 듣도록 해야 한다. 왜
이렇게 말씀하셨을까? 아마 雍이란 제자의 그릇에 적당한 말로 가르
치고자 하셨을 것이다.

3. 司馬牛問仁   子曰 仁者   其言也訒

사마우문인하니 자왈 인자는 기언야인이라.

日 其言也訒   斯謂之仁矣乎

왈 기언야인이면 사위지인의호아?

子曰 爲之難   言之得無訒乎

자왈 위지난이라. 언지득무인호아?

<주석>

司馬牛 : 성은 司馬요, 이름은 犂(리)이고 자는 子牛로 공자의 제자이
　　　 다. 宋나라 向魋의 동생이다. 《史記 仲尼弟子列傳》에 "司馬耕은
　　　 字를 子牛라 하는데 牛는 말이 많고 조급하다."고 하였다.

其言也訒 : 어진 사람은 마음에 있으면서도 함부로 하지 않음(不放)을
　　　 말한다. 그러므로 그 말은 마치 참음이 있는 것 같이 함부로 혀를
　　　 놀리지 않는다. 訒은 어려움이요 참음이다.

〈번역〉

사마우가 인을 물으니 공자께서 말씀하셨다.

"어진 사람은 그 말하기를 어려워한다." 사마우가 또 말하기를 "어려워하면 어질다 할 것입니까?" 공자께서 말씀하셨다.

"행하기가 어려우니 말하기가 어찌 어렵지 않겠는가?"

〈묵상〉

공자님은 참으로 훌륭한 교육자이시다. 그 사람에 맞게 교육을 하시는 것이다. 앞의 〈列傳〉에 보면 사마우는 입이 좀 가벼운 사람이다. 그러므로 그에게 맞는 답을 주시는 것이다. 곧 어진 사람은 행동이 앞서고 말은 뒤따른다는 것이다. 그런데 너는 왜 늘 말이 앞서느냐 하시는 것이다. 은연중 깊은 교훈을 그에게 주신다. 꼭 그에 맞는 가르침을 주시는 것이다.

4. 司馬牛 問君子　　子曰 君子不憂不懼

사마우 문군자하니 자왈 군자불우불구니라.

曰 不憂不懼　斯謂之君子矣乎

왈 불우불구면 사위지군자의호아?

子曰 內省不疚　夫何憂何懼

자왈 내성불구면 부하우하구리오.

〈주석〉

內省不疚 : 그날 한 일을 반성하여 마음에 부끄러움이 없음을 말한다.

疚는 병이다.

〈번역〉

　　사마우가 군자에 대하여 물으니 공자께서 말씀하셨다.

　　"군자는 근심하지 않으며 두려워하지 않느니라."

　　사마우가 말하였다. "근심하지 않고 두려워하지 않으면 이를 곧 군자라 할 것입니까?"

　　공자께서 말씀하셨다.

　　"안으로 살펴 부끄러움이 없다면 대저 무엇을 근심하며 무엇을 부끄러워 하겠는가?"

〈묵상〉

　　근심하지도 않고 부끄러워 하지도 않는다면 과연 군자일 것이다. 그러나 소인은 늘 근심에 쌓이고 자기 한 일에 대하여 부끄러움을 가진다. 어쩔 수 없는 한계이다.

　　그러나 곰곰이 생각하여 보면 생사를 가름하는 큰 근심이 없기에 사소한 근심이 생기고 자질구레한 사리사욕에 매이니 부끄러움이 늘 따른다. 좀 더 큰일을 도모하자. 그러면 큰 근심 하나로 사소한 근심을 다 잠재우리라. 그리고 부끄러움은 없으리라.

5. 司馬牛憂曰 人皆有兄弟　　我獨亡　　子夏曰 商聞之矣
　　사마우우왈 인개유형제어늘 아독무이로다. 자하왈 상문지의라.

　　死生 有命　　富貴 在天
　　사생은 유명이요 부귀는 재천이라.

　　君子敬而無失　　與人恭而有禮　　四海之內 皆兄弟也
　　군자경이무실하며 여인공이유례면 사해지내 개형제야라

君子何患乎無兄弟也

군 자 하 환 호 무 형 제 야 리오?

〈주석〉

我獨亡 : 亡은 無와 같다. 司馬牛는 형 向魋, 向巢, 동생 子頎, 子車가
있었다. 모두 송 나라에서 난을 일으켰다. 그 난을 일으키므로
죽고 자기만 도망쳐 타국에 있음을 근심한 것이다. 그러므로 남
들은 다 형제가 있는데 나 홀로 없다고 한 것이다, 이 사적은 《左
傳》 哀公 14년에 보인다.

商 : 子夏의 이름이다.

四海之內 : 천하의 사람을 가리킨다.

〈번역〉

　사마우가 근심스럽게 말하였다. "남들은 다 형제가 있는데 나만 없
다." 자하가 말하였다.

　"내 듣건대 사생은 명에 있고 부귀는 하늘에 있다. 군자가 공경하면
서 실수가 없고 남과 더불어 공경하면서 예를 갖추면 온 천하 사람이
다 형제일 것인데 군자가 형제 없다고 근심하겠는가?"

〈묵상〉

　사마우의 근심은 동정이 간다. 그 형제가 다 죽고 자기만 도망쳐
남았으니 그 고독이 얼마나 깊으랴? 더구나 그 형제들의 죽음이 부끄
러운 죽음임에랴? 그래서 형제가 있었노라고 말도 못하는 것이다. 이
한탄에 자하가 위로한다. 군자는 덕을 갖추면 온 천하가 다 형제가
된다는 것이다, 그러므로 덕을 갖추라고 권면하는 것이다. 따뜻한 인
간미를 엿보게 한다. 이런 동료가 그립다.

6. 子張　問明　子曰 浸潤之譖　膚受之愬

자장이 문명하니 자왈 침윤지참과 부수지소를

不行焉　可謂明也已矣

불행언이면 가위명야이의니라.

浸潤之譖　膚受之愬　不行焉　可謂遠也已矣

침윤지참과 부수지소를 불행언이면 가위원야이의니라.

〈주석〉

明 : 明察. 明智.

浸潤之譖 : 讒言으로 사람을 해침을 말한다. 물(水)이 物을 담궈 점점
침투해 들어감과 같다. 譖은 남을 헐뜯는 행동이다.

膚受之愬 : 원통함을 하소연하는 말이다. 마치 몸을 자르는 고통이 있
어 듣는 자가 쉽게 진실로 믿는 것과 같다. 愬는 자기의 원통함을
하소연하는 말이다.

遠 : 見識이 深遠함을 가리킨다.

〈번역〉

자장이 명철에 대하여 물으니 공자께서 말씀하셨다.

"젖어 들어오는 참소와 피부에 스미는 하소연을 행하지 않으면 가
히 명철하다 할 것이다. 젖어 들어오는 참소와 피부에 스미는 하소연
을 행하지 아니하면 가히 견식이 깊다고 할 것이다."

〈묵상〉

열 번 찍어 안 넘어가는 나무 없다고 하였다. 또 울면서 하는 하소
연에 안 듣는 귀 없다고 하였다. 그리고 궁중에서는 베개머리 송사란
말도 있다. 이럼에도 안 넘어가는 지혜가 명철이라고 할 것이다. 그러
나 어디 그리 쉬운가? 대개 넘어가게 마련이다.

7. 子貢　問政　子曰 足食 足兵　民信之矣

　자공이 문정하니 자왈 족식 족병이오 민신지의니라.

子貢曰 必不得已而去　於斯三者　何先　曰去兵

　자공왈 필부득이이거이면 어사삼자에 하선이오? 왈 거병이니라.

子貢曰 必不得已而去 於斯二者　何先　曰 去食

　자공왈 필부득이이거면 어사이자에 하선이오? 왈 거식이라.

自古皆有死　民無信　不立

　자고 개유사어니와 민무신이면 불립이니라.

〈주석〉

　足食足兵民信之矣 : 창고가 충실하고 군비가 갖추어지고 백성이 나를
　　믿음을 말한다. 兵은 병기요, 軍備이다.

　去 : 버림이요, 減除함이다.

　民無信不立 : 나라를 다스림에 백성에게서 믿음을 잃으면 안 된다 함
　　이다. 백성에게서 믿음을 잃으면 政教가 설 수 없다.

〈번역〉

　자공이 정치에 대하여 물으니 공자께서 말씀하셨다.

　"식량을 풍족하게 하고 군사를 풍족히 하여 백성이 믿게 하는 것이
다." 자공이 말하였다. "반드시 부득이 버려야 한다면 이 셋 가운데
어느 것을 먼저 하오리까?' 말씀하시기를 "군사를 버려야 한다." 자공
이 말하였다. "반드시 부득이 버려야 한다면 이 둘 가운데 어느 것을
먼저 하오리까?' 말씀하시기를 "식량을 버려야 한다. 옛날부터 죽음은
다 있었지만 백성이 믿지 않으면 나라가 설 수 없느니라."

〈묵상〉

　오늘날로 말하면 경제와 국방과 국민들의 신뢰이다. 이 가운데 가

장 중요한 것이 신뢰요, 다음이 경제요, 끝으로 국방이라는 것이다. 국민의 신뢰가 무너지면 그 정부는 아무리 경제가 넉넉하고 국방이 튼튼하다고 하여도 무너질 수밖에 없다는 것이다.

그러나 현실 정치에서도 과연 그럴까? 거꾸로 경제와 국방이 넉넉하고 튼튼하면 국민이 신뢰하게 되지 않을까?

8. 棘子成曰 君子質而已矣　何以文爲
극자성왈　군자질이이의ㄴ　하이문위리오.

子貢曰 惜乎　夫子之說君子也　駟不及舌
자공왈　석호로다. 부자지설군자야여. 사불급설이로다.

文猶質也　質猶文也　虎豹之鞹　猶犬羊之鞹
문유질야ㅁ　질유문아이니　호표지곽이　유견양지곽인가.

〈주석〉

棘子成 : 衛나라 大夫이다.

夫子 : 극자성을 가리킨다. 옛날에 대부는 모두 夫子라는 존칭으로 불렸다.

駟不及舌 : 실수한 말(言)이 한 번 혀 밖으로 나가면 네 필이 끄는 말(馬)이라도 능히 따라가지 못한다는 말이다.

虎豹之鞹 猶犬羊之鞹 : 범이나 표범의 가죽이 개나 양의 가죽과 다름은 털의 문채에 있을 뿐이라는 말이다. 곽은 가죽에 털이 없는 것이다.

〈번역〉

극자성이 말하였다. "군자는 바탕만이면 그만이지 왜 문식을 하겠

느냐?" 자공이 말하였다. "아깝다. 선생의 군자를 말함이여. 네 필의
말이 끄는 수레로도 그 혀를 따라갈 수가 없도다. 文은 質과 같아야
하고 質은 文과 같아야 하거늘 범이나 표범의 가죽에서 털을 뽑아 버
린다면 개나 양의 가죽과 같아진다." (역자 주 : 직역하면 "범이나 표범의
가죽이 개나 양의 가죽과 같은가?"이다.)

⟨묵상⟩

　　자공의 꾸짖음이 신랄하다. 극자성은 대부임에도 그를 향해 과감하
게 꾸짖는다. 이게 선비이다. 이를 행하는 자라야 이른바 "행동하는
지성이요 양심"이다. 그럼 왜 이렇게 신랄하게 꾸짖는가? 위정자의 사
고에 문제가 있는 것이다. 비유하면 바탕(質)은 가죽이요, 文은 털인
데 가죽이 아무리 좋은 범이나 표범의 가죽일지라도 거기 털이 없다
면 개나 양의 가죽과 무엇이 다르겠느냐 하는 것이다. 바탕, 곧 가죽만
있으면 된다고 하는 사고에서는 학문이나 예악, 곧 털이 필요 없어지
게 되는 것이다. 그러므로 이렇게 신랄하게 꾸짖는 것이다.

　　오늘날도 마찬가지이다. 국방이나 경제만 튼튼하면 되지 문화니 예
술이 무슨 필요가 있느냐 하는 논리가 지배하고 있지 않는가? 물론
가죽이 중요하지만 거기 털도 있어야 한다. 털이 있어야 가죽이 제대
로 가치를 발하는 것이다.

9. 哀公　問於有若 曰 年饑　用不足　如之何
애공이 문어유약 왈 년기에 용부족하니 여지하오.

有若對曰　盍徹乎
유약대왈 합철호아?

日 二　　吾猶不足　如之何其徹也

왈 이라도 오유부족이니 여지하기철야리오.

對曰 百姓足　君孰與不足　百姓不足　君孰與足

대왈 백성족인데 군숙여부족이며 백성부족인데 군숙여족이리오?

〈주석〉

盍 : 何不.

徹 : 稅法인데 밭에서 10분의 1을 거두는 세금을 말한다.

二 : 두 배를 말한다. 곧 10분의 2를 취함이다.

孰 : 오늘날의 "어떻게"에 해당한다. 의문부사이다. (역자 주 : 종래의 해
　　석과 같이 "누구"로 보면 된다.)

〈번역〉

　哀公이 有若에게 물었다. "흉년이 들어 나라의 비용이 부족하니 어
찌하오리까?"

　유약이 대답하였다. "어찌하여 10분의 1 세금을 걷지 않았습니까?"

　대답하기를 "10분의 2라도 나는 오히려 부족한데 그 10분의 1로 어
찌 하리오?"

　대답하기를 "백성이 족하면 임금이 누구와 더불어 부족하며 백성이
부족한데 임금이 누구와 더불어 족하리오?"

〈묵상〉

　有若이라는 선비의 올곧은 정신을 본다. 그는 임금의 苟斂誅求를
은연중 꾸짖고 있는 것이다. 법은 10분의 1 조세이다. 그것도 公田인
경우이다. 私田은 그마저 없다. 그런데 당시에는 공전이든 사전이든
다 10분의 2를 부과하고서도 모자란다는 것이다. 이에 유약이 백성과
더불지 아니한 足, 不足이 무슨 의미가 있느냐는 것이다. 임금 앞에서

이렇게 바로 가르치는 그 기개가 자못 돋보인다.

10. 子張　問崇德 辨惑　　子曰 主忠信　　徙義　崇德也
    자장이 문숭덕 변혹하니 자왈 주충신하며 사의면 숭덕야니라.

    愛之欲其生　　惡之欲其死　　旣欲其生
    애지욕기생하고 오지욕기사하나니 기욕기생하며

    又欲其死　是惑也　　(誠不以富　亦祗以異)
    우욕기사면 시혹야니라. (성불이부요 역지이이로다.)

〈주석〉

  崇德 : 品德을 尊崇함이다. 崇은 尊崇이다.

  辨惑 : 의혹을 명쾌히 밝힘을 말한다. 辨은 辨別이다.

  主忠信 : 충신한 자를 친근함이다. 主는 親이다. 또한 忠信으로서 主
      를 삼음이다.

  徙義 : 선으로 옮긴다는 말과 같다. 곧 행위가 道義로 옮겨 향함이다.

  誠不以富亦祗以異 : 이는 《詩經》 小雅 我行其野篇 詩句이다. 朱子의
      注에 程子의 말을 인용하여 "이는 錯簡이다. 마땅히 제16편 齊
      景公 有馬千駟의 위에 있어야 한다. 이 때문에 아래의 글은 마땅
      히 제 경공장에 있어야 하는데 잘못이다."고 하였다.

〈번역〉

  子張이 崇德과 辨惑에 대하여 물었다. 공자께서 말씀하셨다.

  "忠과 信에 힘쓰고 정의로 옮겨가면 숭덕(덕을 높임)이 된다. 사랑
하면 그가 살기를 바라고 미워하면 그가 죽기를 바란다. 이미 그가
살기를 바라면서 또한 그가 죽기를 바란다면 이것이 미혹이다. (진실

로 부하기 때문이 아니라 또한 다른 사람이기 때문이다.)"

〈묵상〉

이 章은 좀 이상하다는 생각이 든다. 끝의 錯簡이라는 것은 두고서라도 우선 질문에서 崇德과 辨惑이라는 별 연관성이 없는 命題를 같이 하였다는 것도 이상하거니와 또 변혹에 대한 공자의 대답은 迷惑에 대한 정의이지 그 미혹을 판별하는 辯惑의 물음에 대한 답변이 아니다. 그래서 뭔가 좀 잘못된 게 맞다.

그런데 미혹의 정의가 재미있다. 인간 심성의 이중성을 깊이 꿰뚫은 것이다.

* 錯簡이란 옛날 冊은 이 "冊"이란 글자가 말하듯 대나무 쪽에 쓴 글을 나란히 하여 가죽끈으로 엮은 것이었다. 그래서 "韋編三絶"이란 말도 나온 것이다. 이 엮은 게 뒤섞여 잘못된 것을 錯簡이라 말한다.

11. 齊景公　問政於孔子　孔子對曰 君君 臣臣 父父 子子
　　제경공이 문정어공자하니 공자대왈 군군 신신 부부 자자니이다.

　　公曰 善哉　　信如君不君　　臣不臣　　父不父
　　공왈 선재로다. 신여군불군하고 신불신하고 부불부하고

　　子不子　　雖有粟　　吾得而食諸
　　자부자면 수유속이나 오득이식저아?

〈주석〉

　　齊景公 : 이름은 杵臼(저구), 諡號는 景이다. 魯나라 昭公 末年에 공자께서 제 나라에 가셨다.

　　君君臣臣父父子子 : 임금이 된 자는 임금의 도리를 다하고 신하가 된

자는 신하의 도리를 다하고 아비 된 자는 아비의 도리를 다하고
자식 된 자는 자식 된 자의 도리를 다하라는 말이다.

粟 : 양식, 俸祿을 가리킨다.

諸 : 之於의 준말이다. 저로 읽는다.

〈번역〉

제 나라 경공이 공자에게 정치에 대하여 물었다. 공자께서 대답하
여 말씀하셨다.

"임금은 임금의 도리를 다하고 신하는 신하의 도리를 다하고 아비는
아비의 도리를 다하고 자식은 자식의 도리를 다하게 하는 것입니다."

공이 말하기를 "옳도다. 진실로 만약 임금이 임금의 도리를 다하지
않고 신하가 신하의 도리를 다하지 않고 아비가 아비의 도리를 다하
지 않고 자식이 자식의 도리를 다하지 않으면 비록 양식이 있더라도
내 이를 얻어먹겠습니까?"

〈묵상〉

君君臣臣父父子子, 모두 제 도리를 다하면 되는 것이다. 그러나 현
실은 이게 참 어렵다. 이 물음을 한 제 나라 경공만 하더라도 임금의
도리와 아비의 도리를 다하지 못하여 나라는 어지럽고 아들들은 아들
들대로 다투다 결국 국권을 大夫 陳桓에게 빼앗기고 말았다.

오늘날도 같은 현상이 도처에서 일어난다. 특히 勞使 葛藤에서 "勞
勞使使"가 좀 실현되었으면 한다. 그리고 학교의 현장에서도 "師師生
生"이 이루어졌으면 한다. 또 교회에서도 "牧牧羊羊"이 이루어져야 한다.

12. 子曰 片言 可以折獄者 其由也與 子路 無宿諾
자왈 편언에 가이절옥자는 기유야여라. 자로는 무숙락이라.

片言 : 반 조각 말을 말한다. 片은 반이다.

折獄 : 斷獄, 獄事를 처단함이다.

無宿諾 : 허락한 말을 이행하고자 급하여 연기하지 않음이다. 宿은 留
    이다. 朱熹가 말하기를 "말을 실천함에 급하여 그 허락한 것을
    머물게 하지 않음이라." 하였다.

〈번역〉

공자께서 말씀하셨다.

"한마디 말만 듣고도 판결을 내릴 수 있는 사람은 바로 由일 것이
다. 子路는 승낙한 것을 묵히지 않는다."

〈묵상〉

자로의 판단력과 그 실천력을 높여 칭찬한 말씀이다. 그러나 옥사
에 반드시 빠른 것만 좋은 것은 아니다. 때론 심사숙고해야 할 일도
많다. 그러나 뻔한 옥사를 질질 끄는 것은 죄악이다. 그리고 무슨 일
이든 이미 하고자 허락한 일은 빨리 처리하는 게 좋다. 이게 추진력이
다. 오늘의 위정자들이 좀 들었으면 한다.

13. 子曰 聽訟 吾猶人也 必也使無訟乎
    자왈 청송에 오유인야나 필야사무송호이니라.

〈주석〉

聽訟 : 안건을 심판함이다.

吾猶人也 : 남과 같음을 말한다.

공자께서 말씀하셨다.

"송사를 심판함에 나도 남과 같이 할 수 있지만 반드시 송사를 없이
하여야 한다."

〈묵상〉

공정한 재판, 참으로 중요하다. 그러나 더 중요한 것은 송사 자체를
없이하는 일이다. 그게 가장 바람직한 정치이다. 그러나 그건 이상일
뿐이니 바른 재판이라도 있어야 한다. 공자가 이루고자 하는 그 이상
사회는 그저 이상일 뿐이다. 갈수록 더 송사가 많아지는 세상이다.

14. 子張　問政　子曰 居之無倦　行之以忠
자장이 문정하니 자왈 거지무권하며 행지이충이니라.

〈주석〉

居之無捲 : 存心不捲, 始終如一. 朱熹가 말하기를 "居는 이를 마음에
　둠이다. 無捲은 始終如一이다."고 하였다.

〈번역〉

자장이 정치를 물으니 공자께서 말씀하셨다.

"마음에 두어 게으르지 말며 충으로써 이를 실천하여야 한다."

〈묵상〉

"게으르다"는 말은 마음에 두기를 게으르게 한다는 말이다. 쉽게 말
하면 나라를 생각하는 데 게으르다는 말이다. 정치를 잘 하려면 늘
마음에 나라와 백성을 두어야 한다. 이를 늘 생각하는 사람이라야 일
차적으로 위정자의 자격이 있는 것이다. 그러나 아쉽게도 많은 위정

자들이 나라나 백성을 마음에 두는 게 아니라 자기의 사리사욕을 마음에 두고 정치를 한다. 그래서 나라꼴이 이 모양이 되지 않았나 여겨진다.

15. 子曰 博學於文 約之以禮 亦可以不畔矣夫

자왈 박학어문하고 약지이례면 역가이불반의부로다.

*제6편 雍也篇 25와 같음.

16. 子曰 君子 成人之美 不成人之惡 小人反是

자왈 군자는 성인지미하고 불성인지악이니라. 소인반시니라.

〈주석〉

成人之美 : 남의 선한 것은 이를 장려하여 이루도록 함이다. 成은 온전히 이룸이다. 美는 善이다.

反是 : 비교하여 상반됨이다.

〈번역〉

공자께서 말씀하셨다.

"군자는 남의 선을 이루어주고 남의 악을 이루어주지 않는다. 소인은 이와 반대다."

〈묵상〉

마음가짐이 이와 같아야 한다. 이래야 군자다. 그러나 이는 소인들로서는 참 어려운 것이다. 남이 잘되는 게 배 아프기 때문이다. 또

남이 잘되면 자기가 해를 입고 남이 잘못되어야 자기가 반사이익을 얻기 때문이다. 어쩌면 오늘의 사회구조 자체가 이렇게 되어 있는지도 모른다. 그러기에 군자가 되기 참 어려운 것이다.

17. 季康子 問政於孔子　孔子 對曰 政者　正也
계강자 문정어공자한데 공자 대왈 정자는 정야라.

子帥以正　孰敢不正
자솔이정이면 숙감부정이리오?

〈주석〉

政者正也 : 정치를 함에는 반드시 정도로써 해야 함을 말한다.

帥 : 領導이다.

孰 : 誰. 의문대명사

〈번역〉

계강자가 정치를 공자에게 물으니 공자께서 대답하셨다.

"정치란 正이다. 당신이 正으로 이끌면 누가 감히 不正을 하겠소?"

〈묵상〉

만고에 변치 않을 진리이다. 정치는 正이어야 한다. 정이 아닌 권모술수가 난무하니 나라가 이리도 시끄럽다. 그럼 왜 正으로 못하는가? 私慾이 끼이기 때문이다. 이로써 늘 나라가 제대로 못 되는 것이다.

18. 季康子 患盜　問於孔子　孔子對曰 苟子之不欲
계강자 환도하여 문어공자한데 공자대왈 구자지불욕이면

誰賞之　　不竊
수상지라도 부절하리라.

〈주석〉

苟子之不欲 : 子는 계강자를 말한다. 당신의 불탐욕을 말한다.

賞之不竊 : 백성에게 상을 주면서 도둑질을 하라고 해도 백성 또한 부

　끄러움을 알고 도둑질하지 않음이다.

〈번역〉

계강자가 도둑을 걱정하여 공자에게 물었다. 공자께서 대답하셨다.

"진실로 당신이 탐욕하지 않는다면 비록 상을 준다고 하여도 도둑

질하지 않으리라."

〈묵상〉

그렇다. 문제는 위정자이다. 지도자이다. 윗사람들이 탐욕하니 아

래 백성들이 다 본받는 것이다. 윗물이 맑아야 아랫물도 맑아지는 것

이다.

그런데 위정자인 계강자에게 이런 바른 말을 하는 공자가 이 땅에

없으니 이게 또한 문제이다. 정말 광야에서 외치는 소리가 그립다.

20세기 후반 함석헌 선생 같은 분이 계셔야 하는데. 그런 분이 계셔

계속 외쳐야 하는데.

19. 季康子　問政於孔子曰 如殺無道　以就有道　何如

계강자가 문정어공자왈 여살무도하여 이취유도면 하여오.

孔子對曰 子爲政　焉用殺　　子欲善　而民善矣

공자대왈 자위정에 언용살이오? 자욕선이면 이민선의이니라.

君子之德　風　　小人之德　草　　草上之風　　必偃
군자지덕은 풍이요, 소인지덕은 초라. 초상지풍이면 필언이니라.

〈주석〉

就 : 成이다.

焉 : 何. 의문부사이다.

君子 : 位에 있는 자를 가리킨다.

小人 : 庶民, 百姓을 가리킨다.

偃 : 仆. 엎어짐이다.

〈번역〉

계강자가 공자에게 정치를 물어 말하기를

"만약 무도한 놈을 죽여 도를 이루게 한다면 어떠하겠습니까?" 공자
께서 대답하셨다.

"당신이 정치를 함에 어찌 죽임을 하리오? 당신이 선히 하고자 하면
백성은 선하여질 것입니다. 군자의 덕은 바람이요, 소인의 덕은 풀이
라. 풀 위에 바람이 불면 반드시 엎어질 것입니다."

〈묵상〉

一罰百戒라는 말이 있다. 그러나 이 말이 보편적으로 쓰여서는 곤
란하다. 벌을 당하는 그 한 사람은 희생양이 되기 때문이다. 더구나
그 罰이 죽음이어서는 곤란하다. 죽음 이후에는 보상의 길이 없기 때
문이다. 그러기에 많은 나라에서는 사형제도 자체가 없다. 또 인간이
인간을 죽이기까지 할 권한은 없다.

정치를 함에 먼저 사형을 시킬 죄인이 나지 않도록 함이 중요한 것
이다. 그리하여 공자께서는 焉用殺이라 하셨다. 먼저 당신부터 착해
져 보아라. 그러면 백성도 따라 착하여질 것이라 하셨다. 그리하여

군자가 그 착한 바람으로 불면 풀은 다 엎어지게 된다는 것이다. 윗물이 맑으면 자연 아랫물도 맑아진다. 비록 아랫물이 더럽더라도 맑은 윗물로 다 덮이는 것이다. 결국 그 강은 다 맑아지는 것이다. 이런 위정자가 그립다.

20. 子張　問　士何如　斯可謂達矣　子曰 何哉

자장이 문하되 사하여라야 사가위달의니이까? 자왈 하재오?

爾所謂達者　子張 對曰 在邦必聞　在家必聞

이소위달자여. 자장 대왈 재방필문이요 재가필문이니이다.

子曰 是聞也　非達也　夫達也者　質直而好義

자왈 시문야이여. 비달야라. 부달야자는 질직이호의하고

察言而觀色　慮以下人

찰언이관색하며 려이하인하나니

在邦必達　在家必達　夫聞也者　色取仁而 行違

재방필달하며 재가필달이라. 부문야자는 색취인이 행위요.

居之不疑　在邦必聞　在家必聞

거지불의하니 재방필문하며 재가필문이라.

〈주석〉

達：通達이다. 덕이 사람에게 잡히어 행함에 얻지 못함이 없음을 말한다.

爾：汝이다.

聞：명예가 들려짐이다.

慮以下人：남에게 낮추어 스스로 기름이다. 남에게 겸손하기를 생각함이다.

色取仁而行違 : 그 안색을 착하게 하여 仁을 취하나 실은 그것과 배치
    됨이다.

居之不疑 : 스스로 옳다고 하나 허위만 힘쓰면서도 더욱 스스로 의심
    하지 않음이다. 居之는 머무름이다.

〈번역〉

　子張이 물었다. "선비는 어떻게 하여야 이른바 통달하였다 할 것입
니까?" 공자께서 말씀하셨다.

　"무엇이냐? 네가 말하는 이른바 通達이란 것이."

　자장이 대답하였다.

　"나라에 있어서도 반드시 알려지고 집에 있어도 반드시 알려지는
것입니다."

　공자께서 말씀하셨다.

　"이 알려진다는 것은 통달이 아니다. 대저 통달이란 것은 바탕이
곧으면서 의를 좋아하고 남의 말을 살피고 남의 얼굴을 관찰하며 생
각하여 남에게 겸손하게 하는 것이니 이렇게 하면 나라에 있어서도
반드시 통달하여지고 집에 있어서도 통달하여지느니라. 대저 알려진
다는 것은 얼굴은 仁을 취하면서도 행위는 어긋나는 것이라. 그렇게
그대로 살면서도 의심하지 않으니 나라에서나 집에서도 알려지느니라."

〈묵상〉

　명성이란 누구나 다 얻고 싶은 것이다. 그러나 그것이 人爲的이라
면 오히려 욕이다.

　여기 자장은 명성과 통달을 동일시하고 있다. 그게 착각이다. 공자
님은 이를 잘 설명하고 있다. 통달하여 살다보면 저절로 명성은 따르
게 된다. 반대로 명성에 연연하다 보면 인격자체가 더러워진다. 결국

더러운 명성을 얻게 되는 것이다.

21. 樊遲從遊於舞雩之下 　曰 敢問崇德 脩慝辨惑
번지종유어무우지하러니 왈 감문숭덕 수특변혹하나이다.

子曰 善哉 　問 　先事後得 　非崇德與
자왈 선재로다. 문이여. 선사후득이 비숭덕여아?

攻其惡 　無攻人之惡 　非脩慝與
공기악하고 무공인지악이 비수특여아?

一朝之忿 　忘其身 　以及其親 　非惑與
일조지분으로 망기신하여 이급기친이 비혹여아?

〈주석〉

脩慝 : 자기 마음의 악한 생각을 제거함이다. 脩는 다스려 제거함이
다. 慝은 악이 마음에 숨어 있는 것이다.

先事後得 : 어려움을 먼저 하고 이득을 뒤에 취한다는 말이다. 마땅히
해야 할 일을 하고 그 공리를 따지지 않으면 덕이 날로 쌓여서
스스로 알지 못하게 됨이다.

一朝之忿 : 하루의 憤怒를 말한다.

〈번역〉

번지가 공자를 따라 무우의 아래에서 놀다가 말하였다. "숭덕과 수
특과 변혹에 대하여 감히 묻습니다." 공자께서 말씀하셨다.

"좋구나. 이 물음이여. 먼저 섬기고 뒤에 얻음이 숭덕이 아니겠는
가? 자기의 악을 공격하고 남의 악을 공격하지 않음이 자기의 숨은
악을 제거함이 아니겠는가? 하루의 분노로 그 몸을 잊고 그 어버이에

게 미치게 함이 미혹이 아니겠는가?"

〈묵상〉

숭덕과 수특과 변혹, 숭덕과 수특은 수양에 관한 것이요. 변혹은 지혜에 관한 것이다. 그러나 공자님은 변혹도 수양에 관계되는 것으로 해석하였다. 선사후득이 숭덕이 되고 눈을 자기에게로 돌려 자기의 악을 보고 남의 악을 보지 않음이 수특의 요령이 된다는 것이다. 그리고 미혹은 분노에서 온다고 경계를 하셨다. 그렇다. 분노는 판단을 흐리게 함으로 끝내는 그 화를 부모에게까지 미치게 하니 이게 큰 의혹됨이라는 것이다. 깊이 새겨야 할 말씀이다.

22. 樊遲問仁   子曰愛人   問知   子曰知人   樊遲未達
번지문인한데 자왈애인이니라. 문지한데 자왈지인이니라. 번지미달이니

子曰 擧直錯諸枉   能使枉者直
자왈 거직조저왕이면 능사왕자직이라.

樊遲退   見子夏曰 鄕也 吾見於夫子而 問知
번지퇴하여 견자하왈 향야 오현어부자이 문지하니

子曰 擧直錯諸枉   能使枉者直   何謂也
자왈 거직조저왕이면 능사왕자직이라시니 하위야오?

子夏曰 富哉   言乎   舜有天下   選於衆
자하왈 부재로다. 언호여. 순유천하에 선어중하여

擧皐陶   不仁者 遠矣
거고요하니 불인자 원의요.

湯有天下   選於衆   擧伊尹   不仁者遠矣
탕유천하에 선어중하여 거이윤하니 불인자원의니라.

<주석>

知 : 智와 같다.

未達 : 未明이다.

舉直錯諸枉 二句 : 舉는 들어 씀. 錯(조)는 安置이다. 朱熹가 말하기를 "곧은 이를 들어 씀은 知요, 굽은 자로 하여금 곧게 함은 仁이다." 고 하였다.

鄕 : 響과 같다. 前時를 가리킨다.

皐陶 : 舜의 어진 신하. 고요라 읽는다.

伊尹 : 湯의 어진 재상.

<번역>

　번지가 仁을 물으니 공자께서 말씀하셨다. "사람을 사랑하는 것이다." 知를 물으니 "사람을 아는 것이다."고 하셨다. 번지가 깨닫지 못하자 공자께서 말씀하셨다. "곧은 자를 들어서 굽은 사람 위에 놓으면 굽은 사람도 능히 곧게 할 수 있다."

　번지가 물러나 子夏를 뵙고 말하기를 "내가 아까 선생님을 뵈옵고 知를 물으니 선생님께서 '곧은 자를 들어서 굽은 사람 위에 놓으면 굽은 사람도 능히 곧게 할 수 있다.'고 하시던데 무슨 말씀이오?" 子夏가 말하였다. "풍부하도다, 말씀이여. 순 임금이 천하를 가지고서 많은 사람 가운데서 고요를 골라 쓰니 不仁者가 멀어졌다. 탕 임금은 천하를 가짐에 무리 가운데 이윤을 골라 쓰니 불인자가 멀어졌다."

<묵상>

　"舉直錯諸枉 不仁者 遠矣" 진리이다. 그러나 문제는 直한 자를 고르는 일이 어렵다는 것이다. 枉者를 直者로 보는 잘못을 늘 저지르기 때문이다. 내 주위에도 이런 愚를 계속 저지르는 사람을 본다. 우리 현대사에도 이승만 대통령이 이런 우를 범하였던 게 아닌가? 후계자

를 잘못 세운 것이다. 내 경우에도 사람을 잘못보고 저지른 실수가
너무도 많다.

23. 子貢 問友 子曰 忠告而善導之 不可則止 毋自辱焉
자공이 문우하니 자왈 충고이선도지하나 불가즉지하여 무자욕언이라.

〈주석〉

友 : 交友의 道이다.

忠告 : 벗이 허물이 있으면 자기의 마음을 다하여서 그에게 권하여 그
로 하여금 고치게 함이다.

道 : 導와 같다. 의로써 이끎이다.

〈번역〉

자공이 交友之道를 물었다. 공자께서 말씀하셨다.

"충고하여서 그를 선하게 이끌어야 한다. 되지 않으면 그쳐 스스로
욕됨이 없게 하여야 한다."

〈묵상〉

毋自辱焉. 이게 어렵다. 대개 도를 지나쳐 自辱을 자초하게 된다.
벗을 너무 사랑하는 나머지 그를 끝까지 아끼려다 끝내 자욕됨을 당
하는 것이다. 그러면 그때는 그만 친구 사이가 도리어 소원해지고 만
다. 친구 하나를 바로 갖는다는 건 그래서 어려운 일이다.

24. 曾子曰 君子 以文會友 以友輔仁
증자왈 군자는 이문회우하고 이우보인이니라.

<주석>

文 : 詩 書 禮 樂을 가리킨다.

輔仁 : 벗은 덕으로써 합하고 切磋의 도로써 돕는다. 그리하여 벗은
　　　함께 仁으로 나아가게 된다.

道 : 導와 같다. 義로써 이끎이다.

<번역>

증자가 말하였다.

"군자는 文으로써 벗을 모으고 벗으로써 仁에 나아간다."

<묵상>

군자 되기 어렵다. 군자 노릇하기가 어렵기 때문이다. 군자의 사귐
을 어이 바라랴? 다만 그저 마음 맞춰 벗을 가지는 것이면 된다. 사귄
다는 경지도 어렵다. 그저 그런 벗을 가지기만 하면 되는 것이다. 예를
들어 산에 갈 땐 산 친구, 기원에 가서는 바둑 친구, 그리고 학문에는
동학 친구, 그러다 어릴 적 친구 만나면 더 반갑고 – 참 道를 같이하며
인생을 논하는 친구야 어디 그리 쉬우랴?

子路　第十三

1. 子路問政　子曰 先之勞之　請益　曰 無倦

자로문정하니 자왈 선지로지니라. 청익하니 왈 무권이라.

〈주석〉

先之勞之 : 덕으로 백성을 가르침에 반드시 자신이 먼저 백성보다 행
하고 반드시 자신이 먼저 그 백성보다 수고하여야 함을 말한다.
之는 인민을 가리킨다. 朱熹의 注에 蘇軾의 말을 인용하여 말하
기를 "대저 백성의 행함에는 자신이 먼저 이를 행하면 명령하지
않아도 행하고 대저 백성의 일은 자신이 먼저 이를 수고롭게 하
면 비록 부지런히 시켜도 원망하지 않는다."고 하였다.

益 : 증가 보충.

無倦 : 恒心을 가지고 始終如一함이다.

〈번역〉

자로가 정치를 물으니 공자께서 말씀하셨다.

"자신이 먼저 행하고 자신이 먼저 수고하여야 한다." 보충하여 주기
를 청하니 말씀하셨다. "게을리 말아야 한다."

〈묵상〉

率先垂範, 이는 정치 뿐 아니라 어디 어떤 곳에서나 통하는 진리이
다. 정치의 요체는 백성을 따라오게 하는 것이다. 그러려면 앞장서야
한다. 그리고 이 일에 게으름이 없어야 한다. 시종여일하게 이끌어
가야 한다.

2. 仲弓　爲季氏宰　問政　子曰 先有司　赦小過　擧賢材

중궁이 위계씨재하여 문정하니 자왈 선유사하고 사소과하며 거현재하라.

曰 焉知賢材而擧之

왈 언지현재이거지니까?

曰 擧爾所知　爾所不知　人其舍諸

왈 거이소지면 이소부지를 인기사저아?

〈주석〉

先有司 : 자신이 먼저 백관보다 앞서 함을 말한다. 先은 몸으로 먼저
　　함이다. 有司는 百官이다.

賢才 : 덕과 능력을 갖춘 자.

舍諸 : "버리겠는가?"라는 말이다.

〈번역〉

　중궁이 계씨의 宰가 되어 정치를 물었다. 공자께서 말씀하셨다.

"백관보다 먼저 하고 작은 허물은 용서하고 賢才를 들어 써라."

중궁이 말하기를 "어떻게 현재를 알고 들어 씁니까?"

공자께서 말씀하셨다.

"네가 아는 이를 들어 쓰면 네가 모르는 사람이라도 남들이 버리겠
는가?"

〈묵상〉

　정치가 참 어려운가 보다. 그래서 많은 사람이 공자에게 정치를 묻
는다. 그런데 공자의 대답은 묻는 사람에 따라 그 대답이 다 다르다.
그 사람과 그 형편에 따라 가르쳐 주시는 것이다. 그러나 그 원리는
일관된다. 여기 중궁에게는 현재를 들어 쓸 것을 요구하셨다. 아마
중궁에게는 사람을 쓰는 눈이 부족하다고 여기신 모양이다. 그렇다.
오늘날도 위정자가 知人之鑑이 부족하여 자신은 물론 나라에까지 해
를 끼치는 경우를 얼마나 많이 보지 않는가?

그리고 오늘날은 賢才에 대한 개념도 좀 달라져야 한다. 막연히 어질다는 게 아니라 전문성이 상당히 요구되어야 한다. 어질다는 근본 바탕에 고도의 전문적인 안목이 요구되는 것이다.

3. 子路曰 衛君 待子而爲政 子將奚先 子曰 必也正名乎
   자로왈 위군이 대자이위정이면 자장해선이오? 자왈 필야정명호인저.

   子路曰 有是哉 子之迂也 奚其正
   자로왈 유시재라 자지우야여 해기정이리요?

   子曰 野哉 由也 君子於其所不知 蓋闕如也
   자왈 야재로다. 유야. 군자어기소부지에 개궐여야니라.

   名不正 則言不順 言不順則事不成
   명부정 즉언불순하고 언불순즉 사불성이라.

   事不成 則禮樂不興 禮樂不興則 刑罰不中
   사불성 즉예악불흥하고 예악불흥즉 형벌부중이라.

   刑罰不中 則民無所措手足 故 君子 名之
   형벌부중 즉민무소조수족이니라. 고로 군자 명지면

   必可言也 言之 必可行也
   필가언야며 언지면 필가행야니라.

   君子於其言 無所苟而已矣
   군자어기언에 무소구이이의니라.

〈주석〉

衛君 : 出公 輒(첩)을 가리킨다. 아비가 외국에 망명하여 있었는데 위
     나라 사람들이 그 아들 첩을 왕으로 세우고 아비를 거절하였다.

이때는 노 나라 哀公 10년인데 공자가 초 나라로부터 돌이켜 위
나라로 왔다.

奚先 : 어느 것을 먼저 하겠느냐? 奚는 何이다.

正名 : 명분을 바로 함. 곧 君과 臣을 바로하고 부자의 명분을 바로
함이다.

迂 : 迂濶함이다. 事情에 멂을 말한다. 실제에 절실하지 않음을 말한다.

野 : 鄙俗함. 갑자기 망녕되이 말함을 책망함이다.

闕如 : 한 쪽에 두고서 말하지 않음이다. 闕은 缺이다. 如는 어조사로
뜻이 없다.

言不順 : 말이 不順理함을 말한다.

中 : 中理, 이치에 합함을 말한다.

無所苟 : 一名 一言이라도 모두 경솔히 하거나 구차하게 하지 못함을
말한다.

⟨번역⟩

자로가 말하였다. "위 나라 임금이 선생님을 기다려서 정치를 한다
면 선생님께서는 무엇을 먼저 하시겠습니까?' 공자께서 말씀하셨다.
"반드시 이름을 바로 세우리라." 자로가 말하였다. "이렇습니까? 선
생님의 우활하심이여. 어찌 바로 세우십니까?' 공자께서 말씀하셨다.
"비속하구나. 由여, 군자는 그 알지 못하는 일에는 빠지느니라. 이
름이 바르지 못하면 말이 이치에 맞지 않고 말이 이치에 맞지 않으면
일이 이루어지지 않는다. 일이 이루어지지 않으면 예악이 일어나지
못하고 예악이 일어나지 못하면 형벌이 적중하지 못하여 백성은 손발
을 둘 곳이 없어진다. 그러므로 군자는 이름 지으면 반드시 말을 할
수 있고 말하면 반드시 행하여진다. 군자는 그 말에 있어서 구차함이
없을 뿐이다."

〈묵상〉

　正名. 이 말은 이해하겠는데 이 말이 현실에서는 구체적으로 어떻게 하려는지 감이 잡히지 않는다. 이때 위 나라에서는 부자간의 싸움이 벌어지는 참이었다. 위 나라 임금 영공이 죽고 그 손자 출공이 왕위에 올랐다. 그러자 국외에 망명하여 있던 아버지가 왕위를 빼앗고자 하여 부자가 다투던 때다. 그러면 공자의 正名은 어느 쪽인가? 자로로서는 다급한 문제 앞에 공자의 대답은 우활한 것으로 밖에 들리지 않았을 것이다. 사실 공자는 어느 편이었을까? 부자 가운데 누가 正인가?

4. 樊遲請學稼　　子曰 吾不如老農
　번지청학가하니 자왈 오불여노농이라.

　請學爲圃　　曰 吾不如老圃
　청학위포하니 왈 오불여노포니라.

　樊遲出　子曰 小人哉　　樊須也　上好禮 則民莫敢不敬
　번지출하니 자왈 소인재로다. 번수야여. 상호례 즉민막감불경이리오?

　上好義 則民莫敢不服
　상호의 즉민막감불복이리오?

　上好信 則民莫敢不用情　　夫如是
　상호신 즉민막감불용정이리오? 부여시.

　則四方之民　襁負其子而至矣　　焉用稼
　즉사방지민이 강부기자이지의리니 언용가리오?

〈주석〉

　稼 : 五穀을 심는 것이다.

圃 : 채소를 심는 것이다.

小人 : 細民을 일컫는다. 大體를 모르고 志氣가 平庸한 小民이다.

服 : 복종.

用情 : 情은 성실이다. 백성이 성실함으로 그 윗사람을 대함을 말한다.

褓 : 실을 짜서 만든다. 어린 아이를 등에 업는데 쓰인다.

〈번역〉

　번지가 곡식 심는 것을 배우고자 청하니 공자께서 말씀하셨다.

"나는 노련한 농부보다 못하다."

　채소 심는 것을 배우고자 청하니 말씀하셨다.

"나는 노련한 圃夫보다 못하다."

　번지가 나가자 공자께서 말씀하셨다.

"소인이로다. 번수여, 윗사람이 예를 좋아하면 백성이 감히 공경하지 않을 수 없고 윗사람이 의를 좋아하면 백성이 감히 복종하지 않을 수 없고 윗사람이 믿음을 좋아하면 백성이 감히 성실히 대하지 않겠는가? 대저 이와 같이 하면 사방의 백성이 그 자식을 강보에 싸서 업고 올 것이다. 어찌 곡식 심기를 배우랴?"

〈묵상〉

　곡식 심고 채소 심는 것도 중요하다. 백성의 식생활과 밀접하기 때문이다. 오늘날로 말하면 경제문제이다. 그러나 위정자는 그보다 앞서 예와 의와 신을 먼저 해야 한다. 禮란 도덕적인 사회를 이룸을 목적으로 함이요, 義란 정의로운 사회를 이룸이 그 목적이다. 그리고 信이란 믿음직한 사회 풍토를 만듦이 그 목적이다. 위정자는 이를 이루는 사람이어야 한다. 곡식 심고 채소 가꾸는 일은 거기 다 노련한 전문가가 있다. 그 일은 그에게 맡겨야 한다. 위정자가 거기까지 간섭하면 나라의 큰 기틀이 오히려 흔들릴 위험이 있다. 오로지 위정자는 예와

의와 신을 먼저 갖추어야 한다.

5. 子曰 誦詩三百 授之以政 不達

　　자왈 송시삼백이나 수지이정에 부달하고

　　使於四方 不能專對 雖多 亦奚以爲

　　사어사방에 불능전대면 수다나 역해이위오?

〈주석〉

　　不達 : 明達하지 못함.

　　專對 : 단독으로 응대함. 자기의 뜻으로 응대함을 말한다. 專은 獨이다.

〈번역〉

　　공자께서 말씀하셨다.

　　"시 삼백 편을 외어도 그에게 정치를 맡기면 명쾌히 하지 못하고 사방에 사신으로 보내면 독단으로 응대하지 못한다면 비록 많이 외운들 또한 무엇에 쓰리오?"

〈묵상〉

　　책상 위의 학문과 현실과의 괴리가 너무 멀다. 그래서 卓上空論이란 말도 있다. 현장에서의 쓰임에 맞는 학문이어야 한다는 것이다. 그런데 학문의 목적에서 공자의 시대와 오늘에 하나의 큰 차이가 있다. 공자 시대에는 학문의 목적이 오로지 정치에만 있었다. 그러나 오늘은 학문의 목적이 정치에만 있는 게 아니다. 학문 그 자체가 목적일 수도 있다. 시 삼백 편을 외워 자기 시를 쓰는데 이용할 수도 있다. 또 시 강의에도 쓰인다. 더구나 외우는 그 자체로도 자기 정서나 수양에 도움이 되기도 한다. 다만 여기 공자의 말씀을 실용성에

둔다면 합리적일 수 있지만 학문의 목적을 정치에만 둔다는 것은 맞지 않다.

6. 子曰 其身正   不令而行   其身不正 雖令不從
　자왈 기신정_{이면} 불령이행_{하고} 부정이면 수령부종_{이라}.

⟨주석⟩

正 : 端正.

令 : 敎令.

⟨번역⟩

공자께서 말씀하셨다.

"그 몸이 바르면 명령을 하지 않아도 행하고 그 몸이 바르지 못하면 비록 명령하여도 따르지 않는다."

⟨묵상⟩

윗사람이 모범을 보여야 함은 만고의 진리이다. 그런데 이 간단한 진리를 외면한 채 자신은 온갖 부정을 다 저지르면서도 백성은 가혹한 법령으로 다스리려 하니 백성의 저항이 일어나는 것이다. 우리나라의 현대사에서도 4.19나 6월 항쟁, 광주 항쟁 등이 다 이래서 일어난 것이다.

7. 子曰 魯, 衛之政   兄弟也
　자왈 노, 위지정_은 형제야_{로다}.

魯衛之政 : 魯는 周公의 후예이고 衛는 康, 叔의 후예로서 본디 형제
　　의 나라이다. 그 정치 또한 비슷하다.

〈번역〉

　　공자께서 말씀하셨다.

　　"노 나라와 위 나라의 정치는 형제이다."

〈묵상〉

　　공자의 탄식이다. 그 조상을 따지면 형제인데 그 하는 짓거리마저
꼭 형제처럼 닮았다는 것이다. 예나 이제나 정치를 좀 올바르게 할
수는 없을까? 방법에서야 다를 수 있지만 그 근본 원리는 邪心을 버려
야 한다는 것이 아닐까?

8. 子謂衛公子荊　　善居室　　始有曰 苟合矣
　　자위위공자형하여 선거실이로다. 시유왈 구합의라.

　少有曰 苟完矣　富有曰 苟美矣
　　소유왈 구완의라. 부유왈 구미의라.

〈주석〉

　衛公子荊 : 위 나라의 大夫.

　善居室 : 집을 잘 다스림.

　苟合 : 거의 필요에 맞음. 合은 넉넉함이다.

〈번역〉

　　공자께서 위 공자 형에 대하여 "집을 잘 다스렸다. 처음에 말하기를
'거의 필요에 맞다.' 하고 조금 가지자 '거의 완전하다' 하고 부유해지

자 '거의 아름답다.' 하였다."

<묵상>

　　위 나라 공자 형에 대한 공자의 평가이다. 그는 가난하지만 탐내지
않으면서 "苟合"이라 하고, 조금 나아지자 "苟完"이라 하고, 부유해지
자 "苟美"라고 하였다는 것이다. 재물에 대한 담담한 자세를 높이 평
가한 말씀이다. 이러한 마음가짐을 "淸富의 마음"이라고 할까? 우리는
무턱대고 "淸貧"을 자랑하나 실은 "淸富"를 자랑하여야 한다. 성실히
하고 부지런히 하여 정당한 방법으로는 돈을 벌어야 한다.

9. 子適衛　　冉有僕　　子曰　庶矣哉.
　　자 적 위ᄒᆞ니 염 유 복ᄋᆞ라. 자 왈　서 의 재라.

　冉有曰. 旣庶矣. 又何加焉　　曰　富之
　　염 유 왈　기 서 의면　우 하 가 언ᄋᆞ오? 왈　부 지니라.

　曰 旣富矣 又何加焉　　曰敎之
　　왈　기 부 의면　우 하 가 언ᄋᆞ오? 왈 교 지니라.

<주석>

　　適 : 往. 감이다.

　　僕 : 수레를 모는 것이다.

　　庶 : 무리가 많음이다. 인구가 많음을 가리킨다.

<번역>

　　공자께서 위 나라로 가시니 염유가 수레를 몰았다. 공자께서 말씀
하셨다.

　　"백성이 참 많구나." 염유가 말하였다. "이미 백성이 많으면 또한

무엇을 더하리이까?"

말씀하시길 "부하게 하여라." 염유가 말하였다. "이미 부하여지면 또한 무엇을 더하리이까?" 말씀하셨다. "그들을 가르치라."

〈묵상〉

인구가 많아지고 그들이 다 부하여지고 그리고 나아가 그들이 다 교육을 받으면 더 이상 바랄 게 무엇이랴? 공자는 이런 나라를 꿈꾸었다. 오늘도 마찬가지이다. 온 세계 온 나라가 다 꿈꾸는 이상이다. 그런데 오늘날 우리는 참 비참하다. 인구는 마이너스 성장이요 경제는 빈익빈 부익부 현상으로 상대적 빈곤감은 극에 달하고 나아가 교육에서는 온 국민의 교육수준은 높아지나 진정한 인간 교육은 자꾸 허물어지고 있는 현실이다. 이른바 "3포 현상"이란 참으로 참담한 이야기가 아니더냐? 대학을 나와도 취직을 포기해야 하고 연애를 하여도 결혼을 포기해야 하고 결혼을 하더라도 아기는 포기해야 하니 이 얼마나 끔찍한 현상이냐?

10. 子曰 苟有用我者　期月而已　可也　三年　有成

자왈 구유용아자면 기월이이라도 가야니 삼년이면 유성이니라.

〈주석〉

期月 : 한 해를 도는 달을 말한다. 곧 一周年이다. 期는 朞와 통한다. 朞는 일 주년을 뜻하는 글자이다.

〈번역〉

공자께서 말씀하셨다.

"진실로 나를 등용해 주는 사람이 있다면 1년이라도 가하거니와 삼년이면 이루어짐이 있으리라."

〈묵상〉

　　안타까운 말씀이다. 처절한 부르짖음이기도 하다. 그러나 끝내 그를 등용해 주는 군왕은 없었다. 오늘날도 이런 위인이 있을까? 위인까지는 몰라도 아마 초야에서 썩히는 인재는 많으리라. 그런데 과연 공자를 등용한 군왕이 있어 정치를 좀 잘 하였기로서니 공자가 이룬 그 업적에 비기랴? 하늘은 공자에게 최선의 길을 열어 주신 게 아닐까? 그러나 안타깝게도 공자 자신은 그걸 몰랐다. 그래서 한숨과 탄식이 많은 것이다.

11. 子曰 善人　爲邦百年　亦可以勝殘去殺矣
　　자왈 선인이 위방백년이면 역가이승잔거살의라 하니

　　誠哉　是言也
　　성재라 시언야여.

〈주석〉

　　爲邦百年 : 서로 이어 오램을 말한다.
　　勝殘去殺 : 잔학한 사람을 변화시키어 그로 하여금 악을 저지르지 못하게 함을 말한다. 백성이 선하게 변화되어 가히 살육을 하지 않게 된다.

〈번역〉

　　공자께서 말씀하셨다.
　　"선한 사람이 나라를 백 년 다스리면 또한 가히 잔학함을 이기고 살육을 제거할 수 있다고 하는데 이 말이 진실하도다."

이상 정치에의 갈망이다. 당신이 하면 할 수 있는데 안 맡겨주니 못하므로 안타까워 오히려 울분을 토하는 것이다. 어찌 백 년까지 가랴? 50년 만이라도 정말 정치를 올바르게 잘한다면 완전히 달라지지 않을까? 문제는 위정자, 나아가 지도층 인사들의 모범이 보여야 한다. 저들이 올바르게 살면 따라서 맑아지게 된다. 사회 자체가 정화된다.

12. 子曰 如有王者   必世而後仁

자왈 여유왕자라도 필세이후인이니라.

〈주석〉

必世而後仁 : 왕자가 정치를 주관하여도 반드시 30년이 지난 뒤라야
　　　인정이 이루어짐을 말한다. 世는 30년을 一世로 한다.

〈번역〉

공자께서 말씀하셨다.

"만약에 王者가 나타나더라도 반드시 30년이 지나야 仁德이 펼쳐질 것이다."

〈묵상〉

이 말씀의 해석은 달리도 할 수 있다. "만약 왕자가 나오면 30년 뒤에는 반드시 인덕이 베풀어진다."고 해석할 수 있는 것이다. 이렇게 해석하면 왕자를 기리는 말이 되고 본래대로 해석하면 인덕의 펼쳐짐의 어려움을 말하는 게 된다. 종래에는 위의 해석을 따랐고 여기서도 그대로 따랐다. 정치의 어려움을 말한다. 그런데 오늘의 대통령은 5년에 뭔가를 이룬다고 큰소리를 친다. 그 사람이나 그 말 믿는 사람이나

다 정상이 아니다.

13. 子曰 苟正其身矣　於從政乎　何有
    자왈　구정기신의면　어종정호에　하유며

    不能正其身　　如正人何
    불능정기신하면　여정인하오?

〈주석〉

何有 : 何難之有 무슨 어려움이 있는가? 무슨 곤란이 있는가?

如正人何 : 如何正人의 도치구이다. 어떻게 다른 사람을 바르게 할까?

〈번역〉

공자께서 말씀하셨다.

"진실로 그 몸을 바르게 한다면 또한 정치를 함에 무슨 어려움이

있겠는가? 능히 그 몸을 바르게 하지 못한다면 남을 어떻게 바르게

하겠는가?"

〈묵상〉

먼저 자기를 바로 세우는 일이 중요하다. 자기를 바로 세우고 나서

야 남을 바로 세울 수가 있는 것이다. 이는 만고의 진리이다. 그런데

오늘날의 위정자는 남부터 자꾸 바로 세우려 한다. 그러니 백성들이

웃고 나라는 비뚤어지는 것이다.

14. 冉子退朝　　子曰 何晏也　　對曰 有政
    염자퇴조하니　자왈　하안야아?　대왈　유정이로소이다.

子曰 其事也   如有政   雖不吾以 吾其與聞之
자왈 기사야로다. 여유정이면 수불오이나 오기여문지니라.

<주석>

晏 : 晚이다.

政 : 국가의 政務.

事 : 大夫 집의 사무.

不吾以 : 不以吾의 도치구이다. 以는 用이다.

其 : 추측의 어조사 대개란 말이다.

與聞 : 參與 聽聞이다.

<번역>

염자가 조정에서 물러나니 공자께서 말씀하셨다.

"어찌 이렇게 늦었느냐?"

대답하여 말하기를 "정무가 있었습니다." 공자께서 말씀하셨다.

"대개 대부가의 사무일 것이다. 만약 정무가 있었다면 비록 내가
쓰임 받지는 못하여도 내가 아마 참여하여 들었을 것이다."

<묵상>

事와 政, 곧 私務와 국가의 政事이다. 이를 구분 못하는 게 옛날이나
오늘날이나 마찬가지이다. 그리하여 엄연히 국가의 공무원이라 할지
라도 상사 앞에서는 일개 사사로운 종으로 전락하고 만다. 그래서 충
복이 유능한 공무원으로 취급받는다. 이는 후진국일수록 더 심하다.
정부 부서는 그래도 약과이다. 일반 사기업에서는 완전히 종이다. 말
은 직원이라지만 오너에게는 물론 조그만 상사 앞에서도 그저 종일
뿐이다.

15. 定公　問　一言而可以興邦　　　有諸
정공이 문하되 일언이가이흥방이라 하니 유저이까?

孔子 對曰 言不可以若是其幾也
공자 대왈 언불가이약시기기야이나,

人之言曰 爲君難　　爲臣不易　　　如知爲君之難也
인지언왈 위군난이오 위신불이라 하니 여지위군지난야이면

不幾乎一言而興邦乎
불기호일언이흥방호이까?

曰 一言而喪邦　　　有諸
왈 일언이상방이라 하니 유저이까?

孔子對曰 言不可以若是其幾也
공자대왈 언불가이약시기기야이나

人之言曰 予無樂乎爲君　　唯其言而莫予違也
인지언왈 여무락호위군이오 유기언이막여위야라 하니

如其善而莫之違也　　不易善乎　　如不善而莫之違也
여기선이막지위야이면 불역선호아? 여불선이막지위야이면

不幾乎一言而喪邦乎
불기호일언이상방호이까?

〈주석〉

言不可而若是其幾也 : 한 마디 말로 이와 같이 반드시 그 효과를 기약
하지는 못한다는 말이다. 幾는 期望이다.

幾乎 : 近乎

予無樂乎爲君 二句 : 임금 노릇에는 별 즐거움이 없다. "오직 즐길만
한 것은 나의 말에 아무도 항거하지 못함이다."는 말이다.

<번역>

定公이 물었다. "한 마디 말이 가히 나라를 흥하게 한다는데 그런 말이 있습니까?" 공자께서 대답하셨다. "말이 반드시 이와 같다고 기필할 수는 없지만 사람이 말하기를 '임금 노릇하기 어렵고 신하 노릇하기도 쉽지 않다.'고 합니다. 만약 임금 노릇하기 어려움을 안다면 한마디 말로써 나라를 흥하게 한다는 데 가깝지 않겠습니까?"

말하기를 "한마디 말이 나라를 잃게 한다는데 그런 말이 있습니까?" 하였다.

공자께서 대답하셨다. "말이 꼭 이와 같다고 기필할 수는 없지만 사람이 말하기를 '내가 임금 노릇에는 즐거움이 없지만 오직 즐길만한 것은 내가 말하면 아무도 항거하지 못하는 것이다.'고 하니 만약 그가 선히 하는데 항거하는 사람이 없다면 또한 좋지 않겠습니까? 선하지 않은 일을 하는데 그를 항거하는 사람이 없다면 한마디 말이 나라를 잃게 하는데 가깝지 않겠습니까?"

<묵상>

임금이 공자를 대하는 태도가 그리 겸손한 것 같지 않다. 진정으로 한마디 깨달음을 얻고자 하는 것 같지 않다. 하지만 공자는 성실히 대답하셨다. 진실로 임금 노릇하기 어려움을 알리는 충고이다. 항거하는 신하가 왜 있는가 생각하여 보라는 뜻이다. 항거하는 신하가 없다고 즐기는 임금 따위는 되지 말라는 충고이다.

16. 葉公 問政　　子曰 近者說　　遠者來

섭공 문정하니 자왈 근자열하며 원자래니라.

〈주석〉

　近者說 遠者來 : 朱熹가 말하기를 "그 은택을 입으면 기뻐하고 그 바
　　람을 들으면 온다."고 하였다.

〈번역〉

　섭공이 정치를 물으니 공자께서 말씀하셨다.

　"가까운 사람은 기쁘게 하고 멀리 있는 사람은 오게 한다."

〈묵상〉

　이 말의 번역을 위와 같이 하지 말고 "가까운 사람을 기쁘게 하면
멀리 있는 사람이 온다." 하면 어떨지? 또는 "가까운 사람을 기쁘게
하여 멀리 있는 사람을 오게 한다."로 하면 어떨까? 그러면 먼저 가까
이 있는 사람을 기쁘게 하는 정치를 펼치고자 하지 않을까? 가까운
사람에만 초점을 맞추면 저절로 이루어진다는 것으로 강조함이 더 나
을 듯 하다. 그런데 이를 왜 처음과 같이 할까?

17. 子夏爲莒父宰　　問政
　　자 하 위 거 보 재 하여 문 정 하니

　　子曰 無欲速　　無見小利
　　자 왈 무 욕 속 하고 무 견 소 리 하라.

　　欲速則不達　　見小利則 大事不成
　　욕 속 즉 부 달 하고 견 소 리 즉　대 사 불 성 이니라.

〈주석〉

　莒父(거보) : 魯 나라의 邑名이다.

　欲速 : 일이 빨리 이루어지기를 바라면 급하여 질서가 없어진다.

見小利 : 눈앞의 작은 이익만 본다.

〈번역〉

자하가 거보의 재가 되어 정치를 물으니 공자께서 말씀하셨다.

"속히 하려 하지 말고 작은 이익을 보지 말라. 속히 하려고 하면 달성하지 못하고 작은 이익을 보면 큰일은 이루지 못한다."

〈묵상〉

우리를 향한 말씀이다. 우리에게는 느긋함이 적다. 그리고 큰 그림을 그릴 줄 모른다. "빨리"가 우리의 장점이자 단점이다. 그리고 見小利는 큰 눈이 없어서이다. 좀 더 느긋하게 그리고 좀 더 큰 눈으로 세상을 보자. 우리의 앞날이 더 크게 더 밝게 열릴 것이다.

18. 葉公 語孔子曰 吾黨 有直躬者　其父攘羊而　子證之

섭공 어공자왈 오당에 유직궁자라. 기부양양이니 자증지니라.

孔子曰 吾黨之直者　異於是

공자왈 오당지직자는 이어시니라.

父爲子隱　子爲父隱　直在其中矣

부위자은하며 자위부은하니 직재기중의니라.

〈주석〉

直躬人 : 정직하게 행하는 사람이다.

攘羊 : 순하게 양을 이끌어 옴을 말한다.

證 : 아버지의 도둑질을 고발함이다.

隱 : 과실을 숨김이다.

　　섭공이 공자에게 말하였다. "저희 마을에 정직한 사람이 있습니다. 아버지가 남의 양을 훔쳐오니 아들이 이를 고발하였습니다." 공자께서 말씀하셨다.

　　"우리 마을의 정직한 사람은 이와 다르다. 아비는 자식을 위해 숨겨주고 자식은 아비를 위해 숨겨준다. 정직이 그 가운데 있다."

〈묵상〉

　　정직은 아주 좋은 덕목이다. 정직한 사회라야 한다. 그러나 그 정직이 윤리에 바탕하여야 한다. 정직의 목적이 윤리에 기여해야 한다. 공자는 이런 정직을 요구하였다. 아비가 남의 양을 훔쳤는데도 이를 숨기면 이는 당연히 부정직하므로 범죄이거나 적어도 범죄에 방조함은 된다. 그러나 공자는 오히려 그것을 정직이라 하셨다. 정직이란 덕목도 윤리를 위해 희생하여야 하는 것이다. 천륜은 최고의 가치이다. 지극히 인본주의적 사고이다. 이런 사고가 지배하는 사회가 되어야 훈훈한 사회가 되는 것이다.

19. 樊遲問仁　　子曰 居處恭　　執事敬

　　번지문인하니 자왈 거처공하고 집사경하며

　　與人忠　　雖之夷狄　　不可棄也

　　여인충이면 수지이적이나 불가기야라.

〈주석〉

　　居處：日常 起居함이다.

　　執事：行事.

之：往, 감이다.

夷狄：未開化된 이방이다.

〈번역〉

번지가 仁에 대하여 물으니 공자께서 말씀하셨다.

"일상생활에서 공손하고 일을 함에 공경스러이 하며 남과 같이 일
함에 신실하게 하면 비록 이적의 나라에 가더라도 버릴 수 없느니라."

〈묵상〉

恭, 敬, 忠, 이 세 가지 덕목을 가지면 이적의 나라에 가더라도 버림
받지 않는다. 오늘도 그대로 유용한 말씀이다. 오늘날 외국에 사는
동포가 많은데 들려주고픈 말이다.

20. 子貢　問曰 何如斯可謂之士矣
자공이 문왈 하여사 가위 지 사 의까?

子曰 行己有恥　使於四方　不辱君命　可謂士矣
자왈 행기유치하고 사 어 사 방에 불욕군명이면 가위사 의니라.

曰敢問其次　曰宗族稱孝焉, 鄕黨稱弟焉
왈 감 문 기 차 니이다. 왈종족칭효언하고 향당칭제언이니라.

曰敢問其次
왈 감 문 기 차 니이다.

曰 言必信　行必果　硜硜然小人哉　抑亦可以爲次矣.
왈 언 필신하고 행 필 과면 경 경 연 소 인 재니 억 역 가 이 위 차 의

曰今之從政者何如　子曰 噫 斗宵之人 何足算也
왈금지종정자하여니까? 자왈 희라 두소지인 하 족 산 야리오?

行己有恥 : 자기의 행사에 부끄러움이 있음을 알면 능히 하지 않음이다.

不辱君命 : 신하가 심부름을 감에 임금이 부탁한 사명을 욕되게 하지
　　　　　 않음이다.

行必果 : 행하고자 하는 바를 반드시 과감하게 이를 행함을 말한다.

硜硜然 : 작은 돌이 굳은 모양이다. 능히 굳게 스스로 지킴을 말한다.

小人 : 識量이 얕고 좁은 사람을 가리킨다.

斗筲之人 : 斗는 量의 이름으로 열 되를 용납하고 筲는 竹器인데 두
　　　　　 되를 용납한다. 그릇 작은 것을 가리킨다.

〈번역〉

　자공이 물었다. "어떻게 하면 가히 여기 선비라 할 수 있습니까?"
공자께서 말씀하셨다.

　"자기의 행사에 부끄러움이 있으면 하지 않을 줄 알며 다른 나라에
사신으로 가서 임금의 명령을 욕되게 하지 않으면 가히 선비라 할 수
있다."

　말하기를 "감히 그 다음을 묻습니다." 말씀하셨다. "종족이 孝한다
고 칭찬하며 마을에서 우애한다고 칭찬하는 사람이다." 말하기를, "감
히 그 다음을 묻습니다." 말씀하셨다. "말에 반드시 믿음이 있고 행동
에 반드시 결과가 있으면 굳어서 小人이기는 하나 억지로 또한 그 다
음이라 할 것이다." 말하기를 "오늘의 정치하는 사람들은 어떻습니
까?" 공자께서 말씀하셨다. "아, 한 되들이 작은 사람을 어찌 족히 셈
할 수 있으랴?"

〈묵상〉

　선비의 정도를 말씀하신다. 첫째가 行己有恥라 하셨다. 참으로 고
도의 자기 수양을 요하는 덕목이다. 여기서 말하는 恥는 聖에다 기준

을 두었으리라. 그러니 얼마나 어려우랴? 이런 자기 수양에다 使於四方하여도 不辱君命이라야 한다. 이는 능력에 관한 문제이다. 자기 수양 만으로는 한갓 꽁생원이 되기 쉽다. 그 인격에다 능력도 갖추어야 참 선비가 되는 것이다. 이 양자를 다 갖춘 선비, 그런 사람이 위정자가 되어야 하는데 오늘날은 너무 답답하다. 공자 당시처럼 두소지인들이 판을 치는 정치판이 아니더냐?

21. 子曰 不得中行而與之 必也狂狷乎
자왈 부득중행이여지면 필야광견호리라.

狂者進取 狷者有所不爲也
광자진취하고 견자유소불위야니라.

〈주석〉

中行 : 행동이 능히 중용에 합하는 자를 말한다. 중은 곧 중도이다.

與之 : 그와 함께 함이다.

狂狷 : 包咸이 말하기를 "狂者는 선한 길에 나아가고 狷者는 無爲에 守節한다."고 하였다.

〈번역〉

공자께서 말씀하셨다.

"중용을 행하는 자를 얻어 그와 더불어 하지 못하면 반드시 광견자와 더불어 하리라. 광자는 진취적이고 견자는 하지 않음이 있느니라."

〈묵상〉

여기서 말하는 광자는 미친 듯이 나아가는 사람이고 견자는 고집이 센 사람이다. 고집이 세어 나쁜 일은 절대로 하지 않는 사람이다. 그러면 중용을 행하는 가장 이상적인 사람과 그 다음 이런 광자와 견자를 제외하고 남는 사람은 누군가? 소극적인 사람과 부정적인 사람들, 또는 회의적인 사람들일 것이다. 그들과는 결코 더불어 같이 할 수 없다는 것이다.

22. 子曰 南人有言曰 人而無恒　　不可而作巫醫　　善夫
　　자왈 남인유언왈 인이무항이면 불가이작무의라 하니 선부로다.

　　不恒其德 或承之羞　　　子曰 不占而已矣
　　불항기덕 혹승지수라 하니 자왈 부점이이의니라.

〈주석〉

　巫醫 : 巫는 귀신과 교통하는 자. 醫는 사람의 질병을 치료하는 자
　　　　이다.

　不恒其德或承之羞 : 이는 易經 恒卦九三의 爻辭이다. 사람이 항상 갖
　　　　는 덕이 없으면 장차 항상 욕됨을 당한다는 말이다.

　不占而已矣 : 占은 占卜. 恒心이 없는 사람은 易에서도 점칠 수가 없
　　　　다는 말이다. 集解引鄭玄의 注에 보인다.

〈번역〉

　　공자께서 말씀하셨다.

　　"남방 사람들의 말이 있는데 '사람이 과연 항심이 없으면 무당이나 의원도 될 수 없다.'고 하였다. 좋도다. 역경에 말하기를 '사람이 과연 常德이 없으면 수치를 당한다.'고 하였다." 공자께서 말씀하셨다.

　　"점칠 것도 없다."

<묵상>

恒心이란 항상 가지는 떳떳한 마음이라고 한다. 이게 없으면 아무 것도 할 수가 없다고 강조하신 것이다. 변덕스러움을 경계한 말씀이라고 해석하여야 할 것 같다. 꾸준히 한 마음으로 나아가야 이룸이 있는 것이다. 그런데 이 말 가운데 재미있는 것이 무당과 의원을 경시하는 것이다. 오늘의 눈으로는 너무도 가당치 않은 일이다.

23. 子曰 君子 和而不同 小人 同而不和
자왈 군자는 화이부동하고 소인은 동이불화니라.

<주석>

和 : 어그러지는 마음이 없음이다.

同 : 阿比의 뜻이 있음이다.

<번역>

공자께서 말씀하셨다.

"군자는 和合하되 雷同하지 않으며 소인은 뇌동하되 화합하지는 못한다."

<묵상>

화는 정의로운 일에만 이루어지고 동은 이득이 있을 때에만 이루어진다. 그러므로 정의롭게 살고자 하는 군자는 언제나 화를 이루지만 늘 이득만 챙기는 소인은 동을 이루는 것이다. 이런 소인들이 모여 패거리를 만든다. 조선 500년 四色黨爭도 이런 면이 짙고 오늘날에도 친박이니 비박이니 그리고 친문이니 비문이니 하는 것들이 다 이런 패거리 장치에서 소인들이 꾸미는 것이다. 진실로 화이부동하는 군자

가 그립다.

24. 子貢　問曰 鄉人皆好之　何如
자 공이 문 왈 향 인 개 호 지면 하 여 니까?

子曰 未可也
자 왈 미 가 야라.

鄉人皆惡之　何如
향 인 개 오 지면 하 여 니까?

子曰未可也　不如鄉人之善者好之　其不善者惡之
자 왈 미 가 야라. 불 여 향 인 지 선 자 호 지요 기 불 선 자 오 지 니라.

〈주석〉

好 : 기뻐함.

惡 : 싫어함.

〈번역〉

　자공이 물어 말하기를 "마을사람들이 모두 그를 좋아한다면 (그 사람은) 어떻습니까?" 공자께서 말씀하셨다. "가하지 않다."

　"마을 사람들이 다 그를 싫어한다면 (그 사람은)어떻습니까?"

　공자께서 말씀하셨다.

　"가하지 않다. 마을 사람들 가운데 선한 사람이 그를 좋아하는 것만 같지 못하고 마을 사람 가운데 선하지 못한 사람들이 그를 싫어하는 것만 같지 못하다."

<묵상>

이른바 "여론"이라는 걸 얼마나 믿어야 하는가? 하는 문제이다. 여론이라고 다 믿을 건 아니라는 것이다. 여론은 언제나 유동적인 것이다. 그러므로 사리판단을 잘 하는 사람, 여기서는 善者라고 하였는데 그들의 판단이 정확하다는 것이다. 그런데 오늘의 기준은 그렇지 못하여 때로는 愚衆이 모여 엄청난 실수를 하는 경우가 있다. 20세기 초의 일본이나 독일은 다 이들 우중들에 의하여 엄청난 재난을 인류에게 끼쳤다.

25. 子曰 君子 易事而難說也 說之不以道 不說也
   자왈 군자는 이사이난열야요 열지불이도면 불열야라.

   及其使人也 器之 小人 難事而易說也
   급기사인야엔 기지니라. 소인은 난사이이열야라

   說之雖不以道 說也 及其使人也 求備焉
   열지수불이도나 열야요 급기사인야엔 구비언이니라.

<주석>

   易事 : 섬기기 쉽다.

   難說 : 그를 기쁘게 하기 어렵다.

   器之 : 각 사람의 才器의 다름을 말미암아 임용함. 재기에 따라 임용함.

   求備 : 다 갖추기를 요구함.

<번역>

   공자께서 말씀하셨다.

   "군자는 섬기기는 쉬우나 기쁘게 하기는 어렵다. 기쁘게 하는 것이

도가 아니면 기뻐하지 않는다. 사람을 부림에 미쳐서는 그의 재기에 따라 한다. 소인은 섬기기는 어려우나 기쁘게 하기는 쉽다. 기쁘게 함이 비록 도로써 아니할지라도 기뻐한다. 사람을 부림에 미쳐서는 다 갖추기를 원한다."

〈묵상〉

군자는 까다롭지 않다. 그러므로 섬기기 쉽다. 그러나 군자를 기쁘게 하기는 어렵다. 도가 아니면 기뻐하지 않기 때문이다. 소인은 이와 반대다. 그리고 사람을 부림에 군자는 그의 재기에 따라서만 그를 부린다. 兵에 능한 사람에게는 兵事만 맡기고 文에 능한 사람에게도 역시 그렇게 한다. 그러나 소인은 아랫사람이 모든 면에서 다 갖추기를 요구한다. 결과적으로 아무 것도 옳게 보필을 받지 못한다.

26. 子曰 君子 泰而不驕 小仁 驕而不泰

자왈 군자는 태이불교하고 소인은 교이불태니라.

〈주석〉

泰 : 安舒 편안하고 천천함.

驕 : 驕傲.

〈번역〉

공자께서 말씀하셨다.

"군자는 태연하나 교만하지 않고 소인은 교만하나 태연하지 못하다."

〈묵상〉

泰而不驕, 참 군자상이다. 그 가운데 저절로 위엄이 나온다. 이 위엄은 인자하나 사람을 제압하는 힘을 가진다. 그러므로 군자 앞에서는 아무도 함부로 하지는 못한다. 반대로 소인은 늘 교만하고 거만하다. 그러나 위엄은 없다.

27. 子曰 剛毅木訥 近仁
    자왈 강의목눌이 근인이니라.

〈주석〉

剛毅木訥 : 王肅이 말하기를 "剛은 無慾, 毅는 果敢, 木은 質朴, 訥은 遲鈍이라." 하였다.

〈번역〉

공자께서 말씀하셨다.

"의지가 剛强하고 행위에 과단성이 있고 性情이 質朴하고 설화가 지둔하면 仁에 가깝다."

〈묵상〉

剛毅木訥. 어느 한 가지인들 갖추기가 그리 쉬운 건 아니다. 그런데 오늘의 기준으로는 訥은 좀 문제가 된다. 訥辯으로는 안되고 達辯이라야 하는 것이다. 그러나 여기 공자가 말하는 訥은 말에 진실성이 있어야 한다는 뜻으로 쓰인 것일 것이다. 달변가 유세자들이 펼치는 甘言利說 같은 게 아니고 말에 진실성을 강조한 것일 것이다.

28. 子路問曰 何如斯可謂之士矣
    자로문왈 하여사가위지사의니까?

子曰 切切偲偲　　怡怡如也　可謂士矣

자왈 절절시시하며 이이여야면 가위사의니

朋友　切切偲偲　兄弟　怡怡

붕우에 절절시시오 형제에 이이니라.

〈주석〉

切切偲偲 : 서로 간절히 권하는 모양.

怡怡 : 화순한 모양.

〈번역〉

　자로가 물어 말하기를 "어떻게 해야 가히 선비라 할 것입니까?" 공자께서 말씀하셨다.

　"간절히 서로 권하며 화순하게 하면 가히 선비라 할 것이다. 벗에게는 간절히 권하고 형제에게는 화순하게 하는 것이다."

〈묵상〉

　여기서 말씀하는 선비 상은 지극히 내향적인 것이다. 간절히 권하고 화순하게 대하면 된다고 하셨다. 한 마디로 공손이다. 그렇다. 선비의 첫 조건은 공손이다. 벗에게 간절히 권하는 마음, 형제에게 화순하게 대하는 모습, 이게 공자의 선비상이다. 그러나 이게 그리 쉬운게 아니다. 몸에 배여야 한다.

29. 子曰 善人敎民七年　　亦可以卽戎矣

　자왈 선인교민칠년이면 역가이즉융의니라.

敎民 : 교민의 일은 많다. 요컨대 孝悌忠信의 행위, 務農講武의 법 등
을 가르치는 것이다.

卽戎 : 陳에 나아가 作戰을 함이다. 卽은 就이고 戎은 兵이다.

〈번역〉

공자께서 말씀하셨다.

"착한 사람이 백성을 가르침에 칠 년이면 또한 가히 병으로 나아가
게 할 수 있다."

〈묵상〉

이 말씀은 역으로 해석하여야 그 의미가 뚜렷해진다. 곧 많은 군주
들이 백성을 가르치지도 않고 전쟁터로 내보내는 것이다. 이를 경계
하는 말로 들어야 한다. 적어도 7년은 훈련시켜 전쟁에 내보내야 한다
는 말씀이다. 다음 장을 보면 더욱 명백하다.

30. 子曰 以不敎民戰　　是謂棄之

자왈 이불교민전이면 시위기지니라.

〈주석〉

以不敎民戰是謂棄之 : 以는 用이고 不敎民은 가르치지 못한 백성을
가리킨다. 朱熹가 말하기를 "가르치지 못한 백성을 써서 전쟁을
하면 반드시 패망의 화가 있다. 이는 백성을 버리는 것이다."고
하였다.

〈번역〉

공자께서 말씀하셨다.

"가르치지 못한 백성으로 전쟁을 하면 이는 백성을 버렸다 말할 것
이다."

〈묵상〉

　　전국시대의 그 와중에서 언제 가르치고 나서 전쟁으로 보내랴? 그
저 우선 급하니 마구잡이로 내모는 것이다. 이를 비판하신 것이다.
그러나 이 말씀에 귀를 기울인 나라는 별로 없었다. 너무 멀리 느껴지
기 때문이다. 그래서 무모한 전쟁에 무고한 백성이 얼마나 많이 죽었
던가?

憲文 第十四

1. 憲　問恥　子曰 邦有道　穀　邦無道　穀　恥也
헌이 문치하니 자왈 방유도에 곡하되 방무도에 곡이면 치야라.

<주석>

憲 : 原思의 이름. 공자의 제자이다.

邦有道穀 三句 : 穀은 俸祿, 朱熹가 말하기를 "나라에 도가 있는데도
　　능히 하는 일이 없거나 나라에 도가 없으면 능히 홀로 착하게 할
　　수가 없는데도 食祿만 안다면 모두가 치욕이다."라고 하였다.

<번역>

憲이 부끄러움을 물었다. 공자께서 말씀하셨다.

"나라에 도가 있으면 벼슬을 하되 나라에 도가 없는데 벼슬을 하면
부끄러움이다."

<묵상>

　　위의 번역 그대로 하면 가장 무난한데 굳이 주희의 말을 좇아 나라
에 도가 있는데도 하는 일이 없으면 부끄러움이라고 해석하는 건 좀
지나친 확대 해석이라 여겨진다. 그저 말 그대로 나라에 도가 있으면
벼슬을 하는 것이 마땅하고 도가 없는데도 벼슬하면 그게 부끄러움이
라고 하는 게 옳은 해석이다. 그렇다. 오늘도 맞는 말이다. 히틀러나
김일성 밑에서 무사히 벼슬하였다면 그 자체가 부끄러움일 것이다.

2. 克伐怨欲 不行焉　可以爲仁矣　　子曰 可以爲難矣
극벌원욕 불행언이면 가이위인의니이까? 자왈 가이위난의이나.

仁則吾不知也
인즉오부지야라.

〈주석〉

克伐怨慾 : 朱熹가 말하였다. "克은 이기기를 좋아하는 것이다. 伐은
　　자긍하는 것이다. 怨은 憤恨이다. 慾은 탐욕이다."

〈번역〉

"남을 이기기 좋아하고 자긍하고 원망하고 탐욕하는 것, 이들을 하
지 않으면 가히 仁하다고 하겠습니까?' 공자께서 말씀하셨다.

"가히 하기 어렵다. 그러나 그게 仁한지는 나는 모르겠다."

〈묵상〉

仁의 경지가 얼마나 높은지 말씀하고 있다. 克伐怨慾은 참으로 실
행하기 어려운 덕목이다. 그러나 이들은 다 소극적인 덕목이다. 자신
의 내면 문제이다. 물론 이를 행하기도 어렵다. 공자께서도 이를 어렵
다 하셨다. 그러나 이로써 인하다고 하기는 곤란하다는 것이다. 仁이
란 타인에게 무언가 베풀어 미치게 하는 게 있어야 할 것이다. 자기
내면의 수양만으로는 부족하다는 것이다.

3. 子曰 士而懷居　不足以爲士矣

자왈　사이회거면　부족이위사의니라.

〈주석〉

士 : 도에 뜻을 두는 자를 가리킨다. 곧 유식하고 덕행을 하고 포부를
　　가진 자를 가리킨다. 그러므로 里仁 편에서 일찍 말씀하시기를
　　"선비는 도에 뜻을 두고 더러운 옷과 거친 밥을 부끄러워하는 자
　　들과는 족히 더불어 말할 가치가 없다."고 하셨다.

懷居 : 사는 곳이 편안하고 탐락하기를 좋아함이다.

공자께서 말씀하셨다.

"선비가 되고서 편안한 집에서 살기를 원한다면 족히 선비라 할 수
없느니라."

〈묵상〉

여기서 말하는 懷居란 거주하는 주택만을 말하는 게 아니라 삶 자
체를 말한다고 보아야 할 것이다. 참 선비란 호화로운 삶을 즐길 수
없다는 말이다. 그렇게 살 수가 없는 게 선비의 운명이다. 이웃이 굶
주리는데 어찌 나 혼자 배부르게 먹으라? 선비로서는 하지 못할 짓이
다. 이런 마음 없다면 그가 아무리 학식이 높다고 할지라도 참 선비는
못 될 것이다. 선비란 함께 할 마음이 되어야 한다. 오늘 이 땅에 과연
선비가 있는가? 있다면 저 방황하는 청년들을 좀 안으시라.

4. 子曰 邦有道　危言危行　邦無道　危行言孫
　　자 왈　방유도엔　위 언 위 행하고　방 무 도엔　위 행 언 손이니라.

〈주석〉

危 : 正直.

言孫 : 언어가 겸손하고 순함이다. 孫은 겸손이다.

〈번역〉

공자께서 말씀하셨다.

"국가가 태평 시에는 언어와 행위가 정직해야 하고 국가가 분란 시
에는 행위는 그대로 정직하나 언어는 겸손하여야 한다."

〈묵상〉

　　처세의 기본이다. 국가가 태평하고 도가 잡혀 있을 때에는 정직하
게 비판하여야 한다. 그러나 나라에 도가 바로 서지 않고 시끄러운
때에는 말을 아껴야 하는 것이다. 많은 분들이 국가 분란 시에도 정직
하게 말하다가 화를 자초하는 경우를 많이 보지 않았던가? 과거 군사
독재시대에 이런 분들이 얼마나 많았던가?

5. 子曰 有德者必有言　　有言者不必有德
　　자 왈　유 덕 자 필 유 언이나　유 언 자 불 필 유 덕이니라.

　　仁者必有勇　　勇者不必有仁
　　인 자 필 유 용이나　용 자 불 필 유 인이니라.

〈주석〉

　有德者必有言 四句 : 주희가 尹氏의 말을 인용하여 "덕 있는 자는 반
　　　드시 말이 있는데 말에만 능한 자는 반드시 덕이 있는 게 아니다.
　　　仁者는 용기에 뜻을 두나 勇者가 반드시 仁한 것은 아니다."고
　　　하였다.

〈번역〉

　　공자께서 말씀하셨다.

　　"덕이 있는 사람은 반드시 말이 있다. 말이 있는 사람이 반드시 덕
이 있는 것은 아니다.

　　어진 사람은 반드시 용기가 있다. 용기가 있는 사람이 반드시 仁을
가진 것은 아니다."

<묵상>

  그렇다. 덕이 있어도 말은 아껴야 하며, 어질지라도 용기는 감출
줄 알아야 한다. 말을 멋대로 하면 이미 덕은 사라지고 용기를 함부로
쓰면 벌써 어짊은 없어지는 법이다. 말과 용기, 모두 꼭 필요할 때만
써야 제 값을 찾는다.

6. 南宮适 問於孔子曰 羿 善射   奡 盪舟   俱不得其死然
   남궁괄 문어공자왈 예 선사하고 오 탕주하되 구부득기사연이나

   禹稷　躬稼而有天下
   우 직은 궁 가 이 유 천 하이라.

   夫子不答　　南宮适出　　子曰 君子哉　若人
   부자부답이라. 남궁괄출하니 자왈 군자재라 약인이여.

   尚德哉　　　若人
   상 덕 재로다. 약 인이여.

<주석>

  南宮适：곧 南容, 공자의 제자이다.

  羿：有窮의 임금. 활을 잘 쏘았다. 그 신하 寒浞(한착)에게 죽임 당했다.

  奡(오)：한착의 아들로서 큰 힘을 가져 육지에서도 배를 가게 하였으
         나 夏后 少康에게 주살 당하였다.

  盪舟：육지에서 배를 움직임. 손으로 배를 밀어 나아가게 한다. 일설
        에는 배의 군사로 예봉을 찔러 진을 함락함이라고 한다.

  禹：大禹로 治水하여 순 임금의 뒤를 이어 천하를 가짐.

  稷：后稷으로서 백성을 가르쳐 농사짓게 함으로 직의 후예가 주 무왕

에게까지 이르렀다. 또한 천하를 가졌다.

〈번역〉

　　남궁괄이 공자에게 물어 가로대 "예는 활을 잘 쏘고 오는 육지에서 배를 나아가게 할 만큼 힘이 있었는데 모두 자연스레 죽지 못하였습니다. 우와 직은 몸소 농사지어도 천하를 가졌습니다." 선생님께서 대답하지 않으셨다. 남궁괄이 나가자. 공자께서 말씀 하셨다. "군자여, 이 사람이로다. 덕을 숭상함이여, 이 사람이로다."

〈묵상〉

　　모든 능력보다 덕이 우선이라는 남궁괄의 말인데 공자는 왜 대답하자 않았을까? 남궁괄의 말에 다분히 시사적인 내용이 숨어 있는 것이다. 즉 예와 오로써 오늘의 위정자를 빗대고 우와 직을 공자에 빗대어 한 말인 것이다. 그러니 기기 호응을 하다간 자칫 무슨 일이 벌어질 수도 있다. 공자는 이를 미리 예방한 것이다. 그리고 다음에 그 말이 옳음을 인장하여 준 것이다. 참으로 현명한 처세이다.

7. 子曰 君子而不仁者　有矣夫　未有小人而仁者也
　　자왈 군자이불인자는 유의부이나 미유소인이인자야라.

〈주석〉

　　君子而不仁者有矣夫 二句 : 주희가 謝氏의 말을 인용하여 말하였다. "군자는 인에 뜻을 둔다. 그러나 삽시간에 마음이 거기에 떠나 있을 수 있다. 그런즉 不仁함을 면하지 못한다."고 하였다.

〈번역〉

　　공자께서 말씀하셨다.

"군자이면서 不仁者는 있으나 소인이면서 仁者는 없다."

〈묵상〉

　군자의 덕은 인에 있다. 그러나 혹 인을 떠나 있을 때가 있다. 그러나 小人은 아예 仁과 상관이 없다는 것이다. 군자의 실수를 용납하는 말로 들린다. 군자는 아무리 실수가 있다고 한들 소인과는 애초에 다르다는 것이다. 이는 아마 그 목표하는 바가 다름에 있을 것이다. 군자는 덕을 목표로 하고 소인은 이득을 목표로 하기 때문인 것이다.

8. 子曰 愛之　能勿勞乎　　忠焉　能勿誨乎
　자왈 애지면 능물로호아? 충언이면 능물회호아?

〈주석〉

　愛之 四句 : 주희가 蘇軾의 말을 끌어서 말하기를 "사랑하면서 그를 수고롭게 할 줄 알면 그 사랑함이 깊은 것이다. 충성하면서 그를 뉘우치게 할 줄 알면 그 충성됨이 크다."라고 하였다.

〈번역〉

　공자께서 말씀하셨다.

　"사랑한다면 능히 수고롭게 하지 않겠는가? 충성한다면 능히 뉘우치게 하지 않겠는가?"

〈묵상〉

　진실한 사랑이 무엇이며 올바른 충성이 무엇인지 가르쳐 주시는 말씀이다. 사랑한다면 수고롭게 하여야 하고 충성한다면 바로 가르쳐 돌아서게 하여야 하는 것이다. 그러나 많은 사람의 경우 이와 반대다. 사랑한다면 그를 편안히 놀게 하고 충성한다면서도 그에게 거슬리는 말은 안 하는 것이다. 이는 참 사랑이 못된다.

9. 子曰 爲命 裨諶 草創之 　世叔 　討論之
　자왈 위명에 비심이 초창지하고 세숙이 토론지하고

　行人 子羽 修飾之 　東里 子産 潤色之
　행인 자우가 수식지하고 동리 자산이 윤색지하니라.

〈주석〉

　爲命 : 외교에 필요한 辭令을 만드는 일이다. 命은 외교 辭令이다.

　裨諶 草創之 四句 : 裨諶, 世叔, 子羽, 子産으로 다 鄭나라의 대부들이
　　　다. 외교 사령을 만듦에 나누어 합작하고 더욱 상세히 하여 完美
　　　하게 한다. 草創은 초고를 만듦이다. 토론은 연구 후에 자기 의견
　　　을 제출함이다. 行人은 맡아 심부름 가는 관리이다.

　東里 : 지명으로 자산이 살았다. 潤色은 文采를 더함을 일컫는다.

〈번역〉

　공자께서 말씀하셨다.

　"외교사령을 만듦에 비심이 처음 기초하고 세숙이 토론을 하고 행
　인 자우가 수정하여 꾸미고 동리 자산이 윤색을 한다."

〈묵상〉

　鄭나라의 이야기이다. 鄭나라는 강대국에 둘러싸인 약소국이었다.
　그러나 이렇게 외교 문서 하나 만드는데도 신경을 쓰며 대부들이 힘
　을 합쳐 나라를 지켜 나간 것이다. 오늘날 우리의 처지를 비교 연상케
　한다. 이런 조화가 있던가?

10. 或 問子産   子曰 惠人也   問子西   曰 彼哉 彼哉

혹 문자산하니 자왈 혜인야라. 문자서하니 왈 피재 피재어.

問管仲   曰 人也   奪伯氏 騈邑三百   飯疏食 沒齒

문관중하니 왈 인야라. 탈백씨 병읍삼백하니 반소사 몰치하되

無怨言

무원언이니라.

〈주석〉

    子西 : 楚나라 공자 申이다. 능히 나라를 양보하여 소왕을 세우고 그
        정치를 개혁하였다. 또한 賢大夫이다.

    彼哉 : 경시하는 習慣語이다. 족히 칭할 바가 없다는 말이다.

    奪伯氏騈邑三百 : 백씨는 齊나라 大夫이다. 관중이 일찍이 백씨의 읍
        300호의 采地를 빼앗았으나 백씨가 스스로 자기의 죄를 알고 마
        음으로 관중의 功에 심복하여 종신토록 가난하여도 원망하는 말
        이 없었다.

    沒齒 : 終身과 같은 말이다.

〈번역〉

    어떤 사람이 子産에 대하여 물으니 공자께서 말씀하셨다.

    "은혜로운 사람이다." 子西에 대하여 물으니 "그 사람이야, 그 사람
이야", 관중에 대하여 물으니 말씀하셨다. "인물이로다. 백씨가 병읍
삼백리를 빼앗겨 거친 밥을 먹으면서도 종신토록 원망하는 말이 없었
느니라."

〈묵상〉

    인물평이 명쾌하다. 한 사람에 대해서는 은혜롭다 하시고 또 한 사
람에 대해서는 얕보는 말씀을 하셨다. 관중의 평에서는 그가 얼마나

일을 공정하게 처리하는가 하는 외에 그가 얼마나 백성의 마음을 어루만졌는가를 잘 나타내준다. 재산을 빼앗기고도 원망하는 마음이 없게 한다는 건 참으로 어려운 일이다. 아울러 백씨의 인품도 훌륭했음을 알 수 있다. 이런 정치가, 이런 백성이 그립다.

11. 子曰 貧而無怨 難　富而無驕 易
　　자왈 빈이무원은 난하고 부이무교는 이니라.

〈번역〉

　　공자께서 말씀하였다.

　　"가난하면서 원망이 없기는 어렵고 부하면서 교만하지 않기는 쉽다."

〈묵상〉

　　가난하면 원망이 나오기 마련이다. 더구나 가난이 나라나 제도의 잘못에 기인할 때 더욱 원망이 많아지는 것이다. 그러나 어느 정도 수양만 쌓으면 부하여도 교만하지 않을 수 있다. 그런데 오늘날 한국 사회에서 가난한 사람들의 원성이 너무 크다. 그리고 가진 자들의 교만도 지나치다. 이른 바 "땅콩 회항" 사건 같은 걸 보라.

12. 子曰 孟公綽 爲趙魏老則優　不可以爲滕薛大夫
　　자왈 맹공작은 위조위로즉우이나 불가이위등설대부이니라.

〈주석〉

　　孟公綽 : 노 나라 대부. 성품이 깨끗하고 욕심이 없었다. 그러나 번잡

한 일을 처리함에는 적합하지 못하였다.

趙魏 : 晉나라 정승의 집, 대개 뒤에 세 집이 진을 나누었다.

老 : 家臣의 우두머리.

優 : 너그럽고 여유 있음.

滕薛 : 당시 작은 두 나라의 이름.

〈번역〉

공자께서 말씀하셨다.

"맹공작은 조 나라 위 나라 가신의 우두머리로서는 잘하지만 등 나라나 설 나라 같은 작은 나라에서도 대부로서는 불가하다."

〈묵상〉

사람은 다 그릇이 있다. 맹공작의 그릇은 家臣의 우두머리로서는 적합하지만 아무리 작은 나라라도 한 나라의 대부로서는 미달이라는 것이다. 우리는 이러한 경우 흔히 "함량 미달"이라 한다. 그러나 사람은 다 자기 함량을 높이 평가하는 경우가 많다. 때문에 국사를 그르치는 경우를 많이 본다.

13. 子路問成人   子曰 若臧武仲之知   公綽之不欲
자 로 문 성 인 하니 자 왈 약 장 무 중 지 지 와 공 작 지 불 욕 과

卞莊子之勇   冉求之藝   文以禮樂   亦可以爲成人矣
변 장 자 지 용 과 염 구 지 예 에 문 이 예 악 이면 역 가 이 위 성 인 의 로다.

曰 今之成人者 何必然   見利思義   見危授命
왈 금 지 성 인 자 하 필 연 이리오? 견 리 사 의 하고 견 위 수 명 하고

久要不忘平生之言   亦可以爲成人矣
구 요 불 망 평 생 지 언 이면 역 가 이 위 성 인 의 니라.

成人 : 인격을 완전히 갖춘 자이다. 곧 全人.

臧武仲 : 곧 臧武紇. 魯나라 대부로서 지혜가 있었다.

公綽 : 곧 맹공작, 노 나라 대부로서 깨끗하고 욕심이 없었다.

卞莊子 : 노 나라 下邑의 大夫로서 용기가 있었다.

文 : 수식이다.

授命 : 致命이다. 그 삶을 아끼지 않고 가히 위난에 나아감이다.

久要 : 舊約. 오래전의 약속.

平生之言 : 평일에 허락한 말.

〈번역〉

자로가 成人에 대하여 물었다. 공자께서 말씀하셨다.

"장무중의 지혜와 공작의 불욕과 변장자의 용기와 염구의 藝에다 예악으로서 꾸민다면 또한 가히 성인이라 할 것이다. 그러나 오늘의 성인은 꼭 그렇게까지는 필요 없고 이익을 보면 의를 생각하고 위험을 보면 목숨을 바치며 오랜 약속을 평생토록 잊지 않으면 또한 가히 성인이라 할 것이다."

〈묵상〉

공자의 이상적 기준으로 성인이란 그야말로 하나의 이상에 불과하다. 있을 수 있는 인간이 아니다. 그러나 見利思義 하고 見危授命에 舊約을 평생 지키는 정도의 오늘의 성인은 역사상에 더러 있지 않을까 한다. 이런 성인이나마 그리운 오늘이다.

14. 子問公叔文子 於公明賈 曰 信乎 夫子不言不笑不取乎

자문공숙문자 어공명가하니 왈 신호아? 부자불언불소불취호아?

公明賈對曰 以告者過也　　夫子時然後言　　人不厭其言

공명가대왈 이고자과야로소이다. 부자시연후언하시니 인불염기언하고

樂然後笑　　人不厭其笑　　義然後取　　人不厭其取

낙연후소하시니 인불염기소하고 의연후취하시니 인불염기취로소이다.

子曰 其然 豈其然乎

자왈 기연 기기연호아?

〈주석〉

　公叔文子 : 衛나라 大夫 公孫拔. 左傳에 公孫發이라고 쓰였는데 대개
　　　동일인이다. 諡號는 文이다.

　公明賈 : 공명은 성이고 가는 이름이다. 또한 衛나라 사람이다.

　夫子 : 공손발을 가리킨다.

　其然豈其然乎 : 文子가 비록 어질기는 하나 여기까지 미치지는 못하
　　　였으리라 의심함이다.

〈번역〉

　공자께서 공숙문자에게 공명가에 대하여 물으셨다. 말씀하기를 "정
말이냐? 선생님께서는 말씀하지 아니하고 웃지 아니하고 취하지 않는
다는구나." 공명가가 대답하여 말하였다. "고한 사람이 지나쳤습니다.
선생님께서는 때가 된 후에 말씀하시니 사람들이 그 말을 싫어하지
않고 즐긴 후에 웃으시니 사람들이 그 웃음을 싫어하지 아니하고 의
로운 후에 하시니 사람들이 그 취함을 싫어하지 않습니다." 공자께서
말씀하셨다. "그런가? 어찌 그런가?"

〈묵상〉

　공명가는 꽤 대단한 사람으로 알려졌던 모양이다. 이에 공자께서
물으신 것이다. "말하지 않고 웃지 않고 뇌물 받지 않는다니 정말이

냐?' 이에 대한 공숙문자의 대답이 아주 묘하다. "때가 된 뒤라야 말하고 즐거워진 뒤라야 웃고 의롭게 된 뒤라야 받으니 남들이 싫어하지 않는다."는 것이다. 아주 지혜로운 사람이다. 그러나 공자는 이에 대하여 완전 믿지를 못한다. 왜 그럴까? 아마 달리 들은 말이 있는 모양이다. 아니면 그렇게 하기가 그리 쉬운 일이 아니라 여기신 모양이다.

15. 子曰 臧武仲 以防 求爲後於魯 雖曰不要君 吾不信也

자왈 장무중이 이방으로 구위후어로하니 수왈불요군이나 오불신야라.

〈주석〉

防 : 지명. 무중의 封邑.

求爲後於魯 : 무중이 죄를 얻어 邾(주)나라로 도망을 갔다가 주로부터 防에 이르러 魯나라에 사신을 보내어 臧씨의 후예로 (방읍을 다스리게) 세워달라고 청하니 노 나라에서 이를 허락하여 그의 아들로서 세우니 무중이 이에 방을 버리고 齊나라로 도망갔다.

要 : 강요, 협박.

〈번역〉

공자께서 말씀하셨다.

"장무중이 방읍을 차지하고서 노 나라에 자기 후예로 방읍을 갖게 해달라고 요구하였다. (이에 대하여) 비록 임금을 협박한 것은 아니라고 하나 나는 그 말을 못 믿겠다."

〈묵상〉

여기서 공자는 두 가지 처사를 다 꾸짖으신 것이다. 첫째는 장무중의 요구이다. 그는 노 나라 대부로 죄를 지어 외국으로 도망가는 주제에 자기 봉읍은 그대로 자기 후손에게 물려달라고 요구하는 무례함을 저지른다. 이는 오만불손이요 나라를 무시함이다. 둘째는 그런 그 무례한 요구를 들어주는 노 나라의 처사이다. 왜 들어주었을까? 비록 노 나라에서는 달리 말하지만 분명 협박에 굴복한 것이라는 게 공자의 판단이다. 옳은 판단이다. 힘이 모자라 무중의 요구에 굴복한 것이 틀림없다. 그럼에도 임금을 협박한 건 아니라니 "눈감고 아웅" 하는 것이다. 어찌 보면 힘없는 나라의 비애를 슬퍼한 말씀이라 할 것이다.

16. 子曰 晉文公 譎而不正 齊桓公 正而不譎
    자왈 진문공은 휼이부정하고 제환공은 정이불휼이라.

⟨주석⟩

晉文公 : 이름은 重耳.

譎 : 거짓됨.

正 : 義를 딛고 말을 하여 거짓된 길로 말미암지 않는다.

齊桓公 : 이름은 小白.

⟨번역⟩

공자께서 말씀하셨다.

"진 나라 문공은 거짓되어 바르지 못하고 제 나라 환공은 바르면서 거짓되지 않았다."

⟨묵상⟩

진 나라 문공과 제 나라 환공을 비교하셨다. 결국 제 나라 환공이 패자가 된 원인을 말씀하신 것이다. 정직으로만 승리한다는 진리를

예를 들어 보여 주신 말씀인 것이다. 이는 오늘의 정치에도 통하는
진리일 것이다.

17. 子路曰 桓公殺公子糾 召忽死之 管仲不死 曰 未仁乎
   자로왈 환공살공자규 소홀사지 관중불사 왈 미인호이까?

   子曰 桓公九合諸侯 不以兵車 管仲之力也
   자왈 환공구합제후에 불이병거는 관중지력야라.

   如其仁 如其仁
   여기인이여, 여기인이여.

⟨주석⟩

   桓公殺公子糾 三句 : 齊나라 襄公이 無道하니 鮑叔牙가 公子 小白을
      모시고 莒(거)나라로 도망가서 양공이 죽은 줄 모르고 있었다.
      管仲과 召忽은 공자 糾를 모시고 魯나라로 도망가니 魯나라에서
      받아 주었다. 얼마 안 되어 小白은 齊나라로 들어가 왕위를 이었
      다. 이가 桓公이다. 환공이 魯나라로 하여금 糾를 죽이고 管仲과
      召忽을 부르니 소홀은 거기서 죽고 관중은 옥에 갇히기를 청하였
      다. 뒤에 포숙아가 관중의 어짊을 말하니 환공이 그를 재상으로
      삼았다.

   九合諸侯 : 여러 번 제후들의 盟會를 주관함을 말한다. 九는 많음을
      말한다.

   不以兵車 : 威力이나 武力을 빌리지 않음을 말한다.

   如 : 乃이다.

<번역>

子路가 말하였다. "환공이 공자 규를 죽이니 소홀은 따라 죽었는데 관중은 죽지 않았습니다. 仁하지 못한 게 아닙니까?" 공자께서 말씀하셨다.

"환공이 여러 번 제후들의 盟會를 열었는데 무력으로 하지 않음은 관중의 힘이었다. 그 仁에 대해서야, 그 인에 대해서야."

<묵상>

관중은 여러 번 도마 위에 올랐다. 그는 의리가 없다는 것이다. 자기가 섬기던 공자가 죽음에 미쳐서 그도 같이 죽어야 하거늘 오히려 살아 자기 공자를 죽인 그 원수에게로 가서 재상이 된 것은 의리상 있을 수 없다는 것이다. 그러니 인하지 못한 게 아니냐는 것이다. 그러나 공자님의 해석은 달랐다. 그가 가서 이룬 공적을 보라는 것이다. 제 나라로 하여금 覇者의 나라로 만들지 않았느냐는 것이다. 그 공적을 보아야지 그에게서 인을 요구하는 것은 차원이 다르다는 것이다. 우리나라 박정희 대통령에게도 해당되는 말이라 여겨진다.

18. 子貢曰 管仲非仁者與 桓公殺公子糾 不能死 又相之
   자공왈 관중비인자여 환공살공자규어늘 불능사하고 우상지라.

   子曰 管仲相桓公 覇諸侯 一匡天下 民到于今受其賜
   자왈 관중상환공하고 패제후하여 일광천하하니 민도우금수기사로다.

   微管仲 吾其被髮左衽矣
   미 관중이면 오기피발좌임의로다.

   豈若匹夫匹婦之爲諒也 自經於溝瀆而莫之知也
   기약필부필부지위량야하여 자경어구독이막지지야리오.

一匡天下 : 주 나라 왕실을 존중하고 오랑캐를 물리쳐 천하를 바로잡
음을 말한다. 匡은 匡正. 바로잡음이다.

微 : 無, 없음이다.

被髮左衽 : 머리털을 흐트리고 옷깃을 왼쪽으로 열어젖힘을 말한다.
다 오랑캐의 풍속이다. 살펴보면 오랑캐의 풍속은 머리털을 묶지
않으므로 被髮이라 한다. 오랑캐는 옷깃을 왼쪽으로 열므로 左衽
이라 한다. 衽은 옷깃이다.

匹夫匹婦 : 庶人을 말한다.

諒 : 小信이다.

自經 : 스스로 목매는 것이다.

溝瀆 : 밭 사이의 물길이다.

莫之知 : 남이 모름을 말한다.

〈번역〉

　　자공이 말하였다. "관중은 仁하지 못한 사람이 아닙니까? 환공이
공자 규를 죽임에도 능히 따라 죽지 않고 도리어 그를 도왔습니다."
공자께서 말씀하셨다.

　　"관중이 환공을 도와 제후의 패자가 되게 하여 일광 천하 하니 백성
들이 오늘까지도 그 은사를 받고 있다. 관중이 아니었다면 우리는 머
리털을 흐트러뜨리고 옷깃을 왼쪽으로 여는 오랑캐 풍속을 가졌을 것
이다. 어찌 필부필부처럼 小信을 지켜 스스로 목을 매어 개천에서 뒹
굴어도 알아주는 사람이 없게 하랴?"

〈묵상〉

　　역시 관중에 대한 평가이다. 인에 대한 해석을 아주 폭넓게 하신
것이다. 그릇이 큰 사람은 사소한 절개에 얽매이지 않는다는 것이다.

관중의 은혜로 말미암아 우리가 다 오랑캐에서 벗어날 수가 있었다는 것이다. 그런데도 자꾸 관중을 小信에 얽매어 평하려는가 하는 것이다. 큰 그릇은 작은 신의 따위는 초월하여야 한다는 것이다.

19. 公叔文子之臣 大夫僎 與文子同升諸公

공숙문자지신 대부선이 여문자동승저공하니

子聞之曰 可以爲文矣

자문지왈 가이위문의로다.

⟨주석⟩

公叔文子 : 衛나라 大夫 公孫拔이다. 시호가 文이다.

僎(선) : 본디 공숙문자의 家臣인데 이름이 僎이다.

升諸公 : 公朝에 나아가 신하가 됨을 말한다. 公은 公朝로서 諸侯의 朝廷이다. 文은 謚法에 "錫民爵位曰文"이라 하였다.

⟨번역⟩

공숙문자의 가신 대부 선이 문자와 더불어 같이 公朝에 올랐다. 공자께서 들으시고 말씀하셨다. "가히 文이라 할만하다."

⟨묵상⟩

공숙문자를 칭찬하신 말씀이다. 공숙문자는 자기의 家臣 선의 훌륭함을 알고 그 가신을 자기와 같은 반열로 올린 것이다. 이를 들으신 공자께서 과연 "文"이라는 시호를 줄만큼 훌륭하다는 것이다. 정말 훌륭한 처사이다. 좀처럼 하기 어려운 일이다. 그 큰 아량이 부럽다. 이런 공숙문자도 훌륭하지만 이를 바로 평하는 공자의 평도 아주 훌륭하다.

20. 子言 衛靈公之無道也　康子曰 夫如是　奚而不喪

자언 위영공지무도야라. 강자왈 부여시니 해이불상이니이까?

孔子曰 仲叔圉治賓客　祝鮀治宗廟　王孫賈治軍旅

공자왈 중숙어치빈객하고 축타치종묘하고 왕손가치군려하니

夫如是　奚其喪

부여시면 해기상이리오?

〈주석〉

奚以不喪 : 何爲不失位(어떻게 그 자리를 잃지 않을까?)이다.

仲叔圉 : 곧 公文子, 위 나라의 어진 재상이다.

〈번역〉

　공자께서 위 나라 영공의 무도함을 말하자 계강자가 말하기를 "이와 같이 하고서도 어떻게 그 왕위를 잃지 않았습니까?" 공자께서 말씀하셨다.

　"중숙어가 손님을 접대하고 축타가 종묘를 다스리고 왕손가가 군사를 다스린다. 이와 같으니 어찌 그 왕위를 잃겠는가?"

〈묵상〉

　임금이 무도하여도 신하만 잘 쓰면 그 왕위가 보존됨을 말한다. 왕위를 잘 보존하려면 사람을 잘 써야 한다. 결국 훌륭한 지도자가 되려면 사람을 적재적소에 잘 골라 써야 한다. 이게 지도자의 능력이다. 한국 역대 대통령 가운데도 이런 분이 계셨다고 한다. 물론 그 반대도 있었다.

21. 子曰 其言之不怍   則爲之也難

　자왈 기언지부작이면 즉위지야난이라.

〈주석〉

　怍 : 慙愧, 부끄러움.

〈번역〉

　공자께서 말씀하셨다.

　"말할 때에 부끄러움을 모른다면 그것을 하기는 어렵다."

〈묵상〉

　남과 말을 할 때에 내가 하는 말을 이룰 수 있는가 늘 살펴야 하기에 자연 부끄러움이 생기는 것이다. 그러므로 늘 자기가 하는 말에 대하여 부끄러움을 가지게 되는 것이다. 이 부끄러움이 없이 함부로 말하면 호언장담이 되어 결국 허풍쟁이가 되는 것이다.

22. 陳成子 弑簡公   孔子   沐浴而朝

　진성자 시간공하니 공자께서 목욕이조하시다.

　告於哀公曰 陳恒弑其君   請討之

　고어애공왈 진항시기군하니 청토지하소서.

　公曰 告夫三子   孔子曰 以吾從大夫之後

　공왈 고부삼자하소서. 공자왈 이오종대부지후라.

　不敢不告也   君曰 告夫三子者

　불감불고야니이다. 군왈 고부삼자자니이다.

　之三子   告   不可   孔子曰 以吾從大夫之後

　지삼자하여 고하니 불가라. 공자왈 이오종대부지후라

不敢不告也

불 감 불 고 야 니이다.

⟨주석⟩

陳成子 : 蔭나라 大夫, 이름은 桓.

簡公 : 제 나라 임금, 이름은 任.

沐浴而朝 : 이 때 공자는 致仕하고 노 나라에 거하셨다. 沐浴齋戒하고
　　그 임금에게 고함은 그 일이 중대함을 말한다.

三子 : 三家, 그때에 정치는 세 집에 있어 哀公이 스스로 전횡할 수
　　없었다.

不敢不告 : 임금을 죽인 도적은 법에 반드시 토벌하도록 되어 있으니
　　대부가 나라를 도모함에 의리상 마땅히 고해야 함을 말한다.

⟨번역⟩

　　陳成子가 簡公을 시해하니 공자께서 목욕하시고 조정에 나아가셨
다. 哀公에게 고하여 말씀하셨다.

　　"陳나라 桓이 그 임금을 시해하였으니 청컨대 그를 토벌하소서."

　　애공이 말하였다.

　　"三夫子에게 고하소서."

　　공자께서 말씀하셨다.

　　"저는 대부의 뒤를 따르는 자라, 감히 고하지 않을 수 없습니다."

　　임금이 말씀하셨다.

　　"저 三子에게 고하시오."

　　삼자에게 가서 고하니 안 된다고 하였다.

　　공자께서 말씀하셨다.

　　"저는 대부의 뒤를 따르는 자라, 감히 말씀드리지 않을 수 없습니다."

<묵상>

  공자님의 책임의식을 볼 수 있다. 나도 대부의 뒤를 따르는 자로서
이 불의 앞에 잠잠할 수가 없다는 것이다. 그러나 유약한 임금은 저
실권자들에게 가라고 회피를 하였다. 부득이 그 실권자들에게 가서
아뢴다. 그들은 안 된다고 하였다. 뻔한 대답이었다. 그래도 나는 내
책임상 이 일을 고하지 않을 수 없다는 것이다. 자기 직무에 충실한
모습을 보여주는 것이다. 그럼 공자는 이웃 나라의 일에 왜 그토록
주장을 하는 것인가? 아무리 이웃 나라 일이지만 패륜의 죄는 물어야
한다는 명분에서 아뢴 것이다. 그러나 위정자들은 실리를 따져 제 나
라가 우리보다 강한데 공연히 덤빌 필요가 없다는 계산이었다. 명분
과 실리, 언제나 복잡한 것이다.

23. 子路 問事君   子曰 勿欺也   而犯之
   자로 문사군하니 자왈 물기야라. 이범지라.

<주석>

  欺 : 欺瞞, 蒙蔽, 속임이다.
  犯之 : 임금이 허물이 있을 때 언색을 거스려도 간쟁함을 말한다. 朱
      熹가 말하기를 "犯은 안색을 범하면서 諫諍함을 말한다."고 하였다.

<번역>

  자로가 임금 섬기는 법을 물었다. 공자께서 말씀하셨다.
  "속이지 말라. 그리고 안색을 살피지 말고 간하라."

<묵상>

  충신과 간신의 차이는 거짓과 참의 차이요, 나아가 甘言과 忠言의

차이이다. 임금의 안색을 살피지 않으면서까지 충언을 하는 것이 임
금을 바로 섬기는 도리인 것이다.

24. 子曰 君子上達　小人下達
　　자왈 군자상달하고 소인하달이라.

〈주석〉

　上達 : 군자는 天理에 따르는 고로 날로 高名함에 나아간다.
　下達 : 소인은 人慾을 따라 죽는 고로 날로 더러움으로 달려간다.
〈번역〉

　공자께서 말씀하셨다.
　"군자는 위로 나아가고 소인은 아래로 달려간다."
〈묵상〉

　군자와 소인의 극명한 차이이다. 추구하는 바가 정반대이기에 그
가는 길도 정반대인 것이다. 그런데 문제는 군자인 줄 알았는데 때론
소인처럼 사욕을 부리고 소인도 군자연하는 데 있다. 그래서 군자와
소인을 구분하기가 어렵다. 어쩌면 모두가 군자이고 모두가 소인인지
도 모를 세상이다.

25. 子曰 古之學者　爲己　今之學者　爲人
　　자왈 고지학자는 위기하고 금지학자는 위인이라.

〈주석〉

為己 : 자기에게 득을 얻고자 함이다.

為人 : 남에게 알려지기를 원함이다.

〈번역〉

공자께서 말씀하셨다.

"옛날의 학자는 자기를 충실히 하고자 하였으나 오늘의 학자는 남에게 알려지고자 한다."

〈묵상〉

為己之學이란 자기 수양에 목표를 두는 것이요 為人之學이란 남의 눈치를 보며 알려지기를 원하는 것이다. 근본 목적이 다르다. 이 근본 목적에서 소인과 군자의 차이가 나는 것이다. 그런데 오늘날은 자기 PR의 시대라 하여 너무 알리려 덤빈다. 그리하여 바야흐로 소인배들이 득세하는 세상이 되어 이렇게 시끄러운 것이다.

26. 蘧伯玉　使人於孔子　孔子與之坐而　問焉曰 夫子何爲
   거백옥이 사인어공자하니 공자여지좌이하여 문언왈 부자하위오?

   對曰 夫子欲寡其過 而未能也
   대왈 부자욕과기과 이미능야로소이다.

   使子出　子曰 使乎　使乎
   사자출하니 자왈 사호로다. 사호로다.

〈주석〉

蘧伯玉 : 衛나라의 大夫. 성은 蘧, 이름은 瑗, 자는 伯玉.

夫子 : 거백옥을 가리킨다.

欲寡其過而未能 : 그 過失을 적게 하고자 하나 능히 하지 못함을 말한다. 寡는 減少이다.

〈번역〉

거백옥이 공자에게 使者를 보내었다. 공자께서 그와 더불어 앉아 물어 말하되 "선생님께서는 어떻게 지내십니까?" 대답하여 말하였다. "허물을 적게 하고자 하나 아직 능히 하지 못합니다." 사자가 나가자 공자께서 말씀하셨다. "使者로다 使者로다."

〈묵상〉

공자가 위 나라에 가셨을 때 거백옥의 집에 유숙하였다고 한다. 그만큼 가까운 사이였다. 그래서 그가 공자에게 사자를 보내어 문안을 드리니 공자께서 선생님은 요즘 어떻게 지내시느냐고 물은 데 대한 사자의 답변이 놀랍다. 곧 우리 선생님은 요즘 허물을 적게 하고자 하나 그게 잘 안 된다는 것이다. 자기 수양에 매진하나 그게 안 되므로 안타깝게 보인다는 말이다. 자기 수양에 힘쓰는 자기 주인을 아주 잘 표현한 것이다. 공자는 이 사자의 태도를 아주 높게 평가한 것이다. 아울러 수하에 이런 사람을 두는 거백옥을 높이는 것이다. 그렇다. 훌륭한 사람이라야 훌륭한 사람을 수하에 두는 것이다.

27. 子曰 不在其位　不謀其政

자 왈　부 재 기 위면　불 모 기 정이니라.

*이 장은 두 번 나온다. 泰伯篇 제14장에 있다.

28. 曾子曰 君子 思不出其位

증자왈 군자는 사불출기위니라.

〈주석〉

君子思不出其位 : 군자는 마땅히 그 처한 직위를 생각하고 마땅히 그
범위를 벗어나지 않음을 가리킨다.

〈번역〉

증자가 말하였다.

"군자는 생각하는 것이 그가 처한 지위를 초월하지 않는다."

〈묵상〉

이 장은 易經 艮卦(간괘)의 象辭라고 한다. 증자는 이 말을 끌어 위
정자는 마땅히 자기의 직분에 충실할 것을 말하였다. 그런데 이 말은
너무 소극적인 감을 준다. 참 군자라면 비록 미관말직이라도 그 생각
만은 전 민족과 국가를 걱정하여야 하는 게 맞지 않을까 여겨지기 때
문이다.

29. 子曰 君子 恥其言而過其行

자왈 군자는 치기언이과기행이니라.

〈주석〉

而 : 之이다.

〈번역〉

공자께서 말씀하셨다.

"군자는 그 말이 그 행위를 넘는 것을 부끄럽게 여긴다."

〈묵상〉

말이 행동을 넘는 것을 부끄럽게 여긴다는 것이다. 실제 행위보다 말이 과장됨을 경계하신 것이다. 허풍을 꾸짖는 것이다. 모든 사람들, 특히 오늘의 정치가들이 좀 배웠으면 한다. 얼마나 많은 空手票를 날리는가?

30. 子曰 君子道者三　我無能焉
    자왈 군자도자삼인데 아무능언이라.

    仁者不憂　知者不惑　勇者不懼
    인자불우하고 지자불혹하며 용자불구라.

    子貢曰 夫子自道也
    자공왈 부자자도야라.

〈주석〉

知 : 智와 통한다.

子道 : 自述이다. 道는 言이다.

〈번역〉

공자께서 말씀하셨다.

"군자는 세 가지 道(美德)가 있는데 나는 능히 할 수 없다. 仁者는 걱정하지 않고 知者는 迷惑되지 않으며 勇者는 두려워하지 않는다."

자공이 말하기를 "선생님께서 스스로 말씀하신 것이다."

〈묵상〉

세 가지 미덕은 군자가 마땅히 갖추어야 할 미덕이다. 자공은 선생님은 갖추었음에도 겸손하시어 "我無能焉"이라 하셨다고 했다. 과연

그럴까? 이 세 가지 미덕, 즉 不憂, 不惑, 不懼는 범인으로서는 하나라
도 거의 할 수 없는 덕이다. 그 가운데서도 不憂는 거의 불가능한 게
아닐까? 어찌 보면 "我無能焉"이란 공자의 독백은 틴식히시는 진실일
것이다.

31. 子貢方人　　子曰 賜也 賢乎哉　　夫我則不暇

자공방인하니 자왈 사야 현호재아? 부아즉불가니라.

〈주석〉

　方人 : 남의 장단을 평함이다.

〈번역〉

　자공이 남의 장단점을 평하니 공자께서 말씀하셨다.

　"賜야, 현명한가? 대저 나는 그럴 겨를이 없다."

〈묵상〉

　남의 평을 하는 제자에 대한 큰 꾸짖음이다. 賢者는 자기의 평을
하다보면 남을 평할 겨를이 없는 것이다. 그러나 우리는 자기의 평은
숨겨두고 남의 평을 하기에 시간을 허비한다. 이에 대한 준엄한 경고
이다.

32. 子曰 不患人之不己知　　患其不能也

자왈 불환인지부기지하고 환기불능야라.

　*이 장은 앞에 네 번이나 나왔다.

33. 子曰 不逆詐　不億不信　抑亦先覺者　是賢乎

자왈 불역사하며 불억불신이나 억역선각자라야 시현호로다.

〈주석〉

逆詐 : 남이 나를 속일 것이라 미리 짐작함. 逆은 미리 짐작함이다.

億不信 : 남이 나를 불신하리라 미리 억측함. 億은 시기하여 억측함이다.

〈번역〉

공자께서 말씀하셨다.

"남이 나를 속일까 미리 짐작하지 않고 남이 나를 믿지 않을 것이라 미리 억측하지 않고도 도리어 또한 먼저 깨닫는 사람이라야 현명한 사람이로다."

〈묵상〉

사람을 안다는 게 참으로 어렵다. 그러므로 경계하지 않을 수 없다. 그러나 저 사람이 나를 속일 것이라 미리 짐작하거나 혹은 저 사람이 나를 믿지 않으리라 미리 억측하고 대인관계를 맺으면 결코 사람을 얻지 못한다. 일단 믿고서 나아가야 상대도 나를 믿고 다가온다. 그러나 꼭 그런 것만은 아니므로 세상 살기가 어려운 것이다. 사람 사귀기가 참으로 어렵다. 세상엔 너무나 많은 사기꾼이 있기 때문이다.

34. 微生畝 謂孔子曰 丘 何爲是栖栖者與　無乃爲佞乎

미생무 위공자왈 구 하위시서서자여아? 무내위녕호아?

孔子曰 非敢爲佞也　疾固也

공자왈 비감위녕야라. 질고야니라.

〈주석〉

微生畝 : 姓은 微牲, 이름은 畝.

是 : 如此.

栖栖 : 편안하지 못한 모양.

無乃 : 莫非是 莫不是 … 아니지 않으냐? ('차라리'의 의미를 내포함)

爲佞 : 말로써 남에게 기쁨을 주는 것을 일삼음. 말재주.

疾固 : 고집을 미워함.

〈번역〉

미생무가 공자를 일컬어 말하기를 "구는 왜 저렇게 편안하지 못해 하는가? 말재주나 부리는 게 아닌가?" 공자께서 말씀하셨다.

"감히 말재주를 부리는 게 아니고 고집을 미워하는 것이다."

〈묵상〉

천하를 주유하는 공자의 처세가 못마땅하였을 것이다. 빌빌거리며 벼슬을 얻으려는 말재주꾼쯤으로 보였을 것이다. 그래서 그대로 직격 탄을 날린 것이다. 이에 대하여 공자의 응수는 더 단수가 높다. 내가 말재주꾼이 아니라 너 같은 고집쟁이를 미워한다는 것이다.

35. 子曰 驥不稱其力 稱其德也

자왈 기불칭기력이오. 칭기덕야라.

〈주석〉

驥 : 千里馬.

〈번역〉

공자께서 말씀하셨다.

"천리마는 그 힘으로 칭찬 받는 게 아니라 그 덕으로 칭찬 받는다."

〈묵상〉

천리마는 하루에 천리를 달리는 말이다. 그 힘이 대단하다. 그러나 그 힘 때문에 칭찬 받는 게 아니라 사람의 마음을 잘 알고 잘 따르기 때문에 칭찬 받는다는 것이다. 이는 당시 위정자들이 힘으로 이기기만을 숭상하고 덕으로 다스림을 기피하는 현상을 꾸짖으신 것이다. 이런 현상은 오늘날도 똑 같다. 오늘의 국제사회에서도 힘으로만 상대를 제압하려 한다. 미국, 중국, 거기에 러시아, 일본까지 다 힘으로 군림하려 하는 것이다.

36. 或曰 以德報怨 何如   子曰 何以報德
혹왈 이덕보원이 하여니까? 자왈 하이보덕고?

以直報怨   以德報德
이직보원하고 이덕보덕이니라.

〈주석〉

德 : 恩惠이다.

直 : 하나같이 지극히 공정하여 私가 없음이다.

〈번역〉

어떤 이가 말하기를 "은혜로 원수를 갚음이 어떠합니까?" 하였다.

공자께서 말씀하셨다.

"그럼 은혜에는 무엇으로 갚을까? 곧음으로 원수를 갚고 은혜로 은혜를 갚아라."

〈묵상〉

　　지극히 공평한 판단이다. 은혜로 원수를 갚으면 이 다음 은혜에 대하여는 무엇으로 갚을 것이냐는 것이다. 역시 은혜로 밖에 갚을 길이 없는데 그러면 공평하지 못하다는 것이다. 그러므로 원수는 정당한 규범으로 갚고 은혜는 은혜로 갚아야 사회 질서가 바로 잡힌다고 보는 것이다. 그래야 사회정의가 선다는 것이다. 정당한 판단이다. 그러나 예수는 원수도 사랑하라고 하셨다. 여기서 말하면 원수에게도 은혜를 베풀어, 라는 것이다. 이를 어떻게 받아들여야 할까?

　　나는 공자의 말씀에는 허점이 있다고 본다. 첫째 원수에 대한 정의가 문제이다. 누가 원수이냐 하는 것이다. 원수를 규정함에 지극히 주관적이라 실수가 따른다는 것이요, 또 그 원수도 나를 원수로 여길지니 그렇게 피차가 갚으려면 그 피가 끝이 없다는 것이다. 다음으로 直으로 원수를 갚을 때 그 直의 기준이 무엇이냐는 것이다. 이도 주관적일 수밖에 없는 것이다. 다소 형평에 문제가 있다고 하더라도 원수를 사랑으로 갚아야 끝이 나는 것이다.

37. 子曰 莫我知也夫　　子貢曰 何爲其莫知子也
　　자왈 막아지야부로다. 자공왈 하위기막지자야니이까?

　　子曰 不怨天　　不尤人　　下學而上達　　知我者　其天乎
　　자왈 불원천하고 불우인하여 하학이상달하나니 지아자는 기천호로다.

〈주석〉

不怨天不尤人 : 이미 세상에 쓰임 받지 못하여도 하늘을 원망하지 않고 남이 나를 알아주지 않아도 비난하지 않는다는 말이다. 尤는

非이다.

下學而上達 : 하학은 人事이고 上達은 天理이다.

〈번역〉

　공자께서 말씀하셨다.

　"나를 알아주지 않는구나."

　자공이 말하였다. "어찌하여 선생님을 알아주지 않는다 하십니까?"

　공자께서 말씀하셨다.

　"하늘을 원망하지 않고 남을 탓하지 않고 아래로부터 人事를 깨쳐 위로 天理에 도달하나니 나를 알아주는 자는 하늘이로다."

〈묵상〉

　당대 사회에서 쓰임 받지 못하는 공자의 자탄이다. 그러나 공자는 자부심이 대단하다. 내 비록 이 땅에서는 쓰임 받지 못하나 하늘은 나를 알아준다는 것이다. 이 믿음으로 不怨天 不尤人 할 수 있는 것이다. 공자가 믿는 그 하늘은 도대체 어떤 하늘일까?

38. 公伯寮 愬子路於季孫　　子服景伯

　공백료　소 자로어 계손하니　자복 경백

　以告曰 夫子固有惑志於公伯寮　　吾力猶能肆諸市朝

　이고왈　부자고유혹지어공백료이나　오력유능사저시조하나이다.

　子曰 道之將行也與 命也　　道之將廢也與 命也

　자왈 도지장행야여 명야로다.　도지장폐야여 명야로다.

　公伯寮 其如命何

　공백료 기여명하리오?

公伯寮 : 姓은 公伯이고 이름은 寮이다. 魯나라 사람이다.

愬 : 讒言, 毁謗이다.

子服景伯 : 子服은 氏이고 景은 諡號이며 伯은 字이다. 魯나라 大夫
　　子服何이다.

夫子 : 季孫을 가리킨다.

吾力猶能肆諸市朝 : 내 힘은 아직도 季孫으로 하여금 寮가 남을 참소
　　함을 알게 하여 寮를 주살하여 시장에다 벌여놓을 수 있다는 말
　　이다. 肆는 시체를 전시함.

肆諸市朝 : 시체를 시장에다 벌여놓음.

〈번역〉

　　公伯寮가 子路를 季孫에게 참소하자 子服景伯이 告하여 말하되 "그
분께서는 실로 公伯寮의 참소에 유혹된 뜻이 있사오나 내 힘은 오히
려 능히 그의 시체를 시장에 벌여놓을 수 있습니다."고 하였다. 공자
께서 말씀하셨다. "道가 장차 행하여짐이여, 命이로다. 道가 장차 폐
하여짐이여, 命이로다. 公伯寮가 命을 어찌겠는가?"

〈묵상〉

　　謀略中傷은 예나 이제나 있다. 거기 대응하는 방법에도 예나 이제
나 비슷하다. 여기 공자의 대응방법은 너무나 초연하다. 다 命이니
맡기라는 투이다. 범인으로서야 과연 그럴 수 있을까? 너무나 한가한
말씀이 아닐까? 어쩌면 절실히 느껴지지 않는 남의 일이라 그런 건
아닐까? 命에 맡기고 태연할 수 있는 여유로운 삶이면 얼마나 좋으랴?
그러나 당시의 상황은 결코 녹록치 않았다. 자로의 숙청은 곧 그의
스승인 공자 자신의 숙청을 의미하는 것이었다. 그럼에도 이렇게 태
연함은 정치의 피바람을 막자는 의도가 아닐까?

39. 子曰 賢者辟世   其次辟地   其次辟色
자왈 현자피세 하고 기차피지 하고 기차피색 하고

其次辟言
기차피언 이라.

〈주석〉

辟世 : 천하에 도가 없으므로 세상을 피함을 말한다. 辟는 避함이다.
　　　아래에도 같다.

辟地 : 어지러운 나라를 버리고 잘 다스려지는 나라로 감이다.

辟色 : 예모가 쇠하여지면 감이다.

辟言 : 말에 거스름이 있은 뒤에 감이다.

〈번역〉

공자께서 말씀하셨다.

"賢者는 세상을 피하고 그 다음은 땅을 피하고 그 다음은 안색을
보고 피하고 그 다음은 말을 듣고 피한다."

〈묵상〉

이 辟世의 삶을 사는 사람을 왜 賢者라고 할까? 공자는 이러한 삶을
싫어하셨는데 왜 여기서는 현자라 하실까? 적극적인 현실참여주의를
표방하시다가 왜 이리 변하셨을까? 아마 현실이 너무 괴로웠던 모양
이라고 유추하여 본다.

40. 子曰 作者七人矣
자왈 작자칠인의 니라.

이 章은 何晏集解에서는 위와 합하여 한 章으로 하였고 朱子의 注에는 고유하게 "子曰"이 있으므로 따로 한 章으로 하였다.

〈번역〉

공자께서 말씀하셨다.

"作者는 7인이었다."

〈묵상〉

여기서 말하는 作者는 위에서 말한 辟의 사람들이다. 그렇다면 위에 합하는 게 옳은 것 같다. 따로 한 章으로 만듦은 너무 요식에 구애받는 것 같다.

이 7인이 누구냐 하는 게 논란이다. 논어에 나오는 이들은 많다. 10명이 넘는다. 그 가운데 꼭 누구누구인지 지목하는 것은 어렵다. 또 그게 그리 중요한 건 아니다. 중요한 것은 이 같은 처세가 과연 옳은 것인가 하는 점이다. 아니다. 공자님도 하 답답하여 한 번 해본 말씀이라 여겨진다.

41. 子路宿於石門　　晨門曰 奚自　　子路曰 自孔氏

자로숙어석문이러니 신문왈 해자오? 자로왈 자공씨로다.

曰 是知其不可而 爲之者與

왈 시지기불가이 위지자여아?

〈주석〉

石門 : 地名이다. 鄭玄의 注에 말하기를 魯나라 城外門이라 하였다.

晨門 : 새벽에 성문을 여는 자이다. 대개 賢人이 관문에 숨어 살았다.

奚自 : 어디로부터 오는가?

〈번역〉

子路가 石門에서 잤다. 성문지기가 말하되 "어디서 왔는가?" 子路가 말하였다. "孔氏로부터 왔다." 그가 가로되 "이는 그 안 되는 줄 알면서도 하는 자가 아닌가?" 하였다.

〈묵상〉

당시 공자에 대한 일반인의 평을 들을 수 있는 말이다. 현실성 없는 이상주의자라는 것이다. 맞다. 공자는 허황된 이상주의자였다. 그러나 그 이상도 없다면 인간은 더 나아가지를 못한다. 어찌 보면 이 이상주의자의 꿈에 의하여 미래는 발전하는 게 아닐까?

42. 子擊磬於衛　　有荷蕢而　　過孔氏之門者

자 격 경 어 위 하시니　유 하 궤 이 하여　과 공 씨 지 문 자 라.

曰 有心哉　擊磬乎　旣而曰 鄙哉　硜硜乎

왈 유 심 재 라. 격 경 호 여. 기 이 왈 비 재 라. 경 경 호 여.

莫己知也　斯己而已矣　深則厲　淺則揭

막 기 지 야 면　사 이 이 이 의 라. 심 즉 려 하고　천 즉 게 니라.

子曰 果哉　未之難矣

자 왈 과 재 라. 미 지 난 의 로다.

〈주석〉

磬 : 돌로 만든 악기. 12개로 한 조가 된다. 나무 위에 걸어두고 두드려 소리를 낸다.

荷蕢 : 풀로 만든 그릇(삼태기)을 짊어짐이다. 역시 隱者이다. 蕢는 풀

로 만든 그릇이다.

鄙哉硜硜乎 : 돌의 소리가 또한 굳다는 뜻이다. 세상의 편의함을 따르
지 않고 피해감을 가리킨다. 그리하여 鄙哉라 하였다.

深則厲淺則揭 : 詩經 衛風 匏有苦葉之句이다. 깊은 물을 만나면 마땅
히 옷을 벗고 건너고 얕으면 옷을 걷고 건너면 된다는 말이다.
세상의 깊고 얕음에 맞추라는 말이다. 厲는 물을 건널 때 옷을
벗지 않고 띠 있는 데까지 걸어 올림을 말한다. 揭는 물을 건널
때 약간 걷어 올림을 말한다.

果哉末之難矣 : 忘世의 결과에 대한 탄식이다. 그렇게 하면 어려워 할
바가 없다는 것이다.

〈번역〉

　공자께서 衛나라에서 磬을 치셨다. 풀을 짊어지고 孔氏의 門을 지
나는 자가 있었다. 가로되 "마음이 있음이여. 磬을 침이여." 하였다.
이윽고 말하되 "속되도다. 딱딱함이여. 나를 알아주지 않으면 그만두
면 그뿐인 것을. 깊으면 옷을 허리띠까지 올리고 얕으면 걷어 올려
건너지." 하였다.

　공자께서 말씀하셨다.

　"그러하도다. 어려울 게 없도다."

〈묵상〉

　두 가지가 놀랍다. 첫째 공자와 특히 그 은자의 음악에 대한 소양이
다. 공자는 경을 치며 자기의 내면, 그 깊은 감정을 다 표현한다. 그런데
더욱 놀라운 것은 이 공자의 감정을 그 은자는 다 읽고 평을 하였다는
것이다. 다음으로 놀라운 것은 두 사람의 처세 방식이다. 다른 것이다.
은자는 그게 다 소용없는 짓이라며 조소한다. 이에 대하여 공자는 그렇
게 사는 거야 얼마나 쉬우랴 한다. 평행선을 달리는 것이다.

43. 子張曰 書 云　 高宗 諒陰 三年不言　　　 何謂也

자장왈 서에 운하되 고종 양암 삼년불언이라 하니 하위야오?

子曰 何必高宗　　 古之人皆然　　 君薨　　 百官總己

자왈 하필고종이리오? 고지인개연이라. 군훙이면 백관총기하여

以聽於冢宰三年

이청어총재삼년이니라.

〈주석〉

　高宗諒陰三年不言 : 尙書無逸篇에 보인다. 그러나 文句는 조금 出入
　　이 있다. 武丁이 喪中에 있을 때 삼년 동안 政令을 베풀지 않았음
　　을 말한다. 高宗은 商나라 왕 武丁이다. 諒陰은 天子가 喪中에
　　있을 때 거주하는 방이다. 또 凶廬(흉려)라고도 한다.

　薨 : 死亡이다.

　總己 : 자기의 직무를 總攝함이다.

　冢宰 : 太宰이다.

〈번역〉

　　子張이 말하였다. "書에 말하기를 고종이 상중에 있을 때 3년 동안
　정령을 베풀지 않았다.'고 하였는데 무슨 말입니까?'

　　공자께서 말씀하셨다.

　　"하필 고종뿐이랴? 옛날 사람들은 다 그러하였다. 임금이 돌아가시
　면 百官이 자기의 직무를 총섭하고 총재에게 3년 동안 聽從하였다."

〈묵상〉

　　유가에서의 孝는 생전에만이 아니고 사후에도 이어지는 것이다. 3
　년 시묘살이는 그 단적인 예다. 그러나 이는 虛禮요 虛飾이다. 그게
　生者에게나 死者에게 무슨 유익이 있는가? 여기 三年 不言도 결코 숭

상할 바가 못 된다. 3년 동안 왕으로서의 직무를 포기하는 결과가 되는 것이다.

44. 子曰 上好禮 則民易使也

자왈 상호례면 즉민이사야니라.

〈번역〉

공자께서 말씀하셨다.

"윗사람이 예를 좋아하면 백성은 쉽게 부려진다."

〈묵상〉

여기서 윗사람이란 왕이나 대부 등 곧 위정자를 말한다. 이런 윗사람이 예를 좋아하면 아랫사람은 그 감화를 받게 되는 것이다. 그러면 윗사람은 아랫사람을 부리기 쉬워진다. 왕정시대에만 그런 게 아니다. 정치에서만 그런 것도 아니다. 가정이든 회사이든 어디든 어떤 사회이든 다 그렇다.

45. 子路 問君子 子曰 脩己以敬 曰 如斯而已乎

자로 문군자하니 자왈 수기이경이라. 왈 여사이이호아?

曰 脩己以安人 曰 如斯而已乎 曰 脩己以安百姓

왈 수기이안인이니라. 왈 여사이이호아? 왈 수기이안백성이니

曰 脩己以安百姓 堯舜 其猶病諸

왈 수기이안백성은 요순도 기유병저이니라.

<주석>

脩己以敬 : 곧 修身以禮이다.

安人 : 타인으로 하여금 편안하게 함이다.

病 : 그 부족함을 아파하는 것이다.

諸 : 語助辭, 뜻이 없다.

<번역>

子路가 君子에 대해 물었다.

공자께서 말씀하셨다.

"敬으로 자기 몸을 닦는다."

"이와 같이만 하면 그만입니까?"

"자기를 닦고 남을 편안하게 한다."

"이와 같이만 하면 그만입니까?"

"자기를 닦고 백성을 편안하게 함은 堯舜 임금도 이를 못해 아파하셨다."

<묵상>

君子의 정의가 정확하다. 곧 자기 수양을 하고 남을 편안하게 하는 사람이라는 것이다. 자기 수양에만 소극적인 자세에서 남을 편안하게 하는 적극적 자세로 나아간 것이다. 그렇다. 자기 수양만으로는 부족하다. 남에게 선한 영향을 끼쳐야 한다. 여기 군자, 오늘로 말하면 지성인들의 책임이 있는 것이다.

46. 原壤夷俟   子曰 幼而不孫弟   長而無述焉
원양이사 하니 자왈 유이불손제 하고 장이무술언 하며

老而不死　　是爲賊　　以杖叩其脛

노 이 불 사 하니 시 위 적 이라. 이 장 고 기 경 하니라.

〈주석〉

原壤 : 孔子의 친구이다.

夷俟 : 孔子의 옴을 보고서도 쭈그리고 앉아 기다림을 말한다. 夷는
　　箕踞, 두 다리를 뻗고 앉음이다. 俟는 기다림이다.

述 : 稱述, 칭찬하여 말함.

賊 : 상식을 폐하고 풍속을 어지럽히는 자를 말한다.

叩其脛 : 그 종아리를 침을 말한다. 경은 종아리이다.

〈번역〉

　　原壤이 쭈그리고 앉아 기다리니 공자께서 말씀하셨다.

　　"어려서는 孫弟(공손하고 우애스러움)하지 못하고 커서는 칭찬할
것이 없고 늙어서는 죽지 않으니 이는 도적이라" 하시고 막대기로 그
종아리를 치셨다.

〈묵상〉

　　원양이 매 맞은 직접적인 동기는 책상다리를 함에 있었다. 그러나
더 근본 원인은 그의 삶이었다. 어려서 不孫弟하였고 커서도 칭찬 받
을 일 없었고 늙어서도 죽지 않으니 분명 도적이라는 것이다. 그럼
나 역시 도적이라 종아리를 맞아야 할 것 같다. 부끄럽다.

47. 闕黨童子將命　　或問之曰　益者與

궐 당 동 자 장 명 하니 혹 문 지 왈　익 자 여 니까?

子曰 吾見其居於位也　　見其與先生並行也　　非求益者也
자왈　오견기거어위야하고 견기여선생병행야하니 비구익자야요,

欲速成者也
욕속성자야니라.

〈주석〉

闕黨：黨의 이름, 공자의 고향이다.

童子：아직 冠을 쓰지 않은 자.

將命：주인의 말을 전함.

益：배움에 나아감이 있음.

居於位：古禮에 童子는 마땅히 구석에 앉고 따라가야 한다. 여기서는
　　　　동자가 예의를 모른다.

〈번역〉

　　궐당의 동자가 심부름을 왔다. 어떤 사람이 물어 가로되 "배움에
나아감이 있습니까?" 공자께서 말씀하셨다. "내가 그가 자리에 앉음을
보았다. 그가 선생과 나란히 걸음을 보았다. 배움에 나아가고자 함이
있는 게 아니라 속히 이루고자 하는 자이더라."

〈묵상〉

　　될성부른 나무는 떡잎부터 안다고 하였다. 이 동자는 이미 건방부터
들어 자리에서는 구석에 앉을 줄 모르고 또 선생과 나란히 걷는다. 이
를 보신 공자님은 벌써 틀렸다고 판단하신 것이다. 차근차근 배우기를
좋아하지 않고 빨리 이루고자 벌써 선생과 나란히 하고자 하는 것이다.
배우고자 하는 자는 먼저 예의부터 갖추기를 배워야 한다.

衛靈公 第十五

1. 衛靈公　問陳於 孔子　　孔子對曰 俎豆之事 則嘗聞之矣
　　위령공이 문진어 공자하니 공자대왈 조두지사 즉상문지의나

　　軍旅之事　未之學也
　　군려지사　미지학야로소이다.

　　明日遂行　在陣絶糧　　從者病　　莫能興
　　명일수행에 재진절량하고 종자병하야 막능흥이라.

　　子路慍見曰 君子亦有窮乎
　　자로온현왈 군자역유궁호아?

　　子曰 君子固窮　　小人窮斯濫矣
　　자왈 군자고궁이나 소인궁사람의니라.

　　*이 장을 在陳 絶糧-부터 나누어 두 장으로도 한다.

〈주석〉

陳 : 陣과 같다. 軍隊 行伍의 列이다.

俎豆 : 祭品을 갖춘 禮器이다.

軍旅 : 군대라고도 한다. 여기서는 전쟁을 가리킨다.

興 : 起. 일어남이다.

固窮 : 군자도 또한 군궁한 때가 있음을 말한다. (역자 주 : 여기서는 固
　　를 글자 그대로 "固守, 지킨다."로 봄이 좋다.)

濫 : 泛濫. 行爲가 放肆하여 마치 물이 범람함과 같다는 말이다.

〈번역〉

　　위 나라 영공이 공자에게 陳에 대하여 물으니 공자께서 말씀하셨다.
　　"제사 지내는 일은 일찍이 들었습니다만 군대의 일은 배우지 못하
　　였습니다."

466　논어 묵상

이튿날 수행하는데 진에서는 양식이 떨어지고 종자들은 병들어 일으킬 수가 없게 되었다. 자로가 성나서 뵈옵고 말하기를 "군자도 또한 窮함이 있습니까?"

공자께서 말씀하셨다.

"군자는 궁함을 지키나 소인은 궁하면 행위가 放肆하여진다."

〈묵상〉

아무리 군자라도 聖人이라도 모르는 일이 있다. 공자 역시 군대에 대한 일은 모르셨다. 그래서 솔직히 모른다고 대답하는 것이다. 이 용기가 돋보인다. 그러나 자로는 자기 스승의 이 대답은 그저 겸양이라 생각하였다. 정녕 君子이시니 응당 이 정도는 아실 것이라 생각하였다. 그러나 막상 이튿날 전쟁에서 공자의 무식이 드러났다. 군량이 떨어지고 병사들은 병들어 다시 일으킬 방도가 없었던 것이다. 공자 周遊天下 때의 일이었다고 한다. 공자 일행이 陳나라에 있을 때 吳나라 군대가 陳나라에 침입하여 전쟁이 일어났다. 공자 일행은 이를 피하여 蔡나라로 가다 이 일을 당한 것이었다. 그 현장에서 군자이신 스승 공자가 아무런 대책을 못 내놓았다. 그래서 그만 성이 났다. "군자도 궁함이 있습니까?" 하고 대드는 것이다. 그때 공자의 답변이 아주 명쾌하다. "그래 역시 군자도 궁함이 있다. 그러나 군자는 궁하여도 잘 견디지만 소인은 그만 방사하여지는 것이다." 제자를 꾸짖는 것이다. 꾸짖음이 신날하다. 그렇다. 군자도 궁함이 있다. 그러나 그걸 견디는 데 군자의 참 모습이 나타나는 것이다.

2. 子曰 賜也 女以予爲多學而識之者與   對曰 然
자왈 사야 여이여위다학이지지자여아? 대왈 연이라.

非與　　曰非也　予一以貫之

비여이까? 왈비야라. 여일이관지라.

<주석>

賜 : 子貢의 이름이다.

識 : 기억이다. 기억함이 마음에 있음을 말한다.

與 : 歟와 같다. 疑問 語助辭이다.

一以貫之 : 배움이 비록 넓으나 모두 깨달아 一貫에 돌아감이다. 貫은
串(꿰뚫음)이다.

<번역>

공자께서 말씀하셨다.

"賜야, 너는 내가 많이 배워서 그것을 다 기억하고 있는 사람이라고
생각하느냐?"

대답하여 말하기를 "그렇습니다. 그렇지 않습니까?" 말씀하셨다.

"아니다. 나는 하나로 꿰었을 뿐이다."

<묵상>

그렇다. 박학다식이 중요한 게 아니고 그것을 一以貫之하는 능력이
중요한 것이다. 이래야 학문의 근본을 아는 것이다. 이게 없으면 그저
지식의 羅列일 뿐 아무런 쓸모가 없다. 그럼 "一"이 무엇인가? 里人篇
16장에 一以貫之를 忠恕라고 풀이하였다. 결국 仁을 말하는 것이다.
공자의 넓은 학문도 다 "仁" 하나로 관통되어 있는 것이다.

3. 子曰 由　知德者 鮮矣

자왈 유야 지덕자 선의로다.

*이 장을 제2장의 뒤에 두기도 한다.

〈번역〉

공자께서 말씀하셨다.

"유야, 덕을 아는 자가 적구나."

〈묵상〉

공자의 탄식이 절실하다. 그런데 그냥 덕 있는 자가 아니고 덕을 아는 자라고 하였다. 그럼 덕 있는 자는 더욱 적을 것이다. 오늘도 같은 현상이다. 아니 더 심하다. 덕 있는 자는 물론이요, 덕을 아는 자도 정말 적다. 아니 덕 자체를 부인하는 세상이기도 하다. 그저 능력 위주이다. 참으로 덕 있는 선비가 그립다.

4. 子曰 無爲而治者 其舜也與 夫何爲哉 恭己正南面而已矣
   자왈 무위이치자는 기순야여라. 부하위재오? 공기정남면이이의니라.

〈주석〉

無爲而治 : 聖人의 덕이 성하여 백성이 교화를 받으면 作爲를 기다리지 않는다. 어떤 인위적인 정치를 할 필요가 없어진다는 말이다.

與 : 語助辭이다. 감탄을 나타낸다.

恭己正南面 : 공경스럽게 自守하며 任官에 得人하여 正南을 향함이다.

〈번역〉

공자께서 말씀하셨다.

"하지 않고도 다스린 자는 아마 순 임금일 것이다. 대저 무엇을 하셨는가? 공손하게 하여 정 남쪽을 향하였을 뿐이었다."

　　자기는 하지 않고도 일이 잘 이루어지도록 할 수 있는 사람이라야
참으로 훌륭한 지도자이다. 신통치 못한 지도자일수록 모든 일에 다
간섭한다. 그래서 결국 모든 일을 다 망친다. 어떤 조직도 국가도 다
그렇다. 일인자가 모든 일을 다 하려고 설치면 결국 일도 안 되고 조
직도 망가진다. 설령 일은 능률적으로 되더라도 조직의 내부는 결속
력과 생동력을 잃게 된다.

5. 子張　　問行　　子曰 言忠信　　行篤敬
　　자장이 문행하니 자왈 언충신하고 행독경이면

　　雖蠻貊之邦　　行矣
　　수 만 맥 지 방이라도　행 의니라.

　　言不忠信　　行不篤敬　　雖州里　　行乎哉
　　언 불 충 신하고　행 부 독 경이면　수 주 리라도　행 호 재아

　　立則見其參於前也　　在輿則見其倚於衡也　　夫然後行
　　입 즉 견 기 참 어 전 야요,　재 여 즉 견 기 의 어 형 야니　부 연 후 행이니라.

　　子張書諸紳
　　자 장 서 저 신하다.

〈주석〉

　篤敬 : 篤厚謹愼이다.

　蠻貊之邦 : 南蠻 北貊, 다 異族의 나라이다.

　州里 : 鄕里를 말함과 같다. 다섯 집은 이웃이 되고, 다섯 이웃은 里가
　　되고, 2,500집은 州가 된다.

其 : 忠信, 篤敬을 가리킨다.

參於前 : 앞에 벌이어 섬이다.

輿 : 수레이다.

倚於衡 : 멍에에 의지함이다. 忠信 篤敬은 그 있는 자리에서 떨어지지
  않음을 말한다.

書諸紳 : 공자의 말씀을 허리띠에 씀을 말한다. 紳은 옷의 큰 띠이다.

〈번역〉

子張이 行을 물었다. 공자께서 말씀하셨다.

"말이 충신하고 행동이 독경하면 비록 오랑캐의 지방에 가도 행할
수 있다. 말이 충신하지 못하고 행동이 독경하지 못하면 비록 州里에
선들 행하랴? 서면 그것이 앞에 벌려 있는 듯 보이고 수레에 타면 그
것이 멍에에 있는 듯 보여야 하나니 그런 연후에 행하라."

자장이 자기 허리띠에다 이를 썼다.

〈묵상〉

忠信과 篤敬, 몸에 배여야 한다. 그리하여 저절로 나타나야 한다.
이 경지에 도달하려면 고도의 자기 수양이 요구된다. 내면의 수양이
차야 겉으로 남에게 충신과 독경이 보이게 된다. 더러 이런 분을 만난
다. 내가 옷깃을 여미게 된다.

6. 子曰 直哉　史魚　邦有道 如矢　邦無道　如矢
  자왈 직재로다. 사어여. 방유도에 여시하고 방무도에 여시니라.

  君子哉　蘧伯玉　邦有道 則仕　邦無道則 可卷而懷之
  군자재로다. 거백옥이여. 방유도 즉사하고 방무도즉 가권이회지로다.

<주석>

史魚 : 衛나라 大夫. 名은 鰌(추), 字는 子魚. 거백옥을 추천하였으나

　　 왕은 이를 거절하고 彌子瑕를 썼다. 하여 죽어서 尸諫을 하였다.

　　 韓詩外傳 卷七에 보인다.

如矢 : 말이 정직함을 말한다.

卷而懷之 : 거두어서 감춤을 말하다. 권은 收(거둠)이다. 懷는 藏(감

　　 춤)이다.

<번역>

공자께서 말씀하셨다.

"곧도다. 史魚여, 나라에 道가 있어도 활같이 곧고 나라에 도가 없

어도 활같이 곧았도다.

군자로다. 거백옥이여, 나라에 도가 있으면 벼슬하고 나라에 도가

없으면 거두어서 감추었도다."

<묵상>

먼저 史魚와 蘧伯玉에 대한 史實을 알아야겠다. 衛나라 大夫 史魚가

왕 영공에게 蘧伯玉을 추천하니 왕은 듣지 않고 彌子瑕를 등용하였다.

사어가 죽으면서 아들에게 시체를 방에 두지 말고 창가에 두라고 유

언하였다. 왕이 조문 와서 그 이야기를 듣고 뉘우쳐 거백옥을 등용하

여 크게 나라를 일으켰다. 이 사건을 史魚의 "死諫"이라 한다. 이렇게

까지 한 사어를 공자께서 높이 평가하신 것이다. 죽어서까지 諫爭한

사어와 그리고 仕와 退를 분명하게 잘하는 거백옥을 칭찬하신 것이다.

7. 子曰 可與言而 不與之言　失人　不可與言而與之言

　 자왈 가여언이 불여지언ᵢ면 실인ᵢ요. 불가여언이여지언ᵢ면

失言　　知者不失人　　亦不失言

실언이라. 지자불실인이요, 역불실언이로다.

〈주석〉

與 : 和이다. 連詞이다. 아래도 같다.

知 : 智와 같다.

〈번역〉

공자께서 말씀하셨다.

"가히 더불어 말할 수 있는데 그와 더불어 말하지 않으면 사람을 잃는다. 가히 더불어 말할 수 없는데 그와 더불어 말하면 말을 잃는다. 지혜로운 자는 사람도 잃지 않고 말도 잃지 않는다."

〈묵상〉

참으로 명언이다. 그러나 범인으로선 가히 더불어 말할 수 있는 사람인지 아닌지를 구별할 능력이 없다. 그래서 늘 속고 실망하는 것이다. 필자의 경우 이 知人之鑑이 부족하여 얼마나 많은 실패를 거듭하였는지 헤아리기 어렵다. 그래서 이제는 사람이 겁이 난다.

8. 子曰 志士仁人　　無求生而害仁　　有殺身以成仁

자왈 지사인인은 무구생이해인하고 유살신이성인이라.

〈주석〉

志士 : 뜻이 있는 선비이다.

仁人 : 덕을 이룬 사람이다.

殺身以成仁 : 인의를 위하여 생명을 희생함이다. 孟子가 말한 殺生取

義와 같다. 구차하게 살지 않음을 말한다.

〈번역〉

공자께서 말씀하셨다.

"志士 仁人은 삶을 구하여 仁을 해침이 없고 몸을 죽여서 仁을 이룸은 있다."

〈묵상〉

삶의 자세이다. 살다보면 정의에 사느냐? 구차하게 사느냐?의 갈림길에 자주 선다. 이 순간의 선택이 군자와 소인, 지사와 범인, 의인과 악인을 결정한다. 대개의 경우 仁을 해치고 삶으로 나아간다. 나 또한 이와 같음을 고백한다. 부끄럽다.

9. 子貢問爲仁　　子曰 工欲善其事　必先利其器
자공문위인하니 자왈 공욕선기사면 필선리기기라.

居是邦也　事其大夫之賢者　　友其士之仁者
거시방야에 사기대부지현자하고 우기사지인자이라.

〈주석〉

工欲善其事 必先利其器：工人이 利器가 없으면 그 業을 잘 할 수가 없듯이 사람은 덕을 쌓지 않으면 그 仁을 다할 수가 없다는 말이다. 利其器는 그의 工具를 예리하게 함이다.

友：交友. 동사이다.

〈번역〉

子貢이 爲仁(仁을 함)에 대하여 물었다. 공자께서 말씀하셨다.

"工人이 그 일을 잘하려면 반드시 그 연장을 날카롭게 하여야 한다.

이 나라에 살면서 그 大夫 가운데 지혜로운 이를 섬기고 그 선비 가운데 어진 이를 벗하여야 한다.”

〈묵상〉

원론적인 말씀이다. 문제는 현자와 인자를 어떻게 찾느냐 하는 것이다. 현자라야 현자를 알고 인자라야 인자를 아는데 범인으로선 이게 불가능하다. 그래서 범인은 저희끼리 늘 제 자리만 맴도는 것이다. 안타깝지만 방법이 없다.

10. 顔淵問爲邦

안 연 문 위 방 하니

子曰 行夏之時   乘殷之輅   服周之冕   樂則韶舞

자 왈 행 하 지 시 하며 승 은 지 로 하고 복 주 지 면 하고 악 즉 소 무 요

放鄭聲   遠佞人   鄭聲淫   佞人殆

방 정 성 하고 원 녕 인 하라 정 성 음 하고 영 인 태 니라.

〈주석〉

爲邦 : 나라를 다스리는 도리이다.

行夏之時 : 夏나라의 曆法을 행함이다. 곧 오늘의 農曆이다.

輅 : 나무 수레의 큰 것. 질박하고 굳다.

冕 : 제복의 冠이다.

韶舞 : 舜 임금 때의 음악이다. 옛날엔 음악과 춤이 하나였다. 고로 韶舞라 하였다.

放鄭聲 : 鄭國의 음악을 금지하여 끊음이다.

佞人 : 말재주로 아첨을 잘하는 소인이다.

〈번역〉

顔淵이 나라를 다스리는 도리를 물었다. 공자께서 말씀하셨다.

"夏나라의 역법을 쓰고 殷나라의 수레를 타고 周나리의 冕을 쓰고 음악은 韶舞를 하고 정 나라의 음악을 추방하며 말재주꾼을 멀리하라. 정 나라의 음악은 淫하고 말재주꾼은 위태하니라."

〈묵상〉

夏殷周의 정신적 장점만을 따르라는 뜻으로 수용하면 옳으나 그 제도 자체를 그대로 따른다면 이는 너무 복고적이라 시대에 맞지 않는다. 시대마다 가장 합당한 제도와 문물이 있기 마련이다.

11. 子曰 人無遠慮　必有近憂

　　자 왈　인 무 원 려면　필 유 근 우니라.

〈주석〉

遠慮 : 길고 먼 謨慮, 계획이다.

近憂 : 눈 앞의 憂患.

〈번역〉

공자께서 말씀하셨다.

"사람이 길고 먼 계획이 없으면 반드시 가까운 우환이 있다."

〈묵상〉

遠慮가 있어야 한다. 공자는 천하에 도를 펼치고자 하는 원려가 있었기에 近憂가 없이, 있어도 구애 받지 않고 큰 업적을 남길 수 있었다. 그렇다. 큰 뜻을 품어야 한다. 큰 뜻이어야 큰 그릇이 된다. 오늘의 비극은 청년의 가슴에 큰 뜻이 없다는 것이다. 뜻을 잃은 민족은

망하기 마련이다. 민족적 비전을 내걸고 거기 환호하도록 국민을 이끌어야 한다. 그렇다고 국수주의로 흘러서는 안 된다. 건전한 비전으로 민족의 가슴에, 특히 청년의 가슴에 불을 지펴야 한다.

12. 子曰 已矣乎 吾未見好德 如好色者也
  자왈 이의호ㄹ라. 오미견호덕을 여호색자야ㄹ라.

   *子罕篇 第10章과 같다.

13. 子曰 臧文仲 其竊位者與 知柳下惠之賢 而不與立也
  자왈 장문중은 기절위자여로다. 지류하혜지현하고 이불여립야ㄹ라.

〈주석〉

  竊位 : 그 지위가 적합하지 않아 마음에 부끄러움이 있음이 마치 도둑
     이 훔쳐서 몰래 그걸 가짐과 같다는 말이다.
  柳下惠 : 姓은 展, 이름은 獲, 字는 禽. 食邑은 柳下. 諡號는 惠. 魯나
     라 大夫이다.
  與立 : 그와 더불어 나란히 조정에 섬이다.

〈번역〉

  공자께서 말씀하셨다.
  "장문중은 그 자리를 훔친 자이다. 류하혜의 어짊을 알면서도 그와
  더불어 나란히 조정에 서지 않았다."

　　장문중은 공자보다 60년 전 사람으로 노 나라의 정치를 잘하였다고
평가 받는 인물이다. 그러나 공자님의 눈은 날카로웠나. 그가 질투심
이 강하여 류하혜가 자기보다 어짊을 알고 그를 멀리하며 조정에 세
우지 않았다는 것이다. 이게 소인들이 가진 질투심이다. 자기보다 나은
사람을 존경하고 받들어야 하거늘 오히려 꺼리고 질투하는 것이다.

14. 子曰 躬自厚　　而薄責於人　　則遠怨矣

　　자왈 궁자후 하며 이박책어인 이면 즉원원 의 라.

〈주석〉

　　躬自厚 : 자기를 紀律함에 엄함이다.

　　薄責於人 : 남을 꾸짖음에 너그럽게 함이다.

〈번역〉

　　공자께서 말씀하셨다.

　　"자기를 다스림에 엄하게 하고 남을 책망함에 너그럽게 하면 원망
을 멀리할 수 있다."

〈묵상〉

　　躬自厚의 번역이 좀 어색하다. 전체 문장의 뜻으로 보아 이렇게 해
석함은 맞는데 躬自厚란 말로만 볼 때는 좀 어색하다. 그러나 전체
문맥으로 보아야 할 것이다. 그렇다. 자신에게는 엄격하고 남에게는
관대하여야 할 것이다. 그러나 대부분 이와 반대이다. 자기에는 후하
고 남에게는 박하다.

15. 子曰 不曰 如之何 如之何者　吾末如之何也已矣

　　자왈 불왈 여지하 여지하자는 오말여지하야이의니라.

〈주석〉

　如之何如之何 : 많이 생각하고 깊이 살핀다는 말이다.

　末 : 無이다.

〈번역〉

　　공자께서 말씀하셨다.

　　"어찌할꼬? 어찌할꼬? 하고 말하지 않는 자는 나도 어찌 해주어야

　할지 모른다."

〈묵상〉

　　하늘은 스스로 돕는 자를 돕는다. 자기 문제를 자기가 안고 "어찌할

　꼬?" 고민하지 않는 사람에게는 그 누구도 도와 줄 수 없다. 냉정한

　것 같지만 이는 진리이다.

16. 子曰 羣居終日　言不及義　　好行小慧　難矣哉

　　자왈 군거종일에 언불급 의하며 호행소혜면 난의재라.

〈주석〉

　羣居 : 무리가 사는 곳, 무리가 한 곳에 모인 곳을 말한다.

　小慧 : 사사로운 지혜이다.

〈번역〉

　　공자께서 말씀하셨다.

　　"종일 여럿이 모여 있으면서 말은 의에 미치지 않고 자잘한 지혜만

잘 행하면 (사람 구실하기) 어렵도다."

〈묵상〉

　　오늘 우리들의 일상을 꾸짖으시는 것 같아 몸이 오싹하다. 정말 우
리야말로 이런 군상들이 아닐까? 반성하여 본다. 참으로 부끄럽다.

17. 子曰 君子義以爲質　　禮以行之　　孫以出之
　　자왈 군자의이위질 하고 예이행지 하며 손이출지 하고

　　信以成之　　君子哉
　　신이성지 하니 군자재 라.

〈주석〉

　　質 : 本質이다.

　　孫 : 遜과 같다. 謙遜이다.

〈번역〉

　　공자께서 말씀하셨다.

　　"군자는 義로써 바탕을 삼고 禮로써 그것을 실천하며 謙遜으로써
그것을 나타내고 信으로써 그것을 이루나니 군자로다."

〈묵상〉

　　義, 禮, 孫, 信. 군자의 조건이다. 먼저 의로써 바탕을 삼아야 한다.
의롭지 못하면 만사가 다 소용 없다. 모든 행위의 선제 조건이 그것이
의로운가에 먼저 초점을 두어야 한다. 그러나 많은 경우 이 첫 조건에
서 실패하는 경우를 많이 본다. 다음으로 그 의를 실천함에 예를 지켜
야 한다. 목적이 선하면 과정은 아무래도 좋다는 생각은 많은 부작용
을 낳는다. 그리고 그 의로운 목적을 겸손으로 나타내며 성실히 이루

어 나가야 한다. 이렇게 하는 사람이야말로 군자이다.

18. 子曰 *君子病無能焉*   *不病人之不己知也*
　　자왈　군자병무능언이오. 불병인지불기지야라.

〈주석〉

　　病 : 憂慮이다.

〈번역〉

　　공자께서 말씀하셨다.

　　"군자는 무능함을 걱정하고 남이 나를 알아주지 않음을 걱정하지
않는다."

〈묵상〉

　　人不知而不慍이면 不亦君子乎아? 새삼 깨닫게 하는 말씀이다. 그런
데 여기서는 앞에 무능함을 걱정하라고 하셨다. 맞다. 자신의 무능을
깨닫고 이를 극복하려 부단히 노력하는 사람이 군자인 것이다.

19. 子曰 *君子疾沒世而名不稱焉*
　　자왈　군자질몰세이명불칭언이라.

〈주석〉

　　疾 : 憂慮이다.

　　沒世 : 몸이 죽고 난 뒤를 말한다.

　　稱 : 칭양, 칭송이다.

<번역>

　공자께서 말씀하셨다.

　"군자는 몸이 죽은 뒤 이름이 칭송되지 않을까 걱정한다."

<묵상>

　죽은 뒤 이름이 칭송되지 않을까 걱정한다니 좀 한가한 생각이 든다. 그러나 이는 마땅히 걱정하여야 할 심각한 문제이다. 자칫 더러운 이름을 남길까 조심하여야 하고 아름다운 이름을 남기고자 노력하여야 한다.

20. 子曰 君子求諸己　　小人求諸人

　자 왈　군 자 구 저 기 하고　소 인 구 저 인 이라.

<주석>

　求 : 責이다.

　諸 : 之於이다. 이 아래도 같다.

<번역>

　공자께서 말씀하셨다.

　"군자는 자기에게서 이를 責하고 소인은 남에게서 이를 責한다."

<묵상>

　여기서 求라는 말의 번역을 責이라 한 것이 돋보인다. 責이란 꾸짖는다는 말이요, 또 책임진다는 말이다. 그렇다. 군자는 자기를 꾸짖고 자기를 책망하는 사람이다. 또 자기에게서 책임을 지는 사람이다. "내 탓이오." 하는 사람, "내가 책임지겠소." 하는 사람이 군자이다.

　이런 군자가 그립다.

21. 子曰 君子矜而不爭　群而不黨

자왈 군자긍이부쟁하고 군이부당이라.

<주석>

矜 : 莊以持己(엄하게 자기를 지킴)이다.

不黨 : 不阿比이다.

<번역>

공자께서 말씀하셨다.

"군자는 자긍하면서도 다투지 않고 무리와 어울리면서도 편 가르지

않는다."

<묵상>

주석이 오히려 더 난삽하다. 矜은 자긍이라 보면 명확하다. 不黨은

요즘 흔히 말하는 내편 네 편 하며 편 가르는 것이다. 그렇게 해석하

면 군자의 높은 덕과 넓은 아량이 나타난다. 곧 군자는 스스로 긍지를

갖고서도 남과 다투지 않고 무리와 함께 하면서도 편 가르지는 않는

다는 것이다. 오늘의 지도급 인사들이 꼭 새겨들어야 할 말씀이다.

오늘의 자칭 군자는 오히려 자기를 과시하며 남과 다투고 무리 가운

데서 자기 무리를 따로 모아 사병화시키고 있다. 이런 사이비 군자가

나라를, 사회를 멍들게 하고 있다.

22. 子曰 君子不以言擧人　不以人廢言

자왈 군자불이언거인하고 불이인폐언이니라.

〈번역〉

공자께서 말씀하셨다.

"군자는 말을 가지고 사람을 천거하지 않고 사람을 가지고 말을 폐하지 않는다."

〈묵상〉

여기 "以"는 "때문에"라는 뜻이다. 곧 말 잘하기 때문에 그 사람을 천거하지 않고 또 사람이 신통치 못하기 때문에 그 말마저 폐하지는 않는다는 것이다. 그렇다. 말 잘하는 것과 人格은 상관이 없다. 또한 신통치 못한 사람이라고 그의 선한 말마저 무시할 수는 없는 것이다.

23. 子貢問曰 有一言 而可以終身行之者乎   子曰 其恕乎

자공문왈 유일언 이가이종신행지자호_{이까}? 자왈 기서호_{이라}.

己所不欲　勿施於人

기소불욕_을 물시어인_{이니라}.

〈주석〉

一言 : 一字이다.

恕 : 자기를 미루어 남에게 미치는 마음을 말한다.

〈번역〉

자공이 공자에게 물었다. "한 글자로 종신토록 행할 것이 있습니까?"

공자께서 말씀하셨다.

"아마 恕일 것이다. 자기가 하기 싫은 것을 남에게 베풀지 않음이다."

〈묵상〉

恕, 推己及人之心이라 한다. 공자는 이는 곧 己所不欲勿施於人이라

484 논어 묵상

해석하셨다. 끝없는 자기 성찰에서 이루어지는 경지이다. 더없이 넓은 아량이 몸에 배여 저절로 나타나는 행위가 恕일 것이다. 범인에게는 너무나 먼 경지이다. 그러나 이에 오르도록 힘쓰는 데에 군자의 싹은 자라는 것일 게다. 비록 그 경지에 도달은 못하더라도 가고자 노력은 해야지 않는가? 미리 포기함은 정말 소인이기를 자처하는 것이다.

24. 子曰 吾之於人也 誰毁誰譽   如有所譽者 其有所試矣
자왈 오지어인야에 수훼수예리오? 여유소예자면 기유소시의니라.

斯民也 三代之所以直道而行也
사민야는 삼대지소이직도이행야이라.

〈주석〉

　誰毁誰譽 : 毁라는 것은 남의 악을 칭찬하고 그의 진실을 깎아내리는
　　　　것이다. 譽라는 것은 남의 선함을 찬양하고 그 결과를 지나치게
　　　　하는 것이다.

　其有所試 : 試는 證驗으로 이를 시험함이다. 包咸이 말하기를 "칭찬할
　　　　바는 곧 일로써 이를 시험하고 거짓으로 칭찬하지 않음이라."고
　　　　하였다.

　斯民 : 지금의 이 사람이다.

　三代 : 夏, 商, 周.

　直道 : 私曲이 없음이다.

〈번역〉

　　공자께서 말씀하셨다.

"내가 남에 대하여 누구를 헐뜯고 누구를 칭찬하던가? 만약 칭찬하는 자가 있다면 아마 시험한 바가 있어서이다. 이 백성들은 삼대의 直道를 행하고 있기 때문이다."

〈묵상〉

누구를 헐뜯고 누구를 칭찬하던가? 물으시고는 칭찬한 경우의 예만 들고 헐뜯은 경우의 말씀은 없으시다. 이게 군자의 덕이다. 자기를 책하기에 바빠 남을 책할 겨를이 없는 것이다. 실은 우리 모두는 다 남을 책할 자격이 없는 사람이다.

25. 子曰 吾猶及史之闕文也　有馬者借人乘之　今亡矣夫
자왈 오유급사지궐문야와 유마자차인승지러니 금무의부라.

〈주석〉

史之闕文 : 옛날 좋은 史官이 글을 씀에 의심나는 것이 있으면 이를 빼어버리고 능한 자를 기다린 것을 말한다. 闕은 缺이다.

〈번역〉

공자께서 말씀하셨다.

"내 일찍이 사관이 闕文하는 것과 말(馬)이 있는 사람이 남에게 빌려주어 이를 타게 한 것을 보았더니 지금은 없어졌도다."

〈묵상〉

말씀이 좀 이상하다. 史官의 闕文과 有馬者의 借人의 竝列은 좀 어색하다. 앞의 闕文은 史觀의 철학이요, 소신이고 뒤의 借人乘之는 후한 인심이다. 그럼에도 이를 竝列함은 이치에 맞지 않는다. 그러나 논어주석 어디에도 아무런 비판이 없으니 더욱 이상하다. 내 관점이 잘못인가?

문면 그대로 보면 그런 올바른 史官이 없고 또 그런 후한 인심이 없어진 세태를 탄식하신 것이라 할 것이다. 세태 탄식에 공통점을 두어 이렇게 병렬했는가? 그래도 좀 이상하다.

26. 子曰 巧言亂德   小不忍 則亂大謨
자왈 교언난덕이오, 소불인 즉난대모니라.

〈주석〉

巧言亂德 : 花言(아름다운 말), 巧語(꾸미는 말)를 들으면 사람으로 하여금 그 지켜야 할 바(德性)를 잃어버린다.

小不忍 : 작은 일에 참지 못함을 가리킨다.

大謨 : 大事란 말과 같다.

〈번역〉

공자께서 말씀하셨다.

"巧言은 德을 어지럽히고 작은 것을 못 참으면 큰 일을 어지럽힌다."

〈묵상〉

이 말씀은 亂(어지럽힘)에 주안점을 두고 있다. 巧言은 德을 어지럽히고 不忍은 大事를 어지럽힌다는 것이다. 그러므로 덕을 쌓고 대사를 도모하는 사람은 교언을 경계하고 참는 힘을 길러야 한다는 것이다. "귀가 얇다"란 말이 있다. 교언에 잘 넘어가는 경박함이다. 이러면 덕을 어지럽힌다. 그리고 작은 것을 참지 못하고 분을 내면 결국 큰일을 어지럽히게 된다.

27. 子曰 衆惡之 必察焉 衆好之 必察焉

자왈 중오지라도 필찰언하고 중호지라도 필찰언하라.

〈번역〉

공자께서 말씀하셨다.

"뭇사람이 미워하여도 반드시 살필 것이요, 뭇사람이 좋아할지라도 반드시 살필 것이니라."

〈묵상〉

대중에 휩쓸리지 말라는 교훈이다. 대중이라고 언제나 올바른 판단을 하는 건 아니다. 때로는 악한들이 이를 악용하기도 하는 것이다. 히틀러는 이 대중을 선동하여 전 세계, 전 민족에게 큰 죄악을 저질렀다. 그러므로 대중이 옳다고 하더라도 살피고 대중이 그르다고 하여도 살펴야 하는 것이다. 부화뇌동은 절대로 하지 말아야 한다.

28. 子曰 人能弘道 非道弘人

자왈 인능홍도요 비도홍인이니라.

〈주석〉

弘 : 大이다.

道 : 人道이다. 日用 事物의 당연한 理致이다.

〈번역〉

공자께서 말씀하셨다.

"사람이 道를 넓히는 것이요, 道가 사람을 넓히는 게 아니다."

〈묵상〉

　사람이 도를 넓히도록 힘써야 도가 넓혀지지 도가 훌륭하다고 하여 저절로 사람이 넓혀지는 건 아니라는 말씀이다. 아무리 법률이 좋아도 그 법률을 지키고자 하는 사람의 의지가 있어야 그 좋은 법률도 제대로 구실을 하는 것이다. 문제는 사람이다. 사람이 제대로 되어야 한다. 법률이 좋지 않아 나라가 망하는 게 아니다. 사람이 나빠서다.

29. 子曰 過而不改 是謂過矣

　　자왈 과이불개 시위과의니라.

〈번역〉

　공자께서 말씀하셨다.

　"잘못하고서도 고치지 않은 것, 이를 일컬어 잘못이라 하느니라."

〈묵상〉

　사람은 누구나 다 잘못을 저지른다. 문제는 그 잘못에 대한 대처이다. 그 잘못을 솔직히 인정하고 고치느냐 아니냐에 달려 있다. 그걸 고치지 않는다면 그게 진짜 잘못인 것이다. 그러나 고친다는 게 그리 쉽지 않아 많은 사람들이 잘못을 이중으로 저지르는 것이다. 改過遷善, 참으로 쉽지 않다. 지금 일본을 보라.

30. 子曰 吾嘗終日不食　終夜不寢　以思　無益　不如學也

　　자왈 오상종일불식하고 종야불침하며 이사라도 무익이라. 불여학야라.

　　공자께서 말씀하셨다.

　　"내 일찍이 종일 먹지 않고 온 밤 잠자지 않으며 사색하여도 유익이 없더라. 배움만 같지 못하더라."

〈묵상〉

　　공자의 솔직한 경험담이다. 사색의 한계를 말씀하신다. 무익하다는 것이다. 그리고 배움만 못하다는 것이다. 배움 없는 사색은 공상에 그친다. 튼튼한 배움 뒤에 그 배움을 바탕으로 사색이 필요한 것이다.

31. 子曰 君子謀道　不謀食　耕也　餒在其中矣
　　자왈 군자모도요, 불모식이라. 경야에도 뇌재기중의나

　　學也　祿在其中矣　君子憂道　不憂貧
　　학야에는 녹재기중의라. 군자우도요 불우빈이니라.

〈주석〉

　　謀 : 求이다.

　　餒在其中 : 농사를 지음은 먹거리를 얻고자 함인데 흉년을 만나면 먹이를 얻지 못할 수 있음을 말한다. 餒는 餓이다.

〈번역〉

　　공자께서 말씀하셨다.

　　"군자는 道를 구하고 밥을 구하지 않는다. 농사를 지어도 그 가운데 굶주림이 있으나 배움에는 그 가운데 녹이 있다. 군자는 道를 근심하지 가난을 근심하지 않는다."

〈묵상〉

君子謀道, 맞는 말이다. 그러나 이런 말이 자주 되풀이 강조됨은 당시의 선비들이 食에 얽매여 허덕였음을 반증하는 것이다. 여기 공자님의 말씀 가운데도 "耕에도 굶주림이 있을 수 있으나 學에는 祿이 있다."고 하여 학의 목적 가운데 祿을 말하고 있는데 공자님 답지 못하다. 역으로는 식을 가벼이 볼 수 없음을 반증하는 것이기 때문이다.

32. 子曰 知及之   仁不能守之   雖得之   必失之
   자왈 지급지_{라도} 인불능수지_면 수득지_나 필실지_{이니라}.

   知及之   仁能守之   不莊以涖之   則民不敬
   지급지_{하고} 인능수지_{라도} 부장이리지_면 즉민불경_{이니라}.

   知及之   仁能守之   莊以涖之   動之不以禮   未善也
   지급지_{하고} 인능수지_{하고} 장이리지_{라도} 동지불이례_면 미선야_{이니라}.

〈주석〉

知及之 : 才智가 족히 나라를 다스릴 수 있음을 말하다. 包咸이 말하기를 "지능이 그 벼슬을 다스림에 미침을 말한다."고 하였다. 知는 智와 같다. 之는 백성을 다스리는 도를 가리킨다.

莊以涖之 : 莊重함으로 백성에게 임함을 말한다. 涖는 臨함이다.

〈번역〉

공자께서 말씀하셨다.

"지혜가 나라를 다스릴 수 있음에 미칠지라도 仁함이 그것을 지키지 못하면 비록 얻더라도 반드시 잃는다.

지혜가 나라를 다스릴 수 있음에 미치고 仁함이 그것을 지킬지라도 장중함으로 나아가지 않으면 백성은 존경하지 않는다.

　지혜가 나라를 다스릴 수 있음에 미치고 仁함이 그것을 지키고 장중함으로 그들에게 나아갈지라도 擧動을 禮로써 하지 않으면 좋지 않다."

〈묵상〉

　나라를 다스릴 지혜에다 仁을 갖추고 장중함으로 백성에게 나아가야 한다. 그리고 行動擧止를 禮로써 해야 한다는 말씀이다. 그런데 오늘날은 장중함으로 백성에게 나아갈 게 아니라 친근함으로 다가가야 한다. 장중함은 권위적이기 쉽다. 현대의 지도자는 권위를 떠나 친근감으로 더불어 어울려야 한다.

33. 子曰 君子不可小知　而可大受也
　　자 왈　군 자 불 가 소 지ᄂ　이 가 대 수 야요.

　　小人不可大受　而可小知也
　　소 인 불 가 대 수ᄂ　이 가 소 지 야ᄂᆡ라.

〈주석〉

　不可小知 : 군자는 작은 일에 꼭 볼만한 게 있는 것이 아님을 말한다.
　　　　　小知는 한 가지 일에 능하여 남에게 알려짐을 말한다.
　大受 : 재덕이 족히 중임에 임할 수 있음을 말한다.

〈변역〉

　공자께서 말씀하셨다.
　"君子는 자잘한 지식에는 불가하나 큰 임무는 맡길 수 있다. 小人은 큰 임무는 맡길 수 없으나 자잘한 지식에는 가하다."

<묵상>

큰 일을 도모하느냐 작은 일에 매이느냐 하는 문제이다. 큰 사람은 대범한 면이 있어야 한다. 자잘한 일에 능한 사람은 자잘한 임무만 맡아야 한다. 大鵬은 대붕의 자리가 있고 참새는 참새의 자리가 있다. 많은 경우 대붕에게 참새의 자리를 주고는 능력이 없다고 하고 참새에게 대붕의 자리를 주고는 또한 능력 없다고 한탄한다. 이게 오늘의 비극이다.

34. 子曰 民之於仁也　甚於水火　水火　吾見蹈而死者矣
　　 자왈　민지어인야엔 심어수화하니 수화는 오견도이사자의이나

未見蹈仁而死者也
미견도인이사자야니라.

<번역>

공자께서 말씀하셨다.

"백성이 仁에 있어서는 물과 불보다 더 중요하다. 나는 물과 불을 밟고서 죽은 사람은 보았지만 仁을 밟고서 죽은 사람은 보지 못하였다."

<묵상>

仁을 강조하신 말씀이다. 사람에게 있어서 물과 불은 반드시 있어야 할 필수품이다. 그러나 이 물과 불도 너무 가까이 하다보면 죽는 수도 있다. 그러나 또 하나의 필수품인 仁은 아무리 가까이 하여도 죽는 수가 없다는 말씀이다. 그런데 비유가 좀 적절치 못한 감이 든다.

35. 子曰 當仁 不讓於師

　　자왈　당인엔 불양어사니라.

〈주석〉

　　當仁不讓於師 : 朱熹가 말하기를 "仁에 당하여서는 仁으로써 자기 임
　　　무로 삼는다. 비록 스승에게라도 양보할 수가 없다. 마땅히 가서
　　　용감히 반드시 해야 함을 말한다."고 하였다.

〈번역〉

　　공자께서 말씀하셨다.

　　"仁에 당해서는 스승에게도 양보할 수가 없다."

〈묵상〉

　　仁은 최고의 가치이기에 이는 양보할 수가 없는 것이다. 만에 하나
　　仁을 양보한다면 거기 더 나은, 더 큰 仁이 있기 때문일 것이다.

36. 子曰 君子貞而不諒

　　자왈　군자정이불량이니라.

〈주석〉

　　貞而不諒 : 孔安國이 말하기를 "貞은 正이다. 諒은 信이다. 군자 된 사
　　　람은 그 道를 바르게 할 뿐 小信에 매일 필요는 없다."고 하였다.

〈번역〉

　　공자께서 말씀하셨다.

　　"군자는 바르지만 小信에 매이지 않는다."

〈묵상〉

큰 德 앞에 작은 의리는 희생되어야 한다. 깡패 집단의 의리는 깨트
려야 할 의리이다. 그들의 신의는 지키지 말아야 할 신의이다. 그래야
그 깡패 집단 자체가 망가진다. 황장엽은 김일성과 신의와 의리의 관
계가 있었다. 그러나 민족과 국가라는 더 큰 신의와 의리 앞에 김일성
을 배반하였다. 그게 正이요, 貞이기 때문이었다.

37. 子曰 事君 敬其事 而後其食

자 왈 사 군에 경 기 사하고 이 후 기 식이니라.

〈주석〉

事君 敬其事 而後其食 : 朱熹가 말하기를 "군자가 섬김(仕)에 벼슬에
있는 자는 그 직책을 잘 수행하고 言責이 있는 자는 그 충을 다하
여야 한다. 모두 자기의 일에 공경스럽게 할 뿐이요 먼저 봉록을
구하는 마음이 있어서는 안 된다."고 하였다.

〈번역〉

공자께서 말씀하셨다.

"임금을 섬김에 그 일을 공경스럽게 하고 그 봉록은 뒤로 하여야 한
다."

〈묵상〉

벼슬을 하는 일 뿐 아니라 무슨 일에나 돈이 앞서면 안 된다. 돈이
앞서면 일이 안 될 뿐 아니라 결국은 돈도 벌지 못하게 된다. 비록
일의 목적이 돈이라 하더라도 돈이 앞서면 일이 안 된다. 하물며 벼슬
을 함에 돈이 앞서면 민폐를 끼치기 마련이다.

38. 子曰 有敎 無類

자왈 유교_에 무류_{니라}.

〈주석〉

有敎無類 : 類는 等類, 階級이다. 馬融이 말하기를 "사람이 있으면 교
육을 받아야 한다. 종류가 없다."고 하였다.

〈번역〉

공자께서 말씀하셨다.

"가르침에 계급이 없다."

〈묵상〉

이 말씀은 위의 번역처럼 교육에서의 기회 균등이란 취지로 해석할
수가 있는 반면 번역을 "가르치면 종류가 없어진다."고 하여 교육의
효용을 주장하는 말로도 해석할 수가 있다. 이런 해석이 더 적합하지
않은가 하는 생각이 든다. 사실 교육만 잘하면 평등해질 수 있는 것
이다.

39. 子曰 道不同　不相爲謀

자왈 도부동_{이면} 불상위모_{니라}.

〈주석〉

道不同 : 피차 뜻과 행위가 다름을 가라킨다. 道는 각 사람이 가진 道
術과 德業이다.

〈번역〉

공자께서 말씀하셨다.

"道가 같지 않으면 서로 같이 일을 도모할 수가 없다."

〈묵상〉

道는 각 사람에 따라 다 다르다. 그러나 큰 테두리 안에서는 같을 수 있다. 그 큰 테두리 안에서마저 다름이 있다면 도저히 일을 같이 할 수가 없는 것이다. 이마저 무시하고 같이 하다 끝내는 서로가 상처만 받는 경우를 많이 본다. 해방 공간에서 좌우익이 바로 그런 예이었다. 도가 달랐는데 민족이라는 한 테두리 안에 있다고 여겨 같이 일을 하려다 결국 상처만 남긴 것이다. 처음부터 道가 달랐던 것이다.

40. 子曰 辭達而已矣
   자왈 사 달 이 이 의 니라.

〈주석〉

辭 : 言辭, 文辭를 가리킨다.

達 : 通達, 達意이다.

〈번역〉

공자께서 말씀하셨다.

"말은 전달할 뿐이다."

〈묵상〉

말의 기능을 말씀하셨다. 뜻을 전하는 데만 있다는 것이다. 이 순박한 말의 본 의미를 왜곡하여 아첨의 수단으로나 혹은 술수의 수단으로 쓰는 경우가 아주 많다. 그래서 공자는 巧言을 경계하고 오히려 訥辯을 강조하신 것이다.

41. 師冕見   及階　子曰 階也   及席　子曰席也

사면현할새 급계에 자왈 계야라. 급석에 자왈석야라.

皆坐   子告之曰 某在斯 某在斯

개좌하니 자고지왈 모재사 모재사라.

師冕出   子張問曰 與師言之道與

사면출하니 자장문왈 여사언지도여니까?

子曰 然   固相師之道也

자왈 연이라. 고상사지도야라.

〈주석〉

師冕 : 師는 樂師, 옛날 악사는 다 맹인이었다. 冕은 악사의 이름.

席 : 자리이다.

某在斯 : 자리에 있는 사람을 告함을 말한다.

相 : 扶導, 도와 이끎이다.

〈번역〉

악사 면이 뵈러 올 새 계단에 미침에 공자께서 말씀하셨다. "계단입니다." 자리에 앉음에 공자께서 말씀하셨다. "자리입니다." 모두 앉으니 공자께서 고하여 말하시길 "아무가 있습니다. 아무가 있습니다." 하셨다.

악사 冕이 나가니 子張이 물어 가로대 "악사와 더불어 말하는 도입니까?" 공자께서 말씀하셨다. "그렇다. 진실로 악사를 도와 이끄는 도리이다."

〈묵상〉

장애인을 향한 배려가 참으로 돋보인다. 어디까지나 그를 위주로 한다. 이 정신이 참으로 인본주의의 정신이다. 물론 여기 장애인은 그냥 맹인이 아니라 악사이기에 깍듯이 대접한 면도 있지만 그보다 "계단입니다. 자리입니다. 아무가 있습니다." 하며 일일이 챙기시는 모습에서 맹인에 대한 배려가 돋보인다. 약자에 대한 배려, 이게 바로 인본주의의 바탕이다.

季氏 第十六

1. 季氏將伐顓臾   冉由 季路 見於孔子 曰季氏將有事於顓臾
   계씨장벌전유하니 염유 계로 현어공자 왈계씨장유사어전유로소이다.

   孔子曰 求   無乃爾是過與
   공자왈 구아 무내이시과여아?

   夫顓臾   昔者先王   以爲東蒙主   且在邦域之中矣
   부전유는 석자선왕이 이위동몽주요, 차재방역지중의요,

   是社稷之臣也   何以伐爲
   시사직지신야라. 하이벌위리오?

   冉由曰 夫子欲之   吾二臣者   皆不欲也
   염유왈 부자욕지요. 오이신자는 개불욕야로소이다.

   孔子曰 求   周任有言 曰 陳力就列   不能者止
   공자왈 구아 주임유언 왈 진력취렬하여 불능자지라 하니

   危而不持   顚而不扶   則 將焉用彼相矣
   위이부지하고 전이불부면 즉 장언용피상의리오?

   且爾言過矣   虎兕出於柙   龜玉毀於櫝中   是誰之過與
   차이언과의라. 호시출어합하고 귀옥훼어독중인데 시수지과여아?

   冉由曰 今夫顓臾   固而近於費   今不取   後世必爲子孫憂
   염유왈 금부전유는 고이근어비라. 금불취면 후세필위자손우로소이다.

   孔子曰 求   君子疾夫舍曰欲之   而必爲之辭
   공자왈 구아, 군자질부사왈욕지하며 이필위지사니라.

   丘也聞   有國有家者   不患寡而患不均
   구야문하니 유국유가자는 불환과이환불균이오,

   不患貧而患不安
   불환빈이환불안이니라.

蓋均無貧　和無寡　安無傾　夫如是故　遠人不復

개 균 무 빈하고　화 무 과하며　안 무 경이니　부 여 시 고로　원 인 불 복이면

則修文德以來之　旣來之　則安之

즉 수 문 덕 이 래 지하고　기 래 지　즉 안 지니라.

今由與求也　相夫子　遠人不服　而不能來也

금 유 여 구 야는　상 부 자하되　원 인 불 복이나　이 불 능 래 야하며

邦分崩離析　而不能守也

방 분 붕 리 석이나　이 불 능 수 야하고

而謀動干戈於邦內　吾恐季孫之憂　不在顓臾

이 모 동 간 과 어 방 내하니　오 공 계 손 지 우는　부 재 전 유요

而在蕭牆之內也

이 재 소 장 지 내 야니라.

〈주석〉

　顓臾 : 나라 이름, 노 나라의 부속국.

　有事 : 공벌의 일을 가리킨다.

　東蒙主 : 몽은 山名, 노 나라 동쪽에 있다. 그러므로 東蒙이라 한다.
　　　先王이 이 산 아래에다 顓臾를 封하고 그로 하여금 제사를 주관
　　　하게 하였다.

　邦域之中 : 노 나라 경내에 있음을 말한다.

　社稷之臣 : 곧 오늘날 말하는 국가의 屬臣이다. 朱熹가 말하기를 "사
　　　직은 公家와 같은 말이라." 하였다.

　爲 : 語末 助詞이다. 의문을 나타낸다.

　夫子 : 季氏를 가리킨다.

　周任 : 옛날의 어진 史官이다.

陳力就列不能者止 : 그 지위에 앉아서 마땅히 재주와 역량을 다하고 다하지 못하면 마땅히 사직하고 가라는 말이다. 陳은 布, 펼침이다. 列은 지위이다. 止는 지위를 버림이다.

顚 : 仆, 넘어짐이다.

相 : 盲人을 도와 이끎이다.

兕 : 野牛, 들소이다.

柙 : 설합이다.

櫝 : 匣이다.

固 : 성곽이 완비되어 견고함을 말한다.

費 : 地名으로 季氏의 私邑이다.

舍曰欲之 : 貪利의 말을 버림이다. 버린다고 하면서 하고자 함이다.

辭 : 꾸미는 말을 가리킨다.

不患寡而患不均 二句 : 마땅히 "不患貧而患不均 不患寡而患不安"으로 해야 한다. 兪樾의 〈古書疑義擧例〉에 보인다. 재물이 적은 것을 걱정하지 말고 재물이 불평균한 것을 걱정하고 民戶가 적은 것을 걱정하지 말고 서로 평안하지 못함을 걱정하라는 말이다.

文德 : 文治의 德을 말한다.

來 : 招徠 招致이다.

分崩離折 : 백성이 다른 마음을 가지고 가고자 하여 모으지 못함을 말한다. 각각 다른 마음을 품고 단결하지 못함을 가리킨다.

干戈 : 전쟁을 말한다. 간은 방패요 과는 창이다.

蕭牆之內 : 國君의 屛風之內. 노 나라 임금을 가리킨다. 蕭는 肅이다. 牆은 屛이다. 君臣相見之禮에 병풍에 다다르면 肅敬함을 더 한다. 그러므로 蕭牆이라 한다.

〈번역〉

　季氏가 전유를 치려고 하자 염유, 계로가 공자를 뵈옵고 말하였다. "계씨가 장차 전유에서 전쟁을 일으키고자 합니다."

　공자께서 말씀하셨다.

　"求야, 이는 너의 잘못이 아닌가? 저 전유는 옛날 선왕께서 동쪽 몽산의 主로 삼았던 곳이요, 또 이는 나라 안에 있다. 이는 사직의 신하인데 어째서 치는가?" 염유가 말하였다. "계씨가 하고자 합니다. 저희 두 신하는 모두 하고자 하지 않습니다."

　공자께서 말씀하셨다.

　"求야, 옛날 사관 周任이 말하기를 '그 지위에 앉아서 마땅히 그 재주와 힘을 다하고 되지 않으면 그치라.' 하였다. 위태함에도 붙들지 못하고 넘어짐에도 부축하지 못하면 그 재상들을 어디에 쓸 것인가? 또 네 말은 실수였다. 호랑이와 들소가 우리 밖으로 나오고 보옥이 궤 안에서 훼파된다면 이 누구의 잘못인가?"

　염유가 말하였다. "지금 저 전유는 성곽이 굳고 費에서 가깝습니다. 지금 취하지 않으면 후세에 반드시 자손들에게 근심거리가 될 것입니다."

　공자께서 말씀하셨다.

　"求야, 군자는 버린다고 하면서도 하고자 하여 반드시 꾸미는 말을 하는 것을 미워한다. 나는 들으니 '나라를 가진 자나 가문을 가진 자는 백성이 적음을 걱정하지 않고 균등하지 못함을 걱정하며 가난함을 걱정하지 않고 불안함을 걱정한다.'고 하였다. 대개 균등하면 가난함이 없고 和하면 적어짐이 없어지고 편안하면 기울어짐이 없어진다. 대저 이와 같으니 그러므로 먼 데 사람이 복종하지 않거든 文德으로 닦아 오게 하고 이미 오거든 편안하게 할지니라. 지금 由와 求는 계씨를 도우면서 먼 사람이 복종하지 않고 오게 하지 못 한다. 나라가 무너지는데도 지키지 못하고 도리어 나라 안에서 전쟁을 일으키려 한다. 나는 계씨의 걱정이 전유에 있시 않고 조정 안에 있음을 두려워한다."

〈묵상〉

季氏篇에는 다른 篇의 "子曰"과 달리 "孔子曰"이라 하였다. 특이하다. 그리고 季氏篇은 대개 章마다 문장이 길다. 이 장도 문장이 길어 흔히 세 단락으로 나누기도 하지만 여기서는 그대로 한 단락으로 하였다.

내전에 대한 신랄한 비판이다. 덕으로 다스려 遠人을 끌어오지 못하고 오히려 나라 안에서 내전을 일으키려는 위정자들에게 경고를 주는 것이다. 오늘의 정치도 비슷하다. 독재자일수록 전쟁에 광분한다. 그리하여야 국민을 한 곳으로 몰고 갈 수 있다고 판단하는 것이다. 독일의 히틀러가 그 본보기이다. 지금 북한이 또한 그렇다.

2. 孔子曰 天下有道 則禮樂征伐 自天子出

공자왈 천하유도면 즉 예 악 정 벌이 자 천 자 출하고

天下無道 則禮樂征伐自諸侯出

천하무도면 즉 예 악 정 벌 자 제 후 출이니라.

自諸侯出 蓋十世 希不失矣 自大夫出 五世希不失矣

자 제 후 출이면 개 십 세에 희 불 실 의하고 자 대 부 출이면 오 세 희 불 실 의라.

陪臣 執國命 三世 希不失矣

배 신이 집 국 명이면 삼 세에 희 불 실 의라.

天下有道 則政不在大夫 天下有道 則庶人不議

천 하 유 도면 즉 정 부 재 대 부요 천 하 유 도 즉 서 인 불 의니라.

禮樂征伐 自天子出 : 古制에 天子가 아니면 예악을 변경하거나 征伐

을 오로지 하지 못하였다.

希 : 少이다.

陪臣 : 家臣이다.

政不在大夫 : 대부가 정치를 오로지 하지 못함을 말한다.

庶人不議 : 위에 失政이 없으면 아래는 私議가 없다. 그 입을 닫게 하

여 감히 말을 못하게 함은 아니다.

〈번역〉

공자께서 말씀하셨다.

"천하에 도가 있으면 禮樂과 征伐이 천자로부터 나온다. 천하에 도
가 없으면 예악과 정벌이 諸侯로부터 나온다. 제후로부터 나오면 대
개 십세에 잃지 않음이 드물고 대부로부터 나오면 오세에 잃지 않음
이 드물다. 陪臣이 國命을 잡으면 삼세에 잃지 않음이 드물다. 천하에
도가 있으면 정치가 대부에게 있지 않고 천하에 도가 있으면 서민이
정치를 논하지 않는다."

〈묵상〉

천하에 도가 있다는 게 오히려 비정상이다. 천하에 도가 없는 게
오히려 정상이다. 어느 시대나 늘 도가 없었다. 공자 당시에도 그랬고
공자 후에도 그랬다. 지금도 그렇다. 그래서 이 천하는 늘 어지러운
것이다. 이 어지러운 가운데서도 올곧은 지도자는 그래도 좀 더 나은
사회를 만들고자 몸부림친다. 그 덕에 이만큼이나마 유지되는 것
이다.

3. 孔子曰 祿之去公室 五世矣 政逮於大夫 四世矣

공자왈 녹지거공실이 오세의요, 정체어 대부가 사세의라.

故 夫三桓之子孫微矣

고로 부삼환지자손미의니라.

〈주석〉

祿之去公室 : 爵祿과 賞 罰을 주는 권리가 노 나라 군주에게서 나오는
게 아니다. 公室은 노 나라 조정을 가리킨다. 또한 노 나라 임금
을 가리킨다.

五世 : 노 나라의 宣, 成, 襄, 昭, 定 五公을 가리킨다.

四世 : 季孫氏文子, 武子, 平子, 桓子 四代를 가리킨다.

三桓 : 仲孫, 叔孫, 季孫을 말한다. 三家는 다 桓公에게서 나왔다. 三
家는 定公에 이르러 다 쇠하였다.

〈번역〉

공자께서 말씀하셨다.

"작록이 공실을 떠난 지 五世가 되었다. 정치가 대부에게 미친 지
四世이다. 그러므로 저 三桓은 미미해졌다."

〈묵상〉

정치의 무상함을 말씀하신 것이다. 조정은 유명무실 하게 되었다.
실권자가 따로 있었다. 이 역사를 개탄하신 것이다. 그리고 이 현상을
개선하지 못하는 안타까움을 표현한 것이다. 정치란 언제나 이렇게
비합리적으로 가는 것인지 모르겠다. 과연 天道가 있는지도 모르겠
다. 있어도 바로 가는 건 결코 아닌 것 같다.

4. 孔子曰 益者三友　損者三友

　　공자왈 익자삼우요 손자삼우니라.

　　友直 友諒 友多聞　益矣　友便辟 友善柔 友便佞　損矣

　　우직 우량 우다문은 익의요, 우편벽 우선유 우편녕은 손의니라.

〈주석〉

　　直 : 正直이다.

　　諒 : 誠信이다.

　　便辟 : 威儀에 익숙하나 부정직함을 말한다.

　　善柔 : 아첨하는 말에 공교로우며 誠信이 적음을 말한다.

　　便佞 : 말에는 익숙하나 듣고 봄의 열매가 없음을 말한다.

〈번역〉

　　공자께서 말씀하셨다.

　　"유익한 벗 셋이 있고 손해나는 벗 셋이 있다.

　　정직한 사람을 벗하고 誠信한 사람을 벗하고 많이 들은 사람을 벗
하면 유익이 된다. 便辟한 사람을 벗하고 善柔한 사람을 벗하고 便佞
된 사람을 벗하면 손해가 된다."

〈묵상〉

　　우선 벗을 사귐에 유익과 손해를 따지니 공자답지 못하다는 생각이
든다. 그러나 현실적으로 말은 옳다. 분명 유익한 벗도 있고 손해나는
벗도 있다. 그걸 판별할 능력이 문제이다. 그리고 딱 부러지게 그 성
격이 드러나지도 않는다. 정직한 것 같은데 그렇지 않은 경우도 있다.
성신 역시 그렇다. 다문은 그래도 좀 알기 쉽다. 그러나 그것도 그리
간단하지는 않다. 유식한 사람 가운데서도 무지한 사람을 많이 본다.

　　그리고 여기 쓰인 단어에 대해 분명히 할 필요가 있다. "便辟"이라

는 말에 주의해야 한다. 그냥 편벽이라면 한 쪽으로 치우치는 것을 말하는데 여기 편벽은 그런 편벽이 아니다. 이를 분명히 하고자 국어 사전을 보니 便辟은 '남의 뜻을 잘 맞추어 아첨함, 또 그런 사람'으로 되어 있다. 그리고 '한 쪽으로 치우치다.'라는 뜻의 편벽은 偏僻이라 쓰고 있다. 그리고 便佞이란 말도 바로 이해할 필요가 있다. 말은 그럴 듯하게 잘할 것 같이 하지만 실속이 없음을 말한다.

5. 孔子曰 益者三樂　　損者 三樂
공자왈　익자삼락이요, 손자 삼락이라.

樂節禮樂　　樂道人之善　　樂多賢友　益矣
낙절예악하고 낙도인지선하며 낙다현우는 익의요.

樂驕樂　　樂佚遊　　樂宴樂　損矣
낙교락하고 낙일유하며 낙연락은 손의니라.

〈주석〉

樂 : 마음에 좋아하는 바가 있음이다.

節禮樂 : 무릇 動作하는 바가 다 예악의 節에 맞음이다.

驕樂 : 교만으로 낙을 삼음이다.

佚遊 : 閒散 遊蕩하며 出入에 절제함이 없음이다.

宴樂 : 耽荒 淫溺한 樂이다.

〈번역〉

공자께서 말씀하셨다.

"유익한 세 가지 즐거움이 있고 손해나는 세 가지 즐거움이 있다. 동작이 예악의 절에 맞음을 즐거워하고 남의 선함 말하기를 즐거워

하고 어진 벗 많음을 즐거워함은 유익한 것이요, 驕樂을 즐거워하고
佚遊를 즐거워하고 宴樂을 즐거워함은 손해나는 것이다."

〈묵상〉

사람마다 그 즐거움이 다르다. 유익한 즐거움을 갖는 것은 그의 인
격이 그럴만한 위치에 올라 있음을 말한다. 그러므로 인격도야에 힘
쓰다 보면 자연 거기 따라 즐길만한 것을 즐기게 되는 것이다.

6. 孔子曰 侍於君子 有三愆
  공자왈 시어군자에 유삼건이라.

  言未及之言 謂之躁 言及之而不言 謂之隱
  언미급지언이면 위지조요. 언급지이불언이면 위지은이요,

  未見顔色而言 謂之瞽
  미견안색이언이면 위지고이니라.

〈주석〉

君子 : 덕과 지위를 가진 사람에 대한 통칭이다.

愆 : 過失이다.

躁 : 조급하여 불안정함이다.

隱 : 隱瞞, 情과 實을 다하지 않음이다.

瞽 : 눈이 없어 말을 살피고 낯빛을 보지 못함이다.

〈번역〉

공자께서 말씀하셨다.

"군자를 모심에 세 가지 허물이 있다.

말이 거기 미치지 않았는데 말하면 이를 일러 조급함이라 하고 말

이 거기 미쳤는데도 말하지 않으면 이를 일러 숨긴다 하고 안색을 살피지 않고 말하면 이를 일러 봉사라 한다."

〈묵상〉

어른을 모심에 세 가지 조심할 바이다. 조급함과 숨김과 장님 이세 가지이다. 그런데 조급함은 때론 필요하지 않을까 한다. 그리고 또 때론 안색을 살피지 않고 말씀드려야 할 일도 있지 않을까 한다. 그러나 위의 세 가지는 잘 살려 지혜롭게 해야 할 필요는 분명 있다.

7. 孔子曰 君子有三戒

공자왈 군자유삼계니라.

少之時 血氣未定　戒之在色　　及其壯也　血氣方剛

소지시 혈기미정이니 계지재색이요. 급기장야엔 혈기방강이니

戒之在鬪　及其老也　血氣旣衰　戒之在得

계지재투요. 급기로야엔 혈기기쇄하니 계지재득이니라.

〈주석〉

血氣 : * 혈기에 대한 주석이 길지만 오히려 복잡하여 어렵다. 그래서 생략하였다. 그저 혈기로 알면 편하다.

得 : 貪得이다.

〈번역〉

공자께서 말씀하셨다.

"군자는 세 가지 경계할 것이 있다.

젊었을 때에는 혈기가 未定이니 경계할 것이 色에 있다. 장성함에 미쳐서는 혈기가 방강하니 경계할 것이 다툼에 있다. 늙음에 이르러

서는 혈기가 이미 쇠하였으니 그 경계함이 탐득에 있다."

⟨묵상⟩

　　세대별로 경계할 것을 잘 지적하셨다. 젊어서는 색을 경계해야 하
고 장성하여서는 다툼을 경계해야 하고 늙어서는 탐심을 경계해야 한
다는 것이다. 나의 삶을 돌아보니 이 말씀이 딱 들어맞는다. 이제 늙
었으니 탐심을 경계하여야 하겠거늘 그게 그리 쉽지 않다. 자꾸 주머
니를 닫으려 하고 무턱대고 움켜잡으려 한다.

　＊血氣方剛에서 剛을 强으로 쓴 책도 있다. 그러나 별 차이는 없다.

8. 孔子曰 君子有三畏　　畏天命　畏大人　畏聖人之言
　　공자왈　군자유삼외이니　외천명,　외대인,　외성인지언이니라.

　　小人不知天命　　而不畏也　狎大人　　侮聖人之言
　　소인부지천명하니　이불외야라.　압대인하고　모성인지언이니라.

⟨주석⟩

　畏 : 敬畏이다. 엄하게 두려워한다는 뜻이다.

　天命 : 하늘이 부여한 바의 바른 도리.

　大人 : 높은 지위에 있는 사람.

　狎 : 습관적으로 만나며 소홀히 여김을 말한다.

　侮 : 戲玩이다.

⟨번역⟩

　　공자께서 말씀하셨다.

　　"군자는 세 가지 두려움이 있다. 天命을 두려워하고 大人을 두려워
하며 성인의 말씀을 두려워한다. 小人은 천명을 모르므로 두려워하지

않는다. 大人을 소홀히 여기고 聖人의 말씀을 모욕한다."

〈묵상〉

군자와 소인의 차이는 두려운 대상에서도 나타난다고 하셨다. 그런데 이 말씀 가운데 대인에 대한 태도에서 좀 이상한 감이 든다. 군자가 오히려 대인을 두려워하지 않고 소인이 대인을 두려워할 것 같은데 여기서는 반대로 되어 있다. 그렇다면 여기서 말하는 대인은 그냥 지위가 높은 사람 정도의 대인이 아니라 인격적으로 높은 사람이라는 뜻으로 보아야 할 것이다.

9. 孔子曰 生而知之者 上也 學而知之者 次也
   공자왈 생이지지자는 상야요. 학이지지자는 차야요.

   困而學之者 又其次也 困而不學 民斯爲下矣
   곤이학지자는 우기차야라. 곤이불학하니 민사위하의니라.

〈주석〉

生而知之者 : 聖人, 배우지 않고도 능히 아는 사람이다.

困 : 통하지 않는 바가 있음을 말한다.

〈번역〉

공자께서 말씀하셨다.

"나면서 아는 사람은 上이요, 배워서 아는 사람은 다음이요, 막혀서도 배우는 사람은 또 그 다음이다. 막혀서도 배우지 않으니 백성이 여기서 아래가 된다."

〈묵상〉

배움을 강조하신 말씀이다. 막히더라도 꾸준히 배우라는 것이다.

그래야 최하위를 면할 수 있다는 것이다. 그러나 그 배움이란 게 先賢들의 道, 곧 고도의 학문인데 최하위의 민초들에게 과연 그 배움이 그리 중요할까?

10. 孔子曰 君子有九思
공자왈 군자유구사라.

視思明　聽思聰　色思溫　貌思恭　言思忠　事思敬
시사명하고 청사총하고 색사온하고 모사공하고 언사충하고 사사경하고

疑思問　忿思難　見得思義
의사문하고 분사난하며 견득사의니라.

〈주석〉

思 : 마음을 써 생각함이다.

忿思難 : 마음에 분나는 일이 있어도 가볍게 나타내지 말라는 것이다. 마땅히 後果와 禍害를 생각하라는 것이다. 難은 患難, 禍害를 가리킨다.

〈번역〉

공자께서 말씀하셨다.

"군자는 아홉 가지 생각할 것이 있다. 보는 데에는 밝기를, 들음에는 총명을, 얼굴 표정은 온화하기를 생각하고 모습은 공경함을 생각하고 말은 충성스럽게 함을 생각하고 섬김은 공경스럽게 하기를 생각하고 의문은 묻기를 생각하고 분나는 일은 후과를 생각하고 득을 보면 의를 생각할 것이다."

이는 德이 아니라 能力이다. 이는 쉽사리 길러지는 게 아니다. 배운다고 노력한다고 잘 되는 것도 아니다. 그저 조심, 조심할 따름이다.

그런데 모두 한 글자씩, 곧 視. 聽, 色, 貌, 言, 事, 疑, 忿인데 마지막 得에는 왜 見得이라 하였을까? 그냥 得이라 해도 되는데 견을 더 붙인 이유가 있는지 모르겠다.

11. 孔子曰 見善如不及　見不善如探湯　吾見其人矣
　　공자왈　견선여불급하고 견불선여탐탕을 오견기인의하고

　　吾聞其語矣　隱居以求其志　行義以達其道
　　오문기어의라. 은거이구기지하고 행의이달기도를

　　吾聞其語矣　未見其人也
　　오문기어의이나 미견기인야라.

〈주석〉

　　見善如不及 : 좋은 일을 보면 마치 남의 좋음에 미치지 못할까 두려워함이다.

　　見不善如探湯 : 나쁜 일을 보면 마치 熱湯을 시험하는 것 같이 가버림을 빠르게 함이다. 나쁜 일은 빨리 버림을 비유하였다.

　　隱居以求其志 : 刑昺(형병)이 말하기를 "의로운 일 행하기를 좋아하여 그 仁道에 다다름을 말한다."고 하였다.

〈번역〉

　　공자께서 말씀하셨다.

　　"좋은 일을 보면 마치 미치지 못할 것 같이 하고 좋지 못한 일을 보면 熱湯에서 가버리듯 하는 사람을 나는 보았고 그 말도 들었다. 隱居하면서 그 뜻을 구하고 의를 행하면서 그 도에 다다름을 나는 들었으나 그런 사람을 보지 못하였다."

〈묵상〉

참 隱者가 없음을 안타까워 하셨다. 義를 행하면서 仁道에 다다른 은자가 그립다는 말씀이다. 공자 당시에만 그런 게 아니다. 역사에는 이런 인물이 그리 흔하지 않다. 은거하며 의를 행하는 단계까지 가기는 하나 그 의가 참으로 仁道에 다다르느냐 함에 문제가 있는 것이다. 자칫 자기만의 의일 수 있는 것이다.

12. 誠不以富　亦祇以異　　齊景公有馬千駟
성 불 이 부요 역 지 이 이로라. 제 경 공 유 마 천 사이나

死之日　民無德而稱焉
사 지 일　민 무 덕 이 칭 언이니라.

伯夷叔齊餓於首陽之下　　民到于今稱之　　其斯之謂與
백 이 숙 제 아 어 수 양 지 하이나 민 도 우 금 칭 지라. 기 사 지 위 여인저.

〈주석〉

駟 : 네 필의 말이다.

首陽 : 산 이름이다.

〈번역〉

진실로 부하기 때문이 아니라 다만 다르기 때문이다. 제 나라 경공은 말 千駟가 있었으나 그가 죽는 날 백성은 그의 덕을 칭찬하지 않았다. 백이 숙제는 수양산 아래에서 굶어 죽었지만 백성은 지금껏 그를

칭찬한다. 그것은 이를 일컬음이로다.

〈묵상〉

먼저 몇 가지 밝힐 것이 있다. 이 상은 앞 장에 이어져 있는 경우가 있다. 사실 이 장에는 앞에 "孔子曰"이 없다. 그래서 붙어 있는 게 정상인 것 같다. 그리고 또 "誠不以富 亦祇以異"는 시경의 말인데 어떤 곳에서는 빠져 있다. 그리고 여기 "祇" 글자는 "지"로 읽어야 한다. 보통 "땅 귀신 기"이지만 여기서는 "다만"이란 뜻으로 쓰였기에 "지"로 읽어야 한다.

死後 칭찬하는 경우를 말씀하고 있다. 富로써가 아니고 德으로 말미암는다고 하셨다. 千駟의 말을 가진 부자 경공은 칭찬하지 않고 굶어 죽은 백이 숙제를 칭찬한다는 것이다. 義롭게 德스럽게 살라는 말씀이다.

13. 陳亢問於伯魚曰 子亦有異聞乎　對曰未也
진항문어백어왈 자역유이문호_아? 대왈미야_라.

嘗獨立　鯉趨而過庭　曰學詩乎　對曰 未也
상독립_{일새} 리추이과정_{하니} 왈학시호_아? 대왈 미야_라.

不學詩　無以言　鯉退而學詩
불학시_면 무이언_{이라}. 이퇴이학시_라.

他日　又獨立　鯉趨而過庭　曰學禮乎　對曰未也
타일 우독립_{일새} 이추이과정_{하니} 왈학례호_아? 대왈미야_라.

不學禮　無以立
불학례_면 무이립_{이라}.

鯉退而學禮　聞斯二者　陳亢退而喜曰 問一得三
이 퇴 이 학 례라. 문 사 이 자라. 진 항 퇴 이 희 왈 문 일 득 삼이라.

聞詩 聞禮 又聞君子之遠其子也
문 시 문 례 우 문 군 자 지 원 기 자 야라.

〈주석〉

陳亢 : 字는 禽, 공자의 제자이다.

異聞 : 제자들이 들은 바와 다른 것. 진항은 공자께서 그 아들을 가르
　　　침에는 응당 다른 것이 있으리라고 의심하였다.

嘗獨立 : 공자께서 일찍이 홀로 계심, 좌우에 아무도 없음을 말한다.

趨 : 빨리 걸음이다. 古禮에 어른 앞에서는 반드시 빨리 걸어야 하였다.

君子之遠其子 : 공자가 그 아들을 가르침에 門人들과 다름이 없음을
　　　말한다. 그러므로 진항은 그 아들을 멀리한다고 여겼다. 遠은 사
　　　사로이 후하게 함이 없음을 말한다.

〈번역〉

　진항이 백어에게 물었다. "그대는 또한 달리 들음이 있습니까?" 하
니 대답하여 말하기를 "아니요, 일찍이 홀로 계심에 내가 뜰을 빨리
걸어가니 말씀하시길 '시를 배웠느냐?' 하시기에 '아닙니다.' 하니 '시
를 배우지 않으면 말을 할 수가 없다.' 하셨습니다. 저는 물러가 시를
배웠습니다. 다른 날 또 홀로 계시는데 제가 빨리 뜰을 걸어가니 '禮를
배웠는가?' 하시기에 '아닙니다.' 하니 '禮를 배우지 않으면 설 수가 없
다.' 하셨습니다. 저는 물러가 禮를 배웠습니다. 이 두 가지를 들었습
니다."

　진항이 물러가 기뻐하며 말하였다. "하나를 물어 세 가지를 얻었다.
詩를 배움과 禮를 배움과 또한 군자가 그 아들을 멀리함이다."

〈묵상〉

　　진항이 얻은 이 세 가지는 오늘 우리도 얻었으면 한다. 詩를 배우고 禮를 배우고 그리고 자식 교육이다. 오늘 이 사회는 시가 없는 삭막한 사회이다. 그리고 禮가 허물어진 사회이다. 또한 자식 교육이 비정상인 사회이다. 이를 바로잡아야 따뜻한 사회 훈훈한 사회가 된다.

14. 邦君之妻　君稱之曰　夫人　　夫人自稱曰　小童

　　방군지처를 군칭지왈 부인이오, 부인자칭왈 소동이라.

　　邦人稱之曰　君夫人

　　방인칭지왈 군부인이라.

　　稱諸異邦曰　寡小君　　異邦人稱之　亦曰　君夫人

　　칭저이방왈 과소군이라. 이방인칭지면 역왈 군부인이라.

〈번역〉

　　군주의 아내를 군주가 부를 때에는 夫人이라 하고 부인이 스스로 말하기는 小童이라 하며 나라 사람이 부를 때는 君夫人이라 한다. 다른 나라에 대하여서는 寡小君이라 한다. 다른 나라 사람이 그를 부를 때에는 역시 君夫人이라 한다.

〈묵상〉

　　제후 부인에 대한 호칭 문제이다. 그런데 이게 여기 왜 들어갔는지 의심이 든다. 아마 이 호칭 문제로 좀 어지러웠던가 보다. 그래서 누군가 여기에다 이를 넣어 통일하고자 하였던 같다. 우리나라에서도 이 호칭 문제가 좀 시끄럽다. 과거 군사정권에서는 대통령을 "閣下"라 불렀다. 그 이전에는 군대의 사단장만 되어도 각하라 부른 적이 있다.

그러나 그 권위 시대가 가고 이제는 그런 낡은 호칭은 없어졌다. 그러나 아직 "令夫人"이라는 호칭은 그대로 사용되고 있다. 원래 이 말은 남의 부인에 대한 경칭인데 이젠 대통령의 부인에 대한 경칭으로만 쓰이게 되는 것 같다.

陽貨　第十七

1. 陽貨欲見孔子　孔子不見　歸孔子豚　孔子時其亡也
　　양화욕견공자_{이나} 공자불견_{이라}. 귀공자돈_{이라}. 공자시기무야_라.

　　而往拜之　遇諸塗
　　이왕배지_{러니} 우저도_라.

　　謂孔子曰　來　予與爾言　曰懷其寶而迷其邦
　　위공자왈 래_{하라} 여여이언_{이라}. 왈 회기보이미기방_{이면}

　　可謂仁乎　曰不可
　　가위인호_아? 왈불가_라.

　　好從事而亟失時　可謂知乎　曰不可
　　호종사이기실시_면 가위지호_아? 왈불가_라.

　　日月逝矣　歲不我與　孔子曰　諾　吾將仕矣
　　일월서의_요 세불아여_라. 공자왈 약_{이라}. 오장사의_라.

〈주석〉

　　陽貨：陽虎, 季氏의 家臣으로 노 나라 정치를 전횡하였다. 공자로 하
　　　　여금 벼슬을 하도록 뵈러 갔다.

　　歸：饋, 물건을 드림이다.

　　時其亡：양호가 집에 없음을 틈탐을 말한다.

　　塗：途와 같다. 도로이다.

　　懷其寶而迷其邦：道德을 갖추고서 나라의 迷亂을 구하지 않음을 말
　　　　한다.

　　亟失時：누차 기회 잃음을 말한다. 亟은 屢이다.

　　日月逝矣 歲不我與：공자 年老한데 세월은 간다. 다시 나를 위하여
　　　　기다려주지 않는다. 마땅히 벼슬을 빨리 구해야 한다는 말이다.
　　　　逝는 감이다. 與는 기다림이다.

<번역>

陽虎가 공자를 뵈옵고자 하였으나 공자를 못 뵈었다. 공자에게 돼지를 보내었다. 공자는 그가 집에 없는 틈을 타 인사하러 갔다. 오다가 길에서 만났다. 공자에게 말하기를 "오시오, 내가 당신에게 말하리이다." 말하되 "보배를 품고서도 나라를 어지러움에서 구하지 않음을 仁하다고 말할 수 있습니까?" "불가합니다." "從事하기를 좋아하면서도 자주 그 때를 놓침을 지혜롭다 할 수 있습니까?" "불가합니다." "日月은 갑니다. 歲月은 나를 기다려 주지 않습니다." "맞습니다. 내 장차 벼슬하리이다."

<묵상>

실제로 공자는 자신의 이상을 실현하고자 벼슬을 원하였다. 그러나 그 이상이 실현될 가능성이 없는데서야 어찌 벼슬을 할 수 있는가? 양화라는 인물은 실권자 계씨의 가신으로서 국정을 농단하는 사람이라 그를 도와 벼슬을 할 수는 없었던 것이다. 그러나 그 실권자의 비위를 드러내놓고 건드릴 수는 없었다. 하여 적당히 마무리하고자 이렇게 대답하신 것이다. 그런데 이 공자의 처신에 대해서 조금 논란이 있다. 정정당당하지 못하다는 것이다. 양화가 없는 틈을 타 가는 게 비겁하다는 것이요, 벼슬하겠다는 대답도 아주 무책임하다는 것이다. 그러나 이 또한 난세를 살아가는 지혜가 아닌가 여겨진다.

2. 子曰 性은 相近也이나 習은 相遠也로다.

자왈 성은 상근야이나 습은 상원야로다.

<주석>

性 : 사람의 本性을 가리킨다. 氣質을 포괄하여 말하였다. 朱熹가 말
하였다. "여기서 말하는 바 性은 기질을 겸하어 밀한 깃이다. 기
질의 성은 진실로 美와 惡의 같지 않음을 가졌다. 그러나 그 처음
으로 말하면 모두 크게 멀지는 않았다. 다만 선에 익숙하면 선하
여지고 악에 익숙하면 악해진다. 이에 비로소 서로 멀어지게 된다."

<번역>

공자께서 말씀하셨다.

"性은 서로 가까운데 습관이 서로 멀게 한다."

<묵상>

이 말씀과 같이 사람의 성이 처음부터 서로 가까운지 나는 의문이
다. 천성적으로 악한 사람을 더러 만나기 때문이다. 저 일본 극우파
사람을 보라. 천성적으로 악하지 않은가? 김일성의 3대를 보라. 習性
이 아니라 天性이다.

3. 子曰 唯上智與下愚　不移

　　자왈　유상지여하우는 불이니라.

<주석>

上智與下愚 : 공안국이 말하기를 "상지는 그를 악하게 할 수 없고 하
우는 그를 어질게 할 수 없다."고 하였다.

<번역>

공자께서 말씀하셨다.

"상지자와 하우자는 바꿀 수가 없다."

상지자와 하우자가 사실 존재하는가가 문제이다. 존재한다고 해도
기실 얼마 되지 않을 것이다. 대부분의 사람들은 대개 비슷한데 환경
과 노력에 의해 지혜와 지식의 정도가 달라지는 것이다.

4. 子之武城　聞弦歌之聲　夫子莞爾而笑曰 割鷄　焉用牛刀
자지무성하사 문현가지성하시고 부자완이이소왈 할계에 언용우도리오?

子游對曰 昔者　偃也聞諸夫子　曰 君子學道則愛人
자유대왈　석자에 언야문저부자하니　왈 군자학도즉애인하고

小人學道則易使也
소인학도즉이사야라.

子曰 二三子　偃之言是也　前言戲之耳
자왈 이삼자야, 언지언시야라. 전언희지이니라.

〈주석〉

之 : 앞서 감이다.

武城 : 노 나라 읍이다. 당시 자유가 邑宰였다.

弦歌之聲 : 예악으로 가르침을 삼음을 말한다. 그러므로 邑民들이 모
　　　두 노래를 탔다.

莞爾 : 작게 웃는 모습이다.

割鷄焉用牛刀 : "닭을 잡는데 하필 소 잡는 칼을 쓰랴?"라는 말인데
　　　小邑을 다스리면서 하필 예악의 大道를 쓰느냐는 비유이다.

偃 : 子游의 이름이다.

諸 : 之於이다.

小人 : 庶民이다.

易使 : 위에 있는 사람의 教令을 쉽게 따름이다.

〈번역〉

　　공자께서 무성으로 가셔서 弦歌 소리를 들으셨다 스승께서 빙그레
웃으시며 말씀하시기를 "어찌 닭을 잡는데 소 잡는 칼을 쓰랴?" 하셨
다. 자유가 대답하여 말하기를 "옛날에 제가 선생님께 듣기를 '군자는
도를 배우면 남을 사랑하게 되고 소인은 도를 배우면 부리기가 쉽다.'
고 하셨습니다." 하니 공자께서 말씀하셨다. "애들아 언의 말이 옳다.
앞의 내 말은 농담이다."고 하셨다.

〈묵상〉

　　이 이야기는 좀 더 깊이 음미할 필요가 있다. 공자께서 무성에 가셔
서 현가를 들으셨다. 매우 기쁘셨다. 또 한 편 이런 노래를 부르게
할 만큼 정치를 잘하는 제자가 대견스러웠다. 그러나 한 편 이 큰 인
재를 이 작은 곳에서 썩힌다는 게 안타깝기도 하셨다. 그래서 이 작은
고을을 다스리는데 저런 큰 인재를 쓴단 말인가 하시며 한탄하신 것
이다. 바로 割鷄焉用牛刀? 이다. 그러나 우직한 자유는 그 깊은 뜻을
헤아리지 못하고 현가에 대한 말씀이라고 곧이곧대로 해석하였다. 그
래서 "도를 가르치면 군자는 사랑하게 되고 소인은 부리기가 쉽다고
하지 않았습니까?" 하고 항변한다. 이에 더 이상 무엇을 설명하랴? 그
래서 그만 "네 말이 맞다. 내 앞말은 戱言이다." 하고 끝낸 것이라 여겨
진다.

5. 公山弗擾 以費畔　　召　　子欲往　　子路不說　　曰
　공산불요　이비반하여　소하니　자욕왕이라.　자로불열하여　왈

末之也已　何必公山氏之之也

말 지 야 이 니　하 필 공 산 씨 지 지 야 니까?

子曰 夫召我者 而豈徒哉　如有用我者　吾其爲東周乎

자 왈 부 소 아 자　이 기 도 재아?　여 유 용 아 자면　오 기 위 동 주 호리라.

〈주석〉

公山不擾 : 史記에는 公山不狃라고 하였다. 계씨의 宰로 있다가 비읍
　　을 근거로 하여 반란하였다.

費 : 노 나라 읍이다.

畔 : 叛과 같다.

末之也已 : 갈 바가 없음이다. 이미 가지 못함을 말한다. 末은 無이다.
　　也已는 어조사이다.

何必公山氏之之也 : 何必之公山氏之處也의 倒置句이다. 앞의 之는 語
　　助辭이고 뒤의 之는 動詞로 간다는 뜻이다.

豈徒哉 : 설마 실없이 나를 불러 한 번도 쓸 뜻이 없겠는가? 豈는 설마
　　… 이겠는가?이고 徒는 다만이다.

吾其爲東周乎 : 내 장차 동방에서 주 나라의 도를 행하겠다는 말이다.

〈번역〉

　　공산불요가 비읍에서 반란을 일으켜 공자를 부르니 공자께서 가고
자 하는지라. 자로가 기뻐하지 아니하여 말하기를 "갈 데가 없으면
그만이지 하필 공산씨에게로 가시려 합니까?" 하였다. 공자께서 말씀
하셨다.

　　"대저 나를 부르는 자가 설마 실없이 나를 부르겠는가? 만일 나를
쓰는 자가 있다면 내가 그 나라를 동방의 주 나라로 만들리라."

공산불요는 그리 착한 사람이 아니었다. 그래서 자로가 불쾌하게 여겨 극력 반대하는 것이다. 그러나 공자는 설마 나를 부르는 자가 실없이 부르겠는가 하며 한 가닥 희망을 가지고 가려 하였다. 공자의 다급한 심정을 보여준다. 그러나 다행히 그 일은 성사되지 못하였다. 갔더라면 아무런 성과도 얻지 못한 채 이름만 더럽혀졌을 것이다. 참 답답한 공자의 마음을 헤아릴 수 있다. 누구든 나를 써주기만 하면 곧 동쪽의 주 나라로 만들겠는데 아무도 써주질 않는 것이다. 얼마나 답답하였으랴?

6. 子張　問仁於孔子　孔子曰 能行五者於天下　爲仁矣
   자장이 문인어공자하니 공자왈 능행오자어천하면 위인의니라.

   請問之　曰恭寬信敏惠
   청문지하니 왈 공, 관, 신, 민, 혜라.

   恭則不侮　寬則得衆　信則人任焉
   공즉불모하고 관즉득중하며 신즉인임언아러

   敏則有功　惠則足以使人
   민즉유공하고 혜즉족이사인이라.

〈주석〉

於天下 : 들어맞아 그렇게 되지 않음이 없음을 말한다. 비록 夷狄의 나라라도 또한 버리지 못한다.

之 : 다섯 가지 조목을 가리킨다.

任 : 맡기어 기댐이다.

<번역>

　자장이 공자에게 仁을 물었다. 공자께서 말씀하셨다.

　"천하에 능히 다섯 가지를 행하면 仁해진다."

　그것을 물으니 가로대 "공, 관, 신, 민, 혜라.

　공손하면 모욕을 당하지 않고 관대하면 무리를 얻으며 신의가 있으면 남들이 맡겨주고 민첩하면 功이 있고 은혜로우면 족히 사람을 부리느니라."

<묵상>

　공손하고, 관대하고, 신의가 있고, 민첩하고, 은혜롭다. 이 덕목을 누가 능히 다 이루랴? 이 가운데 어느 게 가장 중요할까? 아무래도 惠가 아닐까? 그 하나만에라도 성실한다면 仁을 이루는 게 아닐까? 그 하나에만 성실하다면 다른 것에도 두루 다 미칠 수가 있을 것이다.

7. 佛肹召　　子欲往　　子路曰 昔者　 由也聞諸夫子

　필힐소하니 자욕왕이라. 자로왈 석자에 유야문저부자라.

　曰 親於其身　 爲不善者　 君子不入也

　왈 친어기신에 위불선자면 군자불입야라 하시니

　佛肹以中牟畔　 子之往也　 如之何

　필힐이중모반인데 자지왕야는 여지하오?

　子曰 然　　有是言也　 不曰堅乎　 磨而不磷

　자왈 연이라. 유시언야라. 불왈견호아? 마이불린이라.

　不曰白乎　 涅而不緇

　불왈백호아? 날이불치라.

吾豈匏瓜也哉　　焉能繫而不食

오 기 포 과 야 재_아? 언 능 계 이 불 식_{이리오}?

〈주석〉

佛肹 : 晉나라 대부 趙簡子의 邑宰이다.

由 : 子路의 이름이다. 姓은 仲이고 자는 子路이다.

以中牟畔 : 中牟를 거점으로 趙씨를 叛하였다.

磨而不磷 : 갈아도 작아지거나 엷어지지 않음이다. 磷은 엷음이다.

涅而不緇 : 검정물로 물들여도 검어지지 않음을 말한다. 이상 두 구는
　　사람의 불선이 능히 자기를 물들이지 못함을 말한다. 涅은 검정
　　물로서 물들이면 검어지는 것이다. 緇는 검은 색이다.

匏瓜 : 박이다. 박의 맛이 쓰므로 사람들이 잘 먹지 않는다.

繫而不食 : 박이 어느 곳에 달려 있어도 사람들이 먹지 않음을 말한
　　다. 내 이와 같은 고로 천하를 周遊하여 도를 행하고자 하였으나
　　하지 못하였다는 것이다.

〈번역〉

　　필힐이 부르니 공자께서 가고자 하셨다. 자로가 말하였다. "제가 선
생님께 듣기를 '친히 그 몸에 不善을 행하는 자에게는 군자가 들어가
지 않는다.' 하셨습니다. 필힐이 중모에서 반란을 일으켰는데 선생님
께서 가고자 하심은 어쩐 일입니까?" 하였다. 공자께서 말씀하셨다.
"맞다. 그런 말이 있었다. 굳다고 말하지 않던가? 갈아도 엷어지지 않
음을, 희다고 하지 않던가? 물들여도 검어지지 않음을, 내 어찌 박일
까보냐? 어찌 능히 달려만 있고 먹히지를 못할까 보냐?"

〈묵상〉

　　공자의 사정에 동정이 不禁이다. 어찌 그리도 팔리기를 원하고 먹

히기를 원하시는가? 반란자에게나마 가고자 하시는 그 마음이, 그리고 그 처지가 참으로 안타깝다. 그러면서도 어떤 곳에 가더라도 나는 엷어지지도 검어지지도 않는다고 큰소리를 치신다. 맞는 말일 것이다. 그러나 비록 엷어지거나 검어지지 않는다 하여도 그게 겨우 자신 한 몸의 청렴함은 되지만 업적이 될 수는 없다. 그렇다면 갈 필요가 없는 것이다. 자로의 말이 맞다. 그래도 쓰임 받고 싶은 간절함은 어쩔 수 없는 것이라 "내 어찌 박이랴? 먹히지 못하는고?" 하며 자기의 심정을 솔직히 토로하고 있다. 참으로 동정이 간다.

그런데 이 장에 대해서는 논란이 있다.《韓詩外傳》에 필힐이 중모에서 반란을 일으킨 사건은 哀公 20년이라고 하였는데 그 때는 이미 공자 가신지 5년이 지난 뒤이다. 그렇다면 두 책 중 하나는 잘못된 것이다.

8. 子曰 由也 女聞六言六蔽矣乎   對曰 未也
자왈 유야 여문육언육폐의호아? 대왈 미야로이다.

居   吾語女
거하라. 오 어 녀하리라.

好仁不好學   其蔽也愚   好知不好學   其蔽也蕩
호인불호학이면 기폐야우요, 호지불호학이면 기폐야탕이오,

好信不好學   其蔽也賊
호신불호학이면 기폐야적이오,

好直不好學   其蔽也絞   好勇不好學   其蔽也亂
호직불호학이면 기폐야교이오, 호용불호학이면 기폐야란이오,

好剛不好學   其弊也狂
호강불호학이면 기폐야광이라.

女 : 汝와 같다.

六言六蔽 : 六言은 여섯 가지 일을 가리킨다. 仁, 知, 信, 直, 勇, 剛이
　　　다. 蔽는 壅蔽(간힘)이다. 六蔽는 愚, 蕩, 賊, 絞, 亂, 狂이다. 육언
　　　은 다 美德이나 다만 좋아만 하고 배워 그 이치를 밝히지 않으면
　　　각각 막히는 바가 있다.

居 : 座이다.

語 : 告함이다.

蕩 : 아주 높고 아주 넓어 그치지 못함이다.

賊 : 物을 상하게 하여 文을 막고 義를 범하는 것이다.

絞는 急切함이다.

狂 : 躁率함이다. * 狂은 미친다는 말인데 여기서는 미친 듯 날뛴다는
　　　뜻으로 봄이 좋을 듯하다.

〈번역〉

　　공자께서 말씀하셨다

　　"유야. 너 육언 육폐를 들었느냐?" 대답하되 "못 들었습니다." "앉아
라. 내 너에게 들려주마. 仁을 좋아하면서 배우기를 싫어하면 그 蔽가
어리석어지고, 知를 좋아하면서 배우기를 싫어하면 그 폐가 蕩이 되
고 믿음을 좋아하면서 배우기를 싫어하면 그 蔽가 賊이 되고, 直을
좋아하면서 배우기를 싫어하면 그 폐는 絞가 되고, 勇을 좋아하면서
배우기를 싫어하면 그 폐는 亂이 되고, 剛을 좋아하면서 배우기를 싫
어하면 그 폐는 狂이 된다."

〈묵상〉

　　육언은 쉽게 이해가 되나 육폐는 이해가 어렵다. 蔽라는 말의 정확
한 이해가 어렵다. 하여 구체적으로 육폐가 이해가 잘 안 된다. 蔽라

는 글자는 본래 "덮는다." "가리다."라는 뜻인데 轉하여 "이치에 어두운 일"을 말한다고 한다. 그렇다면 위의 육폐는 모두 이치에 어두워 답답한 지경에 이르는 경우를 말하는 것 같다. 이에서 벗어나려면 배워야 한다는 것이다.

9. 子曰 小子   何莫學夫詩   詩可以興   可以觀
   자왈 소자야, 하막학부시오? 시가이흥하고 가이관하고

   可以群   可以怨   邇之事父   遠之事君
   가이군하며 가이원이니라. 이지사부요 원지사군이라.

   多識於鳥獸草木之名
   다식어조수초목지명이라.

〈주석〉

何莫 : 何不이다.

可以興 四句 : 志意를 感發함을 興이라 하고 得失을 살핌을 觀이라 하고 和하면서도 흐르지 않음을 群이라 하고 怨하면서도 노하지 않음을 怨이라 한다. 이 네 가지는 溫柔敦厚의 도에서 나오지 않았다.

邇 : 近이다.

識 : 記이다.

〈번역〉

공자께서 말씀하셨다.

"애들아, 왜 시경을 배우지 않으냐? 시는 사람의 心志를 激發하고 時政의 得失을 관찰하고 대중의 情志를 통하게 하고 개인의 憂怨을 풀 수 있다. 가까이는 부모를 섬기고 멀리는 임금을 섬기며 鳥, 獸, 草, 木의 이름을 기억할 수 있다."

〈묵상〉

우리말 번역이 쉽지 않아 가급적 교본 그대로 번역하였다. 시를 배우는 목적이 아주 실리적이다. 興, 觀 羣, 怨에다 事父 事君, 나아가 조수초목의 이름까지도 기억한다고 하셨다. 교본의 주석에서 지적한 것처럼 溫柔敦厚의 본래의 시 목적과 잘 어울리지 않는다. 어인 일인가? 하도 시를 잘 안 읽으니까 이리 말씀하셨는가?

10. 子謂伯魚曰 女爲周南召南矣乎　人而不爲周南召南
　　자 위 백 어 왈　여 위 주 남 소 남 의 호아?　인 이 불 위 주 남 소 남이면

其猶正牆面而立也與
기 유 정 장 면 이 립 야 여이라.

〈주석〉

爲 : 學習, 硏究이다.

周南 召南 : 詩經 國風의 머리 두 편의 이름이다.

而 : 如果(만약에)이다.

正牆面而立 : 한 물건도 보는 바가 없고 한 걸음도 나아가지 못함을 비유하였다.

〈번역〉

공자께서 백어에게 말씀하셨다.

"너는 주남 소남을 읽었느냐? 사람으로서 주남 소남을 읽지 않으면 마치 바로 담장을 대하여 선 것 같다."

시를 배우지 않으면 꽉 막힌 사람이 된다는 말씀이다. 시의 효용을 바로 보신 것이다. 그렇다 오늘의 비극은 시가 없어진 것이다. 아니 없어진 게 아니고 배우지 않는다. 읽지 않는다. 읊지 않는다. 그래서 세상이 삭막하고 나아가 살벌하다.

11. 子曰 禮云 禮云   玉帛云乎哉   樂云 樂云   鐘鼓云乎哉
자왈 예운 예운이나 옥백운호재아? 악운 악운이나 종고운호재아?

〈주석〉

玉帛 : 禮는 敬이 主이고 옥백은 예의 虛文이다. 玉은 圭璋의 종류이
　　고 帛은 비단의 종류이다.

鐘鼓 : 樂은 和를 귀하게 여기는데 종고는 악의 그릇이다. 그 근본을
　　버리고 그 끄트머리에 전념하니 어찌 음악이라 할 수 있느냐는
　　말이다.

〈번역〉

공자께서 말씀하셨다.

"禮라 禮라 하지만 玉帛을 말하겠느냐? 樂이라 樂이라 하지만 鐘鼓를 말하겠느냐?"

〈묵상〉

근본을 버리고 지엽에 머무르는 현상을 한탄하신 것이다. 예라고 하면 그 근본은 공손에 있는데 옥백으로 선물하는 것으로 여기고, 음악이라 하면 조화를 이루는 것이 귀한데 그 악기의 성능이나 따지는 것으로 아는 현상을 비판하신 것이다. 어찌 예악만 그러하랴? 이 사회

에서는 본말이 전도된 것이 너무나 많다.

12. 子曰 色勵而內荏   譬諸小人   其猶穿窬之盜也與
자왈 색려이내임하니 비저소인하면 기유천유지도야여라.

〈주석〉

　色勵而內荏 : 겉으로는 엄숙하고 위엄이 있으나 속으로는 유약하고
　　겁이 많음을 말한다.

　小人 : 훔치고자 하는 마음이 있는 자를 말한다.

　穿窬之盜 : 담장을 뚫고 들어가 훔치는 도적이다.

〈번역〉

　공자께서 말씀하셨다.

　"얼굴은 위엄이 있게 엄숙하면서도 속으로는 유약하고 겁이 많으니
이를 소인에 비유하면 담장을 뚫고 들어가 훔치는 도적이라 할 것이
다."

〈묵상〉

　거짓 군자를 경계하신 말씀이다. 그들은 겉으로는 위엄을 나타내나
속으로는 유약하고 겁이 많으므로 이들을 소인에 비유하자면 도적과
같다는 것이다. 부패한 선비를 꾸짖는 말씀이다. 오늘날도 이런 거짓
선비, 위선의 성직자. 사이비 지식인이 많아 사회를 혼란하게 한다.

13. 子曰 鄕原   德之賊也
자왈 향원은 덕지적야라.

<주석>

　鄕原 : 향리에서 謹厚한 척 하는 사람이다. 모양은 군자인 듯하나 실
　　　은 위선자이다. 原은 愿과 같다.

<번역>

　공자께서 말씀하셨다.

　"향리에서 근후한 체하는 사람은 덕을 해치는 도적이다."

<묵상>

　위선자를 경계하신 말씀이다. 오늘날도 그런 경향이 있지만 당시에
는 鄕黨이 소사회를 이루며 큰 역할을 할 때였다. 거기서 君子然 하며
군림하는 위선자가 많았던 것이다. 하기는 오늘 한국에서도 한 지역
에서 유지라며 군림하는 위선자가 많지 않은가? 그들은 정치적 힘을
빌어 자기 이득을 챙기는 도적인 것이다.

14. 子曰 道聽而塗說　德之棄也
　　자 왈　도 청 이 도 설은 덕 지 기 야라.

<주석>

　道聽而塗說 : 塗는 途와 같다. 不實한 말을 전해 들음을 말한다. 馬融
　　　이 말하기를 "도로에서 듣고 전하여 말함이다."고 하였다.

<번역>

　공자께서 말씀하셨다.

　"길에서 듣고 길에서 말함은 덕을 버리는 것이다."

<묵상>

　流言蜚語를 경계하신 말씀이다. 오늘날 이렇게 발달한 사회에서도

유언비어가 많거늘 옛날에야 얼마나 많았으랴? 군자는 이를 식별할
능력이 있어야 한다.

15. 子曰 鄙夫 可與事君也與哉
자왈 비부와 가여사군야여재아?

其未得之也 患得之 旣得之 患失之
기미득지야엔 환득지하고 기득지엔 환실지하니

苟患失之 無所不至矣
구환실지면 무소부지의니라.

〈주석〉

鄙夫 : 庸俗하고 惡劣한 사람이다.

患得之 : 그것을 얻지 못할까 걱정함을 말한다.

無所不至 : 사람이 부귀에 뜻을 두면 하지 못할 바가 없음을 말한다.

〈번역〉

공자께서 말씀하셨다.

"비속한 사람과 가히 더불어 임금을 섬기겠는가? 그는 얻지 못하면
얻기를 걱정하고 이미 얻으면 그것을 잃을까 걱정한다. 진실로 그것
을 잃을까 걱정하면 하지 못할 바가 없다."

〈묵상〉

비속한 인간에 대한 경계이다. 그런데 문제는 그런 인간들이 임금
주위에 많다는 것이다. 그러니 내가 임금께 나아가기가 어려운 것이
다. 혹 나아가도 임금이 내 말을 듣지 않는다. 그렇다고 나라를 내버
려둘 수도 없다. 여기 충신의 고민이 있는 것이다.

16. 子曰 古者 民有三疾 今也 或是之亡也

자왈 고자에 민유삼질인데 금야엔 혹시지무야라.

古之狂也 肆 今之狂也 蕩 古之矜也 廉

고 지 광 야 는 사인데 금 지 광 야 는 탕이라. 고 지 긍 야 는 렴인데

今之矜也 忿戾 古之愚也 直 今之愚也 詐而已矣

금 지 긍 야 는 분려라. 고 지 우 야 는 직인데 금 지 우 야 는 사 이 이 의로다.

〈주석〉

三疾 : 세 가지 단점을 가리킨다. 狂, 矜, 愚이다.

狂也肆 : 뜻이 크고 小節에 구속되지 않음이다.

矜也廉 : 지킴이 엄하여서 취하지 않은 바가 있다.

忿戾 : 쉽게 노하고 다투기를 좋아함이다.

愚也直 : 어둡고 밝지 못하나 정직하다.

詐 : 사사로움을 갖고 망령되게 함이다.

〈번역〉

공자께서 말씀하셨다.

"옛날의 백성들은 세 가지 단점이 있었는데 오늘에는 혹 그것이 없어졌다. 옛날의 미치광이는 뜻이 커 小節에 얽매이지 않았는데 오늘의 미치광이는 방탕하다. 옛날의 自矜者는 청렴하였는데 오늘의 자긍자는 쉽게 노하고 다투기를 좋아한다. 옛날의 어리석은 자는 정직하였는데 오늘의 어리석은 자는 사기 칠 뿐이니라."

〈묵상〉

2,500년 전 공자 당시에 이미 古者와 今也를 이렇게 대비하셨는데 하물며 오늘에야. 그럼에도 2,500년 전의 그 말씀이 오늘까지도 이렇게 金言으로 들리니 참으로 신기하다 할 것이다. 이렇게 보면 진리

앞에선 古와 今의 구분이 없는 것이다. 오늘도 역시 蕩, 忿戾, 詐가 병폐인 것이다.

17. 子曰 巧言令色 鮮矣仁

　　자 왈　교 언 영 색은　선 의 인이니라.

　*學而篇 3章에 나온다.

18. 子曰 惡紫之奪朱也　　惡鄭聲之亂雅樂也

　　자 왈　오 자 지 탈 주 야하고 오 정 성 지 란 아 악 야하며

　惡利口之覆邦家者

　　오 리 구 지 복 방 가 자라.

〈주석〉

　紫 : 間色이다. 옛사람은 다섯 가지 正色 이외의 나머지 색깔은 雜色으로 여겼다.

　朱 : 정색이다. 옛사람은 紅, 黃, 藍, 白, 黑을 정색으로 여겼다.

　鄭聲 : 정 나라의 음악인데 음란하다.

　雅樂 : 정통의 음악이다.

　利口 : 입을 잘 놀리는 사람이다.

　覆 : 기울어져 패함이다.

〈번역〉

　공자께서 말씀하셨다.

"자주색이 붉은색 빼앗는 것을 미워한다. 정 나라 음악이 아악을 어지럽게 함을 미워한다. 말재간꾼이 나라를 뒤집는 것을 미워한다."

〈묵상〉

비정상이 정상을 넘어섬을 한탄하시고 나아가 경계하신 말씀이다. 그때도 그랬지만 오늘날도 때로는 악이 의를 이기고 비리가 정도를 밟고 서는 것을 흔히 본다. 과연 천도가 있느냐고 묻고 싶은 경우가 많다. 수양대군이 왕위를 찬탈하고 조카를 죽이고 사육신을 죽이고도 끄떡없이 천수를 누림에는 이미 천도는 사라진 것이다. 이런 불의의 세상에선 바르게 산다는 게 참 어렵다.

19. 子曰 予欲無言　　子貢曰 子如不言　　則小子何述焉
　　자왈　여욕무언이라. 자공왈　자여불언이면 즉소자하술언인고?

子曰 天何言哉　　四時行焉　　百物生焉　　天何言哉
자왈　천하언재아?　사시행언하고 백물생언이나 천하언재아?

〈주석〉

述 : 전하여 기술함이다.

四時行焉 : 春夏秋冬의 時令이 바뀜을 가리킨다.

百物生焉 : 만물이 나고 나서 쉬지 않음을 가리킨다.

〈번역〉

공자께서 말씀하셨다.

"나는 말하지 않으려 하노라." 자공이 말하였다. "선생님께서 만약 말씀하지 않으시면 저희들은 무엇을 전하여 기술하겠습니까?" 공자께서 말씀하셨다. "하늘이 무슨 말을 하던가? 사계절을 운행하고 백물을 낳건만 하늘이 무슨 말을 하던가?"

〈묵상〉

　공자는 하늘을 바로 아셨다. 하늘이 사시를 운행하고 하늘이 백물을 생성함을 아셨다. 그럼에도 그 하늘이 아무 말이 없음을 아셨다. 그런데 그 하늘이 아무 말이 없다고 그 하늘처럼 나도 아무런 말을 않겠다고 하심은 하늘에 대한 참람함이다. 말을 안 해도 하늘처럼 일이 제대로 이어진다면 다행이련만 그건 인간인 이상 불가능하다. 그래서 공자도 말이 많았던 것이다. 말이 많은 자신에 대한 푸념이요, 한탄이다.

　또한 이 말씀은 天道는 말로써 설명할 수 없으니 너희들이 스스로 깨달아 알라는 말씀이라고도 할 수 있다.

20. 孺悲欲見孔子　　孔子辭以疾
　유비욕현공자하니 공자사이질이라.

　將命者出戶　　取瑟而歌　　使之聞之
　장명자출호하니 취슬이가하야 사지문지러라.

〈주석〉

　孺悲 : 노 나라 사람, 일찍이 공자에게 士喪禮를 배웠다.
　辭以疾 : 아프다는 이유로 손님 맞기를 사절함이다.
　將命者 : 명령을 전하는 자.
　使之聞之 : 유비의 사자로 하여금 거문고 소리를 듣게 하여 그가 아프지 않음을 알게 하고 가르침을 주고자 함이다.

<번역>

　　유비가 공자를 뵙고자 하니 공자께서 아프다고 하여 사양하였다. 심부름꾼이 문을 나서자 거문고를 취하여 노래를 불러 그로 하여금 듣게 하였다.

<묵상>

　　세상 살다보면 만나고 싶은 사람도 많지만 만나기 싫은 사람도 많다. 공자에게 유비는 만나기 싫은 존재였다. 그럼에도 그는 뵙기를 청하였다. 이에 일단 아프다고 핑계하여 보내고는 그래도 그에게 바로 알려야겠다는 생각으로 거문고를 타며 노래를 부른 것이다. 이 행위에 대하여 혹자는 정직하지 못하다고 말을 하나 어쩌면 유비에 대한 지혜로운 가르침인지도 모른다.

21. 宰我問　三年之喪　期已久矣
　　재아문하대 삼년지상은 기이구의라.

　　君子三年不爲禮　禮必壞　三年不爲樂　樂必崩
　　군자삼년불위례면 예필괴하고 삼년불위악이면 악필붕이라.

　　舊穀旣沒　新穀旣升　鑽燧改火　期可已矣
　　구곡기몰하고 신곡기승하며 찬수개화니 기가이의라.

　　子曰　食夫稻 衣夫錦　於女安乎　曰　安　女安則爲之
　　자왈 식부도 의부금 어여안호아? 왈 안이라. 여안즉위지하라.

　　夫君子之居喪　食旨不甘　聞樂不樂　居處不安
　　부군자지거상에 식지불감하고 문악불락하고 거처불안이라.

　　故不爲也　今女安則爲之
　　고불위야라. 금여안즉위지하라.

宰我出　子曰 予之不仁也　子生三年然后　免於父母之懷
재아출하니 자왈 여지불인야라. 자생삼년연후라야 면어부모지회라.

夫三年之喪　天下之通喪也　予也　有三年之愛於其父母乎
부삼년지상은 천하지통상야라. 여야는 유삼년지애어기부모호아?

〈주석〉

壞 : 敗壞, 廢棄이다.

崩 : 떨어져 잃음이다. 무너짐이다. 禮壞樂崩은 거상에 익히지 않아 붕양됨을 말한다.

沒 : 盡, 다함이다.

升 : 등장이다.

鑽燧改火 : 옛사람은 불을 쓸 때 나무를 뚫어 불을 얻었다. 네 계절을 따라 易을 바꾸었다. 고로 改火라 한다. 燧는 불을 취하는 나무이다.

期 : 周年이다.

已 : 止, 그침이다.

食夫稻衣夫錦 : 북방에서는 쌀을 귀하게 여기므로 거상자는 먹지 않았다. 錦(비단)은 채색 옷이다. 거상자는 흰 옷을 입고 錦은 마땅히 입지 않았다.

旨 : 좋은 맛이다.

予 : 宰我의 이름이다.

免 : 떨어짐이다.

懷 : 懷抱이다.

通喪 : 천하에 통하는 모든 사람들이 다 행하는 상례이다.

〈번역〉

　　재아가 물었다. "삼년의 喪은 기간이 너무 오래입니다. 군자가 삼년
예를 행하지 않으면 예가 반드시 폐기되고 삼년 음악을 하지 않으면
음악이 반드시 무너질 것입니다. 작년 곡식은 이미 다하였고 새 곡식
은 이미 나왔으며 鑽燧함에도 불을 바꾸니 1년이 가할 것입니다."

　　공자께서 말씀하셨다.

　　"쌀밥을 먹고 비단 옷을 입음에 너는 편안하냐?"

　　재아가 말하기를 "편안합니다."

　　"네가 편안하다면 그리 해라. 대저 군자가 거상함에는 맛있는 것을
먹어도 달지 않고 음악을 들어도 즐겁지 않고 거처가 불안하다. 그래
서 하지 않는다. 지금 네가 편안하다면 그리 해라."

　　재아가 나가자 공자께서 말씀하셨다.

　　"予의 不仁함이여, 아이가 낳고 삼년이 지나야 부모의 가슴을 면한
다. 대저 삼년의 상은 천하의 通喪이다. 予는 그 부모에게서 삼년의
사랑을 받지 않았는가?"

〈묵상〉

　　오늘의 기준으로 보면 3년 상이 어디 있으랴? 1년 상도 거의 없다.
또 옛날의 기준으로서도 3년 상은 너무 길었다. 그 폐해가 얼마나 컸
더냐? 조정의 신하는 물론 전방의 장수마저 3년 상을 지키려 하고 전
국민이 다 이에 호응하니 그 폐해가 얼마나 컸던가? "공자가 죽어야
나라가 산다."는 말도 이런 연고로 나왔으리라.

22. 子曰 飽食終日　　無所用心　　難矣哉
　　자 왈　포 식 종 일 하고　무 소 용 심 이면　난 의 재 라.

不有博弈者乎　　爲之猶賢乎已
불유박혁자호하? 위지유현호이라.

〈주석〉

　難: 劉寶楠의 《論語正義》에 말하기를 "難이란 것은 德을 이루는 데
　　어렵다는 말이라."고 하였다.

　博弈: 바둑과 장기.

　賢: 勝(나음)이다.

〈번역〉

　공자께서 말씀하셨다.

　"종일 배부르게 먹고 마음 쓰는 곳이 없다면 어렵다. 장기 바둑이
있지 않은가? 오히려 낫다."

〈묵상〉

　배불리 먹고 종일 노는 사람, 얼마나 답답하시면 장기나 바둑이라
도 두라고 하실까? 나 같은 사람을 향하여 하시는 말씀 같아 두렵고
부끄럽다. 내가 더러 종일 빈둥거리니, 그래도 바둑을 두니 다행이라
할까?

23. 子路曰 君子尙勇乎
　　자로왈 군자상용호니까?

　子曰 君子義以爲上　　君子　有勇而無義　爲亂
　　자왈 군자의이위상이니 군자는 유용이무의면 위란하고

　小人　有勇而　無義　爲盜
　　소인은 유용이 무의면 위도니라.

<주석>

君子有勇而無義 二句 : 朱熹가 말하기를 "君子爲亂 小人爲盜는 모두
그 지위에서 말하는 것이다."고 하였다.

<번역>

자로가 말하였다. "군자도 용기를 숭상합니까?"

공자께서 말씀하셨다.

"군자는 의로움을 上으로 삼는다. 군자가 용기가 있으면서 의가 없으
면 난을 일으키고 소인이 용기가 있으면서 의가 없으면 도적이 된다."

<묵상>

義가 바탕이 되어야 한다. 그 바탕 위에서 용기를 가져야 한다. 義
없는 용기는 결국 난을 일으키고 깡패가 되거나 도적이 되고 마는 것
이다. 반대로 의는 있으나 용기가 없으면 나약한 인간으로 추락한다.
대개 나 같은 소시민이 이에 해당한다.

24. 子貢曰 君子亦有惡乎　子曰 有惡

자공왈 군자역유오호아? 자왈 유오라.

惡稱人之惡者　惡居下流而訕上者

오 칭 인 지 악 자 하고 오 거 하 류 이 산 상 자 하고

惡勇而無禮者　惡果敢而窒者

오 용 이 무 례 자 하며 오 과 감 이 질 자 니라.

曰賜也 亦有惡乎

왈 사 야　역 유 오 호 아?

惡徼以爲知者　惡不孫以爲勇者　惡訐以爲直者

오 요 이 위 지 자 하고 오 불 손 이 위 용 자 하고 오 알 이 위 직 자 니이다.

〈주석〉

居下流 : 하위에 거하는 자를 가리킨다.

訕 : 毁謗이다.

窒 : 事理에 不通함이다.

徼 : 孔安國이 말하기를 "徼는 抄이다. 남의 것을 베끼어서 자기 것을
삼는다."고 하였다. 엿보다.

孫 : 겸손이다.

訐 : 남의 陰私를 공격하며 나타냄이다.

〈번역〉

　자공이 물었다. "군자도 또한 미워함이 있습니까?"

　공자께서 말씀하셨다.

　"미워함이 있다.

　남의 악을 떠벌리는 사람을 미워한다. 아래에 거하면서 윗사람을
헐뜯는 자를 미워한다. 용감하면서 무례한 자를 미워한다. 과감하면
서 꽉 막힌 자를 미워한다."

　가로대 "너도 또한 미워함이 있는가?"

　"베끼면서 아는 체 하는 자를 미워하고 불손하면서 용감하다고 하
는 자를 미워하며 들추어내면서 곧다고 하는 자를 미워합니다."

〈묵상〉

　미워할 대상이 많기도 하다. 다 그만한 이유가 있다. 그 가운데 가
장 조심해야 할 것이 남의 악을 들추어내는 것이다. 우리는 자칫하면
남을 씹는다. 특히 상사를 잘 씹는다. 그러나 자기 아랫사람이 자기
씹는 것은 용납 못한다. 이를 극복해야 한다. 자기도 상사를 씹지 말
아야 하지만 자기를 씹는 아랫사람을 포용할 수 있어야 한다.

25. 子曰 唯女子與小人 爲難養也 近之則不孫 遠之則怨

자왈 유여자여소인은 위난양야라. 근지즉불손하고 권지즉원이니라.

〈주석〉

女子與小人 : 집의 종과 첩을 가리켜 말하였다.

養 : 기름, 대접함이다.

〈번역〉

공자께서 말씀하셨다.

"오로지 여자와 소인들은 대접하기 어렵다. 가까이하면 불손하고 멀리하면 원망한다."

〈묵상〉

여기서 말하는 여자와 소인을 집의 종이나 첩 등으로 한정하는 주석이 바람직하다. 그러나 과연 그럴까? 당시의 눈으로 보면 모든 여자, 모든 소인들을 대상한 것이 맞는다고 해야 할 것이다. 당시만이 아니라 근현대에 이르기까지 이 생각은 여전한 것이었다. 이제 와서 조금 달라졌을까? 아직도 많은 분들은 이 사고에 묶여 있는 것 또한 현실이다.

26. 子曰 年四十 見惡焉 其終也已

자왈 연사십에 현오언이면 기종야이니라.

〈주석〉

見惡 : 남에게 미움 받음을 가리킨다.

공자께서 말씀하셨다.

"나이 40세가 되어 남에게 미움을 받는다면 그 일생은 끝이다."

〈묵상〉

요즘엔 좀 다르다고 해야 할 것이다. 인간 수명이 아주 길어지기 때문이다. 이제는 나이 사십에 이르러서 결혼을 하는 사람도 많다. 후반 인생이 길기에 40세 이후에라도 인생 새 출발을 얼마든 할 수 있는 것이다. 40세는 아직 초반이다.

微子　第十八

1. 微子 去之　箕子爲之奴　比干 諫而死

미자 거지하고 기자위지노하고 비간 간이사하니

孔子曰 殷有三仁焉

공자왈 은유삼인언이니라.

〈주석〉

微子去之 : 微子는 이름이 啓로서 紂의 庶兄이다. 주의 무도함을 보고
떠나갔다. 微는 나라 이름이고 子는 爵名이다. 之는 紂를 가리킨
다. 아래도 같다.

箕子 : 紂의 叔父이다. 직간하다가 잡혀 갇혔다. 거짓 미친 척하며 욕
을 당하였다.

比干 : 紂의 숙부이다. 苦諫하다가 배를 갈려 죽임을 당했다.

〈번역〉

微子는 떠나가고 箕子는 노예가 되고 比干은 諫하다 죽었다. 공자
가 말씀하셨다. 殷에 세 仁者가 있었다.

〈묵상〉

공자가 인정한 이 세 사람의 삶을 한 번 살필 필요가 있다. 미자는
그만 떠나갔다. 周 나라로 가서 宋의 領地를 받아 殷의 제사를 모시었
다고 한다. 기자는 미친 척하며 노예로나마 살았다. 나중 "箕子 東來
說"이 있게 되었다. 이 설에 대해서는 아직 이론이 분분하다. 비간은
간하다 끝내 죽었다. 끝내 苦諫을 하니 紂가 "성인은 가슴에 아홉 구멍
이 있다는데 어디 한 번 보자." 하고 배를 갈라 죽였다. 각기 다른 길을
걸었으나 공자는 모두를 仁者로 칭송하였다. 다 자기대로의 仁을 이
룬 것이다. 어느 길이 가장 바람직할까? 현대인들도 항상 이런 갈림길
을 만난다.

2. 柳下惠爲士師　　三黜　　人曰 子未可以去乎

류 하 혜 위 사 사 _{하야}　삼 출 _{이라}.　인 왈　자 미 가 이 거 호 _아?

日 直道而事人　　焉往而不三黜

왈　직 도 이 사 인 _{이면} 언 왕 이 불 삼 출 _{이리오}?

枉道而事人　　何必去父母之邦

왕 도 이 사 인 _{이면}　하 필 거 부 모 지 방 _{이리오}?

〈주석〉

柳下惠 : 姓은 展, 이름은 獲, 字는 禽이다. 魯나라 大夫이다. 食邑이
　　　　柳下이다. 어질다는 이름이 있다. 죽은 뒤 惠라는 시호를 얻었다.

士師 : 獄官이다.

三黜 : 여러 번 쫓김 당함을 말한다. 黜은 退, 職이 바뀜이다.

父母之邦 : 故國을 가리킨다.

〈번역〉

　　류하혜는 사사가 되어 여러 번 쫓겨났다. 남들이 말하기를 "당신은
떠나갈 수 없습니까?" 하였다. 그가 말하기를 "도를 바로 하여 사람을
섬기려면 어디 간들 여러 번 쫓겨나지 않겠습니까? 도를 굽히고 사람
을 섬기려면 하필 부모의 나라를 떠나야 하겠습니까?" 하였다.

〈묵상〉

　　이래도 저래도 조국을 버리지 못하는 참 선비의 진솔한 마음이 보
인다. 그렇다. 조국은 타고난 운명이다. 이를 받아들이는 슬기로움을
가진 이가 군자이다. 그 조국을 위해, 그리고 그 조국에서 도를 바로
세우기 위해 애쓰는 군자의 참 모습이 돋보인다. 오늘, 조국을 헌신짝
처럼 버리고 떠나는 지식인들을 보면 참 한심스럽다. 이 땅 이 조국에서
바로 살며 이 조국을 바로잡아야 한다. 그러나 그게 쉽지는 않으리라.

3. 齊 景公　待孔子曰 若季氏則 吾不能　以季孟之間待之

　　제 경공이 대공자왈 약계씨즉 오불능이라. 이 계맹지간 대지라.

　　曰 吾老矣　不能用也　孔子行

　　왈 오노의라. 불능용야라. 공자행이라.

〈주석〉

　　待 : 待遇이다. 祿位로써 공자를 대우함이다.

　　季孟之間 : 魯나라 三卿 가운데 계씨가 가장 귀하다. 孟은 孟孫氏를
　　　가리킨다. 제 나라 임금이 공자 대우하기를 노 나라 임금이 계손
　　　씨와 맹손씨 대우하는 중간쯤으로 (계손씨보다는 조금 낮게 맹손
　　　씨보다는 조금 높게) 하겠다는 말이다.

〈번역〉

　　제 나라 경공이 공자에 대한 대우에 대하여 말하기를 "계손씨 정도
　　로는 나는 못합니다. 계손씨와 맹손씨 중간쯤으로 하겠습니다." 하였
　　다. 공자가 말하기를 "내 늙었습니다. 등용하지 못하겠습니다." 하였
　　다. 공자께서 떠나가셨다.

〈묵상〉

　　공자는 너무 큰 그릇이라 능히 쓸 군주가 없었다. 공자의 불행이다.
　　그러나 인류에게는 다행이었다. 만에 하나 등용되었더라면 그 많은
　　업적을 이루지 못하였을 것이다. 등용되지 못하였기에 인류사에 그
　　많은 공헌을 하신 것이다.

4. 齊人　歸女樂　季桓子 受之　三日不朝　孔子行

　　제인이 귀여악하니 계항자 수지하야 삼일부조하니 공자행이라.

〈주석〉

　齊人歸女樂 : 魯나라 定公 14年 공자가 노 나라 司寇가 되었다. 나라
　　　　일을 총섭하니 제 나라에서 두려워하여 노 나라 임금에게 여악을
　　　　보내었다. 歸는 증여함이다.

　季桓子 : 곧 季孫斯로 노 나라 대부이다. 노 나라 定公에서 哀公 初年
　　　　까지 上卿이 되었다.

〈번역〉

　　제 나라 사람이 여악을 보내니 계환자가 이를 받았다. 삼일간 임금
　이 조회하지 않으니 공자 떠나가셨다.

〈묵상〉

　　남의 나라를 쇠하게 하는 방법도 갖가지이다. 임금이 여색에 빠지
　도록 하는 고단수의 술책도 있다. 노 나라가 공자를 등용하여 나라가
　크게 발전하려 하니 두려워진 제 나라에서 이런 술책을 쓴 것이다.
　이 술책은 먹혀들어 결국 공자를 몰아내었다. 이에 공자는 周遊天下
　의 길에 나섰다. 공자 56세 때의 일이다.

5. 楚狂接輿　歌而過孔子曰　鳳兮　鳳兮　　何德之衰
　초 광 접 여가 가 이 과 공 자 왈 봉 혜, 봉 혜여, 하 덕 지 쇠오?

　往者　不可諫　　來者　猶可追　　已而已而
　왕 자는 불 가 간이나 내 자는 유 가 추라. 이 이 이 이라.

　今之從政者殆而　　孔子下欲與之言　　趨而辟之
　금 지 종 정 자 태이니라. 공 자 하 욕 여 지 언이나 추 이 피 지라.

　不得與之言
　부 득 여 지 언이라.

楚狂 接輿 : 초 나라의 賢人인데 거짓 미친 체하며 세상을 피하였다.
　　　때에 공자는 초 나라로 가고자 하였으므로 접여가 노래하며 그
　　　수레 앞을 지나가게 되었다.

鳳兮 : 신령스런 새로서 도가 있으면 나타나고 없으면 숨는다. 공자에
　　　비유하였다.

何德之衰 : 지금은 도가 없음을 말한다. 덕이 쇠하였기에 그가 숨을
　　　수 없음을 기롱한 것이다.

往者不可諫 : 이미 지난 일은 간하여 그칠 수 없다.

來者猶可追 : 지금은 오히려 가히 피란 은거할 수 있다는 말이다.

已而 : 已는 止이다. 而는 어조사이다. 이제 끝났다는 말과 같다.

殆 : 危이다.

下 : 下車이다.

辟 : 避와 같다.

〈번역〉

　초 나라의 狂人 접여가 노래하며 공자 수레 앞을 지나며 말하였다.
"봉이여, 봉이여, 어찌 덕이 쇠하였나? 지난 일이야 고칠 수 없지만
오는 일은 구할 수 있는데 끝났구나, 끝났구나. 오늘의 정치가들은
위태하도다."

　공자가 수레에서 내려 그와 더불어 말하고자 하였으나 급히 피하므
로 더불어 말하지 못하였다.

〈묵상〉

　接輿는 이른바 隱士이다. 이들은 지독한 개인주의자이다. 자기 한
몸만 평안히 살고자 하는 것이다. 물론 도가 없는 세상에서 날뛰어
봐야 안 된다는 것을 아는 현명함이 있으므로 아예 체념하고 세상을

피하는 것이다. 그러나 이렇게 세상을 피하기만 하면 이 세상은 누가
바로잡는단 말인가? 안 될 줄 알지만 그래도 되도록 하려는 의욕만이
라도 있어야 장래가 보이지 않는가? 안 된다고 아예 체념하고 들어앉
으면 영원히 그 사회는 고쳐지지 못할 것이다.

6. 長沮桀溺 耦而耕　　孔子過之　　使子路問津焉
   장저걸익 우이경하는데 공자과지라. 사자로문진언이라.

   長沮曰 夫執輿者爲誰　　子路曰 爲孔丘　　曰 是魯孔丘與
   장저왈 부집여자위수오? 자로왈 위공구라. 왈 시노공구여아?

   曰 是也　　曰 是知津矣
   왈 시야라. 왈 시지진의라.

   問於桀溺　　桀溺曰 子爲誰　　曰 爲仲由
   문어걸익하니 걸익왈 자위수오? 왈 위중유라.

   曰 是魯孔丘之徒與　　對曰 然　　曰 滔滔者 天下皆是也
   왈 시노공구지도여아? 대왈 연이라. 왈 도도자 천하개시야라.

   而誰以易之
   이수이역지리오?

   且而 與其從辟人之士也　　豈若從辟世之士哉　　耰而不輟
   차이 여기종피인지사야보다 기약종피세지사재아? 우이불철이라.

   子路行以告　　夫子憮然曰 鳥獸不可與同羣
   자로행이고하니 부자무연왈 조수불가여동군이라.

   吾非斯人之徒與而誰與　　天下有道　　丘不與易也
   오비사인지도여이수여오? 천하유도면 구불여역야라.

〈주석〉

長沮 桀溺：楚國의 두 隱者이다.

耦：같이 밭갈이 함이다.

問津：건너는 곳을 묻다.

執輿者：수레 위에서 고삐를 잡은 사람.

徒：門徒, 제자를 가리킨다.

滔滔：어지러운 모양.

易：천하가 다 난리인데 장차 누구와 더불어 이를 바꿀까? 함이다.

而：汝이다. 子路를 가리킨다.

辟人之士：공자를 말한다.

辟世之士：걸익 자기를 말한다.

耰而不輟：씨 덮는 일을 멈추지 않음을 말한다. 또한 나루터를 고하지 않았다. 耰는 씨 덮는 것이다. 輟은 그침이다.

憮然：悵惘히 失意한 모습이다.

吾非斯人之徒與而誰與："마땅히 함께 무리를 이루어야 할 사람이 이 사람들뿐인데 어찌 가히 사람을 끊고 세상을 피하여 깨끗하다고 하겠는가?"라는 말이다.

天下有道 丘不與易也：천하가 평화롭게 다스려진다면 나는 變易할 필요가 없다. 바로 천하가 무도하기에 도로써 이를 바꾸려 하는 것이라는 말이다.

〈번역〉

장저와 걸익이 나란히 밭갈이를 하고 있었다. 공자가 지나가다 자로로 하여금 나루를 묻게 하였다. 장저가 말하였다.

"저 고삐를 잡은 사람은 누구입니까?"

子路가 가로되 "孔丘입니다."

560 논어 묵상

가로되 "그럼 노 나라 공구입니까?"

가로되 "그렇습니다."

가로되 "그럼 나루를 알 것입니다."

걸익에게 물었다. 걸익이 가로되

"당신은 누구입니까?"

가로되 "仲由입니다."

"그럼 노 나라 孔丘의 제자입니까?"

대답하여 가로되 "그렇습니다."

가로되 "어지러운 것은 천하가 다 그렇습니다. 누가 이를 바꾸겠습니까? 또 당신은 사람을 피하는 선비를 따르기보다 세상을 피하는 선비를 따름이 더 좋지 않겠습니까?" 하며 씨 덮기를 그치지 않았다.

자로가 떠나와 고하니 선생님께서 무연히 말씀하셨다.

"조수와 함께 무리를 이룰 수는 없다. 내 이 세상 사람들과 함께하지 않고 누구와 함께 하겠는가? 천하에 도가 있다면 내 함께 바꾸려 하지 않으리라."

〈묵상〉

현실 참여를 외치는 공자의 결의가 보인다. 이 부도덕한 현실을 군자마저 바꾸려 하지 않고 외면하여 자기만의 안일을 구한다면 이 세상은 더욱 더 나빠지지 않겠는가? 도도히 흐르는 이 無道의 물결이지만 여기 이 장저나 걸익처럼 물결을 두려워만 하고 피한다면 영원히 그 물결에서 살아남지 못하리라. 공자는 이 세상 사람과 더불어 이 물결을 거스려 싸우고자 다짐한다. 장저나 걸익과는 완전히 다른 길이다. 올바른 선비의 길이다.

7. 子路從而後　　遇丈人以杖荷蓧　　子路問曰 子見夫子乎

자로종이후_{하여} 우장인이장하조_라. 자로문왈 자견부자호_아?

丈人曰 四體不勤　　五穀不分　　孰爲夫子

장인왈 사체불근_{하고} 오곡불분_{하니} 숙위부자오?

植其杖而芸　　子路拱而立

치기장이운_{이러라}. 자로공이립_{한데}

止子路宿　　殺鷄爲黍而食之　　見其二子焉

지자로숙_{하고} 살계위서이사지_{하며} 현기이자언_{이라}.

明日 子路行以告　　子曰 隱者也

명일 자로행이고_{하니} 자왈 은자야_라.

使子路反見之　　至則行矣

사자로반견지_{하니} 지즉행의_{러라}.

子路曰 不仕無義　　長幼之節　　不可廢也

자로왈 불사무의_니 장유지절_은 불가폐야_니

君臣之義　　如之何其廢之

군신지의_는 여지하기폐지_{리오}?

欲潔其身　　而亂大倫　　君子之仕也　　行其義也

욕결기신_{하여} 이란대륜_{이로다}. 군자지사야_는 행기의야_라.

道之不行　　已知之矣

도지불행_은 이지지의_{니라}.

〈주석〉

丈人 : 늙은 사람, 또한 隱者이다.

荷蓧 : 하나의 竹器를 짊어짐. 蓧는 竹器이다.

四體不勤五穀不分 : 네 다리로 노동하지 않고 菽麥을 분별하지 못한

다는 말인데 그가 농업에 힘쓰지 않고 스승을 따라 멀리 놀러다
님을 책망한 것이다.

植 : 버팀이다.

芸 : 耘과 통한다. 풀을 뽑는 것이다.

拱而立 : 손을 모으고 서서 공손함을 나타냄을 말한다. 拱은 손을 모
음이다.

止 : 留이다.

食 : 동사가 되어 그에게 밥을 주었다는 말이다.

行 : 장인이 나가고 없음을 말한다.

大倫 : 人倫의 큰 것, 五倫을 말한다.

行其義 : 출사하여 君臣之義를 행함을 말한다.

〈번역〉

　자로가 쫓다가 뒤쳐졌다. 늙은이를 만났더니 지팡이로 죽기를 짊어
지고 있었다. 자로가 물었다. "당신은 우리 선생님을 못 보셨습니까?"
늙은이가 말하였다. "네 다리로 일하지 않고 오곡을 분별하지 못하는
데 누가 선생님이오?" 하며 그 지팡이에 버티어 풀을 뽑았다.

　자로가 두 손을 모으고 공손히 서니 자로를 머물게 하여 재우고 닭
을 잡고 기장밥을 지어 먹이고 두 아들을 인사시키었다.

　이튿날 자로가 가서 고하니 공자께서 말씀하시기를 "隱者이다." 하
시고는 자로로 하여금 다시 가서 뵈옵게 하였다. 가서 보니 떠나고
없었다. 자로가 말하였다.

　"벼슬하지 않으면 의리가 없는 것이다. 長幼의 예절은 폐할 수 없거
늘 君臣의 의리를 어찌 폐할 것이냐? 그 몸을 깨끗이 하고자 하여 大倫
을 어지럽힘이다. 군자가 벼슬함은 그 의리를 행함이다. 도가 행하여
지지 않음은 이미 안다."

<묵상>

　　계속 은자와의 논쟁이다. 그런데 이번에는 자로의 입을 통해서이
다. 벼슬하지 않으면 대륜을 어떻게 세우느냐는 것이다. 오늘의 눈으
로는 어울리지 않는 논리이지만 당시로선 정당한 면이 있었다. 그런
데 자로의 이 말이 어디서 한 말이냐는 의문이 든다. 전체의 사건 흐
름으로 보아서는 그 자리에서 한 말 같은데 대상이 없다. 그래서 은자
의 두 아들에게 하였다고 하나 상상이요, 추측일 뿐이다. 그래서 나중
에 끼워 넣었다는 말도 일리가 있게 들린다.

　　또는 이 말을 공자의 말인데 자로가 전하였다고 보는 견해도 있는
데 좀 어색하다.

8. 逸民　伯夷　叔齊　虞仲　夷逸　朱張　柳下惠　少連

　　일민은 백이 숙제 우중 이일 주장 유하혜 소련이다.

子曰　不降其志　　不辱其身　伯夷叔齊與

　　자왈 불강기지하고 불욕기신은 백이숙제여라.

謂柳下惠　少連　　降志辱身矣　言中倫

　　위유하혜 소련하대 강지욕신의나 언중륜하고

行中慮　　其斯而已矣

　　행중려하니 기사이이의로다.

謂虞仲　夷逸　　隱居放言　　身中淸　廢中權

　　위우중 이일하대 은거방언하대 신중청 폐중권이라.

我則異於是　無可無不可

　　아즉이어시니 무가무불가니라.

逸民 : 학문이 있으면서 벼슬하지 않고 지내는 사람.

虞仲 : 곧 仲雍이다. 太伯의 동생으로 뒤에 荊蠻으로 들어갔다.

夷逸 朱張 : 生平 不詳이다.

少連 : 東夷人이다.

倫 : 理이다.

廢中權 :《經典釋文》에 鄭玄本을 引用하여 發이라 하였다. 發中權은
　　발언이 權宜에 합함이다.

〈번역〉

　逸民은 伯夷, 叔齊, 虞仲, 夷逸, 朱張, 柳下惠, 少連이다.

　공자께서 말씀하셨다.

　"그 뜻을 내리지 않고 그 몸을 욕되게 하지 않음은 백이 숙제일 것
이다." 유하혜와 소련에 대해서 말씀하시기를 "뜻을 내리고 몸을 욕되
게 하였으나 말이 윤리에 맞고 행동이 생각에 맞으니 이만하면 그만
이니라." 우중과 이일에 대해서 말씀하시기를 "은거하며 방언하였으
나 몸가짐이 맑음에 맞고 말이 권위에 합하였다. 나는 이와 다르다.
가함도 없고 불가함도 없다."

〈묵상〉

　공자의 인물평이다. 특히 逸民을 꼽았다. 그러나 결론적으로는 나
는 "이들과 다르다."고 하셨다. 그러면서 可함도 없고 不可함도 없다
고 하셨다. 이 말의 뜻을 이해하기 어렵다. 아마 나도 逸民처럼 할
수도 있고 안 할 수도 있다는 의미가 아닐까 유추하여 본다.

9. 大師摯　適齊　亞飯干　適楚
太 사 지 는　적 제 하고　아 반 간 은　적 초 하고

三飯繚　適蔡　四飯缺適秦
삼 반 요 는　적 채 하고　사 반 결 적 진 이라.

鼓方叔　入於河　播鼗武　入於漢
고 방 숙 은　입 어 하 하고　파 도 무 는　입 어 한 하고

少師陽　擊磬襄入於海
소 사 양 과　격 경 양 입 어 해 니라.

〈주석〉

大師 : 魯나라 樂官長이다.

亞飯干 滴楚 三句 : 白虎의 《通禮樂篇》에 의거하면 天子는 하루에 네
　　번 밥을 자시고 제후는 세 번 자시는데 매번 자실 때마다 모두
　　음악을 연주하였다. 아반, 삼반, 사반은 모두 천자나 제후가 자실
　　때 음악을 연주하는 악관의 직명이고 干, 繚, 缺은 악관의 이름이다.

播鼗 : 播는 흔듦이다. 도는 작은 북이다.

少師 : 악관의 보좌이다.

〈번역〉

　　大師 摯는 齊나라로 가고 亞飯 干은 楚나라로 가고 三飯 繚는 蔡나
라로 가고 四飯 缺은 秦나라로 갔다. 북을 치는 方叔은 河南으로 들어
가고 작은 북을 치는 武는 漢으로 가고 少師 陽은 바다로 갔다.

〈묵상〉

　　몰락하는 노 나라의 음악에 대한 안타까움이 배여 있다. 그리하여
그들 음악인들 한 사람 한 사람의 행적을 밝혀 적어두고 있다. 산지사
방 모두 뿔뿔이 흩어졌다고 안타까워하는 것이다. 정확히 언제인지는

모른다고 한다. 그렇게도 음악을 좋아하시던 공자 생전은 아닌 것 같다. 그랬더라면 반드시 공자님의 말씀과 대응이 있었을 것이다.

10. 周公   謂魯公曰 君子不施其親   不使大臣怨乎不以

주공이 위노공왈 군자불시기친하고 불사대신원호불이니라.

故舊無大故   則不棄也   無求備於一人

고구무대고면 즉불기야라. 무구비어일인이니라.

〈주석〉

魯公 : 周公 旦의 아들 伯禽이다. 백금이 魯에 봉함을 받음에 주공이
      그에게 훈계하였다.

施 : 혹 弛라 하였다. 遺棄이다.

以 : 任用이다.

大故 : 죄악이다. 반역 등의 중대 사고이다.

備 : 完備이다.

〈번역〉

주공이 노공에게 말하기를 "군자는 그 친척을 버리지 않는다. 대신
으로 하여금 임용되지 못함을 원망하지 말게 하여야 한다. 그러므로
오래된 사람은 큰 사고가 없으면 버리지 않는다. 한 사람에게 완비됨
을 구하지 않는다." 하였다.

〈묵상〉

온건한 당부이다. 그러나 너무 침체될 소지가 있다. 때로 정치는
소용돌이를 쳐야 할 때도 있어야 한다. 특히 개혁의 필요가 있을 때는
과감하게 처리해야 한다. 정에 매이면 개혁은 어려워진다.

11. 周有八士　伯達　伯适　仲突　仲忽　叔夜　叔夏
주유팔사이니 백달, 백괄, 중돌, 중홀, 숙야, 숙하,

季隨　季騧
계수, 계왜이니라.

〈번역〉

주 나라에 여덟 선비가 있었나니 백달, 백괄, 중돌, 중홀, 숙야, 숙
하, 계수, 계왜이다.

〈묵상〉

이는 전설에 의거한 말이다. "주 나라에 한 어미가 있었는데 젖이
네 개였다. 여덟 아들을 한꺼번에 낳았다. 이들이 자라 다 어진 이가
되었다." 이 전설이 왜 여기 끼었는지 모른다. 다만 주 나라를 칭송하
고자 하는 분위기에서 이를 말하고 또 이를 여기 넣었으리라 추측할
따름이다.

子張 第十九

1. 子張曰 士見危致命　見得思義　祭思敬　喪思哀

　　자장왈　사견위치명하고　견득사의하며　제사경하고　상사애하면

　其可已矣

　　기가이의라.

　　致命 : 授命과 같은 말이다. 생명을 바침이다.

　　思 : 생각을 다함이다.

〈번역〉

　　子張이 말하였다.

　　"선비는 위태로움을 보면 목숨을 바치고 이득을 보면 의를 생각한다. 제사에는 공경을 생각하고 상사에는 슬픔을 생각하면 가히 그만이다."

〈묵상〉

　　선비뿐만 아니다. 모든 사람이 다 이러하여야 한다. 그렇게 어려운 것도 아니다. 6.25 사변이 일어나니 어린 학생들까지 다 자원입대하였다. 見危致命이다. 몇 천만 원짜리 수표를 주워서도 주저 없이 경찰에 갖다 주는 미화원도 있다. 見得思義이다. 그러나 그게 우리 소시민에게 그리도 어려운가? 나부터 한 번 반성해보고 싶다.

2. 子張曰 執德不弘　信道不篤　焉能爲有　焉能爲亡

　　자장왈　집덕불홍하고　신도부독이면　언능위유며　언능위무이리오?

焉能爲有焉能爲亡 : 黄侃이 말하기를 "세상에 이 사람이 없어도 가볍지 않고 세상에 이 사람이 있어도 무겁지 않다."고 하였다.

〈번역〉

자장이 말하였다.

"덕을 잡고서 넓히지 않고 도를 믿으며 돈독하지 못하면 어찌 능히 가졌다고 할 것이며 어찌 능히 없다고 할 것인가?"

〈묵상〉

꼭 있어야 할 사람이 되어야 한다는 말이다. 있으나 마나 한 사람이 많은 상태에서 분발을 촉구하는 말이라고 해석하면 좋을 것 같다. 그러기 위해서는 덕을 넓히고 도를 돈독히 하라는 것이다.

3. 子夏之門人 問交於子張   子張曰 子夏云何
자하지문인 문교어자장하니 자장왈 자하운하오?

對曰 子夏曰 可者與之   其不可者拒之
대왈 자하왈 가자여지하고 기불가자거지라.

子張曰 異乎吾所聞   君子   尊賢而容衆   嘉善而矜不能
자장왈 이호오소문이라. 군자는 존현이용중하고 가선이긍불능이라.

我之大賢與   於人   何所不容
아지대현여이면 어인에 하소불용이리오?

我之不賢與   人將拒我   如之何其拒人也
아지불현여이면 인장거아이니 여지하기거인야리오?

問交 : 問交友이다.

矜 : 哀矜이다. 同情, 憐憫과 같다.

〈번역〉

子夏의 門人이 자장에게 사귐에 대해 물었다. 자장이 가로대 "子夏
는 무어라 하던가?"

대답하여 말하기를 자하는 "가한 자는 그와 더불고 불가한 자는 거
절하라." 하였습니다.

자장이 말하기를 "내가 들은 바하고는 다르구나. 군자는 어진 이를
존경하되 무리를 용납하고 선한 이를 가상히 여기되 불능자를 긍휼이
하라고 하였다. 내가 크게 어질면 남에게 어디인들 용납되지 않으며
내가 어질지 못하면 남들이 나를 거절할 것이니 어떻게 남을 거절할
수 있으랴?"

〈묵상〉

이 장은 자장의 문인들이 자기 스승을 높이려 일부러 지어 넣은 듯
한 느낌을 받는다. 자하를 너무 깎아내리기 때문이다. 그들의 스승
공자도 나보다 못한 자와 사귀지 말라고 하셨는데 사귈만한 자와 사
귀고 그렇지 못한 자는 거절하라는 자하의 말을 그렇게 호되게 공격
할 것까지는 없는 것이다.

4. 子夏曰 雖小道 必有可觀者焉
　자하왈 수소도나 필유 가관 자언이라.

致遠恐泥 是以 君子不爲也
치원공니니 시이로 군자불위야라.

　小道 : 技藝를 가리킨다. 農圃醫卜之屬이다. 修己治人의 大道와는 相
　　　對가 된다.

　泥 : 不通이다.

　爲 : 學이다.

〈번역〉

　자하가 말하였다.

　"비록 기예이지만 반드시 볼만한 것이 있다. 멀리 감에는 빠질까
두렵다. 이러므로 군자는 하지 않는다."

〈묵상〉

　小道, 곧 技藝를 무시한 말이다. 그러나 그 군자들도 이 소도의 혜택
을 누리지 않던가? 오히려 그 머리 좋은 군자들이 이 소도에 매진하여
백성들의 삶의 질을 높여야 할 것이거늘 자하 같은 생각으로 공헌하
지 못하였다. 도리어 空理 空論, 虛飾 등으로 괴롭히기만 하였다.

5. 子夏曰 日知其所亡　　月無忘其所能　　可謂好學也已矣

　　자하왈 일지기소무하고 월무망기소능하면 가위호학야이의니라.

〈주석〉

　日知其所亡 : 부단히 새로운 지식 구함을 가리킨다. 亡은 無이다. 자
　　　기가 갖지 못한 것을 말한다.

　月無忘其所能 : 이미 배운 뒤에는 마땅히 溫習하여 그것을 잊어버리
　　　지 않게 해야 함을 말한다.

〈번역〉

　　자하가 말하였다.

　　"날마다 그 알지 못하는 것을 알고 달마다 그 배운 것을 온습하면 가히 배움을 좋아한다고 말할 수 있다."

〈묵상〉

　　好學이 어려운 건 아닌데 왜 이리 어렵게 말하는지 오히려 안타깝고 답답하다. 모르는 것을 알려하고 아는 것을 잊지 않으려 하면 되는 것이다. 그보다 이 호학의 단계에서 더 나아가 그 배움의 실천을 중요시해야 할 것이다. 몰라서 못하는 게 아니기 때문이다.

6. 子夏曰 博學而篤志　　切問而近思　　仁在其中矣

　　자하왈　박학이독지_{하고}　절문이근사_{하면}　인재기중의_{니라}.

〈주석〉

　　篤志 : 그 뜻을 돈독히 지킴이다.

　　切問 : 자기가 배워 깨닫지 못한 일을 간절히 물음이다.

　　近思 : 자기가 능히 미치는 일을 사고함이다. 朱熹가 말하기를 "以類而推"라 하였다.

〈번역〉

　　자하가 말하였다.

　　"널리 배우고 뜻을 돈독히 하며 간절히 묻고 가까운 것을 사고하면 어짊이 그 가운데 있다."

〈묵상〉

　　博學而篤志 切問而近思 하면 仁이 그 가운데 있다는 건 좀 비약이라

는 생각이 든다. 이렇게 하면 仁에 가까울 수는 있지만 그 가운데 바로 인이 존재하는 것은 아니다. 인은 좀 더 구체적인 삶의 현장에서 體現 되어지는 것이 아닐까? 위의 자하의 말은 인을 너무 멀리 形而上에 두지 말라는 뜻으로 받아들여야 할 것 같다.

7. 子夏曰 百工居肆   以成其事   君子學   以致其道
   자하왈 백공거사하여 이성기사하고 군자학하여 이치기도라.

〈주석〉

   肆 : 官府에서 만드는 곳, 또는 시장에서 화물을 진열하는 곳을 말한다.
   致 : 極이다.

〈번역〉

   자하가 말하였다.
   "모든 공이바치들은 작업장에 살면서 그 일을 이루고 군자는 배움으로써 그 도에 이른다."

〈묵상〉

   백공과 군자의 대비에서 나아가 肆와 學을 대비하였는데 좀 어울리지 않는다. 사는 구체적인 장소인데 학은 아니다. 학은 도에 이르는 하나의 과정일 뿐이다. 과정으로서의 학은 백공에게도 필요하다. 백공도 학이 없이 저절로 이루어지는 것은 아니다.

8. 子夏曰 小人之過也   必文
   자하왈 소인지과야엔 필문이니라.

文 : 덮고 꾸밈이다. 과실을 덮고 스스로 속인다.
〈번역〉

자하가 말하였다.

"소인은 허물이 있으면 반드시 꾸민다."

〈묵상〉

잘못을 인정하고 용서를 구하는 일은 쉽지 않다. 이를 할 수 있다면 그는 군자이다. 소인의 특징은 자기의 허물을 자꾸 변명하고 감추려 하는 것이다. 이렇게 한다면 그가 어떤 학문이 있고 경륜을 쌓았더라 도 그는 소인이다.

9. 子夏曰 君子有三變   望之儼然   卽之也溫   聽其言也厲

자하왈 군자유삼변하니 망지엄연하고 즉지야온하며 청기언야려라.

〈주석〉

儼然 : 단정하고 장중한 모습이다.

厲 : 鄭玄이 말하기를 "嚴正"이라 하였다.

〈번역〉

자하가 말하였다.

"군자는 세 번 변화가 있다. 바라다보면 엄연하고 다가가면 따뜻하 고 그 말을 들으면 엄정하다."

〈묵상〉

군자의 상이다. 멀리서 바라보면 위엄이 있고 다가가면 의외로 따 뜻하다. 그 말을 들으면 사리에 꼭 맞다. 이런 군자가 그립다. 그런데 이런 군자를 찾을 게 아니라 내가 이런 군자가 되도록 힘써야 할 것이다. 남에게서 구할 게 아니라 자기가 되어야 할 것이다.

10. 子夏曰 君子信而後勞其民   未信則以爲厲己也
자하왈 군자신이후노기민ᵢ니 미신즉이위려기야ᵣₐ.

信而後諫   未信則以爲謗己也
신이후간ₕₐ나니 미신즉이위방기야ᵢₗₐ.

〈주석〉

信 : 남이 그를 믿음이다.

厲 : 病이다. 학대함이다.

謗 : 毀謗이다.

〈번역〉

자하가 말하였다.

"군자는 믿음을 얻은 후에 그 백성을 부린다. 믿음을 얻지 못하면 자기를 학대한다고 여긴다. 믿음을 얻은 뒤 諫한다. 믿음을 얻지 못하면 자기를 훼방한다고 여긴다."

〈묵상〉

누구에게나 무슨 일에나 신임을 얻는 것이 먼저이다. 아무리 좋은 아이디어라도 그가 나를 믿어주지 않으면 일이 이루어 질 수 없다. 당연한 이 말을 하는 게 오히려 이상하게 들린다.

11. 子夏曰 大德不踰閑 小德出入   可也
    자하왈 대덕불유한이면 소덕출입이라도 가야니라.

大德不踰閑 二句:大德, 小德은 大節 小節과 같은 말이다.
閑:범위이다.

〈번역〉

자하가 말하였다.

"大德이 범위를 넘지 않으면 小德에서는 들고 나고 함이 있어도 가
하니라."

〈묵상〉

대덕과 소덕, 대절과 소절의 사이에서 고민할 필요는 없다. 과감하
게 소절을 버려야 한다. 그러나 막상 그 경우를 당하면 이를 단행하기
는 그리 쉽지 않다. 또 대소의 구분도 참 어렵다.

사랑하는 두 남녀 제자가 있었다. 둘은 서로 좋아하더니 끝내 사랑
하는 사이가 되었다. 그러나 양가에서 모두 적극 반대였다. 두 가문은
당색이 달라 300년이 넘게 원수처럼 지내며 通婚을 않는다는 것이다.
그러나 그들은 끝내 결혼을 하고 양가로부터 모두 추방을 당하였다.
이 경우, 양 가문의 오랜 전통과 자기들 둘만의 사랑, 어느 게 대절이
며 어느 게 소절이냐?

12. 子游曰 子夏之門人小子 當灑掃應對進退 則可矣
    자유왈 자하지문인소자는 당쇄소응대진퇴 즉가의나

抑末也　本之則無　　如之何

억말야라 본지즉무이니 여지하오?

子夏聞之曰　噫　　言游過矣

자하문지왈 희라. 언유과의로다.

君子之道　孰先傳焉　　孰後倦焉

군자지도는 숙선전언이며 숙후권언이리오?

譬諸草木　　區以別矣　君子之道　焉可誣也

비저초목이면 구이별의니 군자지도 언가무야리오?

有始有卒者　其唯聖人乎

유시유졸자는 기유성인호라.

⟨주석⟩

應對 : 말에 응하여 대답함이다.

抑 : 可是, 그러나, 轉接連詞이다.

孰先傳焉 孰後倦焉 : 군자지도는 그 末로서 앞을 삼아 전하지 않는다. 그 근본으로서 뒤를 삼아 게으르며 가르치지 않는다. 傳은 傳授이다. 倦은 싫어 게을리 함이다.

譬諸草木區以別矣 : 사람을 가르침도 또한 각종 초목의 씨를 심음과 같아서 반드시 구분하여 물주고 심고 하여야 한다는 말이다.

焉可誣也 : 사람을 가르침에도 마땅히 그 재목에 따라 교육을 베풀어야 한다. 어찌 가히 그 깊고 얕음을 묻지 않고 대개 높고 먼 것으로 억지로 말하면 이는 그를 기만한다는 말이다. 誣는 속임이다.

有始有卒 : 有始有終이라는 말이다. 얕음으로 말미암아 깊이 들어감이다. 사람을 가르침에도 차례가 있음이다.

자유가 말하였다.

"자하의 문인과 제자들은 마땅히 청소하고 응대하며 진퇴함에는 가하지만 그러나 이는 말엽이다. 근본은 없다. 어쩔 거냐?"

자하가 이를 듣고 말하였다.

"아, 유의 말이 잘못이로다. 군자의 도는 어느 것을 먼저 전할까? 어느 것을 뒤로 하여 게을리 할까? 초목에다 이를 비유하면 구별하는 것과 같도다. 군자의 도는 어찌 가히 속이겠는가? 처음도 있고 나중도 있는 사람은 오직 성인일 뿐이다."

〈묵상〉

자유와 자하의 교육관의 차이를 말한다. 자유는 자하가 교육의 근본은 가르치지 않고 청소하고 응대하며 진퇴에 대한 예절 따위 말엽적인 것에만 힘쓴다고 공격하니 자하는 교육은 그 사람에 따라 맞게 가르쳐야 한다고 맞서는 것이다. 근본적인 것과 말엽적인 것을 모두 갖춘 이는 성인 밖에 없다고 하면서 두 가지를 아우르는 자기의 교육 방법이 옳다는 것이다. 오늘도 이어지는 교육 현장의 문제가 아닐까?

13. 子夏曰 仕而優則學　學而優則仕
자 하 왈　사 이 우 즉 학 하고　학 이 우 즉 사 하라.

〈주석〉

仕 : 벼슬에 나아가 직무에 종사하는 자이다. 벼슬하면서 배우면 그 일에 이바지하는 바가 더 깊어질 것을 말한다.

優 : 餘力이다.

學 : 學쩝을 가리킨다. 동사이다.

⟨번역⟩

자하가 말하였다.

"벼슬하면서 여유가 있거든 배워라. 배우고서 여유가 있거든 벼슬하라."

⟨묵상⟩

벼슬하고 안 하고를 마음대로 할 수 있는 사람들의 호화로운 푸념이다. 그러나 이런 사람들이야 어디 그리 흔하랴? 공자님도 못한 벼슬. 그게 어디 마음대로 되던가?

14. 子游曰 喪致乎哀而止

자유왈 상치호애이지니라.

⟨번역⟩

자유가 말하였다.

"喪에는 슬픔을 다하면 그만이다."

⟨묵상⟩

여기 致乎哀, 슬픔을 다한다는 말은 슬픔을 다 표현하는 것으로 볼 것이다. 오늘 이런 면에서 상의 형식은 너무 경건하지 못하다. 하긴 기독교인의 경우 천국으로 갔다고 하여 축제처럼 치르기도 하는데 아무래도 정서상 맞지 않는 느낌을 받는다. 이 땅에서 잠시의 이별도 서러운 경우가 많은데 하물며 이 땅에서의 영 이별임에랴?

15. 子游曰 吾友張也 爲難能也 然而未仁

자유왈 오우장야 위난능야이나 연이미인이라.

〈번역〉

자유가 말하였다.

"내 벗 장은 어려움을 헤쳐나감에는 능하나 그러나 어질지는 못하였다."

〈묵상〉

능력과 仁은 다르다. 능력이 있어도 어질지 못한 사람은 많을 것이다. 또한 그 반대도 있을 것이다. 맞는 말이다. 그러나 벗을 대놓고 이리 評함은 人情上 옳지 않다.

16. 曾子曰 堂堂乎 張也 難與並爲仁矣

증자왈 당당호라 장야여. 난여병위인의니라.

〈주석〉

堂堂 : 朱熹가 말하기를 "용모의 성함"이라 하였다.

〈번역〉

증자가 말하였다.

"당당하도다. 장이여, 함께 더불어 인을 하기는 어렵도다."

〈묵상〉

장이란 사람이 어떠하였는지 앞의 자유는 그의 능력을 말하였고 여기 증자는 당당한 그의 모습을 그렸다. 그러나 둘 다 仁을 하지는 못한다고 평하였다. 사나운 면이 있었던가? 아니면 인색하였던가? 그러나 남을 이렇게 직설적으로 평함은 좀 지나치다.

17. 曾子曰 吾聞諸夫子 人未有自致者也 必也親喪乎

증자왈 오문저부자하니 인미유자치자야나 필야친상호이라.

〈번역〉

증자가 말하였다.

"내 선생님으로부터 들었다. '사람이 그 진정을 다함이 없지만 반드시 친상을 당함에는 다한다.'"

〈묵상〉

여기서 自致를 진정을 다하는 것이라고 하였다. 그 근거가 어디 있는지 밝히지는 않았으나 해석은 맞는 것 같다. 어버이의 죽음 앞에서는 그 진정이 다 나타난다는 말인데 오늘 이 각박한 세태에서는 이마저 꼭 그런 것 같지도 않다. 그래서 이 세태가 안타까운 것이다.

18. 曾子曰 吾聞諸夫子 孟莊子之孝也 其他可能也

증자왈 오문저부자하니 맹장자지효야라. 기타가능야이나

其不改父之臣 與父之政 是難能也

기불개부지신하고 여부지정하니 시난능야라.

〈주석〉

孟莊子：魯나라 大夫. 姓은 仲孫이고 名은 速이다. 그 父 孟獻子는 이름이 蔑이다.

不改父之臣與父之政：學而篇 11章의 "三年無改於父之道 可謂孝"와 맞아 증거가 된다.

〈번역〉

증자가 말하였다.

"내가 선생님에게서 들었다. '맹장자의 효는 그 밖의 것은 가히 할 수 있으나 그가 아비의 신하를 바꾸지 않고 그들과 더불어 정치를 하였는데 이는 능히 하기 어려운 것이다.'고 하셨다."

〈묵상〉

아비의 신하를 바꾸지 않고 그들과 같이 정치를 하였다는 게 그리도 어려운가? 정치의 속성을 모르는 소시민으로서는 이해가 쉽지 않다. 그리고 그게 또 그렇게 효가 되는지도 의문이다. 권력의 속성을 모르니 이해가 안 된다.

19. 孟氏使陽膚爲士師　　問於曾子

맹씨사양부위사사하여 문어증자라.

曾子曰 上失其道　　民散久矣　　如得其情　　則哀矜而勿喜

증자왈 상실기도하고 민산구의라. 여득기정이어든 즉애긍이물희라.

〈주석〉

孟氏 : 生平 未詳이다. 鄭玄은 노 나라 사람이 그 아비의 일을 감추고자 孟氏라고만 하였다고 여겼다. 劉寶楠의 《論語正義》에 보인다.

〈번역〉

孟氏가 楊膚로 士師를 삼으니(양부가) 증자에게 물었다.

증자가 말하였다.

"위에서 그 도를 잃어 백성이 흩어진지 오래이다. 만약 그 진정을 얻거든 哀矜히 여기고 기뻐하지 말아라."

<묵상>

士師는 사법관이다. 사법관은 법을 집행한다. 그 사법관에게 증자가 당부를 하는 것이다. 임금이 잘못하여 백성이 흩어진지 오래이니 법 집행에 이를 알고 하라는 당부이다. 그 범죄자가 비록 법을 어겼을지라도 이를 긍휼히 여겨야지 그 범죄 사실을 알았다고 기뻐하지 말라는 것이다. 그 범죄는 이미 임금에게서 나왔다는 전제 하에서 보면 백성은 긍휼의 대상일 뿐 범죄의 대상으로 보아서는 안 된다는 뜻 깊은 당부이다.

20. 子貢曰 紂之不善 不如是之甚也
자공왈 주지불선이 불여시지심야라.

是以君子惡居下流 天下之惡皆歸焉
시이군자오거하류하니 천하지악개귀언이니라.

<주석>

紂 : 殷王 帝乙의 아들, 名은 辛, 字는 受, 商의 暴君이다.

下流 : 지형이 낮은 곳, 뭇 물이 돌아가는 곳이다. 사람이 불선함이 있으면 惡名이 그에게로 돌아감을 비유하였다.

<번역>

자공이 말하였다.

"紂의 不善이 이와 같이 심하지는 않았다. 이러므로 군자는 하류에 거하기를 미워한다. 천하의 악이 다 그리로 돌아간다."

<묵상>

주의 불선도 오늘 알고 있는 것처럼 그렇게까지 심하지는 않았다는

것이다. 그러므로 군자는 하류에 거하면 안 된다는 것이다. 왜냐하면 한 번 하류에 이름이 올려지면 천하의 악함이 다 그리로 몰려든다는 것이다. 마치 주에게 모든 악한 것이 다 돌아가는 것과 같다는 것이다. 군자의 몸가짐에 대한 경계이다.

오늘날도 비슷한 일들이 많이 나타난다. 어느 한 사람을 지적하여 매도하기 시작하면 모두들 벌떼처럼 덤벼 온갖 것을 다 들추어 비난한다.

21. 子貢曰 君子之過也　如日月之食焉
　　자공왈 군자지과야는 여일월지식언이라.

　　過也　人皆見之　　更也　人皆仰之
　　과야엔 인개견지하고 경야엔 인개앙지니라.

〈주석〉

　食 : 蝕과 같다. 이그러짐이다.

　更 : 改이다.

　仰 : 仰望이다.

〈번역〉

　자공이 말하였다.

　"군자가 잘못함은 마치 일식이나 월식과 같다. 잘못하면 사람들이 다 그것을 보고, 고치면 사람들이 다 쳐다본다."

〈묵상〉

　지도자의 일거수일투족은 다 비친다. "어떻게 하나?" 하고 모두들 바라본다. 그러므로 더욱 조심해야 한다. 그러나 사람이라 잘못을 저지르지 않을 수는 없다 그때 그 잘못을 인정하고 잘못을 고치면 모두들 쳐다보고 기뻐한다. "勿憚改" 이를 알고 실천하여야 한다.

22. 衛公孫朝 問於子貢曰 仲尼焉學
위공손조 문어자공왈 중니언학이오?

子貢曰 文武之道　未墜於地　　在人
자공왈 문무지도가 미추어지하여 재인이라.

賢者識基大者　　不賢者識其小者
현자지기대자하고 불현자지기소자하여

莫不有文武之道焉　　夫子焉不學　　而亦何常師之有
막불유문무지도언하니 부자언불학이며 이역하상사지유리오?

〈주석〉

公孫朝：衛나라 大夫.

文武之道：문왕 무왕 謨訓과 功烈, 그리고 만든 예악과 제도 등을 가리킨다.

未墜於地：없어지지 않음을 말한다.

在人：능히 그것을 기억하는 자를 말한다.

識：記이다.

常師：固定的인 師長.

〈번역〉

위 나라 공손조가 자공에게 물어 말하기를 "중니는 어디서 배웠는가?" 하니

자공이 말하였다.

"문무의 도가 땅에 떨어지지 않고 사람에게 있습니다. 賢者는 그 큰 것을 기억하고 不賢者는 그 작은 것을 기억합니다. 문무의 도가 없는 곳이 없으니 선생님께서 어디에서든 배우지 않았으며 또 어찌 고정적인 스승이 있었겠습니까?"

〈묵상〉

공손조의 짓궂은 질문에 자공의 슬기로운 대답이다. 공손조는 공자가 누구에게 배웠느냐고 물어 공자를 깎아내리고자 하는 속셈이 있었다. 이를 간파한 자공의 슬기로운 답변이다. 누구에겐들 배우지 않았겠느냐 하며 常師를 부정한 것이다. 常師가 있었다면 자연 그가 높여지고 상대적으로 공자는 낮아지게 된다. 과연 그 스승에 그 제자, 놀랍다.

23. 叔孫武叔 語大夫於朝曰 子貢 賢於仲尼
    숙손무숙 어대부어조왈 자공이 현어중니라 하니

    子服景伯 以告子貢
    자복경백 이고자공이라.

    子貢曰 譬之宮牆 賜之牆也 及肩 窺見室家之好
    자공왈 비지궁장이면 사지장야는 급견이라. 규견실가지호라.

    夫子之牆 數仞 不得其門而入 不見宗廟之美
    부자지장은 수인이라. 부득기문이입이면 불견종묘지미와

    百官之富 得其門者或寡矣
    백관지부이니 득기문자혹과의라.

    夫子之云 不亦宜乎
    부자지운은 불역의호아?

叔孫武叔 : 魯나라 대부이다. 숙손씨의 이름은 州仇, 시호는 武이다.

子服景伯 : 魯나라 대부이다. 子服은 氏이고 명은 何, 字는 伯, 시호는
景이다.

宮牆 : 圍牆을 말함과 같다.

仞 : 八尺을 仞이라 한다.

宗廟 : 조상을 제사하는 곳.

夫子 : 武叔을 가리킨다.

〈번역〉

숙손무숙이 조정에서 대부에게 말하기를 "자공이 중니보다 어질
다." 하니 자복경백이 자공에게 고하였다. 자공이 말하였다.

"궁 담장에다 이를 비유하겠습니다. 저의 담은 어깨에 미칩니다. 집
안의 좋은 것을 다 볼 수 있습니다. 선생님의 담장은 몇 인이나 되어
그 문으로 들어가지 않고는 종묘의 아름다움과 百官의 富를 보지 못
합니다. 그 문을 들어간 사람은 적습니다. 그러기에 선생님의 말씀은
또한 합당하지 않겠습니까?"

〈묵상〉

이때 자공은 나라에 큰 공을 세운 뒤였다. 齊나라에 사신으로 가서
빼앗겼던 땅을 되찾은 것이다. 그러니 자연 조정에서도 칭찬이 자자
하였다. 그래서 숙손무숙이 자공을 그 스승 중니보다 더 어질다고 칭
찬을 하는 것이다. 이를 들은 자공의 대답이다. 내 담장은 겨우 어깨
정도인데 공자의 담장은 몇 인이나 된다는 것이다. 그러니 그 문으로
들어가지 않고는 그 실상을 모르는데 그 문으로 들어간 자는 아주 적
다는 것이다. 그래서 그 문으로 들어가 보지 않아 모르니 그렇게 공자
를 낮게 평가하는 것도 당연하리라는 것이다. 상대를 인정하면서도

호되게 꾸짖는 놀라운 화법이다.

24. 叔孫武叔 毀仲尼　子貢曰 無以爲也　仲尼不可毀也
　숙손무숙　훼중니하니 자공왈 무이위야라. 중니불가훼야라.

他人之賢者　丘陵也　猶可踰也　仲尼日月也
타인지현자는 구릉야라. 유가유야이나 중니일월야라.

無得而踰焉
무득이유언이라.

人雖欲自絶　其何傷於日月乎　多見其不知量也
인수욕자절이나 기하상어일월호아? 다견기부지량야라.

〈주석〉

無以爲也 : 이를 하는 것은 소용없다는 말과 같다.

踰 : 초월, 넘음이다.

自絶 : 일월에서 스스로 끊어버림이다.

不知量 : 스스로 그 분량을 알지 못함을 말한다.

〈번역〉

　숙손무숙이 중니를 훼방하니 자공이 말하였다.

　"하지 마세요, 소용없습니다. 중니는 毀謗할 수 없습니다. 다른 사람 현자는 구릉이라 가히 넘을 수 있지만 중니는 해와 달입니다. 넘을 수가 없습니다. 사람이 비록 스스로 끊어버린다 하여도 일월에야 무슨 상함이 있겠습니까? 그 양을 알지 못함만 많이 나타냅니다."

〈묵상〉

　숙손무숙의 중니 훼방도 끈질기지만 자공의 방어도 대단하다. 해와 달에다 비유하였다. 해와 달을 어찌 훼방할 수가 있으랴? 이쯤 되면 이미 중니는 인간을 넘어 신격화 되는 것이다. 그래서 공자교가 탄생하는 것이다. 유교가 공자 교화하는 것이다. 유자가 공자 신도가 되는 것이다. 이게 과연 공자의 의도일까? 결코 아닐 것이다.

25. 陳子禽謂子貢曰 子爲恭也　仲尼豈賢於子乎
　　진자금위자공왈 자위공야라. 중니기현어자호아?

　　子貢曰 君子一言　以爲知　一言以爲不知　言不可不愼也
　　자공왈 군자일언으로 이위지하며 일언이위부지하니 언불가불신야라.

　　夫子之不可及也　猶天之不可階而升也
　　부자지불가급야는 유천지불가계이승야라.

　　夫子之得邦家者　所謂立之斯立
　　부자지득방가자이면 소위입지사립하고

　　道之斯行　綏之斯來　動之斯和
　　도지사행하고 수지사래하며 동지사화니라.

　　其生也榮　其死也哀　如之何 其可及也
　　기생야영하고 기사야애하니 여지하 기가급야리오?

〈주석〉

　　爲恭 : 공경하다는 말이다. 그 스승에게 겸손하게 미룸이다.

　　階 : 사다리이다.

　　得邦家 : 邦을 얻으면 제후가 되고 家를 얻으면 경이나 대부가 된다.

　　立之斯立 : 공자가 정치를 하면 예로써 세우므로 백성은 서지 않음이 없다.

道之斯行 : 덕으로써 인도하니 백성은 따르지 않음이 없다는 말이다.
　道는 引導이다.

綏之斯來 : 그 백성을 편안히 하면 멀리 있는 사람도 그 풍문을 듣고
　돌아온다는 말이다. 綏는 安이다.

動之斯和 : 그들에게 일을 시키면 백성들이 화목하게 따른다는 말이
　다. 動은 使役이다.

〈번역〉

　진자금이 자공에게 말하기를 "자네는 공손해. 중니가 어찌 자네보
다 어진가?" 하였다.

　자공이 말하였다.

　"군자는 한 마디로 지혜롭게도 되고 지혜롭지 못하게도 되니 말은
신중하지 않을 수 없다. 스승에게 미치지 못함은 마치 하늘을 사다리
로 올라갈 수 없음과 같다. 스승께서 나라를 얻으신다면 이른바 '세우
면 서고 이끌면 행하고 편히 하면 돌아오고 일을 시키면 화목하니 그
삶이 영화롭고 그 죽음이 슬프다.'고 하리니 어찌 그에게 미칠 수 있으
랴?"

〈묵상〉

　자공의 겸손하면서도 정확한 진단이다. 정말 공자는 그런 이상적인
나라를 만들 능력을 갖추셨다. 그러나 하늘은 그에게 그런 기회를 주
시지 않았다. 왜 그럴까? 그에게 더 큰 임무를 주고자 함이었다.

第二十　日堯

1. 堯曰 咨 爾舜　天之曆數　在爾躬　允執其中
   요왈 자 이순아, 천지력수가 재이궁이니 윤집기중하라.

   四海困窮　天祿永終
   사해곤궁하면 천록영종하리라.

   舜亦以命禹曰 予小子履　敢用玄牡　敢昭告于皇皇后帝
   순역이명우왈 여소자리는 감용현모하여 감소고우황황후제하나니

   有罪不敢赦　帝臣不蔽　簡在帝心
   유죄불감사하며 제신불폐니 간재제심이니이다.

   朕躬有罪　無以萬方　萬方有罪　罪在朕躬
   짐궁유죄는 무이만방이오 만방유죄는 죄재짐궁이라.

   周有大賚　善人是富　雖有周親　不如仁人
   주유대뢰하니 선인시부로다. 수유주친이나 불여인인이라.

   百姓有過　在予一人
   백성유과면 재여일인이라.

   謹權量　審法度　脩廢官　四方之政行焉
   근권량하고 심법도하며 수폐관하여 사방지정행언이니라.

   興滅國　繼絕世　擧逸民　天下之民歸心焉
   흥멸국하고 계절세하며 거일민하니 천하지민 귀심언이니라.

   所重 民 食 喪 祭　寬則得衆　信則民任焉
   소중은 민, 식, 상, 제라. 관즉득중하고 신즉민임언하고

   敏則有功　公則說
   민즉유공이며 공즉열이라.

〈주석〉

堯曰 : 여기서는 요 임금이 순 임금에게 명한 말을 기록하였다.

咨 : 감탄사이다.

曆數 : 제왕을 이어가는 차례이다.

允執其中 : 실로 능히 그 不偏 不倚한 도를 지키고 잡음이다. 允은 信
이다.

天祿 : 君祿을 가리킨다.

舜亦以命禹 : 순 임금 역시 요 임금의 명령을 자기의 말로 삼아 우 임
금에게 명하였음을 말한다.

曰 : 아래로는 湯이 桀을 친 뒤에 하늘에 고한 말이다.

予小子履 : 상고시대 帝王이 자칭하는 말이다. 履는 商나라 湯임금의
이름이다.

玄牡(현모) : 검은색 수소. 玄은 검은 색, 牡는 수소이다. 夏나라는 검
은색을 숭상하여 제사에는 黑牛를 사용하였다. 상 나라 초기까지
그대로 흑색을 숭상하다가 그 후에 바뀌어 백색을 숭상하였다.

黃黃后帝 : 위대한 상제이다. 황황은 위대하다는 뜻이고 后帝는 天帝
이다. 后는 君이다.

帝臣不蔽 : 천하 현인은 다 上帝의 신하이다. 자기가 감히 은폐하지
못한다는 말이다.

簡 : 택함이다.

朕躬 : 我 本人이다. 朕은 我, 躬은 身이다.

周有大賚善人是富 : 아래로는 주 무왕이 크게 제후를 봉한 말이다. 주
나라는 하늘의 큰 복을 받아 착한 무리가 많아졌으니 亂臣 10인
이 있게 된 것이 이것이다. 賚는 賜이다.

周親 : 至親을 말한다.

謹權量 : 이 아래로는 二王 三王의 정치 교화를 밝히었다. 量 衡의 제
도를 삼감을 말한다. 權은 저울을 말하고 량은 말(斗斛)을 말한다.

法度 : 예악 제도를 가리킨다.

公則說 : 政敎가 공평하면 백성이 기뻐함을 말한다.

〈번역〉

요 임금이 말씀하셨다.

"아, 너 舜아, 하늘의 운수가 네 몸에 있으니 실로 그 중용을 잡아라. 천하가 곤궁하면 하늘의 녹이 영원히 끊어지리라." 순 임금이 또한 우 임금에게 명하였다. 우 임금이 말씀하셨다.

"저 어린 履는 감히 검은 소를 바치며 황황 후제에게 밝히어 고하노니 죄 있는 자를 용서할 수 없으며 천제의 신하를 감히 버릴 수 없습니다. 간택하심은 천제의 마음에 있습니다. 짐이 몸소 죄가 있으며 만방으로서가 아니요, 만방이 죄가 있으면 죄는 저에게 있습니다."

주 나라에 큰 은혜가 있어 착한 사람이 많도다. "주 나라에 비록 지친이 있다 하나 仁人만 못하느니라. 백성이 허물이 있으면 내 한 사람에 있도다."

(무왕은)권량을 삼가고 법도를 살피며 폐궁을 수리하니 사방의 정치가 행하여졌도다. 없어진 나라를 일으키고 끊어진 세대를 잇고 숨은 선비를 들어 쓰니 천하의 백성이 마음으로 돌아오도다. 중히 한 바는 민, 식, 상, 제사니라. 관대하면 무리를 얻고 믿어주면 백성이 믿어주고 근면하면 공이 있고 공평하면 기뻐하느니라.

〈묵상〉

이 장은 크게 네 단락으로 구성되어 있다.

첫째는 요 임금의 말씀이요, 둘째는 우 임금의 말씀이요, 셋째는 무왕의 말씀이다. 끝은 무왕의 공적을 말한 것이다.

이 말씀들 가운데 특히 "萬方有罪罪在朕躬"에 마음이 끌린다. 이 마음이라야 백성을 보다듬고 품을 수 있는 것이다. 오늘도 같다. 이 책

임감이 위정자의 기본 마음가짐이 되어야 한다. 왜 도둑이 생기고 자
살자가 생기는가? 다 위정자의 탓이다.

2. 子張 問於孔子曰 何如斯可以從政矣
   자장 문어공자왈 하여사 가이종정의니이까?

   子曰 尊五美 屛四惡   斯可以從政矣   子張曰 何謂五美
   자왈 존오미 병사악이면 사가이종정의리라. 자장왈 하위오미오?

   子曰 君子惠而不費   勞而不怨   欲而不貪
   자왈 군자혜이불비하고 노이불원하고 욕이불탐하고

   泰而不驕   威而不猛
   태이불교하며 위이불맹이라.

   子張曰 何謂惠而不費
   자장왈 하위혜이불비오?

   子曰 因民之所利而利之   斯不亦惠而不費乎
   자왈 인민지소리이리지니 사불역혜이불비호아?

   擇可勞而勞之   又誰怨   欲仁而得仁   又焉貪
   택 가로이로지이니 우수원이리오? 욕인이득인이니 우언탐이리오?

   君子無衆寡   無小大   無敢慢   斯不亦泰而不驕乎
   군자무중과하고 무소대하며 무감만하니 사불역태이불교호아?

   君子 正其衣冠   尊其瞻視   儼然人望而畏之
   군자 정기의관하고 존기첨시하여 엄연인망이외지하나니

   斯不亦威而不猛乎
   사불역위이불맹호아?

子張曰 何謂四惡　　子曰 不敎而殺 謂之虐

자장왈 하위사악_{이오}? 자왈 불교이살_을 위지학_{이요.}

不戒視成 謂之暴 慢令致期 謂之賊

불계시성_을 위지포요, 만령치기_를 위지적_{이라.}

猶之與人也　　出納之吝 謂之有司

유지여인야_{로대} 출납지린_을 위지유사_{니라.}

〈주석〉

屛 : 除去이다.

惠而不費 : 백성을 부려 은혜를 얻게 하였음에도 소모한 바가 없음을 말한다. 惠는 은혜이고 費는 소모이다.

尊其瞻視 : 儀容이 莊重하여 백성들로 하여금 존경하고 쳐다보게 함이다.

不戒視成 : 미리 고하여 경계하지 않고 그 이루어짐을 책함이다.

慢令致期 : 발령은 늦게 하고서 기한을 늦추어주지 않음이다.

猶之與人 : 평균하게 사람에게 물건을 주는 것을 말한다. 猶之는 평균하게 한다는 것과 같은 말이다. 與는 給이다.

有司 : 한 직책을 맡은 작은 관원이다.

〈번역〉

자장이 공자에게 물었다. "어떻게 하면 가히 정치에 종사할 수 있습니까?"

공자께서 말씀하셨다.

"五美를 존중하고 四惡을 제거하면 가히 정치에 종사할 수 있다."

자장이 말하였다. "오미는 무엇을 말합니까?"

공자께서 말씀하셨다.

"군자는 은혜를 베풀되 소모하지 않고 수고롭게 하여도 원망을 사지 않고 하고자 하여도 탐하지 않으며 태연하되 교만하지 않으며 위엄이 있어도 사납지는 않느니라."

자장이 말하였다. "惠而不費란 무엇을 말합니까?" 공자께서 말씀하셨다.

"백성들이 이롭게 여기는 것으로 이롭게 하니 이것이 또한 은혜를 베풀되 소모하지 않는 게 아닌가? 가히 수고롭게 할 만한 것을 택하여 수고롭게 하니 또 누가 원망하랴? 仁政을 원하여 仁政을 얻었으니 또 어찌 탐하리오? 군자는 많거나 적거나 없이 작거나 크거나 없이 모두 감히 태만하게 못하니 이것이 또한 태연하되 교만하지 않음이라 하지 않겠는가? 군자가 그 의관을 바로 하여 존경하고 쳐다보게 한다면 엄연하여 두려워하는지라 이것이 또한 위엄이 있으면서도 사납지 않다 하지 않겠는가?"

자장이 말하였다. "四惡은 무엇입니까?"

공자께서 말씀하셨다.

"가르치지 않고 죽이는 것을 虐이라 하고 미리 경계하지 않고 결과로만 보는 것을 暴라 하고 명령은 늦게 발하고서 기한을 늦추지 않음을 賊이라 하고 균등하게 나누어 줄 것을 인색하게 함을 有司라 한다."

〈묵상〉

정치에서의 五美와 四惡은 그대로 오늘도 있다. 그런데 오늘은 施惠의 차원이 아닌 균등의 원칙이 지켜져야 함이 근본적으로 다르다. 또한 백성을 통치의 대상으로 보는 시각도 완전 바뀌어야 한다. 하지만 여전히 낡은 사상에 얽매인 통치자가 있어 시끄럽다.

3. 孔子曰 不知命　無以爲君子也　不知禮　無以立也
　　공자왈 부지명이면 무이위군자야요 부지례면 무이립야요

　　不知言　無以知人也
　　부지언이면 무이지인야라.

〈주석〉

　　知命 : 窮達의 分을 앎이다.

　　知言 : 말을 들으면 그 옳고 그름을 가릴 수 있음이다.

〈번역〉

　　공자께서 말씀하셨다.

　　"命을 알지 못하면 군자가 될 수 없다. 禮를 알지 못하면 설 수가
　　없다. 말을 알지 못하면 남을 알 수 없다."

〈묵상〉

　　논어 앞에서도 군자를 말하더니 이 마지막에 또 군자를 언급한다.
　　앞에서는 남이 알아주지 않아도 성내지 않으면 군자가 아니겠는가?
　　하여 그 인격의 수양을 말씀하시더니 이 뒤에서는 명을 알아야 군자
　　가 된다고 하셨다. 더 성숙된 군자상이다. 하지만 이런 군자가 어디
　　쉽게 되랴? 누가 과연 명을 알까? 소인의 비애를 느끼며 한탄한다.